PFERDE

PFERDE

REITTECHNIKEN
PFLEGE & HALTUNG · RASSEN

MARY GORDON WATSON
RUSSELL LYON
SUE MONTGOMERY

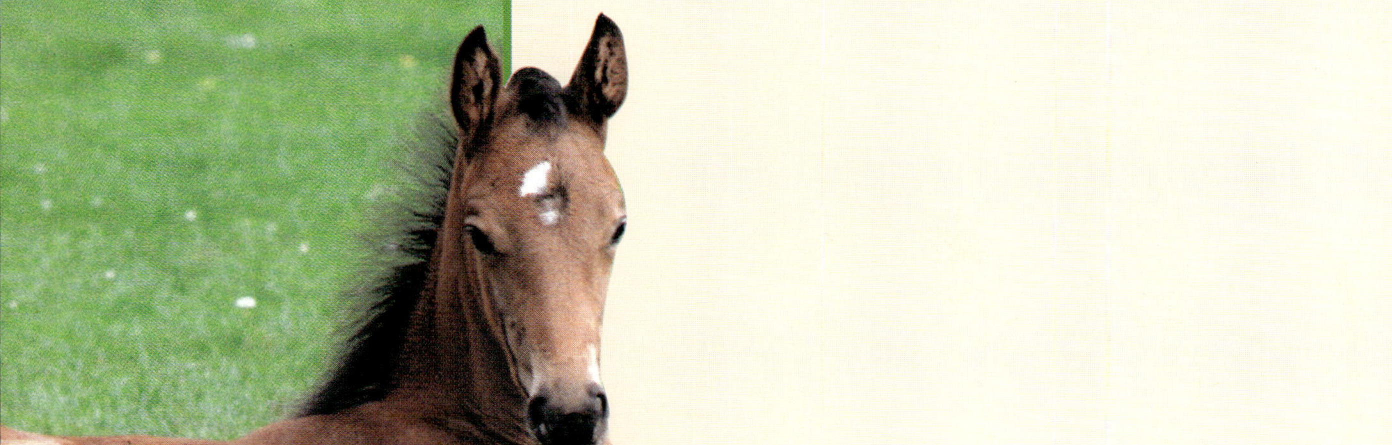

Mary Gordon Watson, ehemaliges Mitglied der britischen Military-Mannschaft, wurde 1969 Europameisterin in der Vielseitigkeit und gewann bei den Olympischen Spielen 1972 eine Goldmedaille. Heute arbeitet sie als Reitlehrerin sowie als Richterin für Dressur und Materialprüfungen und schreibt regelmäßig Beiträge für Pferdezeitschriften.

R. Russell Lyon, Fachtierarzt für Pferde, hat mehrere Bücher sowie zahllose Artikel über Pferdemedizin verfaßt und arbeitet auch für Radio Norfolk.

Sue Montgomery, freie Sportjournalistin, hat sich auf Pferderennen spezialisiert. Sie arbeitet für die britische und die internationale Sportpresse, darunter *Independent, Independent on Sunday*, *Horse and Hound* und *Racing Post*. Außerdem berichtet sie als offizielle britische Korrespondentin für die italienische Rennzeitung *Lo Sportsman*.

Amanda J. Waters ist Diplom-Biologin und Dozentin am Hartpury-College in Herefordshire, einer der bedeutendsten Reit-Akademien in Großbritannien.

Titel der englischen Originalausgabe
HORSE – The Complete Guide

Genehmigte Lizenzausgabe
© Verlagsgruppe Weltbild GmbH, Augsburg 2001
Projektleitung: Holger Hühn, Kerstin Uhl
Redaktion: Kerstin Uhl
Übersetzung: Uta Over
Consultants: Uta Over, Dr. Norbert Wolff
Umschlaggestaltung: Gestaltungsbüro Thomas Uhlig, Augsburg
Umschlagmotive: Edition Gabriele Boiselle, Speyer; PhotoPress, Stockdorf (3; U4)
Gesamtherstellung: Druckerei Appl, Wemding

Printed in Germany

ISBN 3-8289-1601-5

Inhalt

Einführung

Pferde und Ponys erfreuen und entzücken heutzutage Millionen Menschen jeden Alters, sei es, daß sie als Reiter, Besitzer oder auf andere Weise direkt mit den Tieren zu tun haben, oder als reine Zuschauer, die Pferde einfach schön finden, sie aber gar nicht unbedingt selbst reiten möchten. Für jene Menschen, die eine enge Beziehung zu diesen herrlichen Tieren aufbauen, sind diese Partner in einer wahrhaften und ehrlichen Freundschaft – sowie das Vertrauen auf beiden Seiten gefestigt ist.

Pferde verstehen

Das vorliegende Nachschlagewerk ist daher für all jene Menschen gedacht, die sich für Pferde interessieren. Ein Team von Fachleuten gibt Informationen und praktische Ratschläge für den Umgang mit Pferden, das Reiten und die Pferdepflege. Der Leser erfährt alles über die Körperfunktionen und die Psyche des Pferdes und erhält ausführliche Entscheidungshilfen zum Kauf des richtigen Pferdes sowie zu dessen Unterbringung und Haltung. Das vorliegende Buch geht zudem näher auf die Rolle des Pferdes im Sport, in der Geschichte und im kulturellen Leben ein.

Der erste Teil der Enzyklopädie führt den Leser zunächst von den Vorfahren der heutigen Pferde – kleinen Säugetieren, die vor Millionen von Jahren in den feuchten Sümpfen des amerikanischen Kontinents lebten – bis hin zur heutigen Pferdezucht mit ihren vielen unterschiedlichen Rassen. Die Anatomie des Pferdes, seine Körperfunktionen, wie es sich bewegt, wie es atmet und sein Futter verdaut, werden dabei ebenso erklärt wie das Verhalten des wilden Pferdes in der Natur und nach der Domestikation.

Der zweite Teil befaßt sich mit der Pferdehaltung und behandelt alles, was man wissen muß, um ein Pferd artgerecht halten zu können. In diesem Kapitel wird auch die Frage behandelt, ob es sinnvoll ist, sich ein eigenes Pferd anzuschaffen. Zudem werden Hinweise zum Stall, zur Weidewirtschaft und zur Ausrüstung des Pferdes gegeben. Auch Themen wie der richtige Transport oder das Verhalten und die Haltung einer tragenden Stute werden angesprochen.

Der dritte Teil beschreibt mögliche Krankheiten des Pferdes; es werden die Symptome vieler häufiger Krankheiten aufgeführt und vom Tierarzt verordnete Behandlungsmethoden erklärt. Die Autoren geben Hinweise zur Ersten Hilfe und dazu, was im Notfall zu tun ist, bis der Tierarzt eintrifft und eine Diagnose stellt.

Sport, Rassen und Kultur

Das vierte Kapitel führt den Leser in die Welt des Pferdesports ein. Hier werden die Regeln der wichtigsten Disziplinen ebenso erklärt wie ein internationaler Springparcours oder das Dressurviereck, so daß dieser Teil für jeden Leser – sei er Zuschauer oder Reiter – als Quelle des Verständnisses für die jeweilige Sportart dienen wird. Darüber hinaus werden berühmte Sportpferde der Geschichte in Wort und Bild vorgestellt.

Im fünften Teil, der in Warmblut- und Kaltblutpferde sowie Ponys aufgeteilt ist, werden schließlich mehr als 120 Pferderassen, ihre Entwicklung, ihre Charakteristika und ihr Verwendungszweck präsentiert.

Der sechste und letzte Teil des Buches befaßt sich dann mit dem Bild des Pferdes in der Vorstellung und in der Geschichte der Menschen, mit der Rolle, die diese Tiere bei der Entstehung und dem Niedergang großer Reiche und in den Mythen und Religionen der Völker gespielt haben, sowie ihrem Platz in der Literatur und in der Kunst.

Unten: Pferde sind nicht gern allein – dann langweilen sie sich oder sind einsam. Als sozial orientierte Tiere brauchen sie die Gesellschaft ihrer Artgenossen. Wenn irgendwie möglich, sollte man versuchen, Pferde im Stall oder auf der Weide in kleinen Gruppen zu halten.

WILDPFERDE

Seit Tausenden von Jahren leben Pferde auf der Erde – kleine, stämmige Tiere, die der Kälte widerstehen können, oder feinknochige Pferde mit seidigem Fell, die der extremen Wüstenhitze trotzen. Heutzutage sind fast alle dieser Tiere domestiziert und werden nach den Bedürfnissen der Menschen gezüchtet. Nur

Mustangs und Brumbys leben noch immer in völliger Freiheit. Allerdings gibt es auch heute noch Pferde und Ponys wie die Camarguepferde oder die Wüstenpferde der russischen Steppe, die das ganze Jahr über halbwild an jenen Orten leben, an denen vor Urzeiten schon ihre Vorfahren grasten.

„Als Gott das Pferd schaffen wollte,
sagte er zum Südwind:
Ich will ein Geschöpf aus dir
hervorgehen lassen, verdichte dich!"

ARABISCHER SPRUCH

„Sprich zum Pferd,
plausche mit ihm wie
mit einem kleinen
Kinde, dann wird
dich das Pferd
verstehen, denn du
wirst darauf achten,
daß deine Gebärden
verständlich seien."

RENÉ GUÉNON

„Jetzt rennt´s dahin,
jetzt wurzelt´s an der Erde,
rührt sich eine Feder,
seht ihr´s pfeilschnell jagen,
wohl wettet´s mit dem Wind,
wer Sieger werde!
Ha, ob es läuft, ob fliegt,
wer kann das sagen?
Hört ihr durch Mähn´ und Schweif
des Sturmes Lieder?
Wie wogt das Haar –
als wär´ es ein Gefieder!"

WILLIAM SHAKESPEARE

„Wer reitet, um sich fortzubewegen, wer reitet, um sich körperliche Bewegung zu machen, wer reitet, um einen Sport zu treiben – und es könnte auch ein anderer sein –, weiß nichts von der Gewalt der Gänge, weiß nichts von ihrer Magie, weiß nichts von ihrem Geheimnis."

RUDOLF BINDING

„Die Pferde in den Bergen sind schöner als die anderen, weil sie eine Luft atmen, die durch keine anderen Lungen gegangen ist."

PERSISCHER SPRUCH

„Ein aus dem Garten gepflückter Zypressenzweig und ein thessalisches Pferd sind die herrlichsten Dinge der Welt."

THEOKRIT

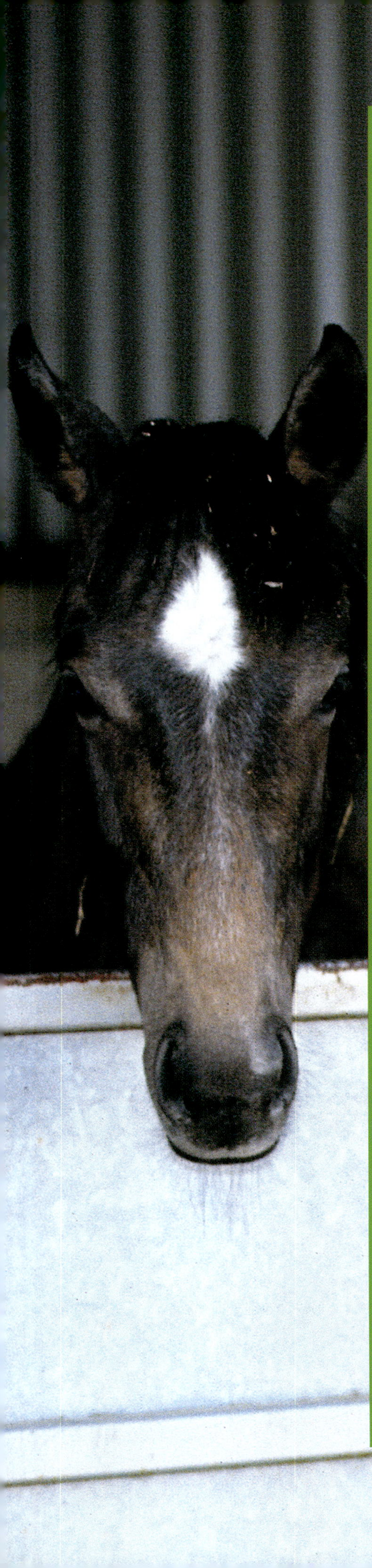

TEIL I

DAS PFERD

Das Pferd ist ein pflanzenfressendes und mit Hufen ausgestattetes Säugetier der Gattung *Equus* innerhalb der Equidenfamilie, die domestizierte Pferde ebenso umfaßt wie Wildpferde, Przewalski-Pferde und Zebras.

Pferde sind schnellfüßige Fluchttiere und Steppenbewohner, die sich der oftmals sehr kargen Vegetation anpassen konnten. Zwar können die Vertreter verschiedener Equidengattungen untereinander gekreuzt werden – ihre Nachkommen sind jedoch meist unfruchtbar.

Die Entwicklung des Pferdes setzte vor 60 Millionen Jahren in Amerika ein, von wo aus sich die Tiere dann über die ganze Welt verteilten. Die Evolution einzelner Rassen hing allerdings von den örtlichen Gegebenheiten und den klimatischen Bedingungen ab und ist daher uneinheitlich. In Amerika starben die Pferde vor etwa 8000 Jahren aus – 3000 Jahre bevor asiatische Nomaden damit begannen, die Gattung zu zähmen.

Evolution

Vom Eohippus zum Pliohippus ✦ Equus caballus ✦ Urpferde ✦ Equiden

Vor mehr als 60 Millionen Jahren setzte die Evolution des Pferdes ein. Der älteste Vorfahr des heutigen Pferdes wurde als Fossil in den südlichen Teilen Nordamerikas gefunden. Das vierzehige Tier von der Größe eines Fuchses erhielt den Namen Eohippus. Diese Bezeichnung setzt sich aus Eozän, der Morgenrötezeit vor etwa 50 Millionen Jahren, und dem griechischen Wort für Pferd – *hippos* – zusammen.

Die frühe Entwicklung

Eohippus wies vier Zehen an den Vorderbeinen und drei an den Hinterbeinen auf. Die Füße hatten eine weiche Sohle und einen hufähnlichen Nagel an jeder Zehe. Die Tiere waren etwa 25 cm groß; ihr Rücken fiel von der Schulter ab, so daß der Schweif niedriger als die Schulter war. Eohippus hatte kleine scharfe Zähne, seine Augen saßen in der Mitte des Kopfes. Das Tier hatte aber nur wenig Ähnlichkeit mit den heutigen Pferden. Eohippus lebte in sumpfigen Wäldern und wies vermutlich eine fahle, gefleckte Tarnfarbe auf. Die Tiere entwickelten sich auf dem amerikanischen Kontinent und verbreiteten sich über die Landbrücken, die damals Amerika, Europa und Asien miteinander verbanden, auch nach Osten und Westen. Vor circa 40 bis 35 Millionen Jahren starben sie aus.

Die nächste wichtige Entwicklungsstufe war Mesohippus, ein Tier von der Größe eines Schafes, das vor 40 bis 26 Millionen Jahren im Oligozän lebte. Mesohippus hatte zwar noch weiche Pfoten, aber nur noch drei Zehen an jedem Fuß. Die mittlere Zehe war größer als die seitlichen und trug mehr Körpergewicht, was darauf hindeutet, daß der weiche Sumpfboden immer mehr einem härteren Boden gewichen war. Mesohippus lebte auf schattigem Blattgrund und hatte daher vermutlich ein geflecktes Fell.

In den nächsten 15 Millionen Jahren, also im Miozän vor 26 bis zehn Millionen Jahren, veränderte sich das Klima und damit auch die Umwelt. Das Klima wurde trockener, und die Wälder wichen offenem Grasland. Die „Pferde" konnten schneller und weiter laufen und entwickelten längere Beine. In der ersten Zeit dieser Peri-

Unten: Eohippus – das Morgenrötepferdchen – war ein etwa 30 cm großer Blattfresser. Die vier Zehen an den Vorderbeinen und die drei Zehen an den Hinterbeinen trugen das gesamte Gewicht; sie waren weich gepolstert und wiesen vorn einen hornigen, hufähnlichen Nagel auf. Der Rücken der Tiere war gebogen, das Fell gestreift und rauh. Die Augen saßen in der Mitte des Kopfes.

Unten: Mesohippus war etwa 45 cm groß und hatte drei Zehen an jedem Bein – die mittlere Zehe war die größte. Der Rücken war noch rund, doch Beine, Hals, Ohren und Maul waren schon länger als noch bei Eohippus. Das Fell war schwächer gestreift.

Unten: Miohippus ähnelte Mesohippus. Die Gattung war etwa 60 cm groß. Hals, Ohren und Maul waren länger. Die Augen befanden sich nun seitwärts am Kopf.

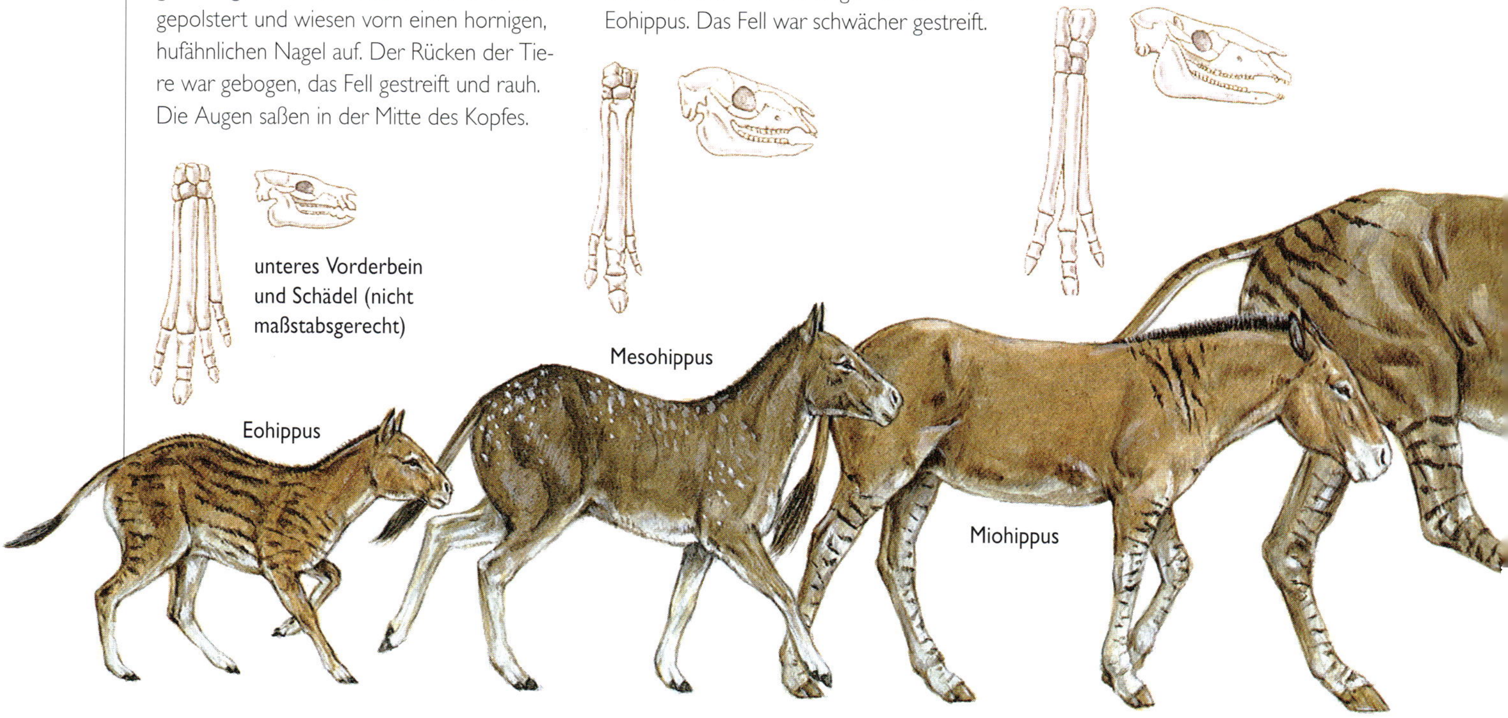

ode wurde Mesohippus von Miohippus abgelöst, einem größeren Tier, das dem heutigen Pony ähnelte. Es war aber noch sehr klein und hatte – wie alle Blattfresser – runde Zähne und dreizehige Füße.

Bedingt durch die Veränderungen in ihrer Umwelt, begannen die Pferde Gras zu fressen. Ihre Zähne veränderten sich, und auch der Hals wurde länger. Die Augen befanden sich jetzt eher seitlich am Kopf und ermöglichten den Tieren einen größeren Sehradius. Die Ohren wurden ebenfalls länger, so daß das Tier Geräusche besser orten konnte. Mittlerweile gab es mehrere Arten pferdeähnlicher Tiere, davon sechs wichtige Gruppen in Amerika. Die wichtigste unter ihnen, Merychippus, entstand vor ungefähr 20 Millionen Jahren.

Über einige Millionen Jahre hinweg überlappte sich Merychippus wahrscheinlich mit Miohippus und Megahippus, einer Gattung, die größer war als die heutigen Pferde. Möglicherweise starben die blätterfressenden Pferde aus, weil sie sich nicht an die wechselnden Umweltbedingungen anpassen konnten. Merychippus aber paßte sich an das offene Grasland an. Diese Gattung hatte längere Beine, die ihr eine schnelle Flucht vor Raubtieren ermöglichten, und immer noch drei Zehen, wobei die seitlichen immer kleiner wurden und der mittlere Zeh das Hauptgewicht trug. Die weiche Fußsohle war verschwunden. Es hatten sich flexible Sehnen entwickelt, die die wesentlich stärkere Aktion der Gliedmaßen unterstützten und kontrollierten. Merychippus wies einen langen flachen Rücken und einen schweren Kopf auf.

Pliohippus war das letzte Stadium in der Evolution des heutigen Pferdes, Equus. Die Gattung lebte vor circa sechs Millionen Jahren im Pliozän und hatte als erstes Pferd eine einzige, hornbewachsene Zehe – den Huf. Das langbeinige Tier konnte sich dem Leben in den Savannen, Steppen und Prärien anpassen. Da es dort nur wenig Schutz vor Raubtieren gab, mußte das Pferd in der Lage sein, schnell zu flüchten. Seine Zähne wurden größer und länger, um dem Tier ein besseres Abweiden des Grases ermöglichen zu können. In den Backenzähnen bildeten sich Rillen, mit denen die harte Zellulose des Grases zermahlen werden konnte. Als Resultat wurde auch das Maul größer. Pliohippus war ungefähr 1,22 m groß und ist der Vorfahr der Zebras und der Esel.

Das heutige Pferd

Das heutige Pferd, *Equus caballus*, entstand vor ungefähr einer Million Jah-

Unten: Das Körpergewicht des circa 90 cm großen Merychippus ruhte auf der mittleren Zehe. Die weichen Polster unter dem Fuß waren verschwunden; Hals und Beine wurden länger. Auch der Rücken wurde länger und flacher, der Kopf größer und schwerer.

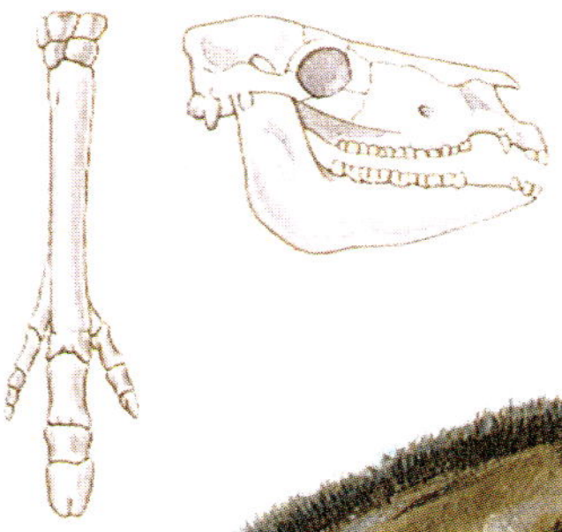

Unten: Die Gattung des 1,22 m großen Pliohippus besaß schon die Proportionen des heutigen Pferdes. Der Fuß hatte sich zum einzehigen Huf entwickelt, die Augen befanden sich seitlich am Kopf. Der Rücken war ohne ausgeprägten Widerrist. Die Tiere wiesen einen Aalstrich und Zebrastreifen an den Beinen auf.

Evolution

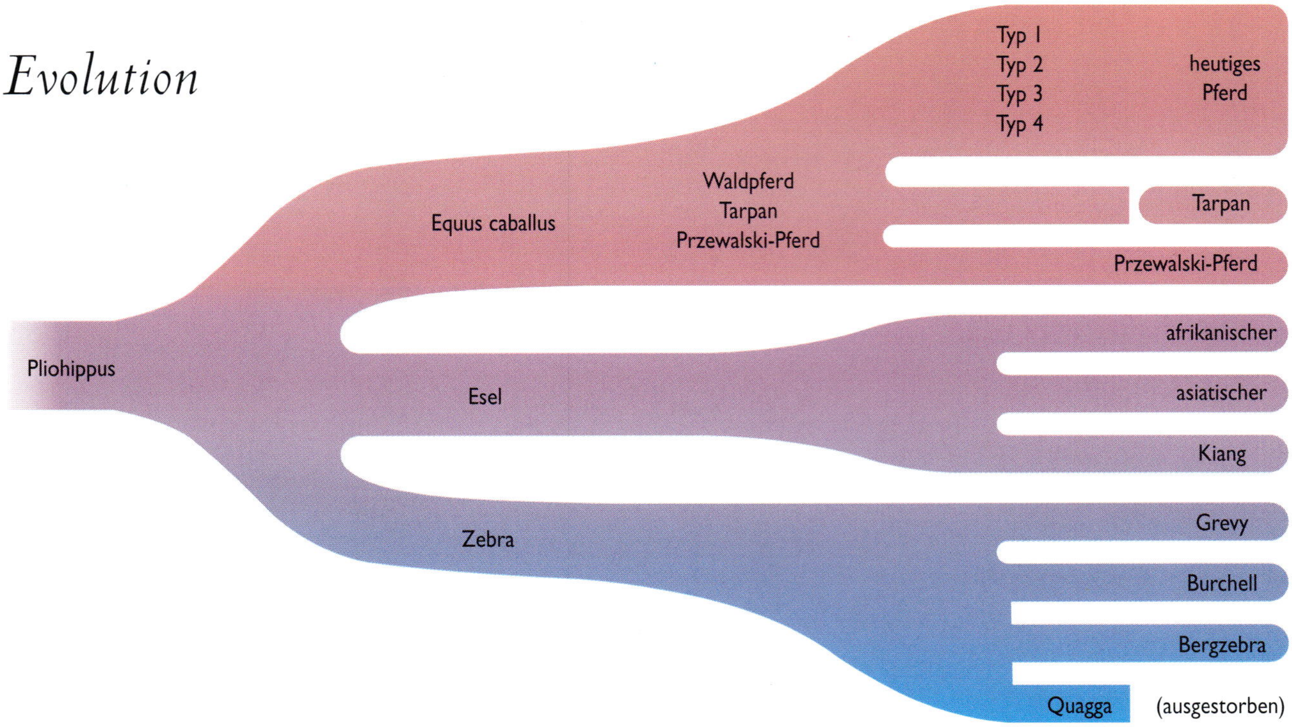

Oben: In dieser Graphik ist die Verwandtschaft zwischen Pliohippus, *Equus caballus*, Esel und Zebra und dem modernen Pferd dargestellt. Von den vier Urtypen stammt das heutige Pferd ab; das Quagga ist ausgestorben. Auch der Tarpan war verschwunden – die heutigen Tarpans entstanden durch Rückzüchtung. Am vielfältigsten hat sich das Pferd mit mehr als 300 Rassen entwickelt.

ren. Es verbreitete sich zunächst in Südamerika und Asien und später auch in Afrika und Europa. Alle anderen pferdeartigen Tiere starben aus.

Gegen Ende der Eiszeit vor etwa 9000 Jahren existierten drei Urpferdetypen, die alle vom Pliohippus abstammten. Diese Pferde lebten in Europa und Westasien, die Zebras in Ost- und Südafrika und die Esel und Onager in Nordafrika und im Mittleren Osten. In Amerika verschwand das Pferd vor etwa 8000 Jahren aus bisher ungeklärten Gründen. Pferde gelangten erst wieder nach Amerika, als die Spanier 1519 in Mexiko landeten.

Die Urtypen

Die Entwicklung der Pferde in diesem Zeitraum ist umstritten. Wenngleich es damals überaus viele Pferdearten gegeben hat, stammt das heutige Pferd wohl von drei Urtypen ab: dem Waldpferd, einem schweren, langhaarigen Pferd mit einem Stockmaß um

Oben: Das Exmoorpony ist ein einheimisches Pony aus Nordengland. Es ist der nächste noch lebende Verwandte des Ponytyps I. Wie der Ponytyp I hat es große Kiefer und rudimentäre siebte Molaren sowie das doppelte Fell, das es gut vor Kälte und Feuchtigkeit schützt.

Oben: Das Highlandpony ist der nächste heutige Verwandte des Ponytyps II, der im nördlichen Eurasien lebte. Er ähnelte dem Przewalski-Pferd und war sehr kälteresistent. Er war größer als der Ponytyp I. Das heutige Highlandpony ist vermutlich eine Kreuzung beider Typen.

Oben: Die alte Wüstenrasse des Achal-Tekkiners repräsentiert den Pferdetyp III. Dieser lebte in Zentralasien, war hitze- und kälteresistent und möglicherweise vom Tarpan beeinflußt. Der Achal-Tekkiner weist eine sehr dünne Haut und ein feines Fell auf – beides Merkmale des Wüstenpferdes.

Oben: Das Kaspische Pony ähnelt dem Pferdetyp IV, einem feinknochigen und hitzeresistenten Wüstenpferd. Es weist ungewöhnliche Merkmale wie einen siebten Molaren und einen geschwungenen Schädel auf. Der vermutliche Vorfahr des Arabers ist die älteste Pferderasse neben dem Przewalski-Pferd.

Oben: Der Afrikanische Wildesel (*Equus africanus*) ist der Vorfahr des Hausesels (*Equus asinus*). Der Asiatische Wildesel (oben) gehört zur Untergruppe Hemonius (*Equus hemonius onager, khur, luteus* und *hemonius*) und weist Pferde- und Esel- sowie ganz eigene Merkmale auf. Der Kiang ist ein eigener Zweig der Wildesel.

Oben: Das Bergzebra und das Burchell-Zebra sind die Zebras, die mit den Pferden und den Wildeseln am nächsten verwandt sind. Stammesgeschichtlich gehören sie zur Untergruppe Hippotigris. Das Grevy-Zebra ist mit einem Stockmaß um 1,37 m das größte und stammt direkt vom Pliohippus ab. Es wird in der Untergruppe Dolichohippus geführt.

1,45 m, das in den europäischen Sumpfgebieten lebte; dem asiatischen Wildpferd (es lebt heute noch als Przewalski-Pferd, siehe Seite 230); und dem Tarpan, einem leichteren Pferd, das noch bis ins 19. Jahrhundert hinein in den russischen Steppen lebte (siehe Seite 228). Aus diesen Urpferdetypen entwickelten sich im Lauf der Evolution vier weitere Typen, zwei Pferde- und zwei Ponytypen, von denen alle heutigen Pferde abstammen.

Typ I, ein Ponytyp, ist das keltische Pony, das in Nordwesteuropa heimisch war. Es lebte in feuchtem und unwirtlichem Gelände. Fossile Funde und Höhlenzeichnungen lassen auf ein Pony schließen, das dem Exmoor- und dem Islandpony gleicht (siehe Seite 215 und 227).

Typ II war ein Pony, das in Nordosteuropa und Asien lebte. Es war größer als Typ I und ein grobes, ziemlich schweres und langsames Tier, das eventuell der Vorfahr der heutigen Kaltblüter war. Die Tiere hatten einen großen Körper, um Fett speichern zu können, und ein dickes, langes Winterfell. Ihre Hufe waren breit. Vermutlich waren die Tiere falbfarben, hatten einen Aalstrich und ähnelten dem Przewalski-Pferd. Die heutigen Fjordpferde, die Noriker und die Highlandponys (siehe Seite 209, 217 und 226) stammen von ihnen ab.

Der aus Zentralasien stammende Typ III war ein kleines, zierliches, etwa 1,40 m großes Pferd und damit etwas größer als Ponytyp II. Dieser erste Pferdetyp war schmal und leicht, hatte einen langen Hals, lange Ohren und ein sehr feines Fell. Er ähnelte dem Achal-Tekkiner (siehe Seite 186), der bei extremer Hitze und wenig Wasser überleben kann. Vermutlich stammen auch der Karabakh und der Andalusier (siehe Seite 170 und 189) sowie das Sorraiapony (siehe Seite 224) von ihm ab.

Typ IV lebte in Westasien. Der Tarpan war circa 1,35 m groß und leichter als Typ III. Er hatte einen feineren Kopf, einen hochangesetzten Schweif und ein dünnes Fell. Wie Typ III war er sehr hitzeresistent. Vermutlich stammt auch der Araber (siehe Seite 184) von ihm ab. Sein nächster heutiger Verwandter ist jedoch das Kaspische Pony (siehe Seite 229).

Die großen Unterschiede zwischen den einzelnen Typen in Haarkleid und Knochenbau erklären sich dadurch, daß die Pferde große Wanderungen unternahmen und sich in unterschiedlichen Klimazonen entwikkelten. Boden, Klima und Futter beeinflußten ihre Evolution. Die Entwicklung beschleunigte sich, als die Pferde vor vermutlich etwa 6000 Jahren von Mongolen und anderen Hirtenvölkern Zentralasiens domestiziert wurden. Als man mit der selektiven Zucht begann, entstanden schnell stärkere, größere und kräftigere Pferde wie die Araber, die bis heute überlebt und alle anderen Pferdezuchten beeinflußt haben.

Verwandte

Aus dem Asinus-Typ der Equus-Familie entwickelten sich Zebras und Esel. Zebras entstanden in Afrika. Man unterscheidet drei Zebraarten, die in Südafrika leben: das Grevy-Zebra, das Burchell-Zebra und das Bergzebra. Das Quagga, ein halbgestreiftes Zebra, starb im letzten Jahrhundert aus. Das Zebra läßt sich im Gegensatz zu den anderen Equiden kaum zähmen.

Asiatische und afrikanische Wildesel entwickelten sich in den Wüsten Zentralasiens, des Mittleren Ostens und Nordafrikas. Die trittsicheren Tiere leben in Kleingruppen oder allein. Wie die Zebras wandern sie über weite Strecken und kommen lange ohne Wasser aus. Die domestizierten Esel stammen vom Wildesel ab.

Kreuzungen

Die Kreuzung von Pferden und Ponys bringt fruchtbare Nachkommen hervor, die die Merkmale beider Eltern vereinen. Dagegen ergibt die Kreuzung von Equiden, die sich in der Natur nicht paaren, unfruchtbare Nachkommen. Der Name der Nachkommen hängt von der Kombination von Hengst und Stute ab.

Maultier: Der Vater ist ein Esel, die Mutter eine Pferdestute. Der Körper ist pferde-, Ohren, Gliedmaßen und Hufe sind eselähnlich.

Maulesel: Der Vater ist ein Pferdehengst, die Mutter eine Eselin. Der Körper ist esel-, Ohren, Gliedmaßen und Hufe sind pferdeähnlich.

Zebrinny: Nachkomme eines Pferdehengstes und einer Zebrastute

Zebrula: Nachkomme eines Zebrahengstes und einer Pferdestute

Zedonk: Nachkomme von Zebra und Esel

Die Geschichte des Pferdes

Domestikation ✦ Das Pferd in der Gesellschaft ✦ Das Pferd im Krieg und in Friedenszeiten

Die Geschichte der Pferdezucht wurde und wird von den Bedürfnissen und Wünschen der Menschheit bestimmt. In den Jahrhunderten vor der Domestikation war das Verhältnis des Menschen zum Pferd das des Jägers zum Gejagten. Man trieb die scheuen und schnell in Panik geratenden Herden in enge Talkessel oder an Felsabhänge, wo sie abstürzten und zu Tode kamen.

Um 4000 – 3000 v. Chr. begannen asiatische Nomadenstämme in der Nähe des Schwarzen Meeres, Wildpferde in Herden zu halten. Die Nomaden hatten schon Erfahrung im Zähmen von halbwilden Tieren wie Schafen oder Ziegen und hielten die Pferde vor allem wegen der Milch, des Fleisches und der Häute. Als man sich der Stärke und Schnelligkeit der Pferde bewußt wurde, fing man an, sie zu reiten. Die Nomaden spannten die Pferde vor Schlitten und trieben ihre Herden mit ihnen zu neuen Futtergründen.

Um 3500 v. Chr. wurde in Mesopotamien, dem Ursprungsland der Pferdezucht, das Rad erfunden. Der Handel blühte auf, und man begann, mit Pferden zu handeln. Innerhalb der nächsten eintausend Jahre entwickelte sich in Westasien und Südeuropa ein enges Handelsnetz.

Die Pferde wurden schon bald auch im Krieg eingesetzt. Die Reitervölker der Kassiten, der Elamiten und der Hethiter führten um 3000 v. Chr. gegeneinander Nachbarschaftskriege.

Um 2000 v. Chr. kamen die ersten Streitwagen auf. Ägypten wurde von den Hyksos mit Hilfe von pferdebespannten Streitwagen auf Vollrädern regelrecht überrannt. Die Hyksos beherrschten das Land bis 1542 v. Chr.

Während um 1600 v. Chr. in Ägypten gerade die ersten Speichenräder entstanden, baute man diese in China bereits um 1300 v. Chr. in Perfektion.

Pferdebespannte Streitwagen waren über Jahrhunderte hinweg die bedeutendste Kriegswaffe – bis berittene Krieger und später die Kavallerie aufkamen. Mit der Verfeinerung von Waffen und Ausrüstung gewann die Kavallerie immer mehr an Bedeutung, da sie durch ihre Schnelligkeit, ihre Schlagkraft und durch das Überraschungsmoment effektiver war als Fußtruppen. Berittene Krieger konnten zudem auch in für Streitwagen unzugänglichen Gegenden operieren. Im Laufe der Zeit benötigte man wegen der schwereren Bewaffnung der Reiter aber größere Pferde. Man entwickelte Gebisse, Zügel und Sporen, um Geschwindigkeit und Richtung der Tiere besser kontrollieren zu können. Ursprünglich wurde die Ausrüstung aus Holz, Knochen oder Leder hergestellt. Um 1500 v. Chr. fertigte man sie aus Bronze, später aus Eisen. Sättel kamen erst in der spätrömischen Epoche im 4. bis 5. Jahrhundert n. Chr. auf, Steigbügel noch später.

Oben: Kirgisische Nomaden melken auch heute noch ihre Stuten. Aus der fermentierten Milch wird Kumyß, das leicht alkoholhaltige Nationalgetränk, gewonnen.

Unten: Die assyrischen Pferde des 9. Jh. v. Chr. waren kleine, leichte Pferde, ähnlich dem Kaspischen Pony im Iran (siehe Seite 229).

Mythos Pferd

Ohne Pferde wäre die Geschichte der Menschheit anders verlaufen, denn ohne den effektiven Personen- und Warentransport durch Pferde wäre der Handel über weite Strecken unmöglich gewesen. Doch Pferde bildeten von Anfang an auch einen wichtigen Faktor des politischen Lebens. Bei den Assyrern, deren Reich im 8. Jahrhundert v. Chr. aufblühte, war die Pferdezucht sogar Staatsziel. Diese Tradition wurde von den Persern fortgeführt, die das assyrische Reich 612 v. Chr. eroberten. Der persische Kaiser Cyrus der Große, der 539 v. Chr. Babylon einnahm, hielt in seinen Ställen 8000 Hengste und 6000 Stuten.

In China, Japan und Korea wurden Kriegspferde zur begehrten Beute der herrscherlichen Gestüte (siehe Seite 239). Für die Reitervölker der Turkmenen, der Hunnen und der Mongolen waren die Tiere überlebenswichtig. Gefallene Krieger begrub man mitsamt ihren Pferden. Auch die Ritter der Kreuzzüge zogen auf Edelrössern gegen den Feind.

Im Mittelalter (zwischen 600 und 1500) gewannen Kaltblüter an Bedeutung, da die Ritter mit ihrer bis zu einem Zentner schweren Rüstung auf starke Pferde angewiesen waren.

Pferde in Friedenszeiten

Nach dem Ausbau des Straßennetzes und dem Aufkommen von Kutschen stieg im 17. Jahrhundert die Nachfrage nach schnellen und starken Pferden. Im 18. Jahrhundert entdeckte man Araber und Berber als Veredler schwererer Landschläge. Das Reiten als Sport wurde populär: Mit dem Entstehen des Vollbluts (siehe Seite 160) war die Grundlage für viele der heutigen Sportpferderassen gelegt.

Als dann Traktoren und Automobile aufkamen, verlosch in den Industriestaaten das Interesse an Pferden; lediglich in ländlichen Gebieten setzte man sie noch hie und da ein.

Seit dem Zweiten Weltkrieg steigt die Nachfrage nach Freizeit- und Sportpferden jedoch wieder. Die Pferdezucht hat sich in vielen Ländern zu einer durchaus lukrativen Angelegenheit entwickelt.

Oben: Dieses flämische Gemälde aus dem 16. Jahrhundert zeigt Pferde auf dem Acker. Doch erst im 18. Jahrhundert wurden Pferde, die weitaus effektiver waren als Ochsen, zur Feldarbeit herangezogen.

Unten: Das 18. Jahrhundert war die Blütezeit von feinen und hochspezialisierten Pferdefahrzeugen und privaten Kutschenrennen. In den USA wurden zu dieser Zeit die ersten Trabrennen gefahren.

Körperbau

Körperteile ✦ Farben und Abzeichen ✦ Knochenbau ✦ Das Hufinnere ✦ Entwicklung ✦ Zähne, Muskeln, Sehnen und Bänder

Seitdem Pferde domestiziert werden, versucht der Mensch sie mittels seiner Zuchtmethoden an ihre jeweilige Nutzungsbestimmung anzupassen. Doch obwohl der Mensch im Verlauf der letzten 6000 Jahre massiv in die Entwicklung der Tiere eingriff und Kreuzungen durchführte, aus denen über 300 verschiedene Rassen hervorgingen, haben sich Struktur und Knochenbau des Pferdes bis heute kaum verändert. Vom kleinsten Shetlandpony bis zum schwersten Kaltblut gehören alle Pferde der Gattung des *Equus caballus* an. Alle Tiere haben dieselbe Körperstruktur.

Der Körperbau des Pferdes ist auf Kraft, Größe und Schnelligkeit hin ausgelegt. Die leichten unteren Gliedmaßen verfügen über wenige Knochen und Muskeln. Mit Hilfe des hoch-

FELLFARBEN

Was die Farbe anbelangt, gleicht kein Tier dem anderen, da die Farbschattierungen auch innerhalb der einzelnen Kategorien variieren. Die Hauptfarben sind Braune, Rappen, Füchse und Schimmel, außerdem gibt es noch Isabellen, Falben, Palominos und Schecken. Bei Schecken treten die unterschiedlichsten Farbvariationen auf. In den Unterlagen des Tieres werden die Farben allerdings nicht genauer beschrieben.

Rechts: Die Harmonie des Pferdekörpers hängt davon ab, wie sich die einzelnen Körperteile zueinander verhalten. Sei es im Stand, sei es in der Bewegung – jeder Körperteil erfüllt im Zusammenspiel mit den anderen eine wichtige Aufgabe.

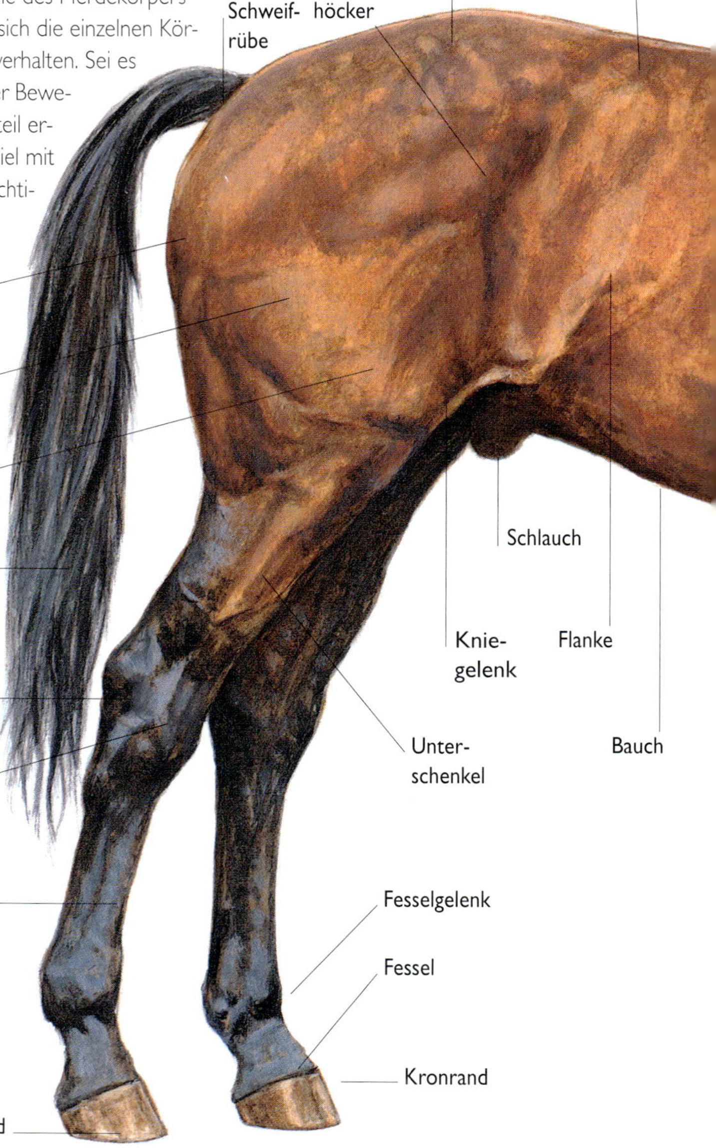

entwickelten Muskelapparats, der an die Knochen der oberen Gliedmaßen und an den Rumpf gebunden ist, werden die Beine vor- und zurückbewegt. Um die physischen und die psychischen Möglichkeiten des Pferdes verstehen zu können, benötigt man ein fundiertes Wissen über den Körperbau und das Interieur der Tiere: Wie funktioniert der Körper? Wie arbeiten die Sinne? Wie verläuft der Lebenszyklus der Pferde?

Körperteile

Jeder Körperteil spielt eine ganz spezielle Rolle. Es ist ebenso nützlich wie wichtig, die Körperteile korrekt beschreiben und benennen zu können, wenn man beispielsweise den Tierarzt benachrichtigen muß und ihm einen Vorbericht geben soll.

Die linke Seite des Pferdes nennt man die innere Seite, die rechte die äußere. Alle Extremitäten sind am Rumpf befestigt, also am Skelett, das aus Knochen und Knorpeln besteht und den sogenannten Rahmen bildet. Die unteren Gliedmaßen und die Hufe sind die am meisten belasteten Teile des Körpers – sie tragen den massigen Rumpf. Dies spielt beispielsweise beim Springen eine sehr wichtige Rolle, da hier auch noch das Reitergewicht hinzukommt. Die Vorderbeine stehen mit dem Karpalgelenk und dem Fesselgelenk leicht rückwärts gerichtet unter dem Pferdekörper, wäh-

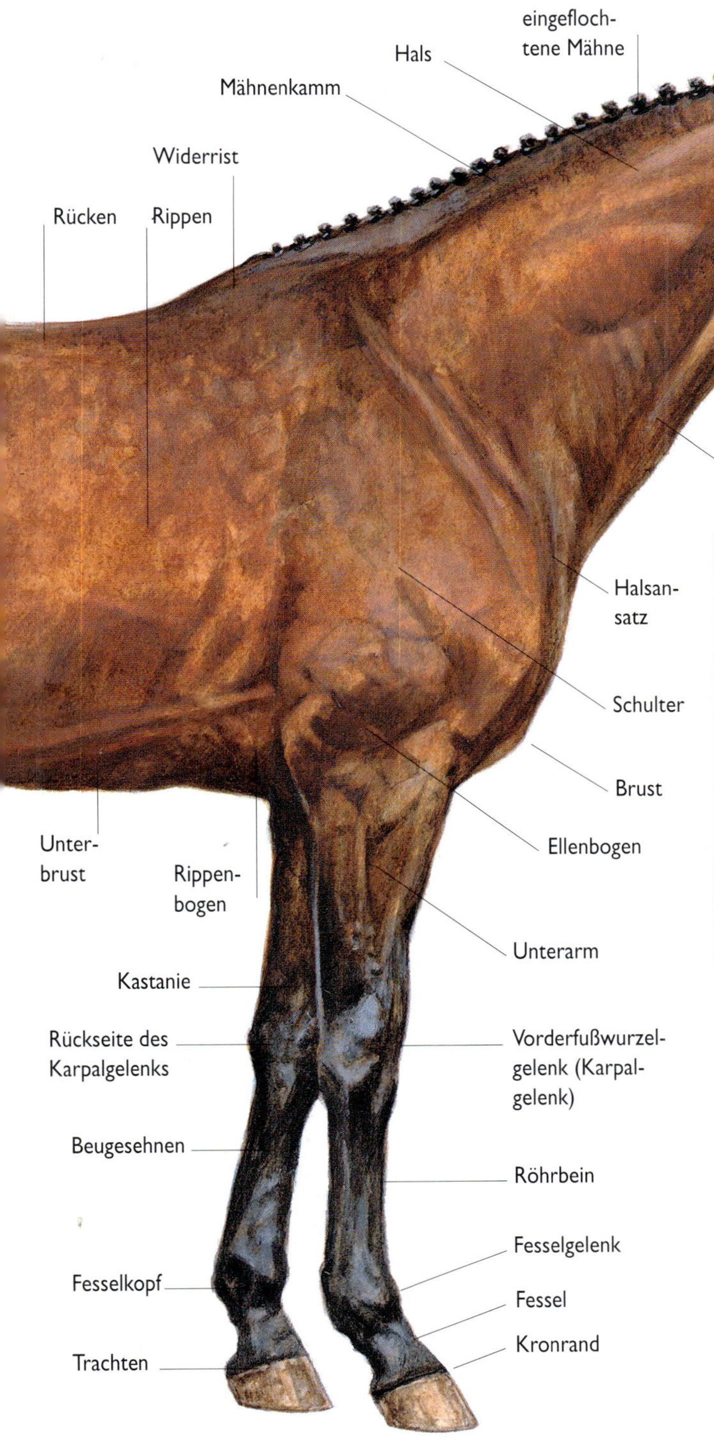

Abzeichen

Andersfarbige Haare (meist weiße) werden Abzeichen genannt. Meistens erscheinen sie am Kopf und/oder an den Beinen. Die Bezeichnung der Beinabzeichen richtet sich meist nach dem Bereich, in dem die Abzeichen auftreten.

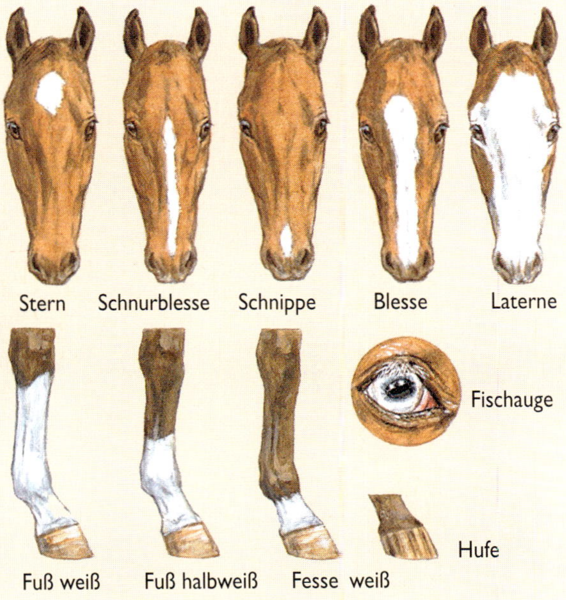

Körperbau

rend sich die Hinterbeine erst vom Sprunggelenk an unter dem Pferdekörper befinden.

Die Leistungsfähigkeit und damit auch die Nutzbarkeit des Pferdes hängt vom korrekten Körperbau des Tieres ab (siehe Seite 46). Pferde mit einer weichen Körperstruktur (siehe Seite 47–48) sind krankheitsanfälliger und somit weniger leistungsfähig.

Der Knochenbau

Das Skelett des Pferdes besteht aus etwa 205 Knochen. Sie bilden den Rahmen für die Muskeln und Sehnen und dienen zusammen mit diesen als Schutz der inneren Organe. Während

Unten: Der Pferdehuf entspricht dem Mittelfinger beim Menschen. Er hat vier Knochen: Hufbein, Strahlbein, Kronbein und Fesselbein. Das Fesselbein liegt unterhalb des Fesselgelenks. Vom Kronbein ist jenes durch einen Knorpel getrennt. Die Unterseite des Hufes nennt man Sohle; sie ist leicht konkav. Zwischen der Sohle und den Ballen liegt der Strahl, ein V-förmiger Puffer, der Bewegungsstöße abfedert.

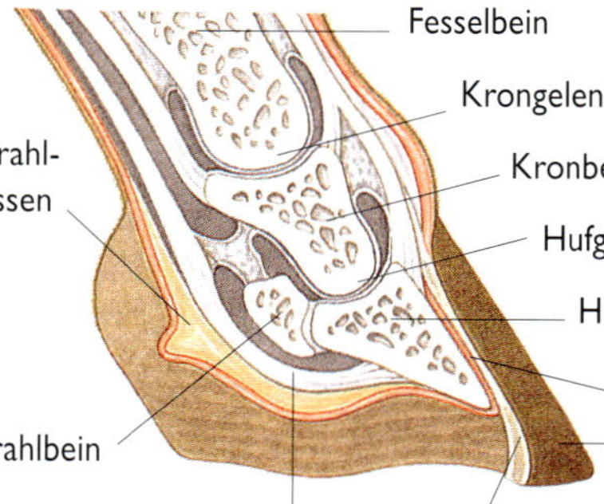

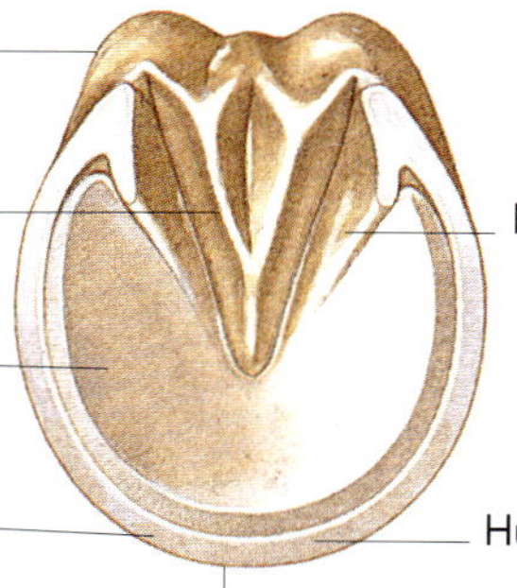

Rechts: Die Zähne ermöglichen dem Pferd das Grasen. Die Vorderzähne dienen zum Abrupfen, die Backenzähne (Molaren) zum Zermalmen des Futters. Die Milchzähne der Fohlen werden zwischen dem dritten und dem fünften Lebensjahr durch bleibende Zähne ersetzt. Die Molaren weisen eine breite, gefurchte Oberfläche aus Zahnschmelz auf, mit der die Nahrung in seitwärts mahlenden Bewegungen zerkleinert wird. Da der Oberkiefer enger ist als der Unterkiefer, können scharfe Ecken an den Zähnen entstehen.

Unten: Das Skelett des Pferdes besteht aus Knochen, Gelenken, Knorpeln und Bändern. Es teilt sich auf in das Stammskelett (Schädel, Wirbelknochen und Rippen) sowie das Vor- und das Hinterhandskelett, also in Gliedmaßen und Gliedmaßengürtel wie Schulter, Beckengürtel usw., die die Gliedmaßen mit dem Stammskelett verbinden.

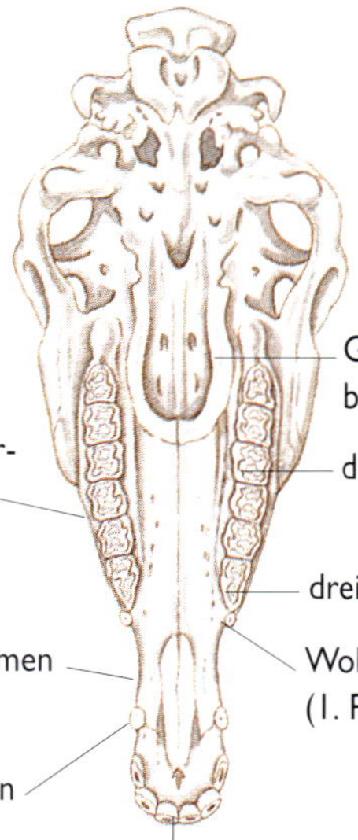

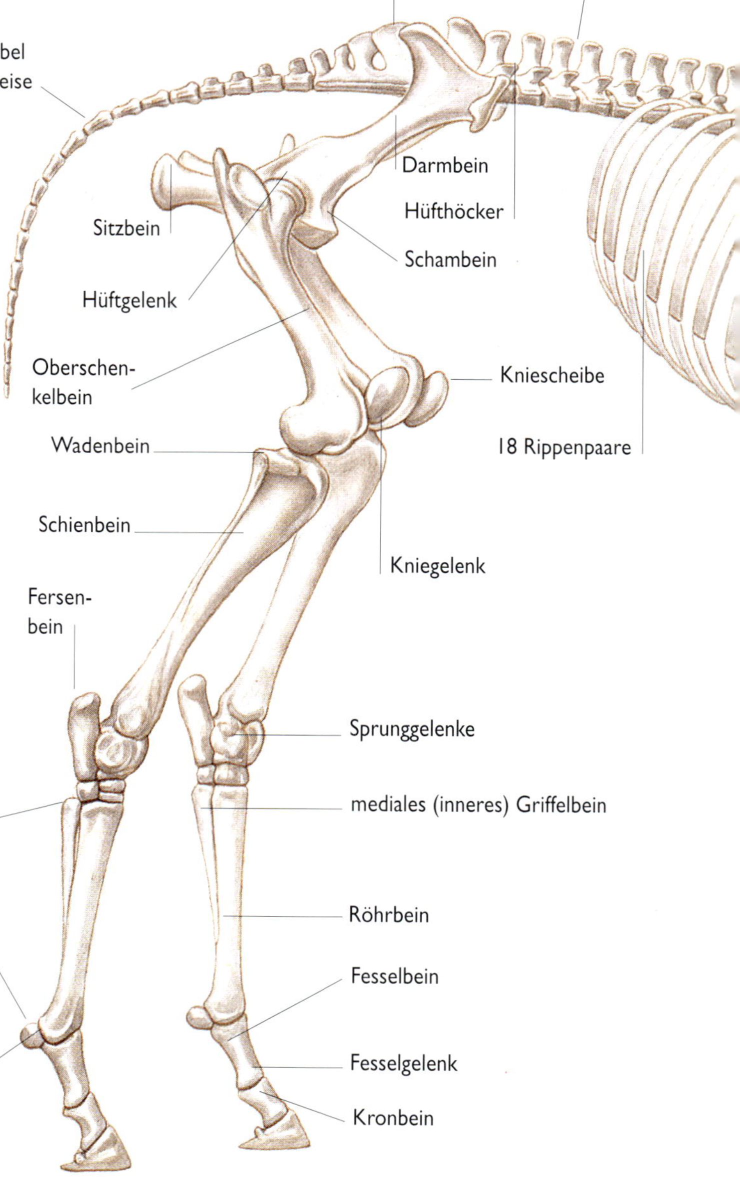

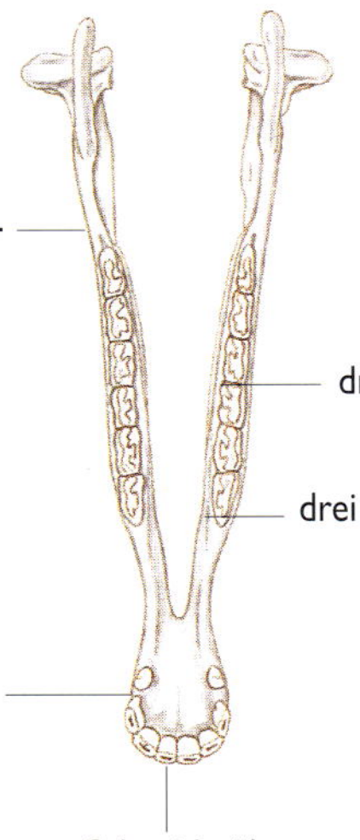

ARABERPFERDE

Der Araber (siehe Seite 184) und einige andere östliche Pferde haben, im Gegensatz zu allen anderen Pferderassen, statt der sonst üblichen 18 Rippen und sechs Lendenwirbel nur 17 Rippen und fünf Lendenwirbel.

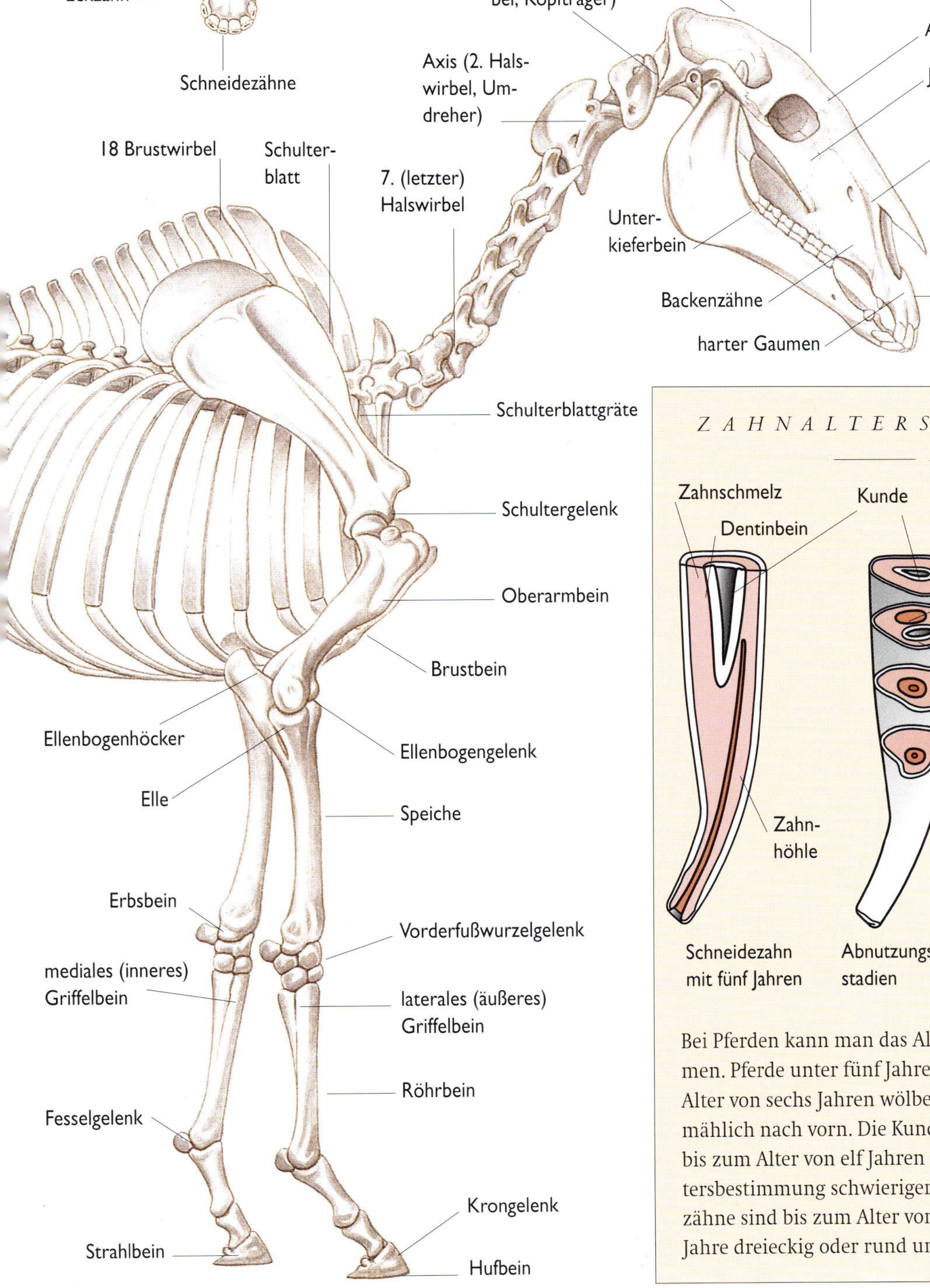

ZAHNALTERSBESTIMMUNG

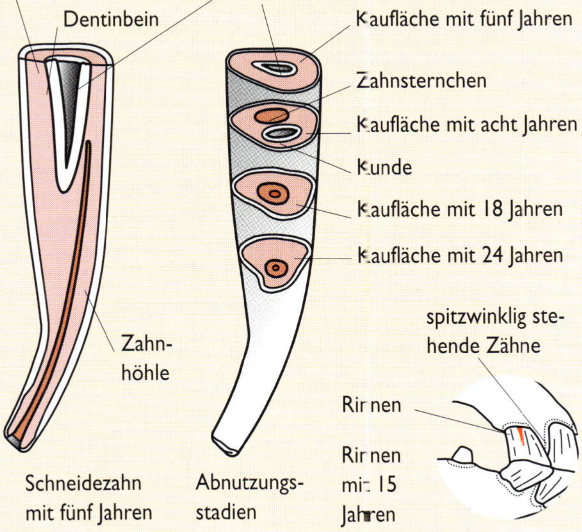

Bei Pferden kann man das Alter anhand der Zähne bestimmen. Pferde unter fünf Jahren haben Milchzähne. Ab dem Alter von sechs Jahren wölben sich die Schneidezähne allmählich nach vorn. Die Kunden erscheinen, verschwinden bis zum Alter von elf Jahren aber wieder. Dann wird die Altersbestimmung schwieriger. Die Reibflächen der Schneidezähne sind bis zum Alter von zehn Jahren queroval, bis 15 Jahre dreieckig oder rund und ab 20 Jahren längsoval.

Körperbau

Oben: Beim Springen werden viele Muskeln beansprucht: Armmuskel, Rückenmuskel, trapezförmiger Muskel und Arm-Kopf-Muskel kontrollieren die Schulteraktion. Vorderer Brustmuskel, Armmuskel und Oberarmmuskel regeln die Bewegung des Ellenbogengelenks. Halbsehniger Muskel und Oberschenkelmuskel sowie Kruppenmuskel sind für die Bewegung der Hüfte und des Kniegelenks verantwortlich, während der Schenkelmuskel die Dehnung des Sprunggelenks bestimmt. Die Zehenstrecker koordinieren die Bewegung der unteren Gliedmaßen.

die Knochen von Rücken und Rumpf relativ starr sind, sind die Gliedmaßen dank ihrer Gelenke überaus beweglich. Die Gelenke bilden die Verbindung zwischen zwei Knochen. Sie bestehen aus einer Gelenkkapsel, den Gelenkknorpeln und der Gelenkschmiere. Diese Strukturen ermöglichen eine reibungslose Beweglichkeit der Gliedmaßen. Zudem werden die Knochen im Bereich der Gelenke durch Bänder zusammengehalten, die einerseits Stabilität verleihen, andererseits aber auch Beweglichkeit.

Unten: Die Skelettmuskulatur ist das Fleisch des Pferdes. Muskeln sind Bänder, die sich zusammenziehen und entspannen können. Es gibt willkürliche und unwillkürliche Muskeln. Die willkürlichen Muskeln bewegen sich beispielsweise beim Gehen oder beim Fressen, während sich die unwillkürlichen Muskeln ohne bewußte Kontrolle des Pferdes spannen und entspannen; dies sind die Muskeln der Organe oder der Pupillen.

Die Muskulatur

Die Muskeln sind der Motor des Körpers. Nur aufgrund ihrer Fähigkeit, sich zusammenzuziehen (Muskelkontraktion) ist eine Bewegung des Körpers überhaupt möglich. Man unterscheidet zwischen der Skelettmuskulatur, dem Herzmuskel und der glatten Muskulatur, die in den inneren Organen wie beispielsweise dem Darm angelegt ist. Während die Skelettmuskeln willkürlich bewegt werden können, werden der Herzmuskel und die glatte Muskulatur durch das

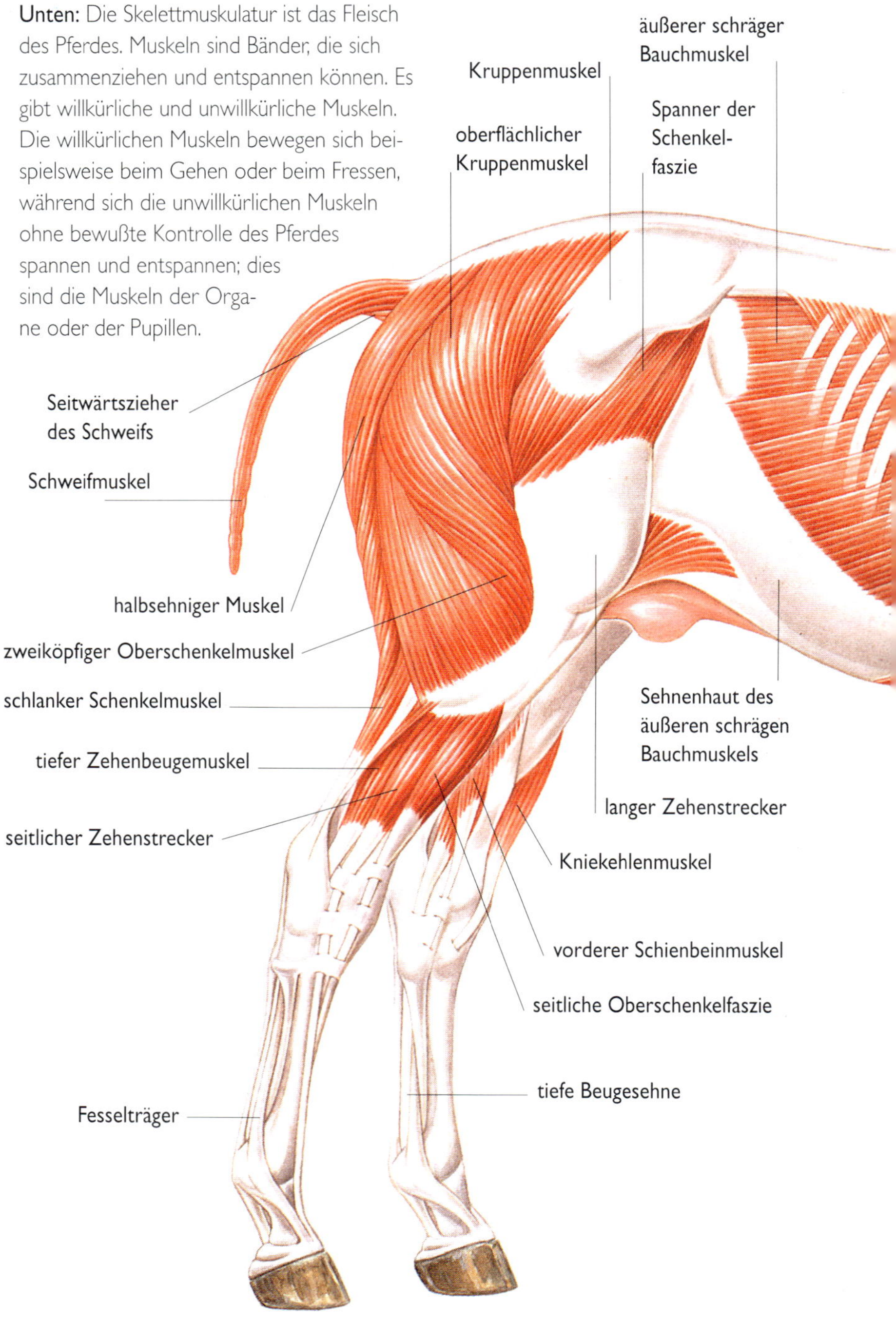

vegetative Nervensystem gesteuert. Die Skelettmuskeln haben ihren Ursprung an einem Skelettknochen und übertragen ihre Bewegung direkt oder über Sehnen auf einen zweiten Knochen. Durch die willkürliche Verkürzung des Muskelbauchs wird dann das die beiden Knochen verbindende Gelenk – je nach Lage des Muskels – gebeugt oder gestreckt. Die Steuerung dieser Muskelbewegungen erfolgt durch das Nervensystem, das die entsprechenden Impulse auf die einzelnen Muskeln überträgt.

Sehnen

Sehnen setzen sich aus in Bündeln zusammengefaßten Fasern zusammen, die einen fingerstarken Strang bilden können – wie beispielsweise die oberflächlichen und tiefen Beugesehnen der Gliedmaßen. Diesen Sehnen kommt die Aufgabe zu, die Kontraktion der Muskeln auf die unteren Abschnitte der Gliedmaßen zu übertragen. Im Renngalopp oder beim Springen sind diese Sehnen Zugbelastungen von mehreren Tonnen ausgesetzt. Zerrungen und Entzündungen der Sehnen heilen nur sehr schlecht.

Bänder

Ähnlich wie Sehnen, bestehen auch die Bänder aus Faserbündeln. Die Bänder dienen als Verbindung zwischen

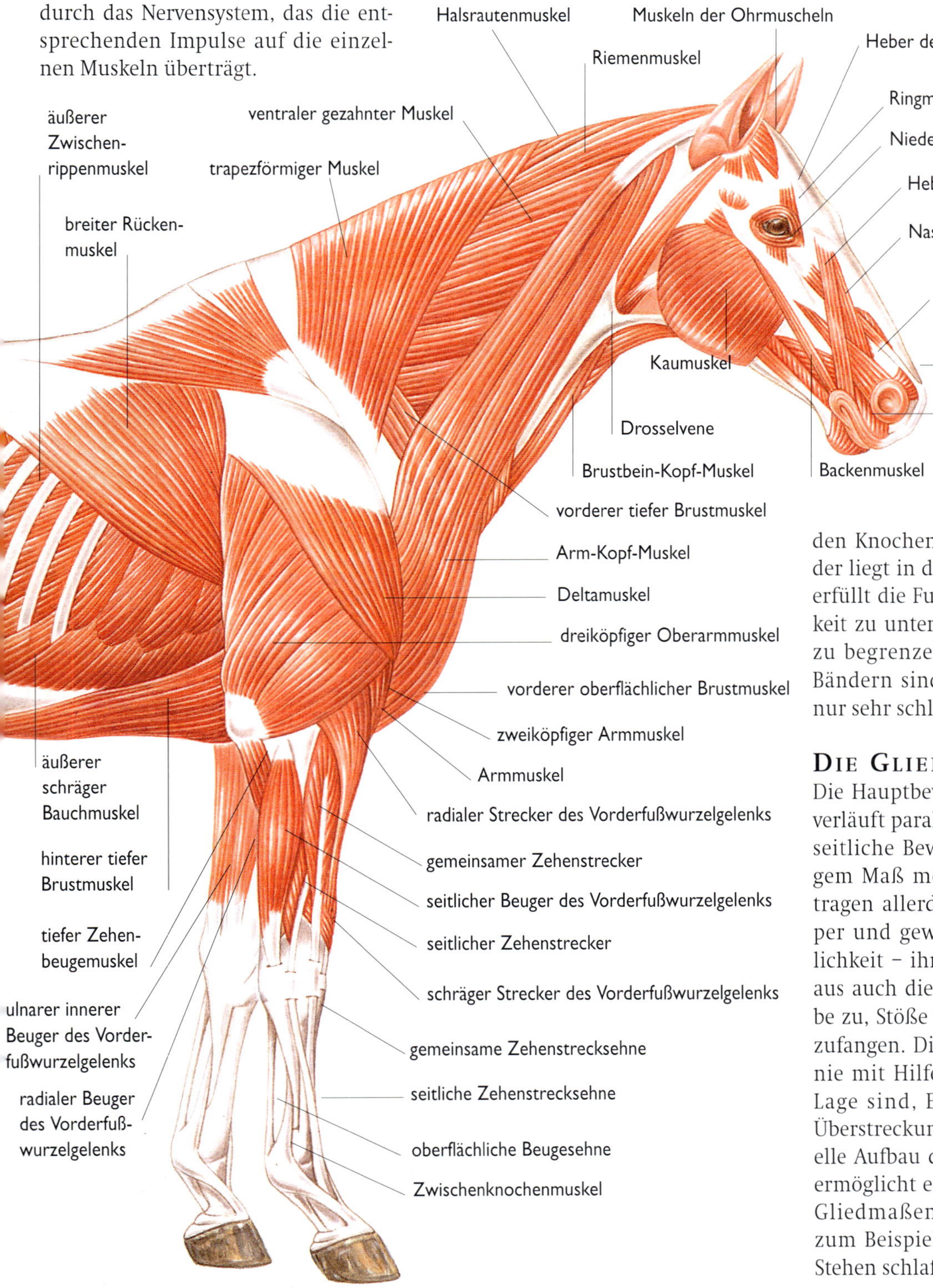

den Knochen. Die Mehrzahl der Bänder liegt in der Nähe der Gelenke und erfüllt die Funktion, deren Beweglichkeit zu unterstützen beziehungsweise zu begrenzen. Verletzungen an den Bändern sind langwierig und heilen nur sehr schlecht.

Die Gliedmassen

Die Hauptbewegung der Gliedmaßen verläuft parallel zur Körperachse; eine seitliche Bewegung ist nur in geringem Maß möglich. Die Gliedmaßen tragen allerdings nicht nur den Körper und gewährleisten seine Beweglichkeit – ihnen kommt darüber hinaus auch die überaus wichtige Aufgabe zu, Stöße und Erschütterungen abzufangen. Dies geschieht in erster Linie mit Hilfe der Fesseln, die in der Lage sind, Erschütterungen durch Überstreckung abzufedern. Der spezielle Aufbau der Knochen und Sehnen ermöglicht es dem Pferd, die hinteren Gliedmaßen so zu fixieren, daß es zum Beispiel ohne Kraftaufwand im Stehen schlafen kann.

Körperfunktionen

Atemwege und Blutkreislauf ✦ Verdauungssystem ✦ Nervensystem

Die Körperfunktionen des Pferdes sorgen dafür, daß das Tier sich bewegen, atmen, fressen, wachsen, gesund leben und auf äußere Reize reagieren kann.

Atemwege und Blutkreislauf

Um arbeiten zu können, benötigt der Körper Sauerstoff. Der Sauerstoff wird von den Lungen aufgenommen, in das Kreislaufsystem transportiert und von diesem über den Organismus verteilt. Die Menge des Sauerstoffs und die Geschwindigkeit, mit der dieser aufgenommen und durch den Körper geleitet wird, hängen von der Atem- und Herzmuskeltätigkeit ab.

Normalerweise atmet ein Pferd sechs- bis zwölfmal pro Minute; sein Herz schlägt 32- bis 40mal pro Minute. Beim Schritt dupliziert sich die Herzfrequenz – bei einem energischen Trab verdreifacht sie sich sogar. Ein Distanzpferd erreicht im Wettkampf bis zu 100 Pulsschläge pro Minute, ein Rennpferd bis zu 250 Schläge in der Minute.

Die Körpertemperatur des Pferdes beträgt normalerweise 38°C. In Streßsituationen oder im Krankheitsfall kann sie sich jedoch bis auf über 40°C erhöhen.

Das Atemsystem besteht aus den luftführenden Wegen (Nase, Kehlkopf, Luftröhre und Bronchien) und dem Lungengewebe mit seinen kleinen Bronchien und Alveolen, in denen der Gasaustausch stattfindet.

Das Herz des Pferdes ist ein muskulöses Organ mit vier Kammern, das das Blut durch den Körper pumpt. In den Lungen wird das Blut mit Sauerstoff angereichert und beliefert über die Arterien den ganzen Körper. Über die Arterien wird das sauerstoffreiche Blut zu den Gefäßen der einzelnen Organe gepumpt. Das von diesen Gefäßen im Austausch abgegebene Kohlendioxid wiederum wird im Blut über die Venen zum Herzen geleitet, gelangt von dort über die Lungenarterie in die Lunge und wird aus dieser abgeatmet. Auf diese Weise schließt sich der Kreislauf.

Zudem unterstützt der Blutkreislauf durch entsprechende Anpassung an die Außentemperaturen auch die Regulierung der Körpertemperatur.

Das Lymphsystem besteht aus Gefäßen, die die Lymphflüssigkeit transportieren. Diese Flüssigkeit schützt den Blut-

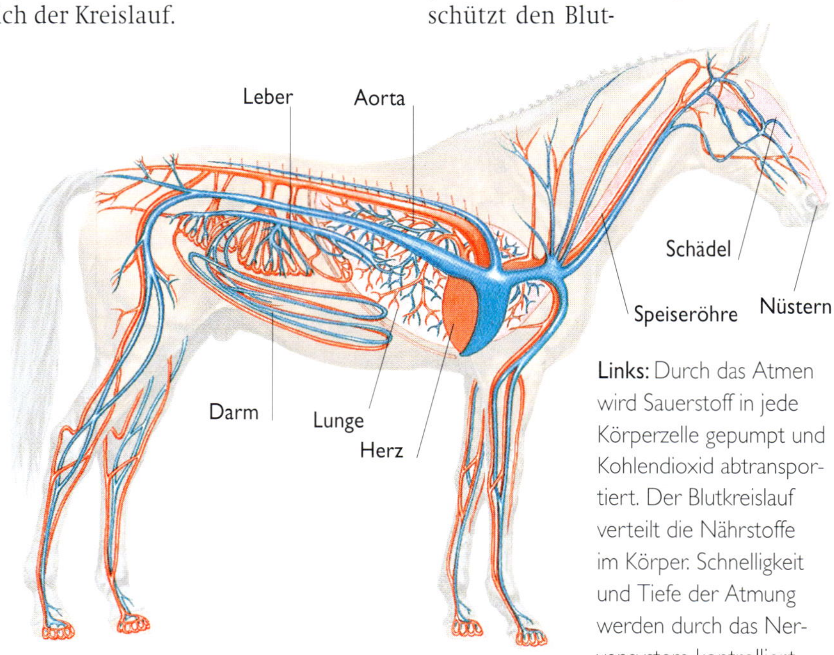

Links: Durch das Atmen wird Sauerstoff in jede Körperzelle gepumpt und Kohlendioxid abtransportiert. Der Blutkreislauf verteilt die Nährstoffe im Körper. Schnelligkeit und Tiefe der Atmung werden durch das Nervensystem kontrolliert.

Unten: Aus der rechten Herzkammer wird sauerstoffarmes Blut (blau) in die Lungen gepumpt, wo es mit Sauerstoff angereichert wird (rot). Über die linke Herzkammer und die Arterien wird es dann im Körper verteilt. Die Körperzellen nehmen den Sauerstoff auf und geben im Austausch Kohlendioxid ab. Das nun sauerstoffarme Blut gelangt durch die Venen zurück zum Herzen, wo der Kreislauf aufs neue beginnt.

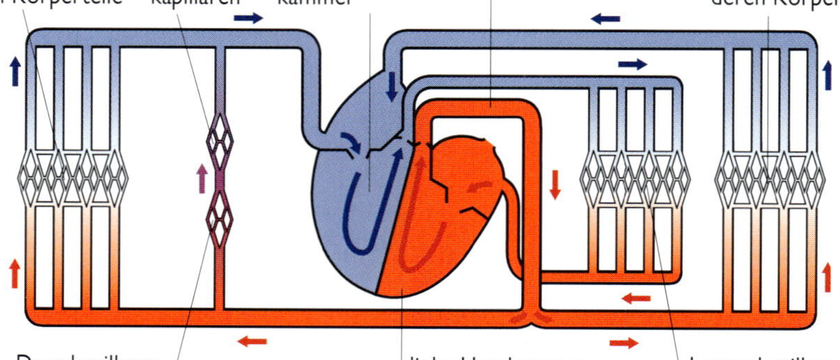

Das Pferd
Körperfunktionen

kreislauf, schwemmt körpereigene Abfallstoffe aus und zerstört gefährliche Bakterien. Der Fluß der Lymphe wird durch den Blutkreislauf und die Bewegung der Muskeln stimuliert.

Verdauung

Pferde sind Weidetiere und nehmen ständig kleine Nahrungsmengen zu sich. Diese Verhaltensweise bestimmt auch die Struktur ihres Verdauungstrakts: Der Magen ist relativ klein und darf immer nur geringe Futtermengen enthalten. Die eigentliche Verdauung findet im Darm statt.

Das Futter wird mit den Schneidezähnen abgebissen, mit Hilfe der Zunge zu den Backenzähnen transportiert, zermahlen, eingespeichert und gelangt über die Speiseröhre und den Magen in den Dünndarm. Von der Leber, der Bauchspeicheldrüse und den Darmzellen produzierte Enzyme spalten die Nährstoffe so auf, daß sie vom Dünndarm resorbiert werden können. Dann gelangt der Nahrungsbrei in den Blind- und Grimmdarm, wo eine Fermentierung der schlechtverdaulichen Kohlenhydrate wie beispielsweise Zellulose stattfindet. In diesen zum Dickdarm gehörenden Abschnitten werden zu einem geringen Teil noch Nährstoffe, hauptsächlich aber Wasser aufgenommen, wodurch der Darminhalt eingedickt wird. Über den Mastdarm werden die nicht verwertbaren Futteranteile als Kot ausgeschieden.

Nervensystem

Das Zentrum des Nervensystems ist das Gehirn, das mit der Wirbelsäule verbunden ist. Von dieser gehen die Nervenbahnen aus.

Die Nervenenden weisen empfindliche Sensoren auf, die Schmerz, Druck, Hitze und Kälte ebenso wie Angenehmes oder Unangenehmes registrieren. Die Koordination findet im Gehirn statt. Die vom Gehirn ausgehenden Fasern geben die Impulse für die Muskulatur oder steuern über das vegetative Nervensystem die Funktion der Körperorgane. Die Nervenenden in der Nase, den Augen und den Ohren transportieren Gerüche, Gesehenes bzw. Gehörtes ins Gehirn.

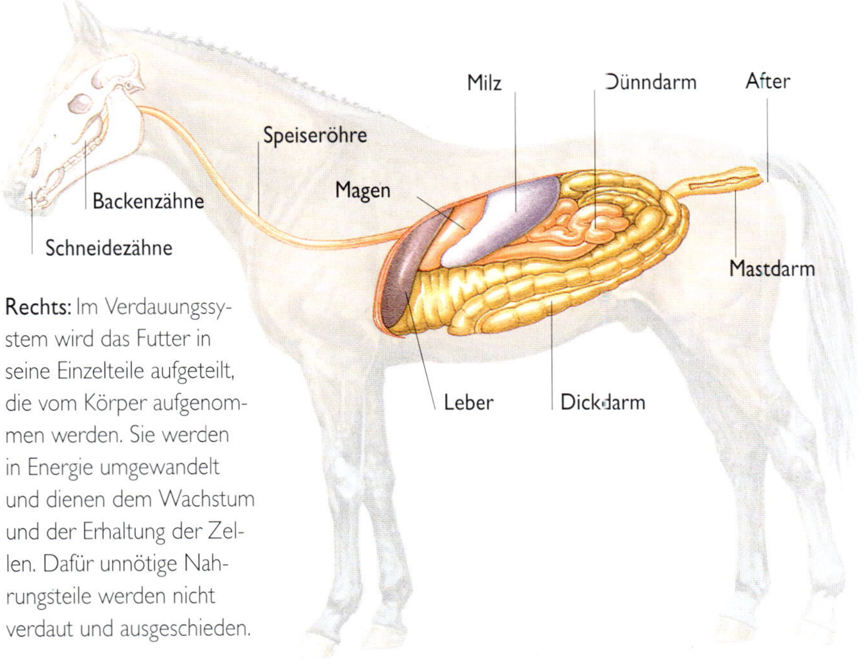

Rechts: Im Verdauungssystem wird das Futter in seine Einzelteile aufgeteilt, die vom Körper aufgenommen werden. Sie werden in Energie umgewandelt und dienen dem Wachstum und der Erhaltung der Zellen. Dafür unnötige Nahrungsteile werden nicht verdaut und ausgeschieden.

Unten: Das Futter gelangt über die Speiseröhre in den Magen und wird durch die Magensäfte aufbereitet. Anschließend wird es im Dünndarm enzymatisch und im Blind- und Dickdarm durch Bakterien fermentiert. Die Nährstoffe werden vor allem im Dünndarm und im Blinddarm vom Blut aufgenommen, während Flüssigkeiten durch den Dickdarm absorbiert werden. Nichtverwertbare Futterteile werden als Kot ausgeschieden.

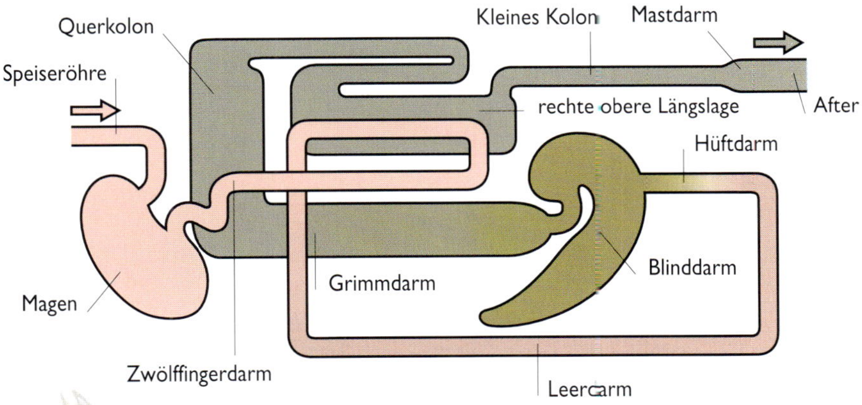

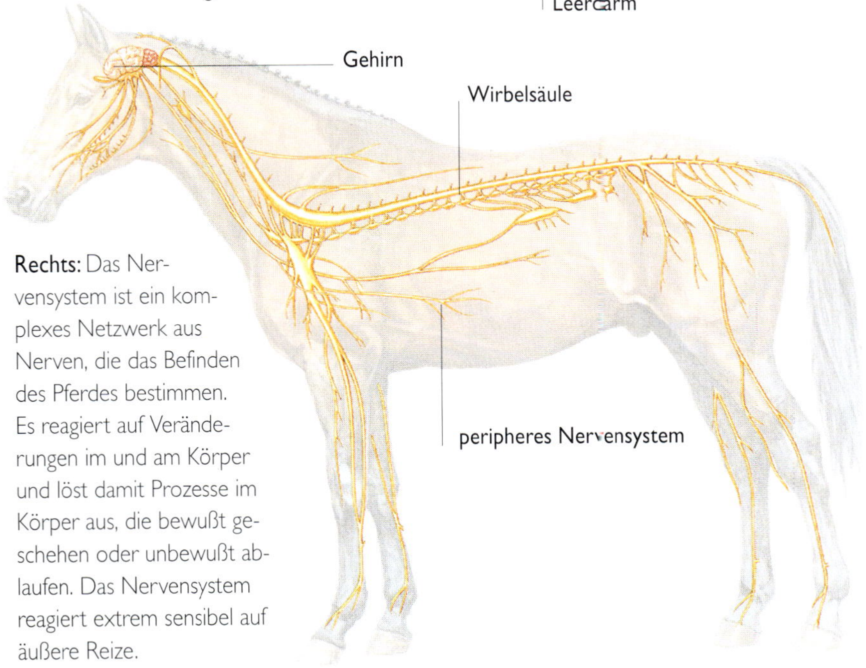

Rechts: Das Nervensystem ist ein komplexes Netzwerk aus Nerven, die das Befinden des Pferdes bestimmen. Es reagiert auf Veränderungen im und am Körper und löst damit Prozesse im Körper aus, die bewußt geschehen oder unbewußt ablaufen. Das Nervensystem reagiert extrem sensibel auf äußere Reize.

Die Sinne des Pferdes

Die fünf Sinne ✦ Ausdruck von Gefühlen ✦ Reaktionen auf die Umwelt

Die ausgeprägte sinnliche Wahrnehmungsfähigkeit des Pferdes hängt sehr eng mit seinen natürlichen Instinkten zusammen. Der Geschmackssinn von Pferden ähnelt zwar dem anderer Tiere, doch ihr Seh- und ihr Gehörsinn sind völlig einzigartig.

Augen und Sehen

Da die Augen des Pferdes weit auseinanderstehen, hat das Tier eine nahezu komplette Rundumsicht. Für ein Fluchttier ist dies in der freien Natur von unschätzbarem Wert. Pferden sollte man sich immer innerhalb ihres Sichtbereichs nähern, da sie sonst erschrecken (siehe Seite 35).

Pferdeaugen besitzen eine große Ausdrucksskala, die von Erstaunen über Argwohn, Angst und Aggression bis hin zu Mut, Freude und Zufriedenheit reicht. An ihnen kann man zudem ablesen, ob das Pferd gesund ist: Die Augen von kranken Tieren sind halb geschlossen und trüb.

Ohren und Gehör

Pferde besitzen ein ausgezeichnetes Gehör, das wesentlich besser ist als das des Menschen. Die Ohren eines Pferdes sind ständig in Bewegung und nehmen jeden Ton wahr.

An den Ohren läßt sich auch erkennen, ob ein Pferd interessiert, erfreut, gelangweilt, unwillig, irritiert, ängstlich oder aggressiv ist.

Dank ihres feinen Gehörs lernen Pferde schnell, den Ton der menschlichen Stimme mit Lob oder Tadel, Warnungen oder Kommandos zu verbinden, was ihre Ausbildung erleichtert.

Oben: Berührungen gehören zur Kommunikation zwischen Pferden. Wenn befreundete Tiere sich das Fell beknabbern, geht dies oft vom rangniedrigeren Pferd aus.

Unten: Pferde haben ein Gesichtsfeld von 340°. Da ihre Augen aber weit seitwärts am Kopf liegen, können die Tiere Entfernungen nicht in jedem Winkel abschätzen.

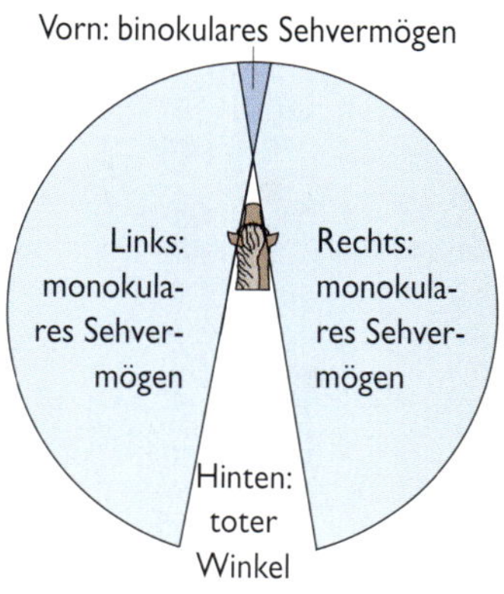

Geruch

Pferde haben einen ausgeprägten Geruchssinn. Die weiten Nüstern können viele Gerüche gleichzeitig aufnehmen. So merken die Tiere am Geruch, ob ein Mensch Angst hat. Ihren Widerwillen gegen einen unangenehmen Geruch drücken Pferde durch Schnauben, Schnorcheln und Rückwärtsgehen aus. Viele Tiere fressen kein Futter, das einen ihrer Meinung nach seltsamen Geruch ausströmt.

Geschmack

Pferde verweigern eher die Nahrung als schlechtes Gras zu fressen. Es kann vorkommen, daß eine Weide, die scheinbar grünes und gesundes Gras trägt, von den Tieren abgelehnt wird. Normalerweise nehmen Pferde grobes, verschmutztes oder minderwertiges Gras nicht auf. Hochblütige Pferde sind in dieser Hinsicht allerdings empfindlicher als Ponys.

Zucker und andere Leckereien sind Pferden unbekannt; wenn man ihnen deren Geschmack nicht „beibringt", lehnen sie ihn ab.

Unten: Sechzehn Muskeln bewirken, daß die Ohrmuschel des Pferdes um 180° drehbar ist. Aufgestellte Ohren sind ein Zeichen dafür, daß das Pferd interessiert ist oder eine Gefahr vermutet. Die Ohren eines müden Pferdes dagegen hängen seitwärts herab..

Oben: Junge Fohlen brauchen den ständigen Kontakt zu ihrer Mutter, um sich sicher zu fühlen. Im Alter von drei oder vier Monaten beginnt das Fellkraulen mit anderen Fohlen. Dieses Fohlen spielt mit dem Halfter der Mutter, indem es daran herumknabbert.

Berührung

Pferde sind sensible Tiere, die hochempfindlich auf Schmerz reagieren. Für Streicheln und Schmusen sind sie aber ebenfalls empfänglich. Zur Aufmunterung oder zur Korrektur, als Trainingshilfe beim Longieren (siehe Seite 76) und um ein Pferd vorwärts zu bewegen oder anzuhalten, wird in der Reiterei eine Gerte benutzt, auf die besonders Tiere mit feinem Fell sensibel reagieren. Fremde Objekte werden von Pferden übrigens oft mit dem Maul erkundet.

Die Atmosphäre

Die Atmosphäre ist für ein Pferd von großer Bedeutung. Ein nervöser oder ängstlicher Reiter überträgt seine Gefühle ebenso auf das Tier wie ein mutiger Reiter, der einem ängstlichen Pferd eine größere Sicherheit gibt.

Auch eine neue Umgebung oder fremde Menschen haben eine Wirkung auf Pferde. Innerliches Unwohlsein zeigen die Tiere durch Durchgehen, Schwitzen, Herumrennen in der Box, Wiehern oder totale Steifheit. Ein zufriedenes Pferd dagegen, das seinem Besitzer vertraut, folgt willig den Anweisungen, die man ihm gibt.

Unten: Das Pferd weiß, daß das Mädchen etwas Leckeres hat – Geruchs-, Geschmacks- und Sehsinn des Tieres sind alarmiert. In seiner Gier auf Leckerbissen stupst das Pferd das Kind sogar an. Pferde erkennen im übrigen auch „ihre" Menschen am Geruch.

Gangarten

Gang ✦ Trab ✦ Galopp ✦ Tölt und Paß

Es gibt drei Grundgangarten: Schritt, Trab und Galopp, wobei man den Galopp in Arbeitsgalopp (Dreitakt) und Renngalopp (Viertakt) unterteilt. Die Verteilung der Gänge variiert je nach Rasse: Traber galoppieren von sich aus kaum. Andere Pferderassen wie Araber ziehen dem Trab einen leichten Galopp vor. Vollblüter werden für den Renngalopp gezüchtet und auf diesen trainiert, während Springpferde den kurzen Arbeitsgalopp bevorzugen.

Gutausgebildete Pferde mit kraftvollen Gängen können die Gangarten variieren. Der Schritt kann versammelt, als Mittel- oder aber als starker Schritt geritten werden. Dasselbe gilt für den Trab, wobei der mittlere, also der Arbeitstrab, die Basis ist, auf dem Versammlung und Verstärkung aufbauen. Auch beim Galopp gibt es den versammelten, den Arbeits-, den Mittel- und den starken Galopp. Nur der Renngalopp kennt keine Variationen.

Tölt und Pass

Der Tölt ist eine genetisch fixierte Gangart mit Einbein-, Zweibein- und Dreibeinstütze ohne Schwebephase. Beim Paß bewegen sich die Beinpaare je einer Körperseite (fast) gleichzeitig.

Der Schritt

Der Schritt ist ein Viertakt mit einer gleichmäßigen Fußfolge ohne Schwebephase. Wenn der Schritt mit dem linken Hinterbein beginnt, ergibt sich folgende Fußfolge: hinten links, vorn links, hinten rechts, vorn rechts, hinten links usw. Pferde können den ganzen Tag ruhig gehen, ohne dabei viel Energie zu verbrauchen. Unter dem Sattel sollte der Schritt bequem, aber ausdrucksvoll und aktiv sein.

Hinten links am Boden, vorn links fußt auf. Hinten rechts angehoben, vorn rechts am Boden.

Der Trab

Der Trab ist ein diagonaler Zweitakt, also jeweils hinten links und vorn rechts gemeinsam; danach folgt eine Schwebephase und dann bewegen sich erneut das rechte Hinterbein und das linke Vorderbein gleichzeitig. Für den Reiter ist der Trab die unbequemste aller Gangarten, weil das Pferd von einer Diagonalen in die andere fällt. Auf langen Strecken trabt man daher leicht, sollte aber regelmäßig die Hand wechseln.

Hinten links/vorn rechts sind am Boden. Vorn links/hinten rechts angehoben.

Der Arbeitsgalopp

Der Arbeitsgalopp ist ein Dreitakt: hinten links, hinten rechts und vorn links gemeinsam, dann das rechte Vorderbein; danach folgt eine Schwebephase. Auf dem Zirkel ist jeweils die äußere Vor- und Hinterhand die führende. Ein gutausbalanciertes Pferd kann das Führbein im Galopp ändern – diese Bewegung bezeichnet man als einen „fliegenden Wechsel". Weniger gut ausgebildete Pferde müssen an dieser Stelle einen Trabschritt einlegen.

Hinten links am Boden, die anderen drei Beine sind in der Luft und fußen auf.

Der Renngalopp

Der Renngalopp ist ein Viertakt. Es handelt sich dabei um einen sehr schnellen Galopp mit vier verschiedenen Fußfolgen, durch deren Wechsel die fließende Bewegung entsteht. Wenn das rechte Vorderbein zuerst angehoben wird, entsteht folgende Fußfolge: hinten links, hinten rechts, vorn links, vorn rechts, danach eine Schwebephase. Wie beim Arbeitsgalopp gibt es einen Rechts- und einen Linksgalopp, den das Pferd wählt, um sich auszubalancieren.

Hinten links am Boden, die drei anderen Beine angehoben. Rechts hinten fußt auf.

Rechts und hinten links am Boden, danach fußen die Vorderbeine auf.

Vorn links am Boden, vorn rechts angehoben. Hinten rechts fußt auf.

Hinten rechts am Boden. Hinten links angehoben, vorn rechts fußt auf.

Vorn rechts am Boden, vorn links angehoben, hinten links fußt auf.

Schwebephase. Danach fußen vorn links und hinten rechts gleichzeitig auf.

Vorn links und hinten rechts sind am Boden. Vorn rechts und hinten links gehen vorwärts.

Schwebephase. Danach fußen vorn rechts und hinten links auf.

Vorn links und hinten rechts sind am Boden, vorn rechts fußt auf.

Vorn rechts am Boden, die drei anderen Beine sind angehoben.

Vorn rechts angehoben. Alle vier Beine sind in der Luft, dann setzt hinten links auf.

Vorn links am Boden, hinten links angehoben, vorn rechts fußt auf.

Vorn rechts am Boden, vorn links angehoben, beide Hinterbeine in der Luft.

Vorn rechts angehoben, so daß eine Schwebephase entsteht, bevor hinten links auffußt.

Verhalten

Sozialverhalten ✦ Gruppendynamik ✦ Instinkte ✦ Signale erkennen und Vertrauen aufbauen

Oben: Pferde könne auf sehr unterschiedliche Art wiehern: Hengste wiehern rossigen Stuten tief und röhrend zu – oder laut, wenn sie erregt sind. Häufig wiehern Pferde auch in einer sehr hohen Tonlage. Je näher sich die Tiere jedoch kommen, desto leiser und weicher wird ihre Stimme, wenn sie miteinander kommunizieren.

Pferde sind sozial geprägte Tiere. Wildpferde leben immer in Herden oder kleinen Gruppen, die sich aus einem Hengst und mehreren Stuten zusammensetzen. Selbst domestizierte Pferde streben noch nach dieser Lebensform. Fast alle Pferde brauchen die Gesellschaft ihrer Artgenossen und sind unglücklich, wenn sie allein, außer Sichtweite anderer Tiere, auf der Weide oder in der Box stehen.

Kommunikation

Die Stimme ist ein wichtiges Kommunikationsmittel des Pferdes. Die Tiere wiehern laut und antworten ebenso, wenn sie von einem Stall- oder einem Weidegenossen getrennt wurden oder sich unsicher und allein fühlen.

Pferde wiehern oder grummeln aber auch zur Begrüßung. Stuten rufen so ihr Fohlen. Wenn sich Pferde zum erstenmal treffen, beriechen sie sich und quietschen oder grummeln. Bei Antipathie kommt ein aggressives Kopfschütteln hinzu. Domestizierte Pferde sind nur selten ag-gressiv. Jungpferde und Hengste aber tragen hie und da Kämpfe aus. Stuten mit Fohlen, die einen Eindringling in die Herde als Feind ansehen, schreien durchdringend.

Befreundete Pferde erkennen einander an der Erscheinung und am Geruch. Der Geruch spielt im Herdenleben eine wichtige Rolle – besonders dann, wenn die Stuten rossig werden und über ihren Geruch sexuelle Botschaften an einen Hengst schicken.

Wichtig sind auch Berührungen. Pferde begrüßen Familienmitglieder, indem sie ihre Nasen aneinanderreiben. Befreundete Pferde rubbeln und beknibbeln sich oder schmusen miteinander. Jungpferde knibbeln sich spielerisch. Wenn Pferde sich gegenseitig den Widerrist beknabbern, ist das ein Zeichen ihrer Freundschaft.

Rangordnung

In der Natur entwickelt sich die Hierarchie in der Herde über Generationen hinweg (siehe Seite 38–39). Domestizierte Pferde dagegen versuchen, eine Hackordnung herzustellen. Der Herdenführer behauptet sich durch Einschüchterungen wie Beißen oder Schlagen und Drohgebärden wie Ohrenanlegen oder Zähneblecken. Dominante Tiere verjagen Neuankömmlinge, drängen sich zwischen befreun-

Unten: Junghengste spielen zum Zeitvertreib. Sie verletzen einander selten. Die Pferde sollten aber unbeschlagen sein, wenn man sie gemeinsam auf die Weide läßt, damit es beim Ausschlagen nicht zu Verletzungen kommt.

dete Tiere und wenden sich sogar gegen bekannte Pferde, wenn sie einen neuen Freund favorisieren. Schüchterne Pferde werden gebissen oder verjagt – vor allem dann, wenn die Pferde gemeinsam gefüttert werden. Diese Tiere gehen eher vom Futter weg, als sich gegen ranghöhere Pferde aufzulehnen. Die Hierarchie wird stets beachtet. Ihre Einhaltung sorgt für Disziplin innerhalb der Herde.

Instinkte

Die Umgebung domestizierter Pferde und die Anforderungen, die man an sie stellt, sollten dem natürlichen Verhalten der Tiere soweit wie möglich Rechnung tragen. Das geschieht dadurch, daß man den Pferden Sicherheit bietet und ihr Vertrauen gewinnt, indem man ihren Futterbedürfnissen, ihrem Bewegungsdrang und ihrem Sozialverhalten entgegenkommt.

Flucht

Trotz seiner Domestikation ist das Pferd ein Fluchttier geblieben. Bei Gefahr reagiert es mit Ausschlagen oder Wegrennen. Ein abrupter Knall, ein unbekannter Gegenstand oder Ton, ein stürzender Reiter oder ein loser Sattel können schlagartig den Fluchtinstinkt auslösen. Scheuen, Herumwerfen oder Schnauben sind Ausdruck von Angst. In Panik geratene Pferde zittern, schwanken und zeigen das Weiß in ihren Augen.

Wälzen und Scharren

Pferde wälzen sich aus Vergnügen, weil es sie juckt oder zur Fellpflege. Ausgiebiges Wälzen in Lehm, Sand oder Schnee ist ein eindeutiges Zeichen von Wohlbefinden.

Scharren dagegen weist auf Irritation oder Ungeduld hin – zum Beispiel, wenn das Pferd angebunden ist oder auf Futter wartet. Pferde scharren zudem vor dem Wälzen, um zu prüfen, ob der Boden dafür geeignet ist.

Unruhige Pferde rennen am Zaun entlang, wiehern oder schlagen gegen Tore. Im Stall schlagen sie gegen Boxentüren oder drehen sich im Kreis.

Ausschlagen

Alle Pferde, die von hinten angegriffen werden, schlagen zur Selbstverteidigung aus. Kämpfende Tiere schlagen mit Vorder- und Hinterbeinen aufeinander ein. Aggressive Pferde gehen rückwärts auf ihre Artgenossen zu und schlagen aus. Manche Pferde schlagen auch aus, wenn sie an empfindlichen Körperteilen geputzt werden, wenn man den Sattelgurt zu hastig anzieht oder sie erschreckt.

Beißen

Wilde Pferde beißen, wenn sie ihre Überlegenheit beweisen wollen oder aggressiv sind. Bei domestizierten Pferden sollte man das nicht zulassen. Zuweilen ist Beißen die Reaktion auf

Oben rechts: Befreundete Pferde betreiben häufig gegenseitige Fellpflege. Dabei reiben und kratzen sie den Widerrist und die Kruppe ihres Gefährten mit den Zähnen, beißen einander dabei aber nicht.

Rechts: Der Schimmel versucht sich der Stute links im Bild zu nähern, doch diese reagiert mit Aggression, indem sie ihre Zähne zeigt. Der Hengst wird sich ihr nun nicht weiter nähern. Solche Zurückweisungen dauern aber meist nur kurze Zeit.

Verhalten

falsche Behandlung durch den Menschen oder der Ausdruck von Unbehagen oder Schmerzen. Oft aber ist es nur eine Überreaktion, die der Korrektur bedarf, ehe sie zur Unsitte wird. Ausgeglichene Pferde beißen nicht.

Leicht erregbare Pferde

Wenn ein Pferd in der Herde erregt ist, rennt es herum, schnorchelt, bukkelt, schlägt aus und steckt andere Tiere mit seiner Aufregung an. Aufgeregte Pferde tragen den Kopf hoch. Ihr Hals ist aufgerichtet, die Ohren spielen und die Nüstern sind gebläht. Einige Tiere schütteln den Kopf, schnorcheln und stampfen mit den Hufen auf, galoppieren mit hochgestelltem Schweif wild herum und bringen die ganze Herde in Aufregung.

Schlechtes Benehmen

Scheuen, Verweigern, Buckeln, Steigen und Ausschlagen sind bei Reitpferden äußerst unangenehme Eigenschaften. Scheuen bedeutet, daß ein Pferd am Hindernis vorbeirennt beziehungsweise einer imaginären oder realen Gefahr blitzschnell seitwärts ausweicht. Wenn ein Pferd durch Anhalten oder Rückwärtsgehen vor dem Hindernis einen Sprung verweigert oder dabei steigt, spricht man von Verweigern. Pferde buckeln zuweilen aus Übermut oder um überschüssige Kraft loszuwerden. Sie ziehen den

Oben: Dieses Pferd steigt aus purem Übermut und zeigt in völliger Freiheit und natürlicher Bewegung eine jener Figuren, die in der Hohen Schule perfektioniert werden.

Kopf ein, schlagen hoch aus und kommen relativ steif auf der Vorhand zu stehen. Das wiederholen einige Pferde so oft, bis der Reiter fällt. Wenn man dieser Unart keinen Einhalt gebietet, kann sie sich zu einer unangenehmen Angewohnheit entwickeln. Steigen ist eine nervöse oder eine Angstreaktion aus der Aufregung heraus; es kann aber auch eine Ungehörigkeit gegen den Reiter sein. Junge Pferde stellen sich bei Kampfspielen auf die Hinterhand. Ein steigendes Pferd unter dem Sattel ist gefährlich, weil es aus dem Gleichgewicht geraten und auf den Reiter fallen kann. Ein durchgehendes Tier rennt völlig panisch davon und spricht auf keine Hilfe an – weder auf Zügel noch auf das Gebiß. Für den Reiter ist es eine erschreckende Erfahrung, wenn er keine Kontrolle mehr über das Pferd hat.

Verhältnis zum Menschen

Seit Urzeiten werden die Vielseitigkeit des Pferdes und seine Bereitschaft zum Dienen vom Menschen genutzt – im Krieg, bei der Arbeit oder zum Vergnügen. Der physische und der mentale Charakter des Pferdes blieben dadurch jedoch unverändert.

Pferde sind sehr sensibel. Ein unglückliches Tier drückt sein Unwohlsein durch langsame Bewegungen und Reaktionen, durch mangelndes Interesse, wenig Appetit, trübe Augen, hängende Ohren sowie einen herabhängenden Kopf aus.

Der Pferdebesitzer muß diese Anzeichen erkennen und deuten, um einen Dialog mit dem Pferd aufnehmen zu können. Die Stimme des Halters ist ein wichtiger Faktor, da Pferde auf Laute empfindlich reagieren. Während laute und aggressive Stimmen beim Pferd Angst oder Störrigkeit hervorrufen, wirken sanfte Töne beruhigend auf das Tier. Pferde, die ihre Ausbilder respektieren, reagieren auf ein Schnalzen oder ein Lob und erlernen

Unten: Der erhobene Schweif dieses Pferdes deutet auf höchste Erregung hin. Die hohen und schwebenden Gänge entsprechen jenen, die durch Dressur erzielt werden.

Unten: Trüge dieses buckelnde Pferd einen Reiter, käme dieser in Schwierigkeiten. Bei einem freilaufenden Pferd ist Buckeln jedoch ein Ausdruck von Lebensfreude.

Unten: Ein Hengst bläht die Nüstern, legt seine Ohren an und demonstriert somit durch seine gesamte Körperhaltung Gereiztheit und Aggression.

stimmliche Kommandos wie „Halt!“, „Trab!“, „Zurück!“ oder „Steh!“.

Zurückgelegte Ohren bei Pferden bedeuten „Laß mich in Ruhe!“, „Ich bin gelangweilt/irritiert/müde!“ oder „Ich mag das nicht!“ Nach vorn gerichtete Ohren entsprechen einer Begrüßung oder der Frage „Was ist das?“ beziehungsweise „Dieser Geruch/Geschmack/Anblick ist interessant.“

Die Augen des Pferdes spiegeln ebenfalls Stimmungen wider. Stumpfe oder halbgeschlossene Augen deuten auf eine Krankheit, schlechte Laune oder Müdigkeit hin. Man muß die Körpersprache des Pferdes unbedingt kennen, um sich mit ihm verständigen und ein gegenseitiges, respektvolles Vertrauen aufbauen zu können.

Unten: Dieses Pferd wälzt sich aus purem Vergnügen im Schnee. Meist erkennt man bald, ob sich ein Pferd aus Schmerz (siehe Seite 91) oder Wohlbehagen wälzt.

PFERDE UND MENSCHEN

Die wichtigste Ausbildunghilfe für das Pferd ist die Berührung. Wenn diese Berührung aber Schmerz verursacht, ist die instinktive Reaktion des Pferdes Aggression oder Flucht. Zurechtweisung und Strafe für Ungehorsam müssen so dosiert sein, daß die vertrauensvolle Zusammenarbeit zwischen Reiter und Pferd nicht gerstört wird. Echte Pferdefreunde fordern nie mehr von ihren Pferden, als diese leisten können. Wenn ein Pferd fliegende Wechsel oder die Passage mit fast unsichtbaren Reiterhilfen ausführt, ist dies ein Beweis für die gelungene Kommunikation zwischen Mensch und Pferd. Das andere Extrem ist ein die Bedürfnisse des Pferdes ignorierender Umgang mit dem Tier. So behandelte Pferde neigen dazu, in Panik zu geraten, zu schlagen, zu bukkeln und durchzugehen. Dabei können sie sich und den Reiter schwer verletzen. Wenn das Vertrauen des Pferdes zum Menschen einmal zerstört ist, braucht es die ganze Erfahrung eines guten Reiters und lange Zeit, um es wieder aufzubauen.

Herdenverhalten

Gewohnheiten ✦ Herdenmentalität ✦ Konzessionen an die Domestikation

In der freien Natur leben Pferde und Ponys in Gruppen und Herden, deren Größe nach Futterangebot und landschaftlichen Gegebenheiten variiert. Als Weidetiere sind Pferde auf der Suche nach Nahrung und Wasser ständig in Bewegung. Als Fluchttiere besitzen sie zudem hochentwickelte Sinne (siehe Seite 30–32 und 34–35), so daß sie bei drohender Gefahr schnell reagieren können. Ihre ständige Wachsamkeit macht Pferde zu sensiblen Tieren, die nervös reagieren und schnell erregbar sind. Kaltblüter, die schweren Pferde, sind eher ruhiger: Ihr Fluchtinstinkt ist weniger ausgeprägt als der von hochblütigen Pferden wie Arabern oder spanischen Pferden (siehe Seite 184 und 170).

Herdeninstinkt

Der Herdeninstinkt ist tief im Pferd verwurzelt. Pferde fühlen sich in großen Gruppen wie in Reitschulen oder Rennställen sicher und geborgen. Wenn man einzelne Pferde jedoch aus der Gruppe herausholt, fühlen sie sich unsicher und entfernen sich nur ungern allein vom Stall. Selbst Tiere, die niemals in einem Herdenverband gelebt haben, entwickeln diesen Herdeninstikt und freuen sich, wenn sie mit anderen Pferden zusammenkommen. Pferde laufen gern im Verbund mit Artgenossen und leben dabei ihren Fluchtinstinkt aus – ein Verhalten, das bei Pferderennen bewußt ausgenutzt wird. In Gruppen, beispielsweise bei Hindernisrennen, springen Pferde viel leichter, als wenn man es von ihnen als Individuum verlangt. Diesen Gruppeninstinkt nutzt man, indem man jungen Pferden ein erfahrenes Pferd vorspringen läßt. Pferde finden immer von allein nach Hause. Für die meisten Tiere ist der Stall ein regelrechter Herdenersatz: Er bedeutet Sicherheit, Futter und eventuell die Gesellschaft anderer Pferde. Das Wissen, wie wichtig die Herde für das Pferd ist, ist ein Grundstein zum Verständnis des Pferdeverhaltens.

Unten: Wildpferde leben in Gruppen von zwei bis zwanzig Tieren. Die Herden bestehen aus einem Hengst sowie dessen Stuten und Fohlen. Der Hengst hält seine Herde zusammen und ist auf der Hut vor Gefahr.

Oben: Obwohl sie dafür trainiert wurden, bei hoher Geschwindigkeit zu springen, folgen Pferde ihrem Instinkt. Wenn ein Reiter fällt, läuft das Pferd den anderen hinterher.

Rechts: Fohlen bleiben in der Nähe ihrer Mütter, die ständig wachsam sind. Im Alter von etwa acht Wochen werden die Fohlen allmählich selbständiger.

Hierarchie

Herden leben streng hierarchisch. Die Pferde mit dem stärksten Willen, zu überleben und sich fortzupflanzen, stellen die Anführer. Dabei handelt es sich nur selten um Hengste: Herdenführer sind meist erfahrene Stuten, die auch Hengste in ihre Schranken weisen. Die Hierarchie wird von der Hackordnung bestimmt, die jedes Herdenmitglied akzeptiert. Pferde sind friedliche Tiere; Auseinandersetzungen gibt es nur um Futter oder um Stuten. Bei einem konstanten Futterangebot auf der Weide fressen Pferde ständig in kleinen Mengen und machen lange Freßpausen. Wird eine Gruppe von Pferden im Auslauf jedoch zwei- oder dreimal täglich gefüttert, hat also nicht ständig Futter, kommt die Hierarchie wieder zum Tragen: Die starken Pferde fressen die Hauptmenge, während die schüchternen Tiere leer ausgehen.

Natürliche Gruppen

In der freien Natur bleiben Pferde meist in Familien zusammen. Zwar verjagen Stuten geschlechtsreife Junghengste, Stutfohlen bleiben jedoch oft jahrelang bei der Mutter.

Rechts: Diese einjährigen Anglo-Araber-Hengste des französischen Staatsgestüts Pompadour üben sich in Scheinkämpfen. Die dabei gewonnenen Erfahrungen können ihnen später im Ernstfall zugute kommen.

In der Herde werben die mit zwei Jahren geschlechtsreifen Junghengste um die Stuten, werden aber meist von einem älteren, dominanten Hengst vertrieben. Stuten kämpfen selten. Da sie nur zweitweise deckbereit sind, verläuft das Herdenleben friedlich. Stuten entwickeln einen starken Schutzinstinkt, wenn sie ihre Fohlen bei sich haben. Sie rufen ihre Fohlen zurück, wenn diese sich zu weit von ihnen entfernen, und verteidigen sie notfalls mit Zähnen und Hufen. Stuten sind gute Mütter.

Pferde sind immer wachsam und bei Gefahr sehr reaktionsschnell. Wenn ein Pferd stark erschrickt, kann es eine Kettenreaktion auslösen, und die ganze Gruppe flieht in Panik. Die Flucht ist die natürliche Reaktion des Pferdes auf Gefahr.

Individuelle Wesen

Innerhalb einer Herde leben ganz unterschiedliche Pferde – ruhige und nervöse, sanfte und aggressive, sensible und sture. Erfahrene Züchter suchen sich Charaktere aus und kombinieren durch Kreuzungen physische und psychische Eigenschaften, um sie später in einem Pferd zu vereinen.

Domestizierte Pferde

Die Domestikation allerdings erfordert einige Zugeständnisse. Die Hufe der Pferde reiben sich nicht von selbst ab und müssen gepflegt werden. Die relativ kleinen Weiden fördern den Wurmbefall, so daß eine regelmäßige Entwurmung lebenswichtig ist. Die Fütterung aufgestallter Pferde bedarf ebenfalls großer Sorgfalt und Erfahrung (siehe Seite 60–61).

Der Lebenszyklus

Lebenserwartung ✦ Altersbestimmung ✦ Entwicklung

Oben: Am zweiten Tag kann das Fohlen seine Bewegungen schon gut koordinieren und darf mit seiner Mutter ins Freie.

Unten: Mit einem Monat ist das Fohlen zwar kräftiger, aber immer noch von seiner Mutter abhängig, die es nie aus den Augen läßt.

Die meisten Pferde haben heutzutage eine Lebenserwartung von mindestens 20 Jahren. Ponys leben oft noch länger. Diese Lebenserwartung hängt allerdings von der Gesundheit des Tieres und den jeweiligen Haltungsbedingungen ab.

Auf der nördlichen Erdhalbkugel beginnt das Lebensjahr eines Pferdes am 1. Januar – unabhängig vom genauen Geburtstermin des Tieres. Obwohl ein zwei Jahre altes Vollblutfohlen (siehe Seite 160), das im Januar geboren wird und im März sein erstes Rennen läuft, schon viel gereifter ist als ein Fohlen, das erst im Juni geboren wurde, sind beide Tiere offiziell gleich alt. Südlich vom Äquator beginnt die Zählung am 1. Juli.

Grundvoraussetzungen für ein langes Pferdeleben sind eine ausreichende Nahrungsgrundlage mit Grünfutter, eine artgemäße Haltung und eine gute Behandlung. Pferde sollten ordentlich gepflegt sowie regelmäßig entwurmt und geimpft werden (siehe Seite 95 und 99). Die Hufe müssen ausgeschnitten werden. Bei geringem Grünfutterangebot im Winter muß

Oben: Im Alter von zwei Monaten frißt das Fohlen bereits sehr viel und spielt lieber mit anderen Fohlen als mit seiner Mutter.

Oben: Im Alter von sieben Monaten ist das Fohlen entwöhnt. Es ist gesund, munter, aktiv und gut gewachsen.

Oben: Der agile Jährling ist bereits kastriert. Er ist gut im Futter und entwickelt sich zu einem vielversprechenden Jungpferd.

Oben: Mit vier Jahren ist der Wallach reif und in guter Kondition. Nun kann mit seiner Ausbildung zum Reitpferd begonnen werden.

das Pferd zugefüttert werden. Man sollte das Tier jedoch nie überfüttern und so zu allzu schnellem Wachstum anregen, da seine Gelenke sonst überbelastet werden. Fohlen brauchen viel Bewegung und sollten immer in Gruppen gehalten werden.

Die Lebensphasen

Das junge Pferd wird ein Jahr lang als Fohlen bezeichnet. Bis zum Alter von drei Jahren nennt man es Jungpferd. Dann heißt ein weibliches Pferd „Stute“, ein männliches Pferd „Hengst“ oder „Wallach“. Wenn dessen Hoden voll ausgebildet sind, kann das Hengstfohlen kastriert werden – und wird ein Wallach.

Das erste Jahr: Das Fohlen zeigt noch das flauschige Fohlenfell. Mähne und Schweif sind weich und duftig. Die Beine sind im Verhältnis zum Rumpf sehr lang. Mit sechs bis acht Monaten werden die meisten Fohlen abgesetzt.

Das zweite Jahr: Das Fohlenfell verschwindet. Die Stutfohlen werden rossig. Die Rosse, die fünf bis sieben Tage dauert, tritt von nun an vom Frühling bis zum Herbst alle 18 – 21 Tage auf. In dieser Zeit kann das Stutfohlen gedeckt werden. Eine zweijährige Stute befindet sich aber noch im Wachstum und sollte zumindest noch ein Jahr lang ungedeckt bleiben – wie es auch in der freien Natur der Fall ist. Manche Stuten bringen noch mit über 20 Jahren gesunde Fohlen zur Welt.

Das zweite bis dritte Jahr: Einige Pferde werden bereits jetzt angeritten. Die nächsten zwei Jahre sollten sie dann aber in Ruhe gelassen werden. Mit einer ernsthaften Longen- und Reitausbildung sollte frühestens begonnen werden, wenn das Tier drei oder vier Jahre alt ist. Wenn die Pferde zu jung gefordert werden, kann dies irreparable Knochenschäden verursachen. Während langsam angerittene Tiere oft noch mit über 20 Jahren arbeiten, müssen viele Rennpferde, die als Jährlinge eingeritten wurden und mit zwei Jahren bereits auf der Bahn liefen, ihre Rennkarriere noch im gleichen Jahr aus gesundheitlichen Gründen beenden. Pferde können zwar schon im Alter von drei Jahren springen lernen, sollten aber erst mit vier Jahren an Turnieren teilnehmen.

Das dritte bis vierte Jahr: Im Alter von vier Jahren haben junge Pferde meist ihre volle Leistungsfähigkeit erreicht. Ihr Rahmen kann sich jedoch bis zum Alter von sieben Jahren noch erweitern. Mähne und Schweif werden jetzt länger und stärker. Die Muskulatur ist nun auch am Hals und an der Hinterhand deutlich zu sehen, während die Brust breiter und der Rumpf tiefer wird. Die Knochen werden fester. Einige Rassen – besonders schwere Pferde – entwickeln sich später als andere.

Das Alter des Tieres läßt sich am besten an den Zähnen feststellen, die sich bis zum Alter von acht Jahren kontinuierlich verändern (siehe Seite 25). Bis zu diesem Zeitpunkt kann man das Alter noch exakt bestimmen.

Sechs und mehr Jahre: Mit sechs Jahren sind die meisten Pferde erwachsen. Sie können bis zum Alter von etwa 16 Jahren voll arbeiten.

Unten: Alte Pferde ruhen sich längere Zeit aus und sparen so Energie. Doch auch jüngere Tiere sollten tagsüber die Gelegenheit haben, sich zu entspannen.

Teil 2

Praktischer Ratgeber

Seitdem die Menschen in prähistorischen Zeiten begannen, Pferde zu zähmen, und den Tieren ihre Freiheit nahmen, versuchten sie auch, die Instinkte der Pferde zu unterdrücken und sie psychisch und physisch vom Menschen abhängig zu machen.

Doch auch Pferde, die in der Herde leben, unterliegen der Selektion. Fast alle sind vom Menschen abhängig – ohne ihn bekommen sie weder Futter noch Wasser. Das domestizierte Pferd braucht den Menschen sogar, um überhaupt überleben zu können.

Wichtig für das Überleben der Tiere sind Futter, Wasser und Bewegung – ein Pferd aber über Jahre hinweg gesund und fröhlich zu erhalten erfordert weitaus mehr: Wissen, Verständnis, Zeit, Engagement und eine angemessene Unterbringung. Pferde suchen Geborgenheit. Sie vertrauen nur dem, den sie respektieren. Dieser Respekt jedoch sollte auf Gegenseitigkeit beruhen und sorgfältig gepflegt und erhalten werden.

Welches Pferd?

Darauf sollte man achten ✦ Das sollte man fragen ✦ Größenmessung ✦ Pferde ausprobieren ✦ Ein gutgebautes Pferd ✦ Das sollte man vermeiden

Ein eigenes Pferd kostet Zeit und Geld. Bevor man sich ein Pferd zulegt, sollte man sich überlegen, ob es nicht billiger und praktischer ist, ein Tier in einer Reitschule zu reiten oder sich eine Reitbeteiligung zu suchen.

DAS SOLLTE MAN BEDENKEN

Ehe man sich entschließt, ein Pferd zu kaufen oder eine Reitbeteiligung einzugehen, sollte man sich folgende Fragen stellen:

✦ Wieviel Erfahrung hat man?
✦ Welchen Typ Pferd bevorzugt man?
✦ Wie und wie oft will man reiten?
✦ Soll es ein Turnierpferd, ein Freizeitpferd oder ein Distanzpferd sein?
✦ Ist eine Unterkunft für das Pferd vorhanden? Soll es in der Box leben oder robust gehalten werden?
✦ Wird das Tier allein oder in einer Gruppe leben?
✦ Wie hoch darf der Kaufpreis sein? Was soll das Tier monatlich inklusive Hufschmied und Tierarzt kosten?
✦ Wer übernimmt das tägliche Füttern, Reiten, Putzen und Ausmisten?
✦ Wer kümmert sich um das Pferd, wenn es krank ist?

WICHTIGE FRAGEN

Wenn man sich zum Kauf entschlossen hat, sollte man folgendes klären:

Preis: Im Zweifelsfall zieht man eine dritte Person hinzu. Vor der Preisvereinbarung wird das Pferd getestet und vom Tierarzt untersucht.

Typ: Reitpferde werden in drei Kategorien eingeteilt: das ruhige, zuverlässige Tier, das fast im Kaltbluttyp steht; das kraftvolle und aktive Warmblut; und das hochblütige und bewegungshungrige Pferd (Araber oder Vollblut). Diese Pferde gibt es in jeder Größe.

Geschlecht: Stuten sind oft schwieriger zu handhaben als Wallache; allerdings kann man mit ihnen züchten. Ein Fohlen oder ein Junghengst erfordert viel Erfahrung und ist für den normalen Pferdebesitzer ungeeignet.

Stockmaß: Ein Pferd, das für seinen Reiter zu groß ist, ist schwer zu handhaben. Ein zu kleines Pferd kann nie in Topform kommen, weil es „überladen" ist. Für die Stärke des Pferdes ist das Gebäude wichtiger als die Größe. Ein kleines Pferd mit guten Knochen und einem korrekten Exterieur ist stärker als ein größeres Pferd mit einem weniger guten Exterieur.

Gewicht: Es gibt leichtgewichtige, mittelgewichtige und schwere Pferde – je nach Größe, Gebäude und Röhrbeinumfang, der unterhalb des Karpalgelenks gemessen wird. Das Gewicht läßt nicht unbedingt auf die Kondition des Pferdes schließen.

Oben: Das mittelgroße Pferd (links) ist kräftig gebaut und kann trotz seiner geringen Größe einen Erwachsenen tragen. Das kleines Pony (Mitte) hat gerade die richtige Größe für ein Kind; man sollte aber sorgfältig prüfen, ob es auch zuverlässig und insgesamt geeignet ist. Das leichte und temperamentvolle Vollblut (rechts) braucht einen erfahrenen Reiter.

Unten: Dieser Reiter ist viel zu groß für das Pony. Er und das Tier haben Probleme, im Gleichgewicht zu bleiben.

Alter: Als erstes Pferd sollte man kein vier- oder fünfjähriges Tier wählen – es sei denn, es ist ausgezeichnet ausgebildet und von ruhigem Wesen. Dagegen hat ein Pferd, das älter als zwölf Jahre ist, ausreichend Erfahrung und kann noch viele Jahre leistungsfähig sein.

Erfahrung: Es ist wichtig, den Werdegang sowie den gegenwärtigen Ausbildungs- und Leistungsstand des Pferdes zu kennen. Außerdem muß man wissen, ob und wie viele Vorbesitzer das Tier hatte.

Rasse: Die Rasse spielt hauptsächlich dann eine Rolle, wenn man eine Stute kauft, mit der man züchten möchte. Turnierreiter achten auf die Abstammung von möglichst erfolgreichen Sportpferden in ihrer speziellen Disziplin, wobei für bestimmte Disziplinen wie Dressur oder Springen bestimmte Rassen besonders geeignet sind.

Temperament: Ein Pferd, das als „lebendig" angepriesen wird, kann nervös und leicht erregbar sein, ein „ruhiges" Pferd hingegen eher faul. Beim Probereiten sollte man auf das Gebiß achten, das das Tier trägt: Eine einfache Wassertrense weist vermutlich auf ein unkompliziertes Pferd hin, während man bei einer scharfen Zäumung überprüfen sollte, ob das Pferd auch wirklich ausgebildet oder ob das Gebiß nur eine Notlösung ist.

Untugenden: Durchgänger und Tiere, die schlagen oder beißen, sollten grundsätzlich nicht in Frage kommen. Hochblütigen Pferden kann man gelegentliches Buckeln oder Scheuen zwar nachsehen, Weber, Krippenbeißer und Kopper (siehe Seite 111) sind aber abzulehnen.

Gesundheit: Man sollte nachfragen, ob das Pferd krank oder verletzt war, lahmte und ob es irgendwelche physischen Defekte hat, die später Probleme bereiten könnten. Spat (eine Auftreibung am Sprunggelenk, die das Resultat einer Überanstrengung ist), dicke Gelenke, Gallen (weiche oder harte Schwellungen oberhalb des Fesselgelenks), Überbeine und dicke Sehnen weisen auf Überforderung hin.

Von Bedeutung ist auch, daß das Tier schmiedefromm und straßensicher ist (siehe Seite 77), sich gut verladen und transportieren läßt (siehe Seite 78–79) und keine Probleme beim Scheren macht (siehe Seite 66–67).

Oben: Man sollte beachten, welches Gebiß ein Pferd trägt. Hochblütige Pferde gehören in die Hand eines Kenners.

Auf der Suche

Zur Begutachtung eines Tieres sollte man jemanden mitnehmen, der Erfahrung mit Pferden hat. Zunächst sieht man sich das Pferd im Stall an. Dabei bekommt man einen ersten Eindruck vom Futterzustand usw. Man fühlt die Beine ab, ob sie kühl und klar sind oder Schwellungen aufweisen. Dann läßt man das Tier herausführen, ruhig stehen und betrachtet es von allen Seiten. Man läßt es an der Hand vortraben, um die Gänge beurteilen zu können. Danach sollte es vorgeritten werden. Schließlich sollte man auch einen Blick auf die Ausrüstung werfen und überprüfen, ob das Pferd Streichgamaschen oder Sprungglocken trägt. Beim Vorreiten kann man die Haltung des Pferdes, seinen Gehorsam, die Übergänge und eventuell die Springmanier betrachten. Ist das Pferd willig und aufmerksam, hat es genügend Kraft? Oder ist es leicht erregbar und unaufmerksam? Wenn einem das Pferd zusagt, kann man es selbst reiten. Man sollte es möglichst auf einem kleinen Ausritt – allein und in Begleitung anderer Pferde – testen. Dabei sollte man sich sicher fühlen. Wenn das nicht der Fall ist, sollte man von einem Kauf absehen, denn Charakter und Benehmen eines Pferdes lassen sich nur schwer ändern.

Pferde messen

Pferde werden normalerweise mit einem Stockmaß gemessen. Dabei handelt es sich um einen Stock mit Zentimetereinteilung, an dem eine waagrechte Schiene befestigt ist, die problemlos verschoben werden kann. Diese bewegliche Schiene wird dem Tier auf dem höchsten Punkt des Widerrists angelegt. An dieser Stelle wird kann man dann die Größe des Pferdes messen. Allerdings sagt die Größe eines Tieres noch nichts über sein Kaliber aus. Um dieses zu ermitteln, mißt man das Pferd nochmals mit einem Bandmaß, das unten am Huf angelegt und über die Schulter bis zum Widerrist geführt wird. Je größer der Unterschied zwischen Stock- und Bandmaß ist, desto mehr Kaliber hat das Tier. Wenn ein Pferd beschlagen ist, muß man allerdings je nach Dicke des Eisens ein bis zwei Zentimeter von der gemessenen Größe abziehen.

Oben: Gesunde Vorderbeine sind für Reit- und Fahrpferde unerläßlich. Weiche Knochen und schwammige Gelenke weisen oft auf eine schlechte Aufzucht hin.

Welches Pferd?

Das Exterieur

Mit Exterieur bezeichnet man das Gesamterscheinungsbild eines Pferdes. Wenn ein Pferd korrekt gebaut ist, kann es sich von Natur aus leichter bewegen, ist kraftvoller, geschmeidiger und weniger verletzungsanfällig. Zum Springen beispielsweise braucht ein Pferd eine sehr kraftvolle und muskulöse Hinterhand, mit der es sich über den Sprung „katapultiert".

Das Exterieur muß nicht perfekt sein: Kleinere Fehler sind akzeptabel und werden durch das Pferd kompensiert. Größere Fehler hingegen sollte man nicht in Kauf nehmen, denn sie können bei Leistungsanforderungen zu gesundheitlichen Problemen führen. Eine gute natürliche Balance, freie Gänge und Kraft sind wichtiger als ein perfektes Exterieur. Andererseits können korrekt gebaute Pferde harten Anforderungen leichter entsprechen als Tiere mit Gebäudefehlern. Meist sind bei korrekt gebauten Pferden auch die Gänge besser.

Der Kopf

Der Kopf sollte zum Körper passen. Ist er zu groß, stört er die Gesamterscheinung. Die Augen sollten groß und strahlend sein. Es ist auf ausreichende Ganaschenfreiheit zu achten, damit man das Pferd leicht an den Zügel stellen und es auch in der Anlehnung frei atmen kann.

Der Hals

Der Hals sollte lang und schön gebogen sein und gut auf der Schulter sitzen. Ein kurzer, dicker und gerader Hals ist unbeweglich und stört das Gleichgewicht. Andererseits kann ein überlanger Hals Atemprobleme mit sich bringen. Ein Pferd mit einem Hirschhals, also mit einer starken Muskulatur am Unterhals, ist schwer zu dirigieren. Eine gerade Schulter begrenzt die Bewegung der Vorhand.

Der Widerrist sollte nicht so hoch sein, daß er an den Vordezwiesel des Sattels stößt, aber auch nicht so niedrig, daß er die Schulterfreiheit beeinträchtigt. Ein zu flacher Widerrist bietet dem Sattel keinen Halt, sondern läßt ihn vor- und seitwärts rutschen.

Symmetrische Proportionen

Ein gutes Gebäude ermöglicht es dem Pferd, mühelos im Gleichgewicht zu gehen und sich ökonomisch zu bewegen. Natürlich gibt es Ausnahmen – selbst Pferde mit einem perfekten Exterieur haben manchmal wenig Dynamik und ein begrenztes Bewegungsvermögen. Dennoch sollte man auf ein gutes Exterieur achten.

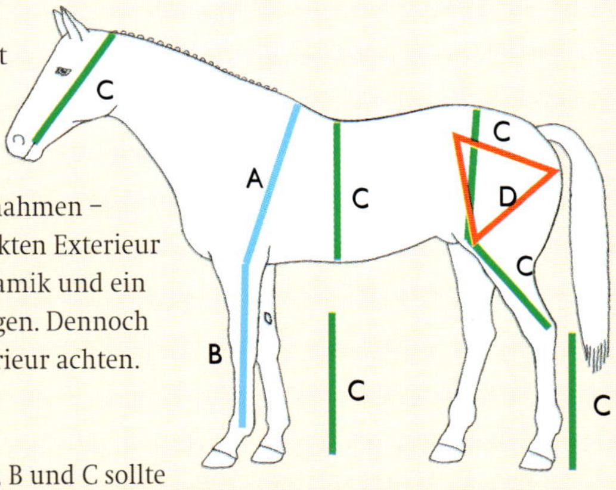

Oben: Die Länge der Linien A, B und C sollte immer gleich sein. Hüfthöcker, Hüfgelenk und Knie sollten ein gleichschenkliges Dreieck bilden. Hüftgelenk und Sprunggelenk sollten eine vertikale Linie beschreiben, die sich im Fesselgelenk fortsetzt. Eine gedachte Linie vom Widerrist zum Ellenbogen sollte ebenso lang sein wie die vom Ellenbogen bis zum Boden; dadurch hat die Lunge genug Raum.

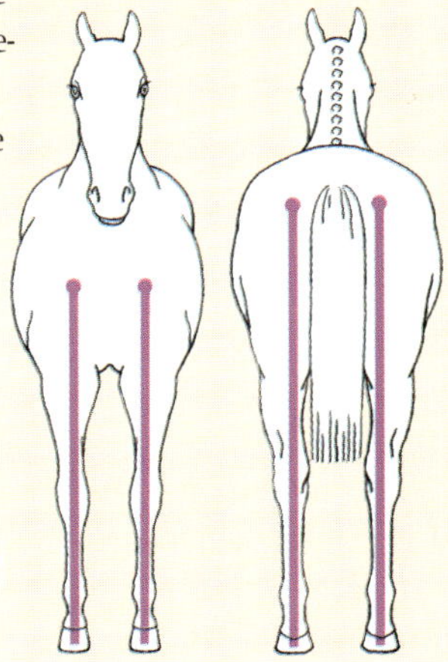

Rechts: Von der Schulter sollte eine gedachte Line vertikal durch das Karpalgelenk bis in den Fuß reichen. Bei der Hinterhand fällt die vertikale Linie vom Hüftknochen durch das Sprunggelenk und das Fesselgelenk bis in die Mitte des Hufes.

Die Brust

Eine breite, tiefe Brust ist besser als eine schmale, enge. Die sogenannte „Gurtentiefe“ bietet Herz und Lunge viel Platz. Flachbrüstige Pferde haben meist wenig Leistungsvermögen. Der Rippenbogen sollte sich hinter dem Gurt wölben.

Rücken und Kruppe

Ein kurzer Rücken ist meist stärker als ein langer, dafür aber weniger elastisch. Rennpferde benötigen gerade wegen der Elastizität der Bewegung einen längeren Rücken. Wichtiger ist jedoch die Lendenpartie, denn aus ihr bezieht das Pferd Kraft. Eine lange, schmale Lendenpartie ist weich und somit wenig leistungsfähig. Die Hinterhand sollte rund und muskulös mit ausreichendem Abstand zwischen Hüfte und Sprunggelenk sein. Eine abfallende Kruppe mit unterentwikkeltem Oberschenkel weist im allgemeinen auf eine geringe Leistungskraft hin; andererseits sind viele gute Springpferde leicht überbaut und weisen einen tiefangesetzten Schweif auf. Bei Gangpferden ist die abfallende Kruppe ein Indikator für die Töltveranlagung. Die Hüften müssen symmetrisch, die Flanken gerundet sein.

Die Vorhand

Im Stehen trägt die Vorhand 60 % des Körpergewichts des Pferdes und muß daher unbedingt korrekt sein. Der Oberarm sollte lang und außen gut bemuskelt sein. Der Ellenbogen ist eher breit, steht deutlich vom Körper ab und wird zum Karpalgelenk hin dünner. Das Karpalgelenk selbst muß breit, flach und gerade sein. „Rückständige“ Pferde, bei denen das Karpalgelenk nach hinten durchgedrückt erscheint, verlagern zuviel Gewicht auf die lange Beugesehne und bekommen damit irgendwann Probleme. Sehnen und Bänder sollten gut sicht- und fühlbar sowie deutlich definiert sein. Eine unkorrekte, gebogene Vorhand ist ein schwerer Defekt, der Sehnen und Gelenke übermäßig belastet und größeren Leistungsanforderungen nicht standhalten wird. Die Fesseln sollten klar und nicht rund oder zu weich sein.

niedrigangesetzter Hals

hochangesetzter Hals

Hirschhals

Oben: Ein niedrig angesetzter Hals stört das Gleichgewicht. Ein dicker Hals ist kraftvoll, aber wenig flexibel. Bei einem Hirschhals liegt die Hauptmuskulatur auf der Unterseite des Halses und erschwert das Reiten.

flacher Rumpf

Links: Ein flacher Rumpf ist schwach und bietet wenig Raum für die Lunge. Das Pferd hat meist wenig Kraft und Ausdauer.

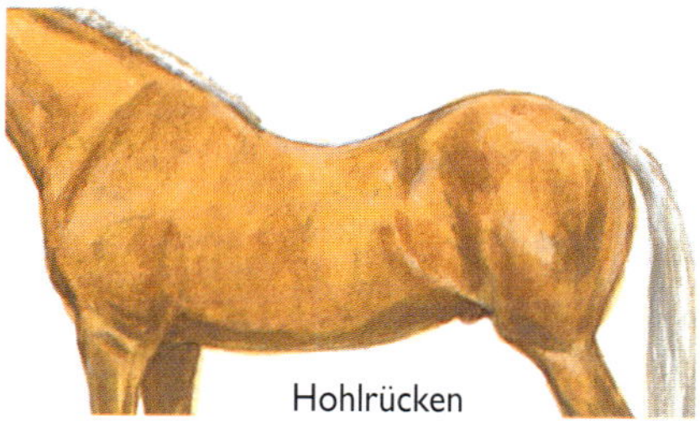
Hohlrücken

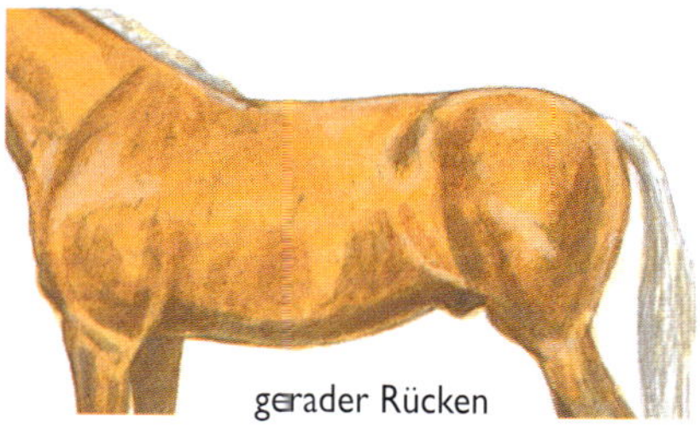
gerader Rücken

Oben: Alte Pferde weisen oft einen Hohlrükken auf, der wenig elastisch ist und einen speziellen Sattel erfordert. Tiere mit einem solchen Hohlrücken haben meist wenig Schub- und Tragkraft. Ein gerader Rücken macht es Pferd und Reiter einfacher.

Unten: Die Schrittlänge und die Hinterhandbewegung hängen von der Kruppenform ab. Bei einer geraden Kruppe bewegen sich die Beine hinter dem Körper und haben nicht die Schubkraft wie bei einer abgerundeten Kruppe, die die Beine unter den Körper setzt.

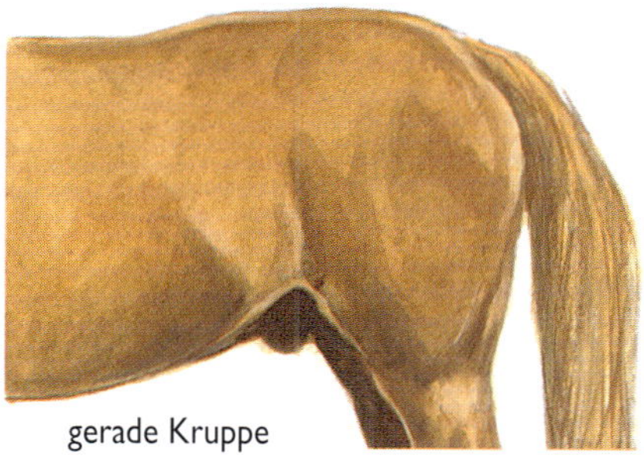
gerade Kruppe

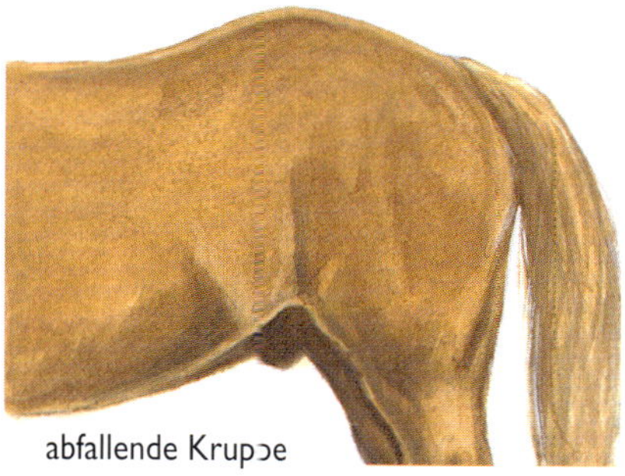
abfallende Kruppe

Gallen sind Anzeichen von Schwäche. Narben, die von Verletzungen herrühren, können später Probleme verursachen. Eine lange und weiche Fesselung ist zwar schwächer, hat jedoch eine größere Stoßdämpferwirkung als kurze, steile Fesseln.

Die Hinterhand

Die Hinterhand ist der „Motor“ des Pferdes. Die Oberschenkel sollten stark, lang und muskulös sein, die Sprunggelenke breit und groß und so korrekt wie möglich stehen. Unkorrekt sind kuhhessige Pferde (siehe nächste Seite), die die Beine nach außen anstatt gerade setzen, zeheneng stehende Tiere, die mit dem Huf erst einen Halbkreis beschreiben, bevor sie ihn aufsetzen, und sichelbeinige Pferde, die zu Spat neigen.

Die Hufe

Den Hufen sollte man besondere Aufmerksamkeit widmen. Sie müssen gleichmäßig geformt sein. Der Strahl sollte klar ausgebildet und die Sohle gebogen sein. Die Hornwand soll ge-

Welches Pferd?

schmeidig und ohne Risse sein. Die Fesseln müssen tief und kräftig sein, da sie als Stoßdämpfer für den Huf dienen. Zehenweit stehende Pferde können sich streifen. Zu flache Hufsohlen können Entzündungen und damit Lahmheiten verursachen.

Das Gangwerk

Ein gutausbalanciertes Pferd weist zumeist auch gleichmäßige, gerade Gänge auf. Der Schritt sagt viel über die schnelleren Gänge aus: Er sollte lang und über viel Boden gehen und nicht trippelnd wirken. Die Hinterbeine sollten einen Hufbreit übertreten.

> *„Denn wie ein Haus wertlos ... ist, wenn ... die oberen Teile ... nicht auf einem festen Baugrund stehen, so ist auch ein Kriegspferd zu nichts nütze, wenn sonst alles an ihm ... wohlgestaltet ist, die Füße dagegen schwach und häßlich."*
>
> XENOPHON

Rechts: Bügeln und Streichen kann Verletzungen hervorrufen. Diese Mängel lassen sich am besten im Trab erkennen.

Unten: Bei einer zehenweiten Stellung streifen sich die Fesselgelenke; bei einer zehenengen werden die Gelenke zu stark belastet. Beide Fehlstellungen verhindern einen korrekten Gang. Ein Pferd, das rückständig steht, belastet die Sehnen stärker. Vorderbiegige Pferde belasten das Karpalgelenk zu stark.

Ganz unten: Gebogene und kuhhessige Hinterbeine sind weich und verhindern durch falsche Gelenkbelastung einen korrekten, geraden Gang. Steht das Sprunggelenk zu weit hinter dem Körper, kann das Pferd nicht genug untertreten, während eine sichelbeinige Hinterhand zu stark in den Boden tritt.

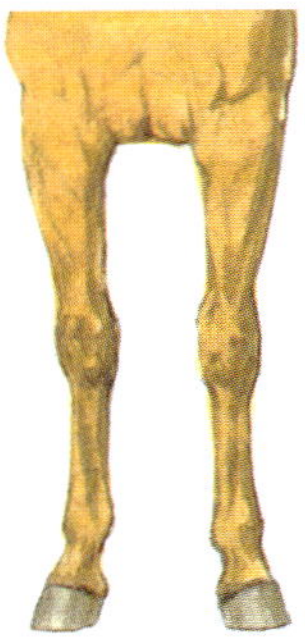

zehenweit

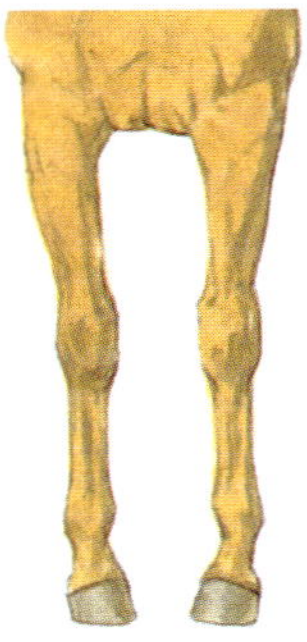

zeheneng

rückbiegig

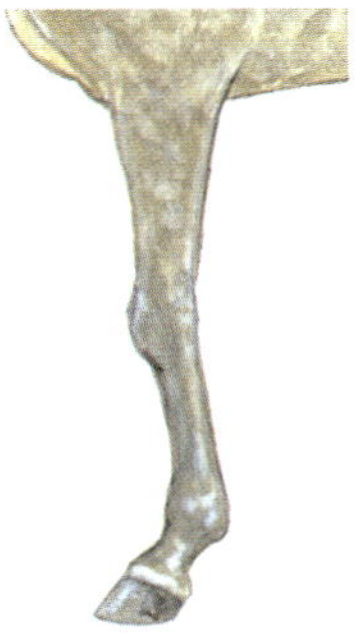

vorderbiegig

gebogene Beine

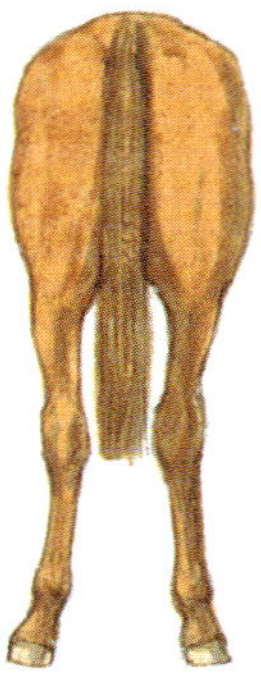

kuhhessig

zu weit rückständige Beine

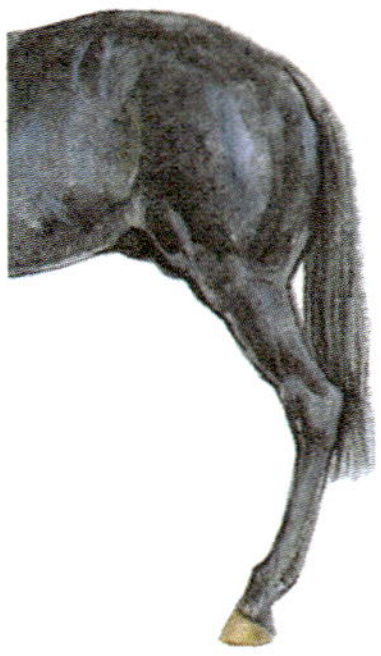

sichelbeinige Stellung

PFERDE MIT „UNTUGENDEN"

Sehr wichtig ist das freundliche Wesen des Pferdes. Große Augen und ein freundlicher Gesichtsausdruck sollten der erste Eindruck sein. Ein freundliches Tier, das sich dem Menschen willig und vertrauensvoll mit nach vorn gestellten Ohren nähert, ist immer angenehmer als eines, das einem den Rükcken zukehrt. Ein mißtrauisches Pferd, das früher einmal mißhandelt oder auch nur mißverstanden wurde, ist eine Herausforderung: Oft kann man sein Vertrauen gewinnen; dazu braucht man jedoch viel Geduld und Zeit, und ein Risiko bleibt immer. Ein derartiges Benehmen mindert den Wert eines Pferdes erheblich.

- Beißen, Schlagen oder Aggression
- Krippensetzen, Koppen und Weben (siehe Seite 111) sind Anzeichen für soziale Störungen, die nicht mehr behoben werden können.
- leicht erregbare Pferde, die unablässig in der Box auf und ab gehen
- Pferde, die sich nicht einfangen oder nicht aufzäumen lassen wollen, brauchen viel Geduld und Einfühlungsvermögen.
- Ein Pferd, das seine Ohren zurücklegt und zu treten versucht, sobald man es sattelt oder wenn man den Gurt anzieht, hat Angst oder Schmerzen; es kann sein, daß es zu schnell gesattelt wurde oder sogar ernsthafte Rückenprobleme hat.

Probleme beim Reiten

- Ein Pferd, das auf die kleinste Provokation hin ausschlägt, ist eine Gefahr für andere Pferde und Reiter. Schläger kann man kaum in der Gruppe reiten.

✦ Drängeln ist eine schlechte Angewohnheit, die hektischen Pferden eigen ist, wenn sie in der Gruppe geritten werden und sich aufregen. Sie drängen sich an andere Pferde heran und schieben diese zur Seite.

✦ Ein Pferd, das beim Aufsitzen nicht still steht, kann schlecht erzogen sein oder Rückenprobleme haben.

✦ Scheuen wird zur Gewohnheit, wenn das Pferd merkt, daß es ohne Warnung und Bestrafung umdrehen kann. Diese Tiere brauchen erfahrene Reiter mit Durchsetzungsvermögen.

✦ Auch Buckeln kann zur Gewohnheit werden, wenn es nicht korrigiert wird. Wenn ein Pferd seinen Reiter einmal durch Buckeln abgesetzt hat, wird es das immer wieder tun, wenn ihm etwas nicht paßt – sei es, daß das Tier übermütig oder daß ihm etwas unangehm ist. Damit das Buckeln nicht zur Gewohnheit wird, braucht das Pferd einen sicheren Reiter, der ihm das nicht durchgehen läßt. Bis dahin sollte es nicht von schwächeren Reitern geritten werden.

✦ Durchgehen entsteht durch Fehler in der Ausbildung von leicht erregbaren Pferden. Sie reagieren nicht mehr auf Reiterhilfen, ignorieren sämtliche Anstrengungen des Reiters anzuhalten und sind nicht mehr ansprechbar. Echte Durchgänger sind überaus gefährlich und sollten daher nicht mehr geritten werden.

✦ Auch Rückwärtsgehen ist gefährlich. Ob das Pferd das systematisch oder nur gelegentlich macht – es handelt sich um eine Untugend, die ihm schwer abgewöhnt werden kann. Solche Pferde sollte man nicht kaufen.

✦ Kleben ist eine sehr unangenehme Angewohnheit, d. h. ein Pferd will nicht von seinem Stall, seinen Stallgenossen oder einer Gruppe von anderen Pferden getrennt werden. Dabei kann es richtig gefährlich werden, wenn das Pferd steigt, mit den Beinen schlägt oder sich weigert weiterzugehen. Diese Untugend, die natürlich auch aus Angst oder Unsicherheit entstehen kann, muß ausgeräumt sein, bevor man ein solches Pferd zum Kauf anbietet.

✦ Einem Pferd, das sich konstant weigert, auf einer bestimmten Hand zu galoppieren, sollte man mit Vorsicht begegnen. Entweder liegt ein tiefgreifender Ausbildungsfehler, vermutlich aber ein gesundheitlicher Mangel dafür vor. Es kann Monate und Jahre dauern, bis man ein solches Pferd korrekt reiten kann. Ebenso sollte man von Tieren Abstand nehmen, die bei der kleinsten Hilfe sozusagen psychisch zusammenbrechen oder ständig versuchen, der Reiterhilfe zuvorzukommen. Solche Pferde sind sehr anstrengend und mühsam zu reiten.

Oben: Ein Pferd, das beim Satteln beißt, hat Angst vor Schmerzen oder ist empfindlich beziehungsweise kitzlig. Man muß den Grund für ein solches Verhalten herausfinden, ehe das Beißen zur Gewohnheit wird.

Rechts: Ein gutausgebildetes Pferd geht willig voran, arbeitet gern und weist weiche, losgelassene und energische Gänge auf. Das Tier ist geschmeidig und hat ein korrektes Exterieur. Das sind Pferde, von denen alle Reiter träumen.

Reitställe

Anforderungen ✦ Stallformen ✦ Unterricht ✦ Versorgung von Stallpferden ✦ Ausmisten

Oben: Um sich wohl zu fühlen, brauchen Pferde das Gefühl der Sicherheit, eine ruhige Umgebung und einen geordneten Ablauf im Stall. Dazu gehört auch die Gemeinschaft mit anderen Tieren.

Unten: Unfälle im Stall können verhindert werden, wenn man schon in der Planungsphase auf Sicherheit achtet. Scharfe Ecken oder hervorstehende Gegenstände sollte es nicht geben.

In Deutschland bekommen vorbildliche Reitställe Qualitätszeichen wie „FN-geprüfter" Stall verliehen, also Ställe, die von der Deutschen Reiterlichen Vereinigung empfohlen werden oder „LAG-geprüfter" Stall (dieser Stall wurde von der Laufstall-Arbeitsgemeinschaft ausgezeichnet). Betriebe, die diese Auszeichnungen vorweisen können, sind sauber und ordentlich. Die Pferde werden dort gut versorgt, und es findet eine regelmäßige tierärztliche Überwachung statt.

Bewertungskriterien

Um die Qualität eines Reitstalls beurteilen zu können, sollte man sich eine Checkliste machen, nach der man den Stall systematisch begutachtet.

Ein äußerlich ansprechendes Stallgebäude mag zwar beeindruckend sein, doch der erste Eindruck kann täuschen. Teure Pferde sind noch keine Garantie für einen guten Reitunterricht. Oft sind einfachere Ställe besser, als man zunächst annimmt.

Auch die Atmosphäre im Reitstall ist wichtig. Im Stall sollte Ruhe herrschen – Herumrennen und Schreien sind ebenso abzulehnen wie hektische Geschäftigkeit. Einen deutlichen Hinweis auf die Qualität des Stalles bietet der Zustand des Misthaufens: In guten Ställen ist der Haufen systematisch und sauber aufgeschichtet.

DER TRADITIONELLE BOXENSTALL

Der traditionelle Boxenstall besteht aus zwei Reihen von Boxen, die durch eine Stallgasse voneinander getrennt sind. Diese Art Stall ist leicht zu bewirtschaften. Man sollte allerdings darauf achten, daß die Pferde nicht willkürlich, sondern gemäß ihrem sozialen Rang in den Boxen verteilt werden. Wichtig sind große Fenster und Türen, damit genügend Luft im Stall zirkulieren kann. Andernfalls können derart große Stallungen leicht muffig werden und Atemwegserkrankungen verursachen.

Am sinnvollsten sind Ställe, deren Boxen auch noch ein Fenster oder gar einen Paddock nach draußen haben – so entsteht ein angenehmeres Stallklima.

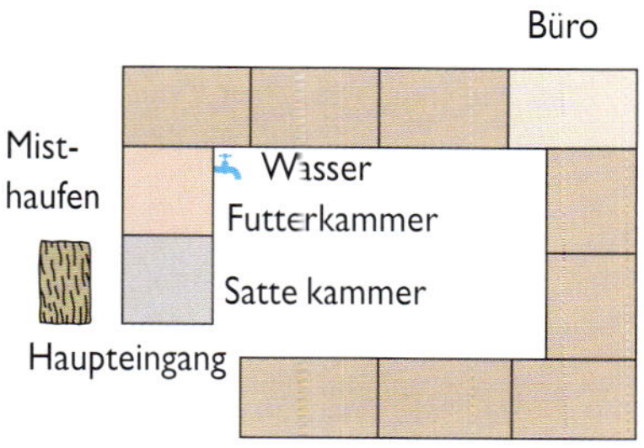

Oben: Dieser Stall ist ungeschickt konstruiert: Der Misthaufen ist vom Stall aus nur schwer erreichbar. Es gibt nur einen Wasserhahn und bei Feuer keinen Notausgang. Die Sattelkammer ist für Diebe leicht zugänglich. Das Büro liegt zu weit vom Eingang entfernt.

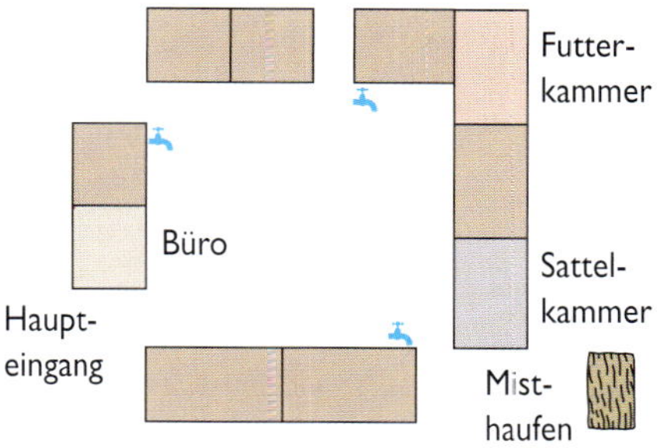

Oben: Die Anlage dieses Stalls ist gut durchdacht. Es gibt mehrere Notausgänge. Die Gebäude liegen im Brandfall weit genug auseinander. Der Misthaufen ist vom Stall aus leicht erreichbar, aber bei einem Brand weit genug entfernt. Das Büro liegt am Eingang; es gibt mehrere Wasserhähne. Die Sattelkammer kann kaum unbemerkt betreten werden.

Der Stall sollte kontinuierlich und sachkundig überwacht werden. Die Pferde müssen regelmäßig und entsprechend ihrer Arbeit gefüttert werden; kein Tier darf vernachlässigt oder überfordert werden. Alle Pferde sollten ständig frisches Wasser zur Verfügung haben. Die Futtertröge müssen nach dem Füttern gesäubert werden. In der Futterkammer muß Ordnung gehalten werden. Der Raum sollte sauber sein und verschließbare Behälter für die einzelnen Futtersorten enthalten. Offene Säcke, schmutzige Eimer und muffiges Futter sind schlechte Zeichen. Die Sattelkammer sollte ebenfalls trocken, sauber und aufgeräumt sein. Das Lederzeug muß regelmäßig gereinigt werden und darf weder verstockt noch brüchig sein. Dies kann man an der Stelle der Steigbügel überprüfen, an der diese

Der Stall muß gut belüftet sein. Die Boxen sollten ein Fenster nach draußen haben.

Die Fenster müssen mit einem Eisengitter geschützt sein, damit sie nicht zerbrechen können.

Als Sicherheitsmaßnahme ist ein Bewegungsmelder zu empfehlen. Alle Lichtquellen müssen so gesichert sein, daß die Pferde sie nicht erreichen können.

Die Sattelkammer muß abschließbar, trocken, beheizbar und weit genug vom Hoftor entfernt sein, um Diebe abzuschrecken.

Die Stallgeräte müssen von den Pferden ferngehalten werden und dürfen nicht im Hof herumliegen.

Der Misthaufen sollte wegen des Geruchs möglichst weit weg vom Stall liegen, aber maschinell problemlos zu entsorgen sein.

aufliegen. Die Unterseite der Sättel und die Gurte sollten sauber sein. Kopfstücke mit einfachen Gebissen sind positiver zu beurteilen als solche mit komplizierten.

Wichtig ist auch das Vorhandensein eines gutausgestatteten und regelmäßig überprüften Erste-Hilfe-Kastens (siehe Seite 112). Ein Bonus ist ein komplettes Set Schmiedewerkzeug, damit man ein loses Eisen selbst festschlagen kann. Von Bedeutung ist auch der Zustand der Hufeisen; gegebenenfalls sollte man fragen, wie oft die Pferde beschlagen werden.

Steht eine Weide zur Verfügung, sollte man sich auch diese genauer ansehen (siehe Seite 54–55).

Der Stall muß sauber und ausreichend belüftet sein. Verschmutzte, magere Ausstreu, schwitzende Pferde und Fliegen im Stall, unsichere Türen und Fenster sowie herumliegende Gegenstände – alle diese Faktoren deuten auf eine schlechte Führung des Unternehmens hin.

Oben: Hier wird Auszubildenden am „lebenden Objekt" demonstriert, wie man Verspannungen am Pferd feststellen kann. Dieses Wissen ist notwendig, um Krankheiten rechtzeitig erkennen zu können.

Oben: Ein professioneller Reitstall verfügt über eine gutsortierte, trockene und saubere Sattelkammer und einen Extraraum oder -platz, an dem die wertvolle Ausrüstung gereinigt werden kann.

Unten: Die Fütterung von mehreren Pferden erfordert Erfahrung, denn die Tiere reagieren auf falsche Fütterung äußerst empfindlich. In einem großen Stall sollte daher ein Futterplan mit Mengenangaben vorhanden sein.

Reitunterricht

Reiten lernen soll Spaß machen. Daher muß der Unterricht fundiert und abwechslungsreich gestaltet sein und praktisches Wissen vermitteln.

Ein guter Reitlehrer ist in der Lage, jedes Pferd korrekturzureiten oder dem Reitschüler eine Lektion in der Praxis zu demonstrieren. Dazu gehören nicht nur Wissen, sondern auch Humor und eine selbstverständliche Autorität sowie Sensibilität. Reitschüler brauchen konstruktive Hilfe und das Eingehen auf ihre individuellen Probleme beim Reiten. Die Reitstunde sollte sinnvoll aufgebaut sein und ein erreichbares Ziel haben.

Die Schulpferde sollten in Typ und Größe ihrem Einsatzzweck entsprechen und gut ausgebildet sein. Sie müssen willig sein und ausreichend Kondition haben, um den Reitschüler ohne Anstrengung tragen zu können. Erregbare oder wenig umgängliche Pferde oder Ponys gehören nicht in den Schulbetrieb. Als Schulpferde eignen sich nur gehorsame Pferde, die die Hilfen exakt ausführen. Ebenso wichtig ist die richtige Ausrüstung der Schulpferde: Sie muß passend, sauber und gepflegt sein.

Gute Reitschulen bieten willige Pferde, eine sichere Ausrüstung, pädagogisch sinnvolle Lehrmethoden und ein gepflegtes, ruhiges Umfeld. Gruppen von mehr als fünf Anfängern oder Springunterricht werden dort von mehreren Reitlehrern betreut.

Das Stallgebäude

Um Pferde Tag und Nacht im Stall halten zu können, müssen folgende Voraussetzungen erfüllt sein:

- Die Box muß groß genug sein, damit das Pferd sich bewegen und hinlegen kann, ohne daß die Gefahr des Festliegens besteht.
- Der Stall sollte große Fenster haben, durch die Tageslicht fallen kann.
- Um „Stalluntugenden" wie Koppen und Weben (siehe Seite 110–111) zu vermeiden, sollten die Pferde mehrmals am Tag gefüttert werden oder ständig Heu zur Verfügung haben.
- Jedes Pferd sollte sich täglich mindestens eine Stunde frei und ohne Reiter in einem Auslauf bewegen dürfen.
- Frisches Wasser muß immer ausreichend zur Verfügung stehen.
- Die Luft sollte im Stall zirkulieren können. Kalte Luft ist für Pferde kein Problem, wohl aber „Stallmief".

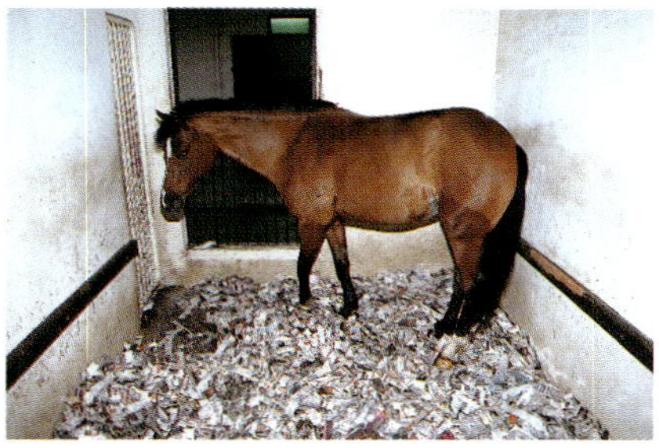

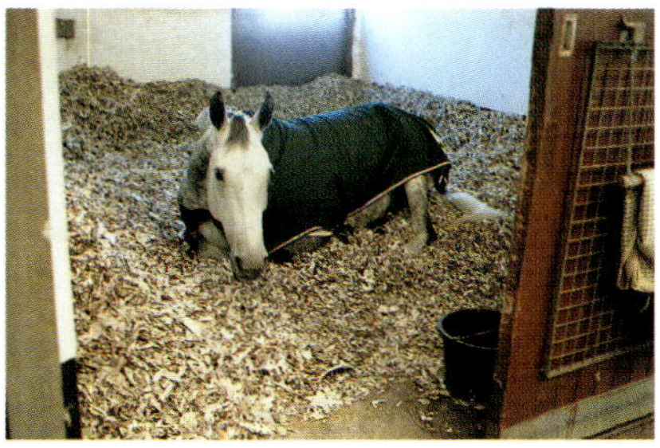

Ganz oben und oben: Der Stall des Pferdes ganz oben ist schlecht ausgestreut, so daß es sich ungern hinlegt. Der Stall auf dem Bild darunter dagegen ist mit Papierschnitzeln ausgestreut und lädt zum Ausruhen ein.

✦ Die Einstreu sollte tief und sauber sein, so daß die Pferde sich auch gern hinlegen. Das bedeutet, daß täglich kontrolliert, ausgebessert und gegebenenfalls erneuert wird.

Einstreu

Die Einstreu erneuert man vorzugsweise dann, wenn das Pferd sich nicht in der Box befindet. Anstelle der Einstreu kann man auch spezielle Gummimatten verwenden, die den Boden gut isolieren und leicht zu reinigen sind. Der Urin läuft zwar unter den Matten weg; dennoch sollte man eine dünne Schicht Stroh auflegen, die das Pferd zum Hinlegen animiert. Diese Art Gummimatten muß regelmäßig gereinigt und desinfiziert werden.

Stroh, die traditionelle Einstreu, kann staubig oder schimmelig sein und eventuell chemische Rückstände enthalten. Hinzu kommt, daß sich manche Pferde mit Stroh vollfressen, was Koliken verursachen kann.

✦ Weizenstroh wird gern gefressen, ist aber relativ durchlässig.

✦ Die Grannen des Gerstenstrohs stechen den Pferden in die Haut und werden nicht gefressen.

✦ Haferstroh wird gern gefressen und nimmt die Feuchtigkeit gut auf.

✦ Kleingehacktes Stroh wird zu Pellets gepreßt, mit denen man die Box einstreut. Die Pferde fressen diese parfümierte Einstreu nicht.

✦ Papiereinstreu absorbiert Feuchtigkeit gut, ist staubfrei und daher auch bei Allergikern einsetzbar. Damit die Einstreu die Feuchtigkeit aufnimmt, muß tief eingestreut werden. Zudem ist die Entsorgung problematisch.

✦ Hobelspäne saugen Feuchtigkeit gut auf und sind einfach zu handhaben. Gutentstaubte Hobelspäne werden im Handel als Einstreu angeboten, sind aber teuer und schwer zu entsorgen. Hanfeinstreu ist erst seit kurzem auf dem Markt. Die Erfahrungen damit sind bisher positiv.

AUSMISTEN

Die Geräte zum Ausmisten richten sich nach der Art der Einstreu und danach, ob man täglich ganz ausmistet oder beispielsweise eine Matratze verwendet.

Schubkarren: In großen Stallungen benötigt man große, aber leichte Schubkarren mit zwei Rädern. Für kleine Ställe reicht eine einrädrige Schubkarre aus. Für Stroh verwendet man breite, für Hobelspäne oder Strohpellets-Einstreu tiefe Schubkarren. Mit weit ausladenden Schubkarren werden Heu- und Strohballen transportiert.

Mist- und Heugabel: Mit der vierzinkigen Mistgabel entfernt man nasse Einstreu. Mit der zweizinkigen Gabel lockert man Stroh und Heu auf.

Gabel mit langen, schmalen Zinken: Man säubert damit Hobelspäne-Einstreu, indem man den Kot ausschüttelt.

Schaufel: Eine große, leichte Aluschaufel eignet sich gut zum Entfernen nasser Hobelspäne-Einstreu.

Besen: Mit einem groben Besen fegt man die ausgemistete Box und die Stallgasse sauber.

Ehe man ausmistet, holt man das Pferd aus der Box (oder bindet es an) und entfernt lose Futter- oder Wasserbehälter aus der Box. Bei einer Stroh-Matratzen-Einstreu entfernt man den Kot sowie nasse Stellen in der Matratze und streut sorgfältig darüber. Mit der Gabel darf man die Matratze nicht beschädigen, da sonst giftiges Ammoniak entweicht! Eine gepflegte Matratze ist trocken und warm, muß jedoch mindestens zweimal täglich gerichtet werden. Alle sechs bis acht Wochen wird die Matratze entfernt und die Box ausgespritzt sowie desinfiziert. Hygienischer allerdings ist eine Einstreu, bei der der Stall täglich bodenrein gefegt wird. Hierfür eignen sich Stroh oder Hobelspäne. Die saubere Einstreu wird zur Seite geschoben, während man nasse Stellen entfernt. Dann schiebt man die noch gute Einstreu zusammen und streut neu darüber.

Weiden

Weidewirtschaft ✦ Weidezeiten ✦ Gute und schlechte Voraussetzungen

Pferde verbringen den Tag lieber draußen auf der Weide als in einem kleinen, geschlossenen Stall. Doch auch der Aufenthalt auf der Weide kann frustrierend sein – wenn diese klein und die einzige Weide ist. Kleine Weiden brauchen viel Pflege, um ein gesunder und angenehmer Ort für Pferde zu sein.

WEIDEPFLEGE

Kleine Weiden, die „überweidet" sind, werden „pferdemüde", d. h., die eßbaren Gräser werden zu schnell abgefressen und der Boden verunkrautet. Hat man nur eine Weide zur Verfügung, so unterteilt man diese in drei Areale, die abwechselnd beweidet, behandelt und in Ruhe gelassen werden.

Ein Pferd benötigt mindestens einen halben Hektar. Im Idealfall sollte es jedoch einen Hektar zur Verfügung haben. Das Wachstum beginnt im Frühjahr. Den höchsten Nährwert hat das Gras zwischen Mai und Juli. Im Frühsommer mäht man das Unkraut ab. Nach dem Beweiden wird der Grund abgeschleppt. Im Herbst muß man den Tieren Heu zufüttern. Nun sollte man die Weiden ruhen lassen oder mit Rindern nachweiden, die die Unkräuter fressen.

GEPFLEGTE WEIDEN

Zu einer guten Weide gehören nahrhaftes Gras, ständig frisches Wasser, die Gesellschaft vorzugsweise von anderen Pferden sowie ausreichend Schatten und Witterungsschutz.

Die tägliche Weidekontrolle beinhaltet die Kontrolle der Tiere sowie

Oben: Diese Weide wirkt zwar idyllisch, doch der hohe Löwenzahnanteil ist ungesund. Die Pflanze kann zu Vergiftungen führen, wenn die Pferde zuviel davon fressen.

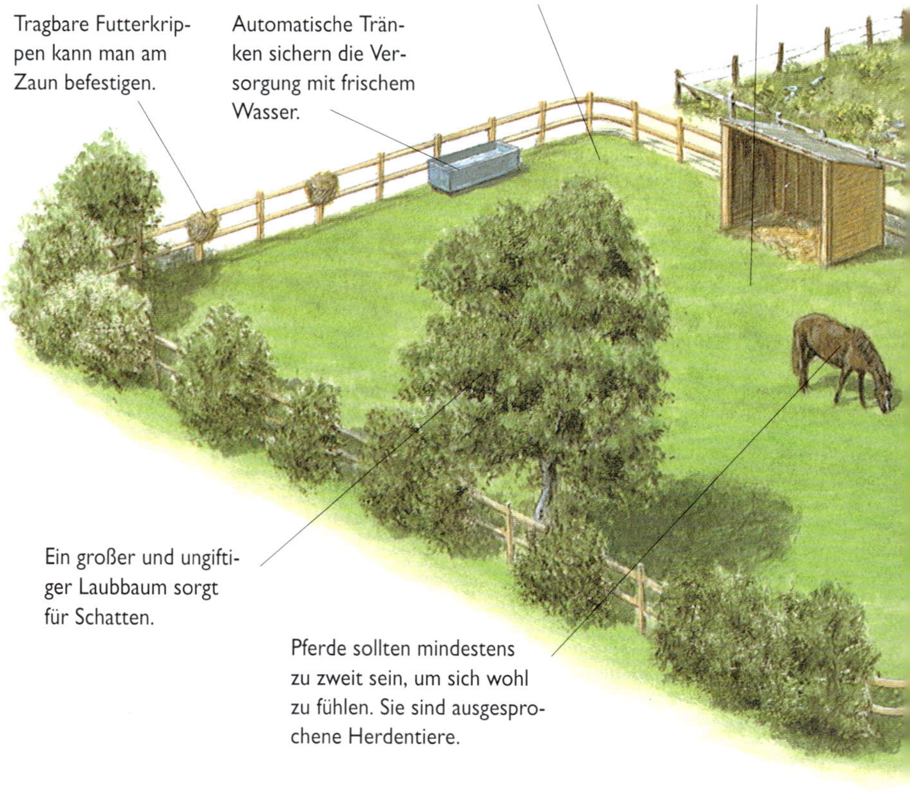

Rechts: Eine gepflegte oder eine ungepflegte Weide entscheidet darüber, ob ein Pferd gesund und glücklich oder ob es verwurmt und in schlechter Kondition ist und sich verletzen oder krank werden kann.

die von Toren, Zäunen und Umgebung. Im Idealfall wird die Weide täglich „abgeäpfelt“, wodurch die Verwurmung der Pferde minimiert werden kann (siehe Seite 98–101). Unkraut sollte man regelmäßig entfernen und verbrennen. Wenn die Gefahr einer Überweidung besteht, muß man den Weiden mindestens ein Jahr Ruhe gönnen und sie düngen.

Die Pferde sind auf das angewiesen, was sie auf der Weide finden – vor allem auf frisches Wasser. Der Wasserbehälter muß daher täglich auf tote Tiere oder Insekten, Larven oder Vogelkot kontrolliert werden. Das Tierschutzgesetz schreibt zudem einen Witterungsschutz gegen Feuchtigkeit, Hitze und Kälte vor. Das kann eine Ansammlung von Bäumen ebenso sein wie eine Weidehütte.

Ungepflegte Weiden

Schlechte Weiden zeichnen sich durch zu hohes Gras oder kahle, abgefressene beziehungsweise verunkrautete Stellen aus. Nicht abgesammelter Kot verschmutzt den Boden und verwurmt die Tiere. Unter solchen Bedingungen können Pferde weder gesund noch glücklich leben.

Oben: Der Kot sollte regelmäßig abgesammelt werden. Saubere Weiden sind länger nutzbar und verunkrauten nicht so schnell.

Gefährlich sind auch schlecht eingezäunte Weiden mit herumhängendem Draht oder wackelnden Zaunpfählen und Toren. Herumliegende Stangen, Wasserbehälter oder Flaschen erhöhen die Unfallgefahr ebenfalls. Auf steinigem oder löchrigem Untergrund können sich die Pferde ebenso verletzen wie auf einem durch eine Verstopfung der Drainage verursachten rutschigen Boden.

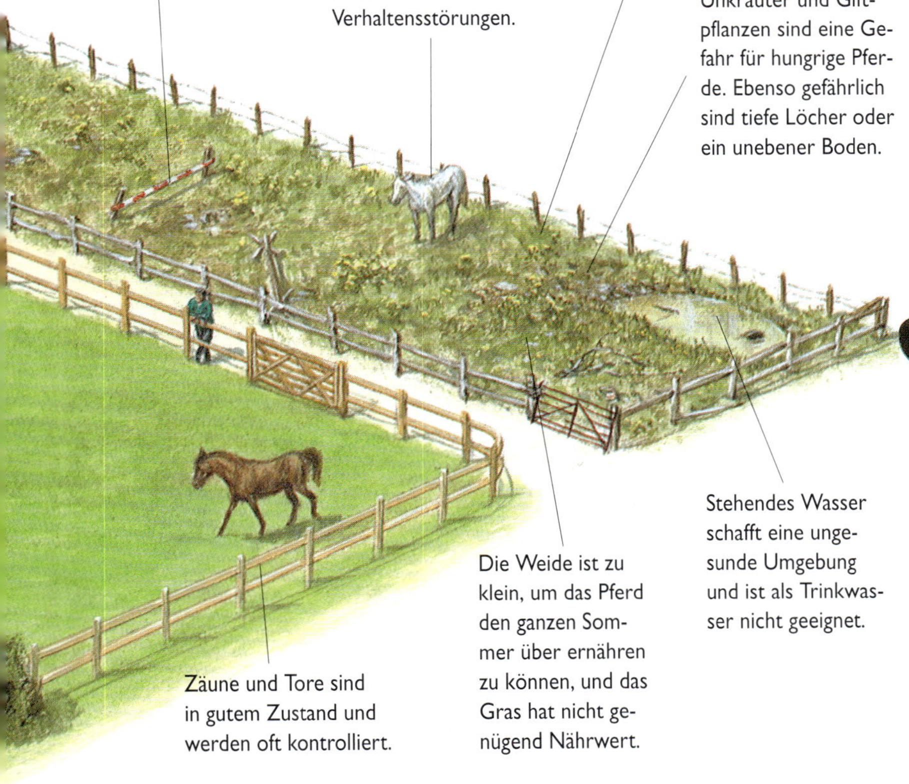

Eine Weide in schlechtem Zustand: zerbrochene Tore und Zäune und kein Witterungsschutz für die Pferde.

Ein einzelnes Pferd ist einsam und leidet an Verhaltensstörungen.

Schutt und Geröll erhöhen die Unfallgefahr.

Unkräuter und Giftpflanzen sind eine Gefahr für hungrige Pferde. Ebenso gefährlich sind tiefe Löcher oder ein unebener Boden.

Stehendes Wasser schafft eine ungesunde Umgebung und ist als Trinkwasser nicht geeignet.

Die Weide ist zu klein, um das Pferd den ganzen Sommer über ernähren zu können, und das Gras hat nicht genügend Nährwert.

Zäune und Tore sind in gutem Zustand und werden oft kontrolliert.

Giftige Pflanzen und Sträucher

Unkräuter wie Nesseln und Disteln sind Anzeichen für eine schlechte Weidewirtschaft. Giftpflanzen hingegen sind gefährlich. Im allgemeinen fressen Pferde giftige Pflanzen nur, wenn sie großen Hunger haben. Die Tiere können aber unwissentlich giftige Samen fressen. Daher sollte man giftige Pflanzen mitsamt ihrer Wurzel ausreißen und verbrennen. Größere Mengen muß man chemisch bekämpfen – und die Weide dann ruhen lassen. Bekannte Giftpflanzen sind:

- ✦ Gemeines Greiskraut *(Senecio vulgaris)*
- ✦ Roter Fingerhut *(Digitalis purpurea)*
- ✦ Adlerfarn *(Pteridium aquilinum)*
- ✦ Liguster *(Ligustrum vulgare)*
- ✦ Jakobskreuzkraut *(Senecio jacobaea)*
- ✦ Eibe *(Taxus baccata)*
- ✦ Belladonna *(Atropa belladonna)*
- ✦ Lorbeer *(Laurus nobilis)*
- ✦ Hahnenfußgewächse *(Ranunculus)*
- ✦ Schierling *(Conium maculatum)*
- ✦ Plantane *(Plantago major)*
- ✦ Oleander *(Nerium oleander)*
- ✦ Rhododendron *(Rhododendrus)*
- ✦ Rittersporn *(Consolida ambigua)*
- ✦ Pfaffenhütchen *(Euonymus europaea)*
- ✦ Buchsbaum *(Buxus sempervivens)*
- ✦ Larkspur *(Consolida ambigua)*
- ✦ Herbszeitlose *(Colchicum autumnale)*

Rhododendron

Der tägliche Umgang

Das Pferd als Individuum ✦ Kommunikation ✦ Routine

Jedes Pferd hat sein ganz eigenes Wesen, das sich in seinen Bewegungen und seinem Aussehen widerspiegelt. Pferde können nervös oder ruhig, glücklich oder unglücklich, sensibel oder unsensibel sein. Entsprechend ihrem Wesen reagieren sie, ebenso wie Menschen, unterschiedlich auf verschiedene Situationen. Ein wichtiger Bestandteil der Kommunikation zwischen Mensch und Pferd besteht für den Menschen daher darin, die Körpersprache des Tieres verstehen zu lernen. Die Zeit, die man damit verbringt, ein Pferd im Stall oder auf der Weide zu beobachten, ihm beim Fressen oder bei der Arbeit zuzusehen, ist niemals verloren, denn durch diese Beobachtungen lernt man das Tier besser verstehen und kann sich dann auch leichter mit ihm verständigen. Auch das Wissen um die natürlichen Instinkte der Pferde (siehe Seite 35–36) trägt dazu bei, in bestimmten Situationen besser mit den Tieren umgehen zu können. Ein Pferd, das allein ist, reagiert auf eine Situation anders als ein Tier innerhalb einer Gruppe. Ist ein Pferd auf sich allein gestellt, hängt seine Reaktion vor allem davon ab, wie der Mensch neben ihm reagiert. Wie freundlich ein Pferd aber auch immer sein mag – es ist unabdingbar, gewisse Grundregeln im Umgang mit ihm zu beherzigen, um eine Vertrauensbasis zu schaffen und unnötige Risiken zu vermeiden.

Rechts: Dieses Pferd ist aufmerksam und strotzt nur so vor Gesundheit. Wenn man den Ausdruck und die Stimmungen seines Pferdes genau kennt, dann weiß man auch, wie das Tier in bestimmten Situationen reagieren wird.

PFERDEFLÜSTERER

Dieser Ausdruck wurde von dem US-amerikanischen Autor Monty Roberts geprägt und besagt, daß sich Mensch und Pferd problemlos verständigen können, wenn der Mensch die Körpersprache des Pferdes versteht und das Tier seinerseits die Körpersprache des Menschen erlernt. Menschen können so mit Pferden kommunizieren, ohne Gewalt anwenden zu müssen. Diese Art der Körpersprache kann von allen Pferdebesitzern erlernt werden.

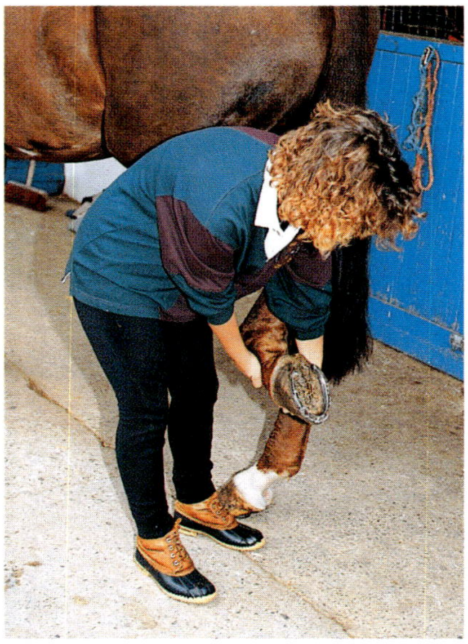

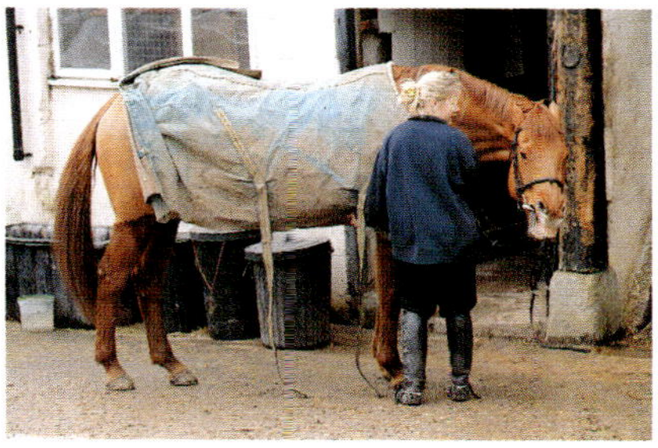

Links: Pferdehufe bedürfen ständiger Aufmerksamkeit. Die meisten Pferde lernen schon sehr früh, die Hufe zu geben, damit man diese regelmäßig auskratzen kann.

Rechts: Pferde, die man zu schnell gegurtet oder zu hart geputzt hat, wehren sich durch Beißen – eine Unart, die man ihnen nur schwer wieder abgewöhnen kann.

Die tägliche Routine

Als Gewohnheitstiere fühlen sich Pferde vor allem in einer bekannten Umgebung geborgen. Man sollte seinem Pferd daher einen geregelten Tagesablauf ermöglichen und seinen Gesundheitszustand täglich überprüfen: Hufe auskratzen, das Pferd auf Verletzungen hin untersuchen und eventuell Puls- und Atemwerte kontrollieren.

Kontrolle der Hufe

Die Hufe sollten regelmäßig ausgekratzt werden.

✦ Beugen Sie sich neben dem Bein herunter, legen Sie Ihre Hand um das Fesselgelenk und sagen Sie „Gib Fuß!" oder ein ähnliches Kommando.

✦ Achten Sie darauf, daß Sie eventuell schnell zur Seite springen können.

✦ Beim Hochheben der Hinterhufe dürfen Sie sich nicht hinter das Pferd stellen. Es könnte austreten!

✦ Halten Sie den Huf mit einer Hand fest und kratzen Sie ihn gründlich mit dem Hufkratzer aus.

✦ Kontrollieren Sie auch die Hufeisen regelmäßig.

Annähern an das Pferd

Nicht alle Pferde sind im Stall freundlich gestimmt. Selbst das zuverlässigste Tier muß angesprochen werden, damit es weiß, daß sich jemand nähert. Plötzliche Bewegungen und laute Stimmen ängstigen es. Pferde reagieren sensibel auf Töne und haben Angst vor aggressiven Stimmen, hektischen Bewegungen, flatternder Kleidung und rüdem Benehmen. Ehe man hinter einem Tier herumgeht, muß man es auf sich aufmerksam machen, indem man die Hand auf seinen Rükken legt, wobei man allerdings die Nierenpartie, die Flanken und die Stelle zwischen den Hinterbeinen nicht berühren sollte.

Die meisten Pferde kennen das Kommando „Komm rum!" und drehen sich dann von selbst herum, so daß sie auch von der anderen Körperseite her geputzt oder gesattelt werden können. Folgt das Tier dieser Aufforderung nicht, geht man vorn um es herum. Danach sollte man es jedoch energisch auffordern, sich herumzudrehen, indem man es an der Hinterhand antippt. Die Aufforderung zum Rückwärtsgehen erfolgt durch Antippen an der Brust.

Überzeugen und loben

Es ist besser, ein Pferd zu überzeugen, als es mit Gewalt zu etwas zu zwingen. Ein ängstliches Tier kann noch überredet werden, in einen Pferdehänger zu gehen. Wenn man es jedoch dazu zwingt und ihm Angst einjagt, wird es sich wehren. Der Schaden, den diese Aktion anrichtet, kann

Das Messen von Puls, Atemfrequenz und Temperatur

Puls, Atem und Temperatur des Pferdes sollten täglich kontrolliert werden. Die Normaltemperatur des Tieres liegt bei 38°C, sein Puls beträgt 36 – 42 Schläge pro Minute. Im Ruhezustand macht das Tier acht bis 16 Atemzüge pro Minute. Zur Temperaturmessung sollte man ein digitales Thermometer benutzen.

Puls: Man hält seine Finger auf die Arterie am Unterkieferknochen oder am Bein unterhalb des Ellenbogens (siehe Seite 23). Dann zählt man 30 Sekunden lang die Herzschläge mit und verdoppelt die Zahl, so daß man die Schläge pro Minute erhält.

Atem: Man beobachtet 30 Sekunden lang die Flanken des Pferdes und verdoppelt die Atemzüge, um einen Minutenwert zu erhalten. An den Flanken kann man sehen, wie das Pferd ein- und ausatmet. Ein- und Ausatmen gilt als ein Atemzug.

Temperatur: Während ein Helfer den Kopf des Pferdes festhält, steht man seitlich neben der Hinterhand des Tieres und führt das mit Vaseline angefeuchtete Thermometer vorsichtig in den Darm ein. Durch eine am Thermometer befestigte dünne Schnur mit einer Wäscheklammer, die man am Schweif festklemmen kann, wird ein Hineinrutschen des Thermometers in den Darm verhindert.

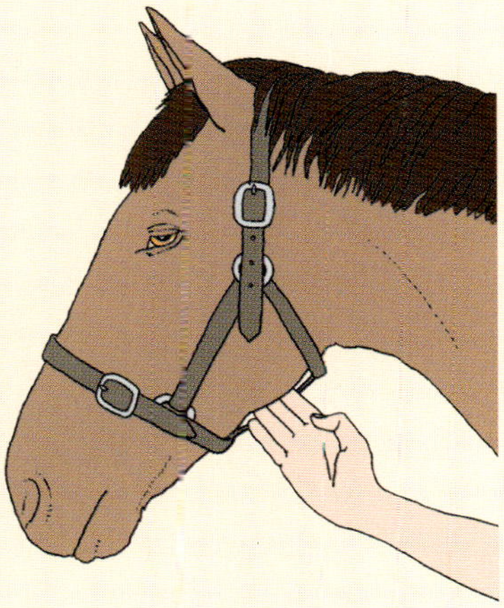

Puls messen

Links: Mit Leckerbissen wie einem Stück trockenem Brot oder einer Möhre gewinnt man das Vertrauen des Pferdes schnell.

Der tägliche Umgang

dauerhaft sein, denn Pferde vergessen schlechte Erfahrungen nicht. Ein guterzogenes Tier ist problemlos zu handhaben, spürt aber immer, wenn jemand unsicher ist, und reagiert darauf, indem es sich weigert, in eine bestimmte Richtung zu gehen.

Die meisten Pferde reagieren positiv auf Lob. Schnell lernen sie, daß Streicheln mit Lob verbunden ist. Als Ausbildungshilfe sollte Streicheln aber wohldosiert eingesetzt werden. Pferde erinnern sich an gute Erfahrungen ebensolange wie an schlechte. Leckereien sollten nur gelegentlich angeboten werden. Nervöse oder ängstliche Pferde brauchen ständige Aufmerksamkeit. Die meisten Tiere genießen das Streicheln des Nackens und der Schulterpartie. Diese Vorliebe kann man bei kopfscheuen Pferden ausnutzen, indem man sich langsam bis zum Kopf vorarbeitet, sie rund um die Ohren massiert und den Tieren so die Angst nimmt.

Pferde sind weniger intelligent, als man glaubt. Wenn ein Tier beißt oder jemanden anrempelt, muß die Bestrafung sofort erfolgen. Man muß herausfinden, warum das Pferd so gehandelt hat. Eine sinnlose Strafe ruft bei dem Pferd nur Angst hervor. Hüten - sollte man sich auch vor einem Schlag auf den Kopf oder auf andere empfindliche Körperteile. Ist ein Pferd kopfscheu, kann man sein Vertrauen nur schwer zurückgewinnen.

Verlassen des Stalls

Mit dem Pferd an der Hand öffnet man das Tor und führt das Tier auf die Weide. Dann schließt man das Tor und dreht das Pferd mit dem Kopf zu sich. Nun läßt man das Tier los. Wenn man mehrere Pferde an der Hand führt, sollte man sie gleichzeitig loslassen, wobei die Tiere sich aber nicht gegenseitig anrempeln dürfen.

Einfangen und Führen

Pferde lassen sich leicht einfangen, wenn sie täglich zur gleichen Zeit in den Stall zurückgeholt werden. Wenn die Tiere aber wissen, daß sie geritten werden sollen oder wenn das Gras besser schmeckt als das Futter im Stall, kann es Probleme geben. Dann benötigt man jemanden, der die anderen Pferde wegführt, so daß sich das eigene Tier den anderen anschließt. Man kann sein Pferd aber auch in eine Ecke treiben und dort einfangen.

✦ Nähern Sie sich dem Pferd schräg von vorn und legen Sie ihm die Hand auf den Hals oder auf die Schulter, ehe Sie es am Kopf anfassen.

✦ Wedeln Sie nicht mit dem Halfter oder dem Führstrick herum. Bieten Sie dem Pferd auf der flachen Hand etwas Futter an.

✦ Streicheln Sie das Pferd und reden Sie mit ihm, ohne es gleich einfangen zu wollen. Vermeiden Sie das Berühren empfindlicher Körperstellen, da das Tier sonst ausschlagen könnte.

✦ Laufen Sie einem Pferd, das sich nicht einfangen läßt, nicht hinterher – das verwirrt das Tier nur. Geduld und Ruhe bringen mehr Erfolg.

✦ Legen Sie dem Pferd den Führstrick um den Hals. Mit der anderen Hand ziehen Sie das Halfter auf seine Nase.

✦ Dann streifen Sie das Halfter über die Ohren und schließen die Schnalle.

✦ Stehen Sie stets in Höhe der Schulter neben dem Pferd. Mit Ihrer rechten Hand schließen Sie die Schnalle des Halfters, während Ihre linke Hand den Führstrick hält. Der Führstrick darf nicht zu fest, aber auch nicht zu lose gehalten werden.

✦ Wenn Sie losgehen möchten, fordern Sie das Pferd durch ein energisches „Komm mit!" auf.

✦ Notfalls können Sie das Tier zum Mitgehen bewegen, indem Sie mit dem Ende des Führstricks seine Flanke berühren. Beim Gehen bleiben Sie auf Höhe der Schulter des Pferdes: So können Sie es gut kontrollieren.

✦ Während des Gehens sollten Sie mit dem Tier sprechen, um seine Aufmerksamkeit zu gewinnen.

✦ Durch Tore und enge Gatter sollten Sie vorsichtig gehen, damit sich das Pferd nicht stößt. Abschürfungen an der Hüfte heilen sehr langsam.

✦ Sie sollten gemeinsam mit dem Pferd durch ein Gatter gehen, damit dieses nicht zurückschwingt und das Pferd dadurch verletzt.

Links: Dieses Pferd weiß, daß es mitkommen soll, möchte aber offensichtlich lieber weiterfressen. Jetzt braucht man Ruhe und Geduld, um es zum Mitkommen zu bewegen.

Unten: Manchmal muß man Pferde überreden, damit sie sich von ihren Gefährten trennen. „Komm mit!" und ein Antippen an der Flanke sollten ausreichen. Hinterherziehen am Halfter kann das Gegenteil bewirken.

✦ Drehen Sie das Pferd wieder mit dem Gesicht zum Tor, ehe Sie dieses schließen. Erst dann dürfen Sie das Pferd loslassen.

Vortraben

Bei einer tierärztlichen Untersuchung sollte das Tier am Halfter vorgeführt werden.

✦ Das Vortraben sollte auf einem harten Boden erfolgen. Zuerst gehen Sie in gerader Linie vom Betrachter weg.

✦ Danach drehen Sie das Pferd in einem weiten Bogen herum.

✦ Jetzt traben Sie in gerader Linie auf den Betrachter zu, wobei Sie das Pferd am langen Strick halten, damit sein Gangrhythmus nicht gestört wird.

Das Führen von Gruppen

Eine Gruppe von Pferden und Reitern muß vom erfahrensten Reiter angeführt werden. Zwischen den Tieren sollte ein Sicherheitsabstand eingehalten werden. Alle Pferde gehen einzeln hintereinander am rechten Straßenrand. Man sollte mit seinem Pferd reden und auf dessen Reaktionen achten. Ein ängstliches Pferd muß von einem erfahrenen Tier begleitet werden. Anderen Verkehrsteilnehmern müssen Straßenüberquerungen durch Handsignale kenntlich gemacht werden. Die Straßenverkehrsordnung gilt auch für Reiter (siehe Seite 77).

Anbinden

Zum Anbinden des Pferdes sollte man einen Knoten verwenden, der sich leicht lösen läßt. Der Führstrick kann mit einem stabilen Faden am Anbindering befestigt werden. Den Knoten können Sie schnell lösen; der Faden reißt, wenn das Pferd einmal in Panik gerät. So können schwere Verletzungen vermieden werden.

Unten: So entsteht ein „Pferdeknoten": Das freie Ende des Seils wird zu einer Schlaufe geschlungen (Schritt 1). Dann schlingt man eine weitere kleine Schlaufe unterhalb der ersten um das Seilende (Schritt 2). Nun zieht man die Schlaufen fest (Schritt 3). Will man den Knoten lösen, braucht man nur am Seilende zu ziehen. Um zu verhindern, daß das Pferd dies tut, steckt man das Seilende erneut durch die Schlaufe (Schritt 4).

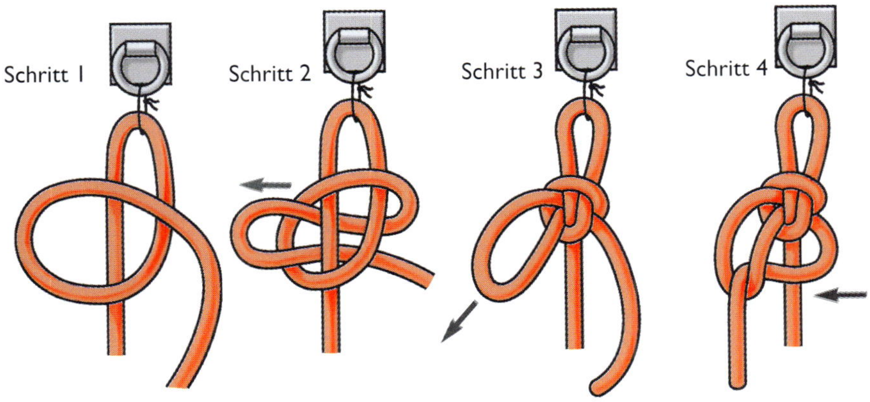

Reitkleidung

Die Reitkleidung muß bequem, praktisch und sicher sein.

Kappe/Helm: Beide müssen den Sicherheitsstandards entsprechen, perfekt sitzen und mit einem Kinnschutz versehen sein.

Stiefel: Diese sollten immer einen Absatz haben, der ein Durchrutschen des Fußes durch den Steigbügel verhindert. Sie dienen dem Schutz des Fußgelenks. Egal, ob hohe oder halbhohe Stiefel: Das Fußgelenk muß immer einen festen Halt haben. Lederstiefel sind sicherer als Gummistiefel.

Reithosen: Sie müssen eng anliegen und dürfen keine Falten bilden, die auf der Haut scheuern könnten. Der Knieschutz sollte aus Leder sein. Zu konventionellen Reithosen trägt man hohe Stiefel, zu Jodhpurs Stiefeletten.

Rückenschutz: Beim Springen oder schnellen Reiten sollte ein Rückenschutz getragen werden – besonders von Kindern.

Schutzweste: Sie verhindert bei einem Sturz schwerere Verletzungen.

Fütterung

Nahrungsbedarf ✦ Fütterungsregeln ✦ Futtermittel

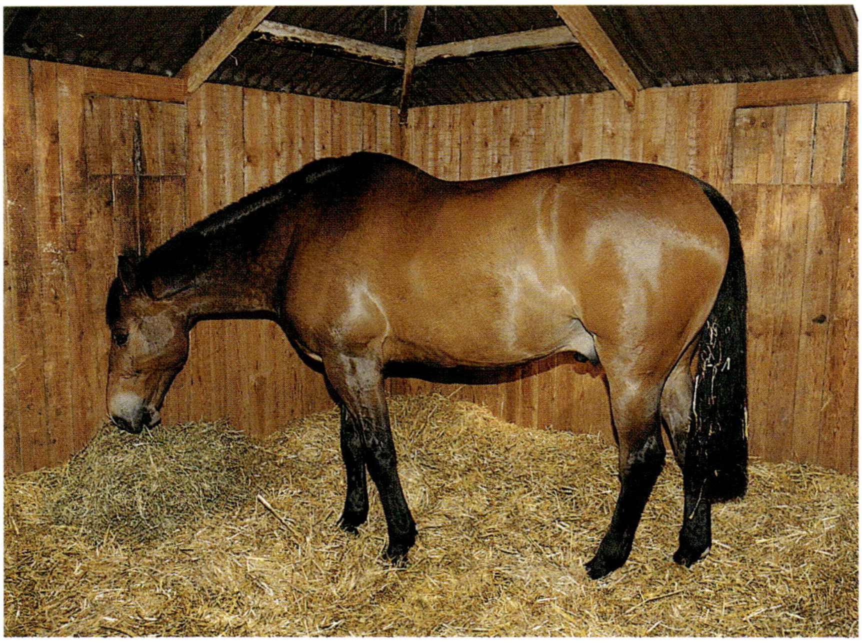

Oben: Frisches Wasser muß immer vorhanden sein. Das gutaufgeschüttelte Heu sollte vom Boden gefüttert werden, da dies der natürlichen Freßhaltung der Pferde entspricht. Heunetze sind abzulehnen.

PFERDE-FÜTTERUNG

✦ Pferde müssen ständig frisches Wasser zur Verfügung haben.
✦ Rauhfutter muß ausreichend gegeben werden. Heu als Rauhfutter ist gut für das Verdauungssystem.
✦ Die Fütterung muß dem Energiebedarf, der Größe und dem Temperament des Pferdes entsprechen. Kraftfutter darf nur bei entsprechender Arbeit gefüttert werden und wird durch Rauhfutter ergänzt.
✦ Die Futterzeiten sollten unbedingt eingehalten werden.
✦ Jede Veränderung in der Pferdefütterung muß langsam geschehen.
✦ Nach dem Füttern oder nach einem ausgiebigen Weidegang dürfen die Pferde nicht sofort arbeiten.
✦ Jedes Pferd muß individuell gefüttert werden.

Pferdefütterung bewegt sich zwischen Kunst und Wissenschaft. Der aufmerksame Pferdebesitzer erkennt am Zustand seines Tieres, ob die Fütterung richtig ist oder ob etwas verändert werden muß.

Grundbedarf

Die Grundnahrungsmittel des Pferdes, Wasser und Rauhfutter, aktivieren das Verdauungssystem während Kohlehydrate, also Zucker, Stärke und Fasern, Energie liefern. Proteine sind wichtig für die Knochen, die Haut und die Kondition. Fette und Öle geben Energie; Vitamine und Mineralstoffe sorgen für gute Körperfunktionen. Im Idealfall sind alle diese Dinge im Frühjahr und Sommer auf der Weide vorhanden. Ein aufgestalltes Pferd dagegen erhält diese Basisnahrungsmittel nicht durch kontinuierliches Grasen, sondern durch eine ausgewogene Fütterung, wobei Arbeitsleistung, Kondition, Größe, Alter und Jahreszeit eine Rolle spielen. Die Fütterung sollte so natürlich wie möglich sein. Es muß in mehreren kleinen Portionen gefüttert werden (siehe Seite 29), da das Fassungsvermögen des Pferdemagens gering ist. Beim Stallpferd ersetzt Heu das Gras als Ballastfutter. Konzentriertes Kraftfutter wird je nach Arbeitsbelastung gegeben.

Da 70 % des Pferdekörpers aus Wasser bestehen, muß der ständige Flüssigkeitsverlust durch Atmen, Schwitzen und Urinieren permanent ausgeglichen werden.

Futtermittel

Die Grundlage ist das Rauhfutter – der ballaststoff- und faserreiche Anteil des Pferdefutters, der auf Gras basiert. Hinzu kommen Kraftfutter auf Getreidebasis und Futterzusätze.

Rauhfutter

Wenn man Gras, die Basis des Rauhfutters, trocknet, wird es zu Heu. Silage oder Heulage entsteht, indem man geschnittenes Gras anwelken läßt und in luftdicht verschlossenen Plastikballen lagert. So erhält man proteinreiches und staubfreies Rauhfutter. Frisches Heu darf erst nach dem „Ausschwitzen" – drei Monate nach dem Heumachen – verfüttert werden.

✦ Grassamenheu, eine spezielle Pferdeheumischung, enthält Weidelgras, Wiesenrispe, Lieschgras, Rotschwingel sowie einen bestimmten Kleeanteil.

✦ Das weichere Wiesenheu stammt von Standweiden. Qualität und Nährwert variieren. Gutes Heu sollte kaum Unkraut enthalten und weder feucht noch muffig sein.

✦ Wenn die Pferde nicht grasen können, verfüttert man frisch geschnittenes Gras. Es muß schnell verfüttert werden, da es sonst zu gären beginnt.

Kraftfutter und Zusatzmittel

Kraftfutter und Zusatzmittel versorgen das Pferd mit Energie und zusätzlichen Nährstoffen. Mineralstoffe und Vitamine sollten in einem ausgeglichenen Verhältnis gefüttert werden.

✦ Hafer, das traditionelle Pferdefutter, ist leichter verdaulich, wenn er gewalzt ist. Für Ponys und nicht hoch im Blut stehende Pferde ist Hafer aber nicht geeignet.

✦ Außer Hafer kann man auch gewalzte oder gekrackte Gerste füttern.

✦ Weichgekochte, mit Weizenkleie angereicherte, Gerste ist für Pferde geeignet, die in der Kälte arbeiten.

✦ Gewalzter Mais macht dick und ist energiereich; er sollte sparsam verwendet werden.

✦ Feuchte Weizenkleie füllt den Magen, hat aber keinen Nährwert.

✦ Zuckerrübenschnitzel oder -pellets müssen gut eingeweicht werden. Sie sind eine Ergänzung zum Rauhfutter und liefern Energie und Masse.

RAUH- ODER KRAFTFUTTER?

Zusammensetzung und Menge des Futters müssen der Leistung, dem Alter und dem Gewicht des Pferdes sowie der Jahrszeit entsprechen. Wenn es kein Gras gibt, muß Heu gefüttert werden.

Pferde, die Leistung bringen sollen, erhalten energiereiches Futter. Anhaltspunkte für das Verhältnis zwischen Rauh- und Kraftfutter finden sich in der folgenden Tabelle:

	Rauhfutter	Kraftfutter
Erhaltungsfutter (keine Arbeit)	100%	
Leichte Arbeit (langsame, kurze Ausritte)	80-100%	0-20%
Mittlere Arbeit (normale Ausritte, Freizeitpferde)	60-80%	20-40%
Schwere Arbeit (Wettkampftraining, Turniersaison, intensive Arbeit)	40-50%	50-60%
Hochleistungspferde (Rennen, Vielseitigkeit)	30 %	70%

✦ Pferde schätzen Appetitanreger wie Melasse, Karotten und Äpfel.

✦ Salz ist ein wichtiger Mineralstoff; ein Leckstein sollte vorhanden sein.

Fertigfutter und Mischungen

Fertigfutter in Pellets- oder Müsliform wird erst wissenschaftlich erprobt, bevor es auf den Markt kommt. Es ist leicht zu lagern und zu füttern sowie ausgewogen in der Zusammensetzung und gleichbleibend in der Qualität. Meistens ist es zudem vitaminisiert und enthält ausreichend Mineralstoffe. Es gibt spezielle Futterzusammensetzungen für Zuchtstuten, Jungpferde, Fohlen, Leistungspferde, kranke Tiere usw.

Kräuterfutter können den physischen und den mentalen Zustand von Pferden verbessern und werden von den Tieren meist gut angenommen.

Unten: Getreide enthält viel Energie und sollte am besten zusammen mit Rauhfutter verabreicht werden. Zuckerrübenschnitzel (unten) müssen gut eingeweicht werden, Hafer (ganz unten) sollte sauber und staubfrei sein.

Unten. Die Futterkammer muß trocken und sauber sein. Verschließbare Tonnen oder Futterkisten aus Plastik halten das Futter sauber und parasitenfrei. Eine ordentliche Futterkammer ist eine gute Visitenkarte.

Putzen & Hufpflege

Richtiges Putzen ✦ Mähne und Schweif ✦ Scheren ✦ Hufpflege

Aufgestallte Pferde müssen geputzt werden. Dabei wird auch der Kreislauf des Tieres belebt. Zudem werden Schweiß und Schmutz entfernt, die Poren geöffnet und Muskulatur sowie Haut massiert.

Stallpferde sind regelmäßig zu putzen, während robust gehaltene Tiere oder Pferde auf der Weide nur einmal am Tag kontrolliert werden müssen. Die Hufe sollten jedoch täglich ausgekratzt werden. Nach dem Reiten werden Schweiß und Schmutz mit einer Bürste oder einem Gummistriegel entfernt und Augen, Maul und After mit einem Schwamm ausgewaschen. Das „Sauberkratzen" der Haut zerstört nur ihre Schutzschicht. Robust gehaltene Pferde müssen nicht gewaschen werden – bei ihnen reicht gründliches Putzen aus. Nach dem Waschen sollte ein Pferd zugedeckt in einem warmen Stall abtrocknen. Dichter Mähnen- und Schweifbehang schützt die Pferde im Winter gegen Kälte und Nässe und im Sommer gegen Fliegen.

Oben: Der Huf wird immer von hinten nach vorn in Richtung Zehe ausgekratzt: Die Hufe sollten täglich überprüft werden.

So putzt man richtig

Zum Putzen wird das Pferd angebunden. Am besten putzt man im Freien, weil es dort heller ist und der Staub nicht in den Stall gelangt. Man legt sich das Putzzeug und einen Eimer Wasser außerhalb der Reichweite des Tieres zurecht.

✦ Zuerst kratzt man die Hufe aus.
✦ Mit einer groben Bürste werden Schweiß und Schmutz aus dem Fell gebürstet. Bei sensiblen Pferden sollte man für empfindliche Körperstellen wie Augen oder Beine weichere Bürsten benutzen. Beim Reinigen der Hinterbeine hält man den Schweif mit einer Hand zur Seite. Der Schweif darf nicht mit einer harten Bürste bearbeitet werden – es könnten zu viele Haare ausgebürstet werden.
✦ Mit dem Gummistriegel werden festsitzender Schweiß und Schmutz in kreisenden Bewegungen entfernt.
✦ Mit der Kardätsche bürstet man den feinen Staub in langen, geraden Strichen in Richtung des Fellwuchses aus dem Fell. Man beginnt am Kopf und

Der Putzkasten

Ein gutbestückter Putzkasten sollte folgende Utensilien enthalten:
Hufkratzer: zum Entfernen von Schmutz und Steinen aus dem Huf
Kardätsche: zum Entfernen von Staub und Schmutz aus dem Fell, zur Fellglättung und zum Bürsten von Mähne und Schweif
Metallstriegel: zum Reinigen der Bürsten
Gummi- oder Plastikstriegel: zum Reinigen der Bürsten und zum Entfernen von festsitzendem Schmutz aus dem Fell
Wurzelbürste: zum feuchten Durchbürsten von Mähnen und Schweif und zur Reinigung der Hufe
Mähnenkamm: zum Glätten, Verziehen und Einflechten der Mähne
Schwämme: zur Reinigung von Augen, Nüstern und After
Schweißmesser: zum Entfernen von überschüssigem Wassers aus dem Fell nach dem Waschen
Wollappen: verleiht dem Fell nach dem Putzen Glanz
Huffett und Pinsel: zum Einfetten der Hufe
Schweifbandagen: zum Bandagieren des Schweifs nach dem Verziehen oder dem Einflechten

Rechts: Kräftige rhythmische Striche mit der Kardätsche reinigen das Fell und durchbluten zudem Haut und Muskulatur. Grundsätzlich sollten Schmutz und Staub gründlich ausgebürstet werden.

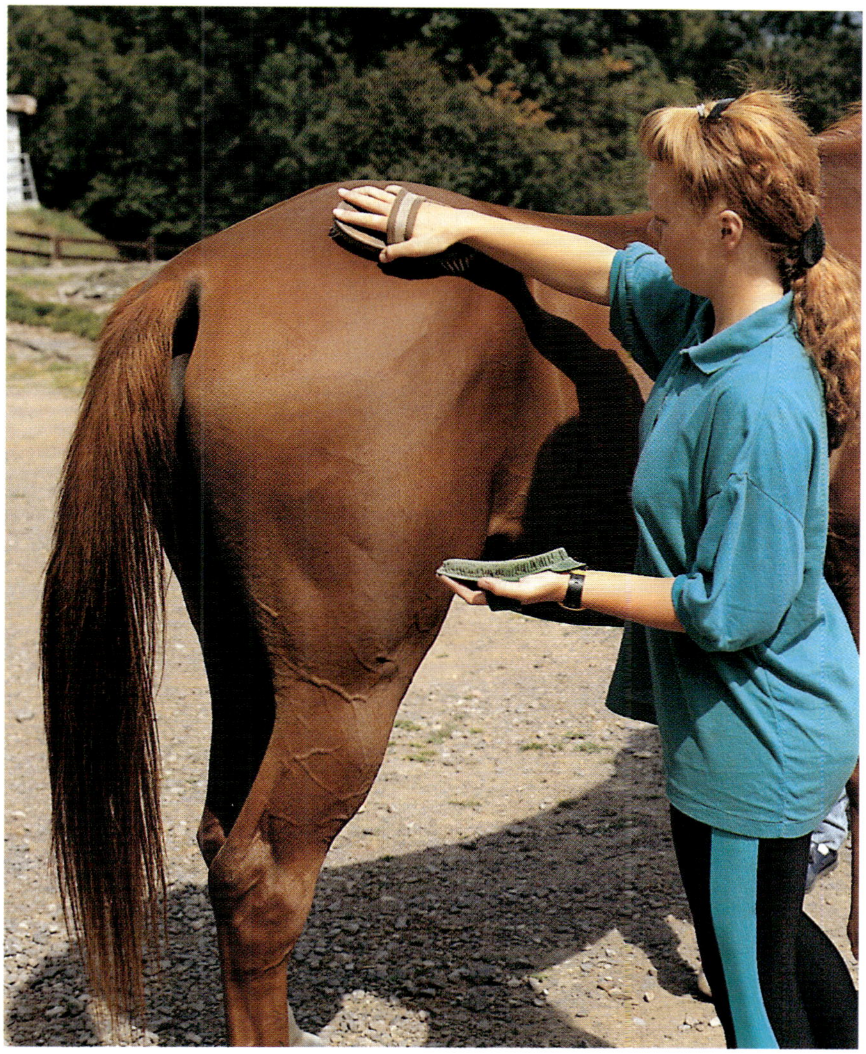

Unten: Beim Ausbürsten des Schweifs mit der Kardätsche ist Vorsicht geboten, damit die Haare nicht ausgebürstet werden.

Unten: Huffett hält die Feuchtigkeit im Huf. Man wendet es grundsätzlich nur nach Waschen und Trocknen der Hufe an.

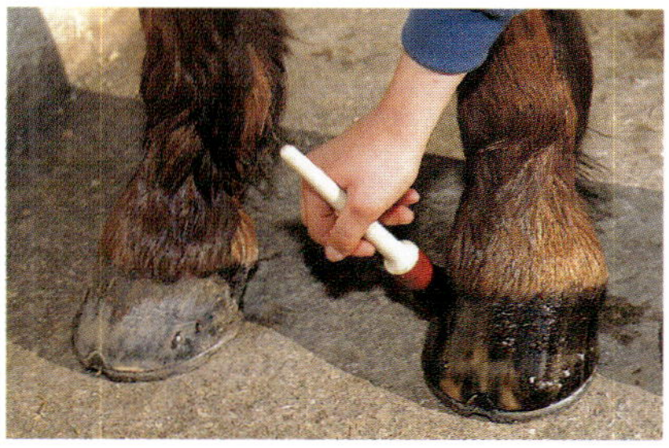

bürstet über den Rücken bis zum Schweif. Wenn man die linke Körperseite des Pferdes putzt, hält man die Kardätsche in der linken und den Metallstriegel in der rechten Hand. Nach einigen Strichen wird die Kardätsche am Striegel ausgestrichen. Beim Putzen der anderen Körperseite nimmt man das Putzzeug in die jeweils andere Hand.

✦ Mit der Kardätsche putzt man auch die Partie unter der Mähne. Die Mähne selbst wird Haar für Haar verlesen. Dasselbe gilt für den Schweif, wobei man sich seitlich hinter das Pferd stellt, falls es ausschlagen sollte.

✦ Der Kopf wird mit einer feineren Bürste gereinigt, nachdem man das Halfter abgenommen hat.

✦ Mit einem Schwamm wischt man die Partie um Augen und Maul ab.

✦ Der After wird mit einem anderen Schwamm abgewischt.

✦ Die Mähne wird feucht gemacht und auf die richtige Seite gelegt.

✦ Danach reinigt man die Hufe mit einer feuchten Bürste.

✦ Wenn die Hufe trocken sind, kann man ein- bis zweimal pro Woche Huffett auf den Kronrand auftragen.

✦ Mit einem Wolltuch verleiht man dem Fell den letzten Glanz.

✦ Eine dünne Baumwolldecke unter der Stalldecke hält das Fell des Pferdes flach. Nach dem Schweifwaschen wird der Schweif bandagiert, damit die Haare sich nicht verheddern.

Waschen

Pferde sollten, vor allem bei kalter Witterung, so wenig wie möglich gewaschen werden. Wenn es dagegen warm ist oder das Pferd geschwitzt hat, kann man es unbedenklich abwaschen. Andernfalls sollte man nur die stark verschmutzten Stellen säubern.

Man wäscht die Pferde zügig auf einem Untergrund, auf dem das Wasser schnell abläuft. Zum Waschen benötigt man Eimer, Schwamm, Wasserschlauch und Schweißmesser; man wäscht mit lauwarmem Wasser.

✦ Man beginnt an der Schulter und arbeitet sich über den Rücken zur Hinterhand und den Hinterbeinen vor. Beim Waschen des Halses muß man besonders vorsichtig sein.

✦ Besondere Vorsicht ist auch beim Waschen des Kopfes, der Ohren und der empfindlichen Körperteile wie der Innenseite der Schenkel geboten. Man sollte das Halfter abnehmen, um alle Stellen am Kopf zu erreichen.

✦ Mit dem Schweißmesser entfernt man überschüssiges Wasser. An kalten Tagen müssen Rücken und Lendenpartie des Pferdes eingedeckt werden.

✦ Nach dem Waschen führt man das Pferd am Strick, bis es trocken ist, und

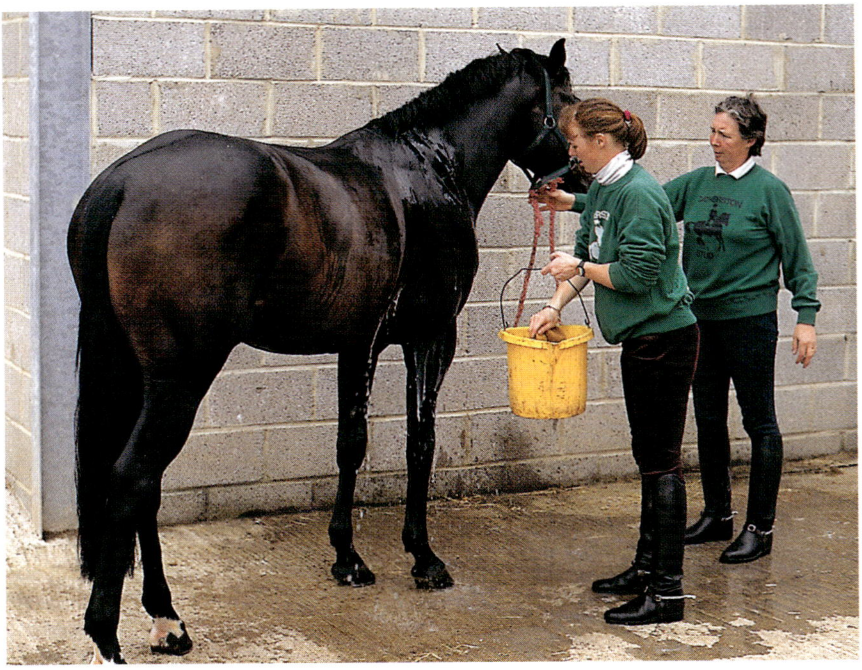

Oben: Nach der Arbeit kann man das verschwitzte Pferd mit einem Schwamm und lauwarmem Wasser ganz abwaschen; so entfernt man Schweiß und lose Hautpartikel.

Putzen & Hufpflege

legt dabei unter Umständen eine Abschwitzdecke auf.

✦ Bei kaltem Wetter legt man den Tieren Stallbandagen (siehe Seite 79) an.

Waschen von Mähne und Schweif

Zuerst werden Mähne und Schweif mit kaltem oder leicht angewärmtem Wasser glattgebürstet.

✦ Danach wird die Mähne mit einem Schwamm angefeuchtet.

✦ Man trägt das Pferdeshampoo mit einer Bürste am Hals auf und reibt es in das Haar ein.

✦ Danach spült man die Mähne aus und trocknet sie mit einem Tuch ab.

✦ Dann macht man den Schweif mit dem Schwamm naß.

✦ Das Shampoo wird mit der Bürste aufgetragen und gut eingebürstet.

✦ Um das Shampoo auszuwaschen, tunkt man den Schweif in einen Eimer mit Wasser.

✦ Das wiederholt man mehrmals, bevor man den Schweif abtrocknet.

Frisieren

Man frisiert Pferde, um ihnen ein eleganteres Aussehen zu verleihen. Robust gehaltene Pferde dürfen nicht geschoren werden, da das Fell sie vor Schmutz, Kälte und Insekten schützt. Der Kötenbehang sollte nur geringfügig beschnitten werden. Zum Scheren sind vor allem TÜV-geprüfte Schermaschinen zu empfehlen.

Unten: Einzelne lange Haare an den Beinen sollte man mit einer Schere oder einem Rasierer kürzen – das sieht, besonders bei Turnierpferden, sauberer aus.

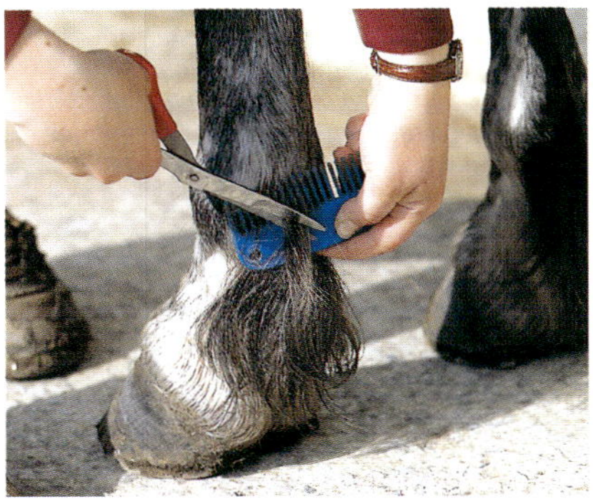

Kopf und Tasthaare

Man kann die langen Kinnhaare am Unterkiefer kürzen, um dem Kopf prägnantere Konturen zu verleihen. Die Tasthaare am Maul, an den Nüstern, den Augen und den Ohren dürfen jedoch weder abgeschnitten noch gekürzt werden, da sie der Orientierung des Pferdes dienen. Als Tierquälerei abzulehnen ist das Ausrasieren der Ohren – die Haare in den Ohren schützen die Tiere vor Insekten und Regen. Die empfindliche Kopfregion sollte man möglichst nicht scheren.

Beine

Das vorsichtige Beschneiden des Kötenbehangs und des Kronrandes läßt die Fesseln feiner erscheinen und erleichtert die Pflege eines Stallpferdes. Ein frisiertes Tier sollte aber so „natürlich“ wie möglich aussehen. Mit Hilfe eines Kamms und einer Handschere kann zottiger Behang an den Beinen entfernt werden. Ursprüngliche Ponyrassen, Kaltblüter und robust gehaltene Pferde werden normalerweise nicht frisiert. Das Erscheinungsbild der meisten Turnierpferde kann jedoch durch vorsichtiges Frisieren verbessert werden. Bei langem, dickem Haar kann man Handscheren benutzen, deren Gebrauch jedoch einige Übung erfordert.

Mähne

Häufig schert man oben am Hals hinter den Ohren ein zwei Finger breites Stück der Mähne ab und trennt diese so optisch vom Schopf. Auf der geschorenen Stelle findet das Kopfstück guten Halt. Auch lange Haare am Widerrist kann man scheren, wobei man

Unten: Die Mähne wird verzogen, um sie dünner und kürzer zu machen. Für Pferd und Pfleger ist es einfacher, wenn das nach und nach geschieht.

jedoch berücksichtigen sollte, daß eingedeckte Pferde sie brauchen, da die Decke sonst scheuert.

Verziehen der Mähne

Sinn des Verziehens ist es, die Mähne zu kürzen, auszudünnen oder flacher zu machen, damit sie besser durchgebürstet werden kann. Bei robust gehaltenen Pferden läßt man die Mähne zum Schutz gegen Fliegen und Witterungseinflüsse weitgehend natürlich.

Unter dem Verziehen der Mähne versteht man das regelmäßige Auszupfen der Mähnenhaare. Ein Ausdünnkamm verhindert, daß Haarwurzeln mit ausgerissen werden. Wenn man Schermaschinen oder Handscheren verwendet, wächst das Haar ungleichmäßig und borstig nach. Das Verziehen langer und dicker Mähnen dauert relativ lange, da nur wenige Haare auf einmal ausgezupft werden können. Man verzieht die Mähne meist nach dem Training, weil die Poren des Pferdes dann geöffnet sind.

✦ Die Mähne wird glattgebürstet, wobei man oben am Kopf beginnt.

✦ Am besten verzieht man die Haare, die unter der Mähne liegen – dann liegt die Mähne später besser an.

Oben: Sauber verzogene und ausgedünnte Mähnen lassen sich leichter einflechten. Jedes Zöpfchen wird mit einem Gummiband befestigt oder mit Nadel und Faden vernäht.

✦ Mit einer Bürste oder einem Kamm faßt man dann die längsten Haare zu schmalen Bündeln zusammen und zieht diese mit einem Ruck aus.

✦ Diese Prozedur wiederholt man den ganzen Hals entlang vom Kopf bis zum Widerrist.

✦ Ungleichheiten kann man mit der Hand korrigieren.

✦ Der Schopf wird ebenso verzogen.

Verziehen des Schweifes

Durch das Verziehen des Schweifes kommt dieser in Form: Das Auszupfen der seitlichen Haare bewirkt, daß er oben schmal ist und nach unten breit fällt. Bei robust gehaltenen Pferden bleibt der Schweif naturbelassen.

Manche Pferde reagieren empfindlich auf das Auszupfen der Schweifhaare. Nicht nur aus diesem Grund belassen viele Pferdebesitzer die Schweife ihrer Pferde natürlich und flechten sie bei Schauen oder Turnieren lieber ein. Bei Rennpferden wird der Schweif selten verzogen, da der feine fliegende Schweif jungen Vollblütern (siehe Seite 160) ein eleganteres Aussehen verleiht. Ein korrekt verzogener Schweif kann Pferde jedoch durchaus schöner aussehen lassen.

Links: Bei einem sauber verzogenen Schweif sind die seitlichen Haare der Schweifrübe mit der Hand ausgezogen.

Wenn der Schweif dick oder noch unverzogen ist, sollte man das Verziehen in kleinen Schritten über mehrere Tage verteilen, damit die Haut nicht zu sehr gereizt wird. Bei ängstlichen oder bockigen Pferden stellt man sich seitlich neben sie, da sie ausschlagen könnten. Die Haare lassen sich leichter auszupfen, wenn die Pferde warm sind. Das Ergebnis sollte ein gleichmäßiger Schweifansatz sein, von dem der Schweif breit nach unten fällt. Man benötigt eine Haarbürste, eine Bürste für das Wasser, einen Mähnenkamm und eine Schere.

✦ Zuerst bürstet man den Schweif.

✦ Mit dem Kamm erfaßt man einige Haare seitlich an der Schweifrübe und kämmt die restlichen Haare zurück.

✦ Mit einem Ruck zupft man die Haare aus. Wenn das Haar starr oder dick ist, wickelt man es um den Kamm; so läßt es sich leichter ausreißen.

✦ Man verzieht auf beiden Seiten etwa bis zur Hälfte der Schweifrübe. Die langen Haare in der Schweifmitte läßt man stehen – es sei denn, der Schweif ist zu dick.

✦ Dann wird der Schweif mit einer feuchten Bürste durchgebürstet und

Putzen & Hufpflege

mit einer Schweifbandage umwickelt, damit sich das Haar möglichst gleichmäßig anlegen läßt.

✦ Um den Schweif zu kürzen, legt man einen Arm unter die Schweifrübe und hebt den Schweif leicht an. Nun kann man die gewünschte Länge – meist unterhalb des Sprunggelenks – abmessen. Die Schweifrübe muß beim Messen angehoben werden, weil der Schweif in der Bewegung anders getragen wird und kürzer erscheint als im Stehen.

✦ Jetzt wird der Schweif unten gerade abgeschnitten, so daß er in der Bewegung parallel zum Boden ist.

Einflechten und Scheren

Beim Einflechten wird die Mähne in viele kleine Strähnen unterteilt, die man entlang dem Mähnenkamm zu Knoten zusammensteckt. Manchmal flicht man die Mähne auch ein, damit sie sich auf eine Seite legt. Eine gutverzogene Mähne läßt sich leichter einflechten als eine volle.

Zum Einflechten benötigt man Bürste und Kamm, eine Nadel mit großem Öhr, Bänder und eine Schere.

✦ Man bürstet die Mähne durch und befeuchtet sie am Halsansatz.

✦ Mit dem Kamm teilt man die Mähne in Strähnen. Dann wird jede Strähne nochmals in drei dünnere geteilt.

✦ Dann legt man die rechte und die linke Strähne über die mittlere.

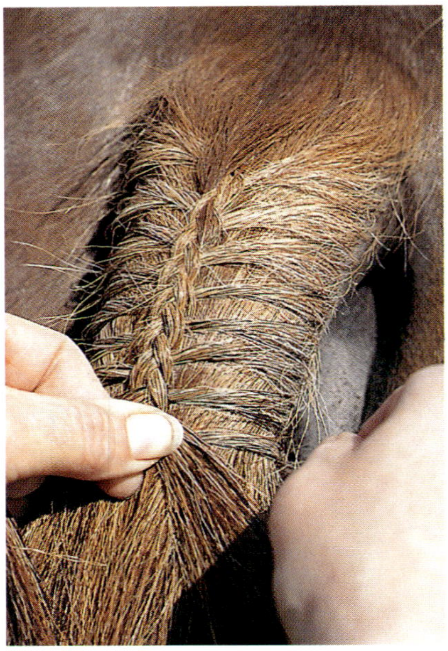

Oben: Zu festlichen Gelegenheiten kann man den Schweif auch einflechten. Dafür bleibt der Schweif möglichst voll und muß nur regelmäßig verlesen werden.

✦ Dann vernäht man das Zopfende.

✦ Man faltet den Zopf und vernäht ihn sorgfältig.

✦ Das Zopfende wird nochmals gefaltet und festgenäht.

✦ Das Fadenende wird abgeschnitten.

Schweif einflechten

Auch der Schweif kann eingeflochten werden. Die Voraussetzung dafür ist ein voller Schweif mit genügend langem Haar auf der Schweifrübe.

✦ Der Schweif wird gründlich gebürstet und gesäubert.

✦ Der obere Teil wird feucht durchgekämmt. Man nimmt von jeder Seite und vom Mittelhaar einige Haare mit den Fingern auf.

✦ Dabei nimmt man die Schweifrübe in die Hand und flicht mit kleinen Strähnen weiter.

✦ Ist der Zopf lang genug, flicht man ihn in der Mitte weiter und fixiert das Ende mit einem Band.

✦ Dann legt man das Zopfende nach unten um und fixiert es unsichtbar, oder man sichert es mit einem Band, wobei man den Rest offen fallen läßt.

✦ Der Zopf kann tief oder hoch geflochten werden. Damit das Pferd den Zopf nicht abscheuert, wird er befeuchtet und bandagiert.

Scheren

Bei Stallpferden, die auch im Winter trainiert werden, ist es sinnvoll, das dicke Winterfell zu scheren. So kann das Pferd arbeiten, ohne allzusehr zu schwitzen. Geschorene Pferde trocknen nach der Arbeit schnell ab, erkälten sich nicht so leicht und lassen sich besser putzen. Robust gehaltene Pferde, die im Winter nur gelegentlich geritten werden, sollte man dagegen nicht scheren. Ein geschorenes Pferd muß eingedeckt werden; Futter, Training und Pflege müssen darauf abgestimmt werden.

Es gibt vier verschiedene Möglichkeiten, ein Pferd zu scheren: die Vollschur, bei der das Pferd ganz geschoren wird; die Jagdschur, bei der das Tier bis auf die Sattellage und die Beine bis unter den Ellenbogen bzw. das Knie geschoren wird; die Halbschur, bei der die Beine, der Rücken, die Lendenpartie und die Kruppe un-

Unten: Hier wurde der ganze Rumpf geschoren; nur an den Beinen und in der Sattellage blieb das Fell lang. Diese Schur eignet sich für regelmäßig arbeitende Pferde.

Unten: Hier wurde der Großteil des Fells abgeschoren. Nur die Rückenpartie vom Widerrist bis über die Kruppe blieb stehen. Das Fell schützt die empfindlichen Organe.

Unten: Bei dieser Schur, die den Hals, die gesamte Rückenpartie und die Beine des Pferdes ungeschoren läßt, hat das Pferd noch mehr natürlichen Schutz.

geschoren bleiben; und die Strichschur für robust gehaltene Pferde, die mehr oder weniger regelmäßig geritten werden. Die breite Strichschur ist für robust gehaltene Pferde ungeeignet; ihnen schert man Streifen unter dem Hals, der Brust und dem Rumpf, damit sie leichter abtrocknen.

Die beste Zeit zum Scheren ist Mitte Oktober, wenn das Winterfell zum Vorschein kommt. Die meisten Pferde müssen bis Ende Januar noch zweimal oder öfter nachgeschoren werden. Die Schermaschine sollte scharf und gut gewartet sein. Für den Kopf, die Stellen unter dem Ellenbogen und andere sensible Körperstellen kann man Handschermaschinen verwenden. Das Fell muß trocken und geputzt sein, damit die Scherblätter die Haare gleichmäßig kürzen. Zudem braucht man gutes Licht zum Scheren – Fehler kann man kaum mehr korrigieren. Geschoren wird entgegen dem Fellwuchs – wobei geschorene Körperteile eingedeckt werden – und mit flachem Blatt; andernfalls entstehen unschöne Linien. Ohren und Tasthaare sowie die Haare an Mähnen- und Schweifansatz werden nicht rasiert.

„Ein Pferdt, das gute Wartung, auch anfänglich nicht zu früh geritten worden ist, das wehret und lebet lange, wie wohl sie vor Jahren noch lenger gelebt und gewehret als sie zu unseren jetzigen Zeiten nicht tun."

MARCUS FUGGER

✦ Die Linie der Schur sollte man vorher markieren; vor allem die Linien um den Sattel sowie an Vorder- und Hinterbeinen müssen korrekt sein.

✦ Man beginnt vorn am Pferd und arbeitet sich langsam nach hinten. Schwierige Stellen wie Kopf, Bauch und Innenseiten der Hinterschenkel sollte man mit einem Helfer angehen.

HUFPFLEGE

Gesunde Hufe und ein guter Hufschutz sind die Grundvoraussetzungen für die Nutzung des Pferdes. Werden Pferde regelmäßig und auf hartem Boden geritten, sind Hufeisen, Hufschuhe oder ein Plastikhufbeschlag notwendig. Beschlagene Hufe wachsen ebensoschnell wie unbeschlagene, so daß auch der beschlagene Huf in regelmäßigen Abständen von sechs Wochen neu ausgeschnitten werden muß. Pferde, die regelmäßig mit anderen Pferden auf die Weide gelassen oder selten geritten werden, müssen nur an den Vorderhufen beschlagen werden. Ein gutbeschlagenes Pferd ist wesentlich leistungsfähiger als ein schlechtbeschlagenes.

Ein verlorenes oder loses Eisen muß wieder befestigt werden; der Huf darf nicht ausbrechen. Wenn die Nagelenden sichtbar werden, sich lokkern oder die Eisen dünn werden, ist es Zeit für den Hufschmied. Der Beschlag ist zwar teuer, darf aber niemals vernachlässigt werden.

Hufwachstum und -qualität hängen von der Fütterung, der Arbeit und den Bodenverhältnissen ab; an den Zehen wächst das Horn schneller als im Trachtenbereich. Ein guter Hufschmied ist sogar in der Lage, das Gangwerk des Pferdes über die Hufstellung zu verbessern.

Oben: An diesem abgelaufenen Eisen stehen die Nagelenden hervor. Ein lockeres Eisen bewegt sich bei jedem Schritt und kann verlorengehen. Hier ist der Schmied gefragt.

BESCHLAG

Beim sogenannten „Heißbeschlag" wird das Eisen erhitzt und dem Huf angepaßt. Beim Kaltbeschlag ist das Eisen dagegen vorgeformt – der Huf wird dem Eisen angepaßt. Die Hufnägel dürfen nicht zu hoch oder zu niedrig eingeschlagen und müssen sauber umnietet werden. Das Eisen sollte lang genug sein, um den Huf ausbalanciert zu tragen. Es gibt Hufeisen für jeden Zweck. Im allgemeinen reichen glatte Eisen aus; für Springpferde beispielsweise verwendet man jedoch Eisen mit Stollen, die dem Pferd auf rutschigem oder hartem Boden mehr Halt geben. Auf jeden Fall sollte man einen fähigen, erfahrenen Schmied konsultieren.

✦ Zunächst werden die alten Eisen abgenommen.

✦ Der Huf wird durch Schneiden der ausgewachsenen Hornwand, Säubern der Sohle und Ausschneiden des Strahls vorbereitet. Der Hufrand wird rundgeraspelt.

✦ Das heiße Eisen wird angepaßt, aufgebrannt und angenagelt.

✦ Die Nagelenden werden abgeknipst und umgenietet. Danach wird der Hufrand erneut mit der Raspel berundet.

✦ Auf diese Art werden nacheinander alle Hufe beschlagen.

Oben: Ein vollständig gezäumtes Pferd. Es trägt eine Wassertrense mit einem mexikanischen Halfter, einen Sattel mit einer Satteldecke und Gamaschen.

Unten: Ein korrekt verschnalltes Kopfstück mit einer gebrochenen Olivenkopftrense. Der Pullerriemen des englischen Halfters wird unter dem Gebiß verschnallt und hält das Pferdemaul dadurch geschlossen.

Die Ausrüstung

Halfter, Kopfstücke, Gebisse, Sättel, Gurte ✦ Aufzäumen ✦ Lederpflege

Für jeden Pferdetyp, jede Rasse und jeden Verwendungszweck gibt es eine Vielzahl an Ausrüstungsgegenständen. Die Grundausstattung jedoch bleibt immer gleich: Kopfstücke und Sättel helfen dem Reiter, das Pferd zu kontrollieren, und erleichtern ihm so das Reiten. Die Ausrüstung sollte zu Pferd und Reiter passen – sie schützt das Tier vor Verletzungen. Zur Grundausrüstung gehören Halfter, Kopfstück und Gebiß sowie der Sattel.

HALFTER

Um ein Pferd einfangen, führen und aufzäumen zu können, benötigt man ein Halfter. Halfter gibt es in allen Größen – vom Fohlen- bis zum Kaltbluthalfter – und in verschiedenen Materialien – vom Leder- über das Baumwoll- bis hin zum Nylonhalfter. Das Halfter muß sich dem Pferdekopf geschmeidig anpassen. Unter dem Kinn hat das Halfter einen Metallring, in den man den Führstrick einklinkt.

Unten: Dieses Pferd trägt eine Knebeltrense, die das Gebiß fixiert und verhindert, daß der Reiter es seitlich herauszieht. Das Tier ist mit einem Hannoverschen Sperrhalfter und einem bunten Stirnband gezäumt.

KOPFSTÜCKE UND GEBISSE

Das Kopfstück und das Gebiß dienen zur Kontrolle des Pferdekopfes. Zusammen mit den Gewichts- und den Schenkelhilfen dienen Zügel und Gebiß als Kommunikationsmittel zwischen Pferd und Reiter.

Das Kopfstück, das das Gebiß im Maul fixiert, besteht aus mehreren Lederriemen. Am Gebiß wiederum sind die Zügel befestigt. Das Gebiß liegt zwischen den Schneide- und den Backenzähnen (siehe Seite 24–25) in einer Zahnlücke auf dem Unterkiefer auf. Es wirkt auf den empfindlichen Unterkiefer, auf die Lippen und auf die Zunge und muß daher exakt passen.

Verschiedene Gebisse

Es gibt zwei Grundtypen: Trense und Kandare. Diese beiden Gebisse gibt es in unzähligen Variationen.

✦ Die Trense ist ein einfaches (gerades oder gebrochenes) Gebiß. Die Ringe werden am Kopfstück und an den Zügeln befestigt. Durch Ziehen an den Zügeln entsteht Druck.

✦ Die Kandare hat ein gebrochenes und ein gerades bzw. gebogenes Mundstück. Die Kandarenkette liegt in der Kinngrube. Die Anzüge können in Länge und Winkelung variieren und wirken entsprechend auf Nacken, Maul und Kinn. Neben der klassischen Kandare ist das Pelham beliebt.

Verschiedene Zäumungen

✦ Die einfachste Zäumung ist die Wassertrense mit beweglichen Ge-

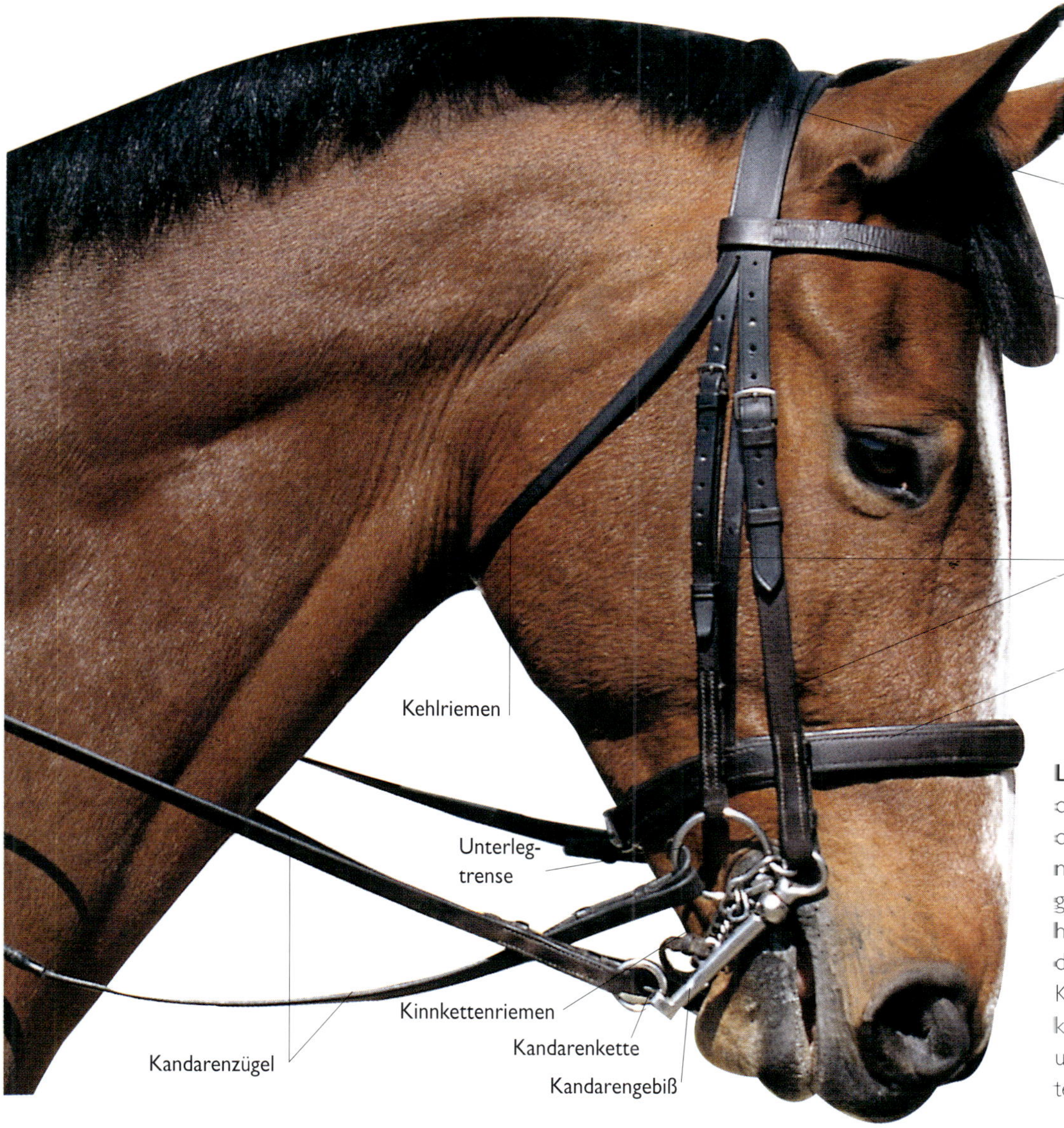

Links: Eine korrekte Kandarenzäumung. Die beiden Gebisse haben eigene Backenstücke und Zügel. Die oberen Zügel gehören zur Unterlegtrense, die unteren Zügel zum Kandarengebiß. Die Kinnkette ist flach ausgedreht und durch den Kinnkettenriemen fixiert.

GEBISSE

Es gibt unzählige Variationen von Gebissen. Die Mehrzahl besteht aus Metallen wie „stainless steel“, Kupfer, Eisen oder Aluminium, aber auch aus Hartgummi oder aus speziellen Kunststoffen. Trensen üben nur Druck auf den Unterkiefer aus, während kompliziertere Gebisse je nach Stärke des Zügelanzuges auch auf den Nacken und die Kinngrube wirken. Je länger die Anzüge eines Gebisses sind, desto stärker ist deren Wirkung. Die meisten Pferde gehen mit einem einfachen Gebiß ohne Hebelwirkung besser. Ein scharfes Gebiß kann dem Tier Schmerzen zufügen – es gehört in die Hand eines guten Reiters und ins Maul eines gutausgebildeten Pferdes.

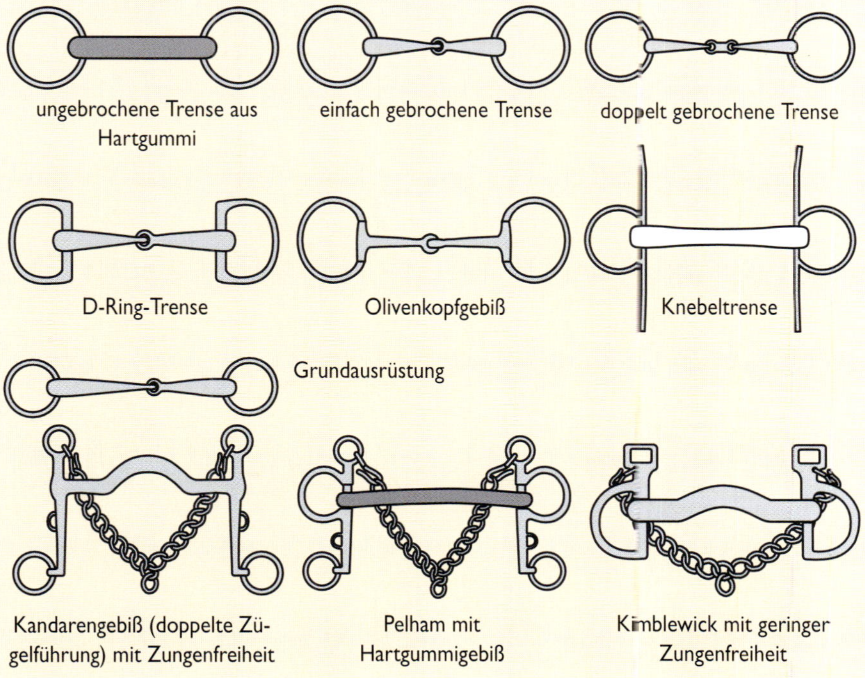

Die Ausrüstung

bißringen. Ruhiger im Maul liegt die sogenannte Olivenkopftrense.

✦ Zur Kandarenzäumung gehören Kandarengebiß und Unterlegtrense. Die Kandare wird auf Dressurturnieren von erfahrenen Reitern eingesetzt. Für junge oder ungezogene Pferde dagegen ist sie ungeeignet.

✦ Die Hackamore, eine gebißlose Übergangszäumung für den Zahnwechsel, wirkt durch Druck auf Nase, Nacken und Kinngrube.

Sperrhalfter

Sperrhalfter halten das Pferdemaul geschlossen, so daß das Gebiß exakter wirken kann. Sie sollten grundsätzlich so festgeschnallt werden, daß sich die Lufttrompete, die von den Nüstern bis knapp unter das Jochbein reicht, auch bei großer Anstrengung des Pferdes noch weiten kann. Unter jedem Sperrhalfter müssen zwei Fingerbreit Platz sein.

✦ Das relativ breite Englische Sperrhalfter wird unterhalb des Jochbeins unter das Kopfstück geschnallt. Zum Englischen Halfter schnallt man oft noch einen Pullerriemen; dieser wird unterhalb des Halfters befestigt und dann unter dem Gebiß in der Kinngrube verschnallt.

Oben: Zügel sind aus glattem oder geflochtenem Leder, aus Nylon oder aus Gurt, dick oder dünn, kurz oder lang – je nach Verwendungszweck unterschiedlich.

Das Aufzäumen

Ehe man das Kopfstück anlegt, wird es auf die passende Größe gebracht: Man öffnet die Schnallen von Kinn-, Nasen- und Kehlriemen. Dann legt man das Kopfstück an und vergewissert sich, daß das Gebiß richtig im Maul liegt: Die Backenstücke dürfen sich nicht verdrehen. Wenn man die Zügel annimmt, sollte sich nur eine kleine Maulfalte bilden. Das Gebiß sollte generell weder zu schmal noch zu breit sein.

1. Man stellt sich links neben das Pferd. Mit dem Zaumzeug über dem linken Arm umfaßt die linke Hand die Nase. Die rechte Hand legt die Zügel auf den Pferdehals.

2. Das Kopfstück wird in die rechte Hand genommen, das Gebiß mit der linken Hand gespreizt. Um das Maul zu öffnen, drückt man mit dem linken Daumen auf den Unterkiefer.

3. Man schiebt das Gebiß ins Maul, indem man das Kopfstück mit den Händen über die Ohren des Pferdes zieht. Das Nackenstück liegt hinter den Ohren, ohne diese zu berühren. Die Stirnlocke zieht man über den Stirnriemen.

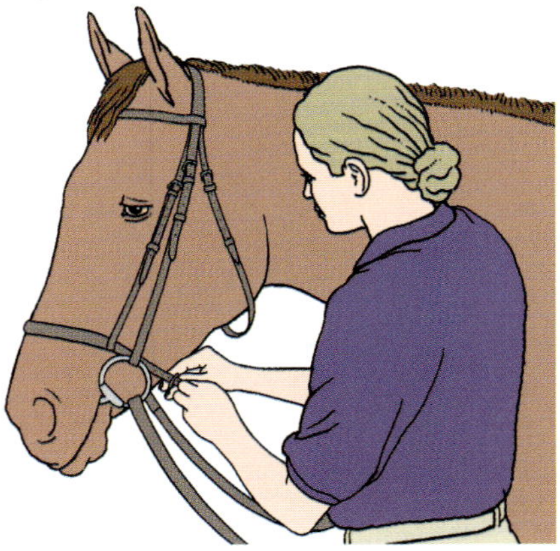

4. Der Kehlriemen wird so geschnallt, daß eine flache Hand noch dazwischenpaßt. Der Kinnriemen wird unter dem Backenstück geschlossen. Alle Schnallen und der Nasenriemen müssen korrekt verschnallt sein.

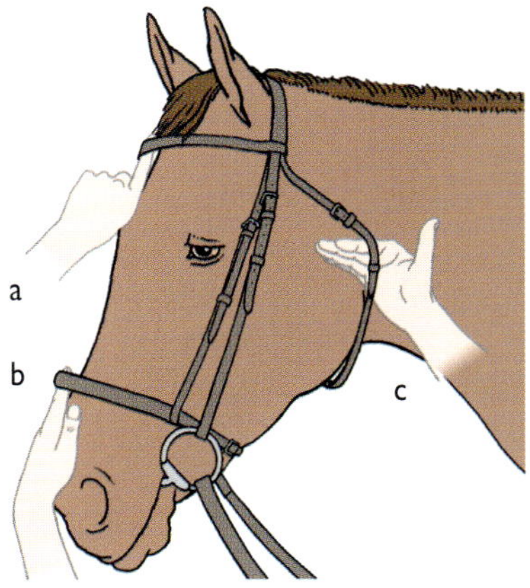

5. Beim angelegten Zaumzeug sollte zwischen den Riemen und dem Pferdekopf (a) sowie zwischen Kinn- und Nasenriemen und Nase (b) zwei Fingerbreit, zwischen Kehlriemen und Ganasche (c) eine Handbreit Platz sein.

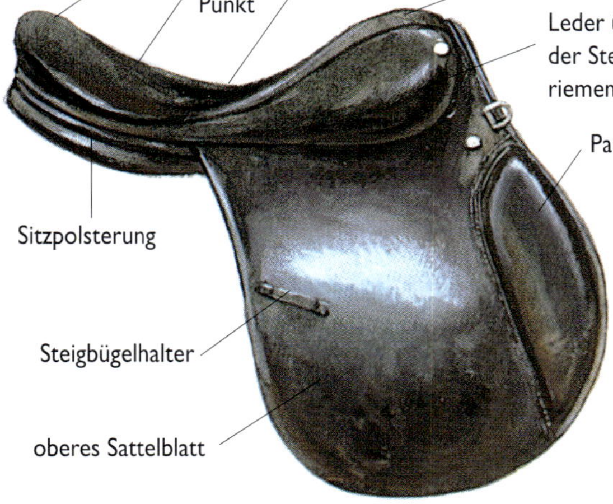

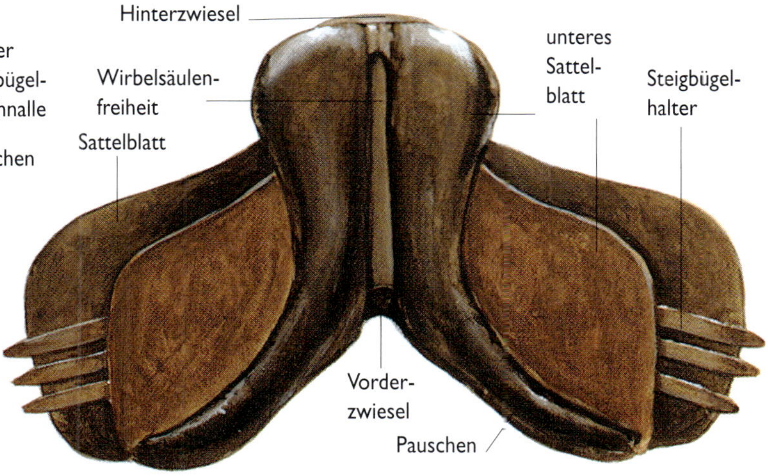

Oben: Auf das Herzstück des Sattels, den Baum, werden die Lederteile montiert; er muß dem Pferderücken exakt angepaßt sein.

✦ Das sogenannte Mexikanische Halfter hat einen Lederknopf auf der Nase, durch den ein gekreuztes Kinn- und Nasenband läuft.

✦ Das Hannoversche Sperrhalfter besteht aus einem Kinn- und einem Nasenriemen, der oberhalb des Nasenknorpels verschnallt wird.

Sättel

Sättel sollten aus festem, erstklassigem Leder gefertigt sein und gut gepflegt werden. Der Sattel muß das Reitergewicht gleichmäßig auf dem Pferderücken verteilen. Auf einem guten Sattel sitzt der Reiter so, daß die Bewegung des Pferdes nicht beeinträchtigt wird. Die Gurte müssen regelmäßig überprüft werden. Nach einigen Jahren sollte der Sattel aufgepolstert werden. Ein gut passender Sattel liegt fest auf dem Pferderücken. Er sollte nicht zu lang sein, aber die Lendenpartie bedecken; am Widerrist darf er nicht aufliegen. Die Kammer muß breit und hoch genug sein, damit der Sattel weder auf den Widerrist noch auf die Wirbel drückt.

Steigbügel

Steigbügel sind aus Metall und haben Gummieinlagen, damit die Füße des Reiters nicht rutschen. Die Steigbügel müssen breit genug sein, damit der Reiter leicht auf- und absitzen kann. Steigbügelriemen sind aus dickem, elastischem Leder. Neben den üblichen Steigbügeln gibt es Camargue-Bügel in Körbchenform und Sicherheitssteigbügel, die das Festhängen des Fußes bei einem Sturz verhindern.

Satteltypen

Für jeden Zweck – Rennen, Dressur, Springen, Westernreiten oder Reiten im Damensattel – gibt es den geeigneten Sattel (siehe Seite 122, 149 und 245)

✦ Der Vielseitigkeitssattel ist am gebräuchlichsten, weil er sich wegen seiner Form für fast alle Reitweisen eignet.

✦ Der Dressursattel hat ein sehr gerades Sattelblatt, das das Bein lang macht; dadurch sitzt der Reiter tief und gerade.

✦ Der Springsattel hat vorgezogene Sattelblätter, so daß die Steigbügel kürzer geschnallt werden können. Die dicken Pauschen geben dem Reiterbein mehr Stabilität über dem Sprung.

Vielseitigkeitssattel

Dressursattel

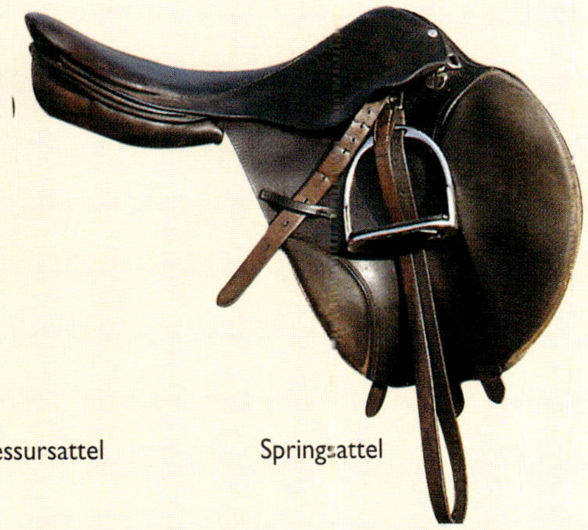
Springsattel

Die Ausrüstung

Auflegen des Sattels

Vor dem Satteln wird der Gurt an der rechten Seite befestigt und über den Sattel gelegt. Man zieht die Steigbügel hoch und sichert sie. Die Satteldecke oder das Pad werden vor dem Auflegen am Gurt oder an den Gurtstrupfen befestigt. Vorderzeug und Martingal werden angelegt, bevor man gurtet, da der Gurt durch die Bauchschlaufe gezogen werden muß.

Oben: Ein gedrehter, komfortabler Ledergurt (ganz oben). Der Nylongurt saugt Schweiß auf, ist pflegeleicht und unverwüstlich (Mitte).

Der Dressurgurt hat einen Schnallenschutz, um den Kontakt zwischen Pferd und Reiter zu verbessern (unten).

1. Zuerst wird die Satteldecke oder Schabracke leicht vor den Widerrist auf den Pferderücken gelegt. Sie muß flach und faltenlos unter dem Sattel liegen. Auf keinen Fall darf sie rutschen.

2. Der Sattel wird auf die Satteldecke gelegt, die Satteldecke in die Kammer gezogen. Nun legt man den Sattel von vorn nach hinten in die korrekte Position. Das Fell muß glatt bleiben. Die Satteldecke wird am Sattel befestigt.

3. Der Gurt auf dem Sattel wird auf der rechten Seite geradegehängt. Dann geht man vorn ums Pferd herum und befestigt den Gurt links mit den beiden ersten oder dem ersten oder dem dritten Gurtstrupfen.

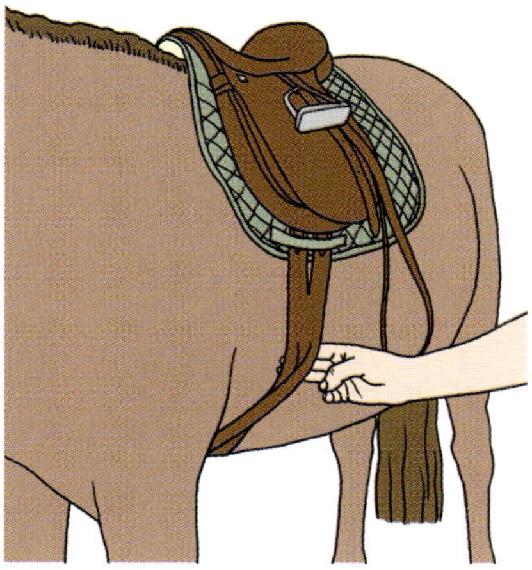

4. Man zieht den Gurt leicht an, so daß der Sattel nicht herunterfällt, der Gurt aber nicht drückt. Vor dem Aufsitzen gurtet man nochmals – und nach dem Aufsitzen ebenso. Zwischen dem Gurt und dem Körper des Pferdes sollten drei Finger Platz haben.

5. Die Hautfalten unter dem Sattelgurt müssen vor dem Aufsitzen glattgezogen werden. Dazu stellt man sich an die Schulter des Pferdes, faßt das Bein unterhalb des Karpalgelenks und zieht es nach vorn. Zum Aufsitzen läßt man die Steigbügel herunter.

6. Vor dem Absatteln zieht man die Steigbügel hoch und befestigt sie mit den Steigbügelriemen. Man löst den Gurt und legt ihn über den Sattel. Jetzt nimmt man Sattel und Satteldecke ab, wobei man beides vorsichtig nach hinten über den Rücken abzieht.

„All ihr Gewand war von rotem Golde, geziert ihr Reitzeug war. Die Rosse gingen in Ordnung in des Herren Siegfrieds Schar. Goldrote Zäume hielt ihre Hand; mit seidnen Brustriemen kamen sie in das Land."

Aus dem Nibelungenlied

Vorderzeug

Pferde mit schlechter Gurtlage oder einem schwierigen Rücken brauchen ein Vorderzeug, damit der Sattel nicht verrutscht. Das Vorderzeug besteht aus einem breiten Brustgurt, der seitlich am Sattel und mit einem Gurt zwischen den Vorderbeinen am Sattelgurt befestigt wird. Es gibt Vorderzeuge aus Leder und aus lammfellunterlegtem Kunststoff.

Will man ein Pferd bei einer Pause fressen oder trinken lassen, muß man das Vorderzeug an einer Seite aufschnallen, da es sonst auf die Speiseröhre drückt.

Martingal

Das Martingal verhindert, daß ein ungebärdiges Pferd zu hoch mit dem Kopf schlägt, wodurch der Reiter die Kontrolle verlieren würde. Ein Martingal ist jedoch ein Hilfszügel, der nur bei Bedarf und nicht – wie es leider häufig der Fall ist – täglich benutzt werden sollte.

Gleitendes Ringmartingal

Das gleitende Ringmartingal besteht aus einem Riemen, der am Sattelgurt befestigt wird. Dieser Riemen ist in zwei Stücke unterteilt, an deren Enden sich jeweils ein Ring befindet, durch den der Zügel gleitet.

Das Martingal sollte immer so verschnallt werden, daß die gerade Zügellinie nicht unterbrochen wird, wenn man die Zügel in Widerristhöhe aufnimmt. Zum gleitenden Ringmartingal gehören Zügel mit Stoppern, die verhindern, daß der Ring des Martingals bis zum Gebiß rutscht.

Stoßzügel

Die starreren Stoßzügel dürfen nicht zu kurz verschnallt werden. Zwar sollen sie verhindern, daß das Pferd mit dem Kopf zu hoch schlägt; das Tier muß sich aber auch noch ausbalancieren können. Der Stoßzügel wird am Sattelgurt befestigt und läuft durch einen Halsriemen zum Englischen Reithalfter. Dort wird er in einem Ring festgeklinkt.

Irisches Martingal

Dieser einfache Hilfszügel wird vor allem bei Rennpferden eingesetzt. Zwei Ringe, die durch ein Lederstück voneinander getrennt sind, sorgen dafür, daß die Zügel korrekt rechts und links am Pferdehals anliegen.

Gamaschen und Bandagen

Gamaschen und Bandagen schützen die Pferdebeine vom Karpal- beziehungsweise Sprunggelenk bis zu den Hufen. Es ist zwar schwierig, Bandagen richtig zu wickeln, dennoch bieten sie mehr Schutz als Gamaschen, die aus Leder oder Kunststoff bestehen und schnell an- und abzulegen sind.

Geschichte der Ausrüstung

Sättel und Kopfstücke aus gegerbter Haut gab es bereits 3000 v. Chr. Ältere Höhlenzeichnungen zeigen sogar schon Pferde mit einer Art Halfter. Die Skythen, eines der ersten Reitervölker, ritten um 2500 v. Chr. Onager mit Kopfstücken. Die ersten Gebisse waren aus Holz, Knochen oder Horn gefertigt Gebisse aus Bronze kamen 1300–1200 v. Chr. auf. Steigbügel wurden erstmals 732 von den Franken in der Schlacht von Poitiers gegen die Sarazenen verwendet.

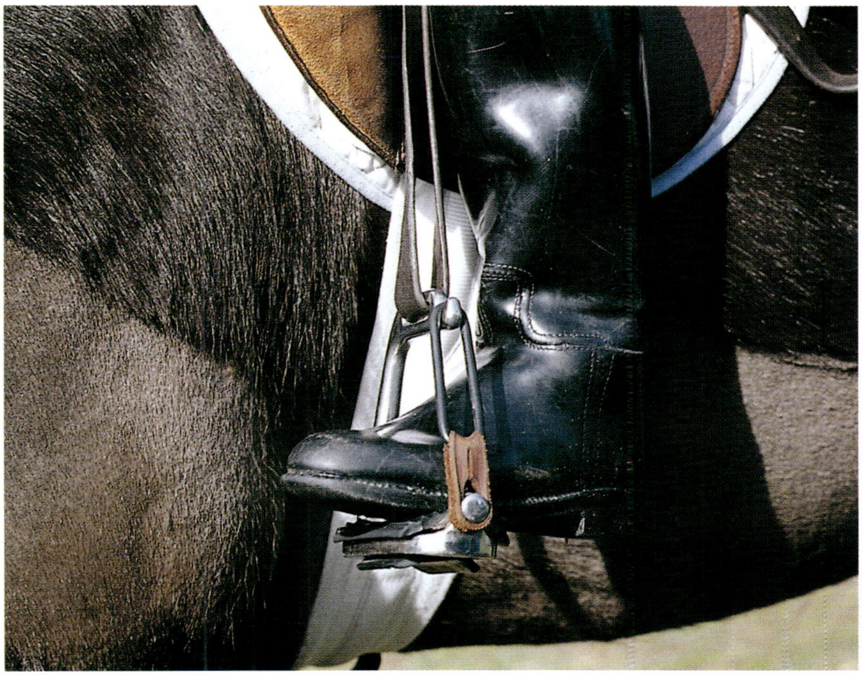

Rechts: Sicherheitssteigbügel haben außen ein Gummiband, das sich bei einem Sturz öffnet, damit der Reiter nicht hängenbleibt.

Die Ausrüstung

Gamaschen und Bandagen müssen immer an der Außenseite der Beine befestigt werden. Rutschende Bandagen sind äußerst gefährlich und sollten mit einem zusätzlichen Klettband gesichert werden.

✦ Springglocken schützen die Ballen der Vorderbeine vor Verletzungen durch die Hinterbeine.

✦ Streichgamaschen schützen die Innenseite der Gelenke bei unkorrektem Gang oder in schwierigem Gelände vor einem Schlag des gegenüberliegenden Beines.

✦ Springgamaschen bedecken das Röhrbein vom Karpalgelenk bis zum Fesselgelenk. Sie sollten zwar stabil sein, dürfen aber nicht zu fest anliegen, da sie andernfalls Sehnenschäden verursachen könnten.

✦ Sehnenschützer legt man an den Vorderbeinen an, um die Sehnen vor eventuellen Verletzungen durch die Hinterbeine zu schützen. Bei Turnieren sind die Sehnenschützer vorn offen und hinten doppelt unterlegt.

Trainingsbandagen

Bandagen schützen die Pferdebeine bei der täglichen Arbeit. Sie müssen allerdings sehr sorgfältig angelegt werden, da unregelmäßiger Druck

Oben: An den Vorderbeinen trägt das Pferd Sprungglocken als Schutz für die Ballen und Sehnenschützer, die die Rückseite des Röhrbeins gegen Anschlagen schützen. An den Hinterbeinen legt man einen Fesselschutz an, damit sich die Pferde nicht anschlagen.

Links: Das Vorderzeug verhindert das Verrutschen des Sattels, wenn der Sattelgurt zu lose ist, soll aber die Bewegungsfreiheit der Schulter bei schnellerer Gangart oder beim Springen nicht einengen.

Unten: Streichgamaschen schützen junge, noch nicht gut ausbalancierte Pferde davor, sich die Knochen anzuschlagen. Man benutzt sie auch beim Longieren und in der Dressurarbeit beim Üben der Seitengänge.

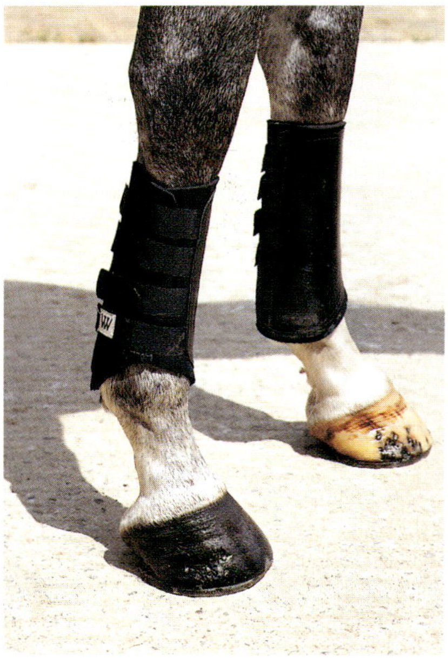

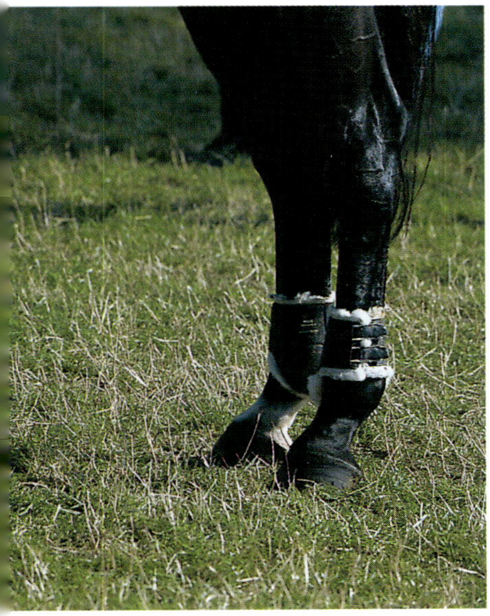

beim Wickeln zu ernsthaften Schäden führen kann. Die Bandage bedeckt das Röhrbein vom Karpalgelenk bis hinunter zum Fesselgelenk. Wenn man Unterlagen benutzt, so müssen diese sich gut anschmiegen und dürfen keine Falten werfen.

Es ist sehr hilfreich, die Länge der Bandage zu kennen – davon hängt es ab, in wie engen Wicklungen man bandagiert. Man beginnt außen am Pferdebein unterhalb des Gelenks und bandagiert entgegen dem Uhrzeigersinn in gleichmäßigem Abstand und mit gleichmäßigem Druck nach unten und dann wieder bis zur Hälfte des Röhrbeins hinauf. Zum Schluß wird die Bandage an der Außenseite des Beins befestigt.

Unten: Bandagieren will gelernt sein. Gutangelegte Bandagen unterstützen und schützen das Bein auf hartem Boden ebenso wie bei risikoreichen Übungen wie Springen oder Reiten in unebenem Gelände.

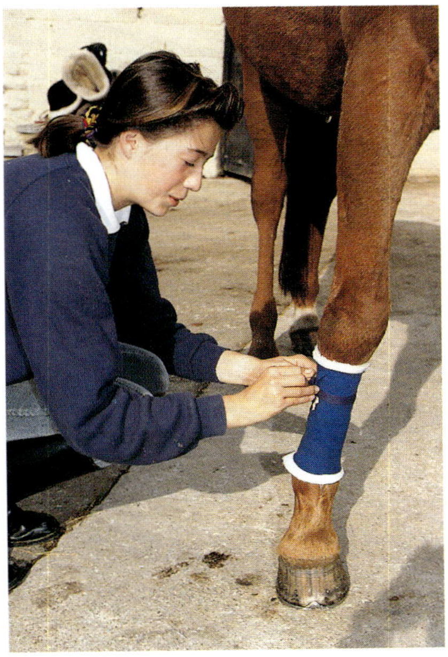

Absatteln

Man kann zwar auf verschiedene Arten absatteln – zuerst aber wird immer der Sattel abgenommen (siehe Seite 72).

✦ Man zieht die Steigbügel hoch und löst den Gurt auf der linken Seite.

✦ Wenn das Pferd ein Martingal oder ein Vorderzeug trägt, wird dieses vom Gurt gelöst.

✦ Man faßt den Sattel an Vorder- und Hinterzwiesel und zieht ihn mit dem linken Arm zu sich. Der Gurt wird über den Sattel gelegt; dann legt man den Sattel zur Seite.

✦ Die Zügel bleiben noch über dem Hals hängen, während man Kehl- und Nasenriemen und gegebenenfalls die Kandarenkette löst. Die linke Hand umfaßt den Pferdekopf oberhalb der Nüstern. Man läßt das Kopfstück über die Ohren heruntergleiten, während man das Gebiß vorsichtig aus dem Maul nimmt.

✦ Die Zügel bleiben so lange auf dem Pferdehals, bis das Halfter angezogen ist. Nun kann man das Pferd zum Putzen anbinden.

Pflege und Aufbewahrung

Die Ausrüstung muß gepflegt und regelmäßig überprüft werden. Besonders die Stellen, an denen das Leder gefaltet ist – Zügel, Steigbügelriemen und Gurte –, sollte man kontrollieren. Eine fehlerhafte Ausrüstung ist gefährlich, eine verschmutzte fördert Infektionen (siehe Seite 107). Zur Pflege der Ausrüstung benötigt man Sattelseife, Lederöl und -fett, zwei Schwämme, eine alte Zahnbürste und einen Eimer mit warmem Wasser.

✦ Nach Gebrauch wird das Lederzeug feucht abgewischt und in regelmäßigen Abständen gründlich gereinigt.

✦ Schweiß und Schmutz wäscht man mit Wasser und Sattelseife ab. Hartes Leder wird nach dem Trocknen mit Lederöl behandelt.

✦ Das Gebiß und alle Metallteile werden mit Wasser gereinigt und getrocknet. Nylon- oder Kunststoffgurte sowie Satteldecken bürstet man und hängt sie auf. Wenn sie verschmutzt sind, wäscht man sie. Um ein Wundscheuern zu vermeiden, müssen die Ledergurte sauber und geschmeidig sein.

✦ Lederzeug wird in trockenen, gutgelüfteten Räumen aufbewahrt. Man legt es nie in die Nähe einer Heizung, da es dort austrocknen und rissig werden könnte.

Training

Welches Training? ✦ Bodenarbeit ✦ Reiten im Straßenverkehr

Stallpferde brauchen, besonders dann, wenn sie keinen anderen Auslauf haben, regelmäßige Bewegung. Pferde sollten täglich mindestens eine Stunde arbeiten, wobei sich die Art dieser Arbeit nach der Kondition und dem Ausbildungsgrad der Tiere zu richten hat. Ein Pferd, das am Wochenende auf Turniere geht, sollte während der Woche ein Trainingsprogramm zum Muskelaufbau und ein Fitneßtraining absolvieren. Die intensive Arbeit auf dem Reitplatz oder mit einem Reitlehrer kann nicht mit Ausritten verglichen werden. Spring- oder

> *„Laßt uns die Anmut des jungen Pferdes nicht verdrießen, denn sie ist wie der Blütenstaub, der – einmal zerstört – niemals wiederkehrt.“*
>
> Antoine de Pluvinel

Galopptraining auf der Bahn erfordern weitaus mehr Energie. Auch eine ausgewogene Fütterung trägt zum Wohlbefinden und zur Leistungsbereitschaft des Tieres bei. Regelmäßig arbeitende Pferde sollten einen Ruhetag pro Woche einlegen. Schul- und andere Arbeitspferde sollten etwa einen Monat im Jahr pausieren dürfen – am besten auf der Weide.

Oben: Der Longenführer steht ruhig in der Mitte des Zirkels und kontrolliert Geschwindigkeit, Takt und Losgelassenheit des Pferdes. Diese Kontrolle erfolgt hauptsächlich über klare und deutliche Stimmkommandos.

Unten: Das Fahren vom Boden erfordert große Erfahrung. Junge Pferde können durch diese Übung motiviert werden, frei und willig vorwärtszugehen. Sie lernen zudem auch, auf Kommando anzuhalten und zu wenden.

Longieren

Das Longieren dient der Ausbildung und der Kontrolle des Pferdes ohne Reiter. Longiert wird auf einem Zirkel an der Longe. Wenn man ein Pferd an die Longe nimmt, sollte dies auf einem geschlossenen Longierplatz auf festem, ebenem Untergrund geschehen. Der Longenführer muß Handschuhe tragen. Korrektes Longieren muß erlernt werden, denn das Pferd kann schwer verletzt werden, wenn das Longieren unkorrekt durchgeführt wird. Anfänger sollten mit einem älteren, erfahrenen Pferd üben.

Wann longiert man?

Ein steifes Pferd sollte man vor dem Reiten ebenso ablongieren wie ein zu wildes Tier. Pferde mit Rückenproblemen kann man bis zu ihrer Gesundung durch Longieren fit halten.

Man longiert mit einem Kappzaum mit dickem Nasenband, seitlichen Ringen und einem Ring auf der Nase des Tieres. Die Longe mißt mindestens sieben Meter und ist meist aus Baumwolle. Die Longierpeitsche muß lang genug sein, um das Pferd auf dem großen Zirkel beeinflussen zu können. Benutzt man Ausbinder, so werden diese an einem Longiergurt oder am Sattel befestigt. Das Pferd sollte einen Beinschutz tragen.

An der Longe werden die Pferde durch die Stimme des Longenführers, die Longe und die Peitsche kontrolliert. Mit dem wichtigsten Kontrollinstrument, der Stimme, kann das Pferd angetrieben, verlangsamt oder angehalten werden. Tiere, die Vertrauen

Oben: Ein langer, schneller Galopp auf gutem Boden und immer geradeaus ist eine wahre Freude für Reiter und Pferd – besonders, wenn man in der Gruppe reitet.

zum Longieren gefunden haben, können an der Longe bis zur Hohen Schule ausgebildet werden.

An der Doppellonge

Die Arbeit an der Doppellonge sowie das Fahren vom Boden verlangen vom Longenführer viel Erfahrung. Wird die Arbeit an der Doppellonge aber gut ausgeführt, lehrt sie das Pferd Gehorsam auch auf leichteste Signale.

Bevor man mit der Arbeit an der Doppellonge beginnt, muß das Pferd sicher an der einfachen Longe gehen. Nun kommt eine zweite Longe hinzu, die die äußere Hinterhand des Tieres umspannt. Ehe man mit dem Fahren vom Boden im Freien beginnt, sollte man Geradeausgehen und Wenden auf einem eingezäunten Longierplatz üben. Auf dieser Grundlage ist das Fahren vom Boden eine gute Gewöhnung des Pferdes an das Gelände.

Trainingsmethoden

Man kann Pferde konditionieren, indem man ein Tier als Handpferd mit zum Reiten nimmt oder eine Führmaschine benutzt, an der bis zu acht Tiere gleichzeitig gehen können. Die meisten Pferde begreifen schnell, daß sie nur ruhig vorangehen müssen.

Mit Hilfe von Führmaschinen können sich übermütige Tiere austoben, und verschwitzte Pferde trocknen im langsamen Gehen mit einer Decke auf dem Rücken. Zudem können Pferde sich so vor dem Reiten aufwärmen. Allerdings sollte die Führmaschine immer beaufsichtigt werden, um Unfälle zu vermeiden.

Im Strassenverkehr

Reiten im Straßenverkehr ist riskant, da viele Autofahrer zu nah an den Tieren vorbeifahren oder sie zu schnell überholen. Anfänger sollten sich nur zusammen mit erfahrenen Reitern in den Straßenverkehr wagen.

✦ Reiter müssen die Straßenverkehrsordnung beachten und Rücksicht auf andere Verkehrsteilnehmer nehmen.
✦ Die Pferde dürfen nicht am langen Zügel geritten oder geführt werden.
✦ Helle Kleidung ist vorteilhaft.
✦ Bevor eine Straße überquert wird, sollte man Autofahrer warnen, damit diese anhalten können.
✦ Man sollte am Straßenrand reiten, um den Verkehr nicht zu behindern.
✦ In einer Gruppe sollten vorn und hinten erfahrene Reiter gehen.
✦ Bei sehr schlechter Sicht sollte man nicht reiten. Bei Dunkelheit sind Stiefellampen Vorschrift. Reflektierende Kleidung ist empfehlenswert.

Der Ausritt

◆

Ehe man ausreitet, sollte man wissen, wie lange und wohin man reitet. Reitet man allein aus, ist es angebracht, eine Nachricht zu hinterlassen. Wenn man zu springen plant oder ein unzuverlässiges Pferd reitet, sollte man sowieso nicht allein ausreiten. Man sollte vorher überlegen, welche Strecke man galoppiert. Dabei muß man sich immer im klaren darüber sein, daß plötzlich ein Hindernis oder eine Gefahr auftauchen kann, zum Beispiel ein Kaninchenloch oder ein auffliegender Vogel. Im Zweifelsfall sollte man die Strecke erst abgehen und prüfen, ob man sie in schnellem Tempo nehmen kann.

Unten: Nach dem Reiten sattelt man draußen ab. Man nimmt zuerst den Sattel und dann das Kopfstück sowie den Beinschutz ab. Schwitzende Pferde werden trockengerieben.

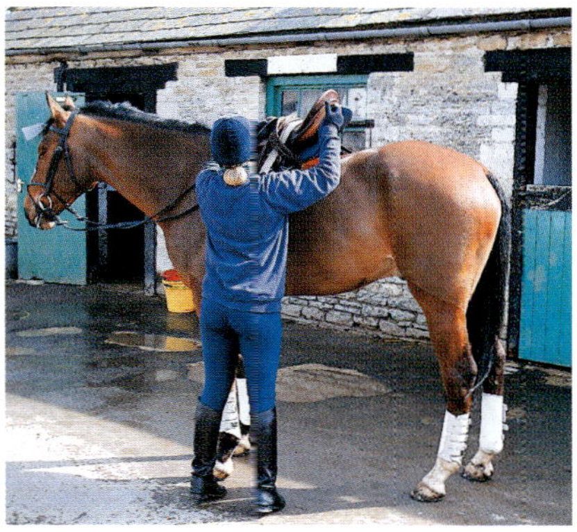

Transport

Der Transporter ✦ Vorbereitung für den Transport ✦ Ein- und Ausladen

Links: Ein für den Transport vorbereitetes Pferd: Über einer dünnen Abschwitzdecke trägt es eine dickere Decke und an den Beinen Transportgamaschen. Der Schweif ist bandagiert (siehe Seite 66).

Pferde, denen man das Ein- und Ausladen in Ruhe beigebracht hat und die immer in einem geeigneten Transporter von einem ruhigen Fahrer transportiert werden, bereiten beim Verladen normalerweise keine Probleme. Hat ein Tier beim Transport jedoch einmal eine schlechte Erfahrung gemacht, erinnert es sich stets daran und wird sich nur ungern verladen lassen.

Der Transporter

Der Boden des Transporters und die Rampe müssen einen festen und rutschsicheren Belag aufweisen. Der Tansporter muß hoch und breit genug sein, damit das Pferd beim Ausbalancieren in Kurven seine Beine breit hinstellen kann. Vorn und hinten im Transporter sollten sich solide Querstangen befinden, gegen die sich das Pferd bei plötzlichem Bremsen lehnen kann. Transporter müssen regelmäßig gewartet werden.

Unten: Bandagen oder Transportgamaschen schützen die Beine des Pferdes vor Verletzungen. Sie dürfen aber nicht so fest angelegt werden, daß sie das Blut abschnüren.

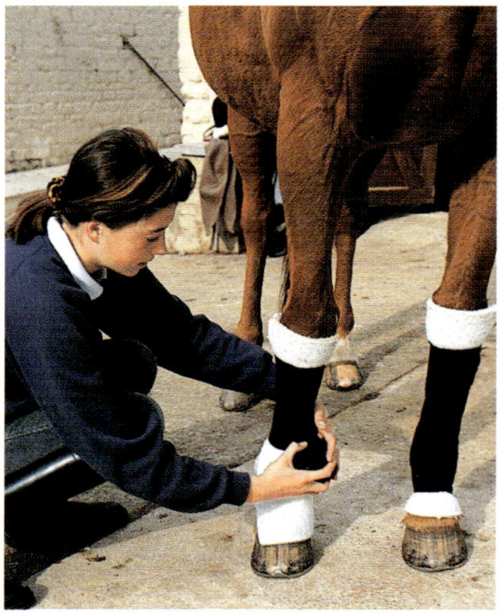

Vorbereitungen

Manche Pferde lassen sich mühelos am Halfter verladen oder gehen sogar von selbst in den Transporter. Für die Fahrt müssen allerdings Sicherheitsvorkehrungen getroffen werden.

✦ Eine spezielle Schweifbandage hält den Schweif des Tieres sauber und schützt vor dem Abreiben der Haare.

✦ Transportgamaschen schützen die Beine, wenn sich das Pferd anstößt. Die Beine sollten bis über das Karpal- und das Sprunggelenk bedeckt sein.

✦ Industriell gefertigte Transportgamaschen sind handgewickelten Bandagen vorzuziehen.

Decken und Futter unterwegs

Ob man das Pferd beim Transport eindeckt, hängt vom Wetter und vom Tier selbst ab. Ein Pferd, das friert, hat kalte Ohren und ein abstehendes Fell. Ein schwitzendes Tier kann sich erkälten. Man sollte überlegen, ob und wenn ja, welche Decke man dem Pferd für die Fahrt auflegt, und die Decke ab und zu kontrollieren.

Geschorene Pferde benötigen im Winter auf jeden Fall eine Decke. Eine Thermodecke leitet den Schweiß nach außen und hält das Pferd warm und trocken. Tiere mit dünnem Fell brauchen eine dickere Decke.

Nicht geschorene Pferde deckt man nur leicht ein. An milden Tagen kann man sie auch ohne Decke transportieren. Decken müssen stets mit einem Bauchgurt fixiert werden.

Über kurze Strecken kann man Pferde auch gezäumt und gesattelt transportieren. Dabei sollten die Zügel unter dem Kehlriemen durchgezogen und über Kreuz um den Hals des Tieres befestigt werden, damit das Pferd nicht darauf treten kann. Die Steigbügel müssen hochgezogen und befestigt werden; eine Transportdecke schützt den Sattel vor Schrammen.

Die Pferde müssen eine Stunde vor Transportbeginn aufgefressen haben (siehe Seite 60–61). Auf langen Strekken sollte man den Tieren ein Heunetz in den Transporter hängen. Kraftfutter oder Pellets dagegen sollten während der Fahrt nicht gereicht werden. In den Fahrtpausen muß dem Pferd Wasser gegeben werden.

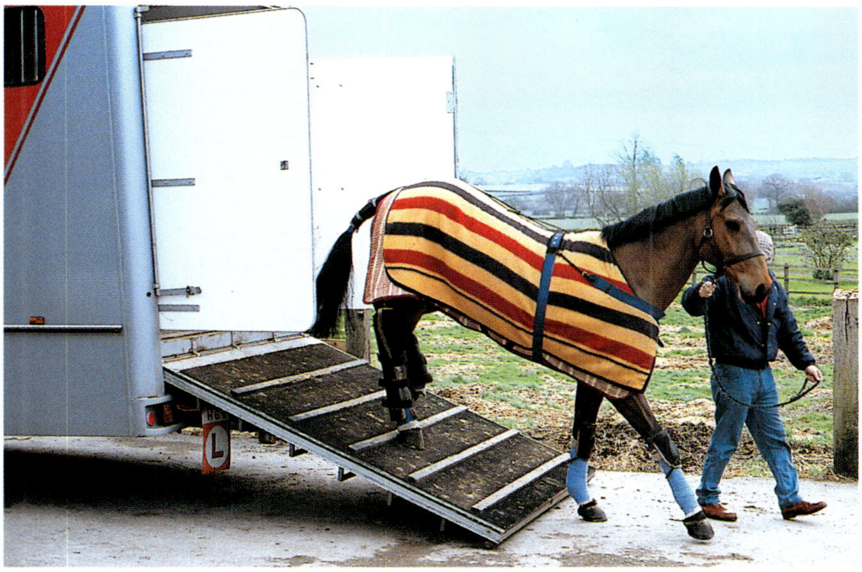

WAS MAN MITNEHMEN MUSS

- ✦ Heu und Heunetz
- ✦ ein großes Gefäß mit frischem Wasser
- ✦ Schaufel und Eimer, um den Pferdekot zu entfernen
- ✦ zwei lange Seile, um Probleme beim Verladen lösen zu können
- ✦ Putzzeug
- ✦ zwei Eimer
- ✦ zwei Schwämme
- ✦ Schweißmesser
- ✦ Sattel und Zaumzeug, Satteldecke und alles, was dazugehört
- ✦ Reisedecken und Bauchgurt, Schutzgamaschen, zwei Schweifbandagen usw.
- ✦ Erste-Hilfe-Ausrüstung mit Verbandsmaterial, Antiseptika, Wundpuder usw.
- ✦ Autotelefon oder Handy

Oben links und links: Pferde sollten bei der Verladung grundsätzlich Transportgamaschen tragen. Man geht ruhig, aber entschlossen auf die Rampe zu, wobei das Tier aber die Möglichkeit haben sollte, genau zu sehen, wohin es tritt. Das Ausladen muß mit viel Ruhe geschehen, damit das Pferd nicht von der Rampe springt oder ausrutscht und sich verletzt.

VERLADEN

Nicht verladesichere Pferde verlädt man mit Kopfstück und Gebiß und eventuell einer Longe als Hilfsmittel. Die Rampe muß stabil und nicht zu steil sein und am Boden aufliegen.

✦ Das Pferd muß entschlossen an die Rampe geführt werden. Man sollte es nicht drängen, wenn es zurückweicht.

✦ Wenn das Pferd im Transporter ist, wird die hintere Stange geschlossen und die Bracke hochgeklappt. Dann wird das Tier angebunden.

✦ Pferde, die sich umzudrehen versuchen oder nach hinten sehen, müssen an beiden Seiten angebunden werden. Man sollte die Tiere so kurz anbinden, daß sie ihren Nachbarn nicht beißen können, aber lang genug, daß sie das Heunetz erreichen und die Balance halten können. Hierzu dient der Pferdeknoten (siehe Seite 59).

✦ Wenn man in einem Doppelhänger nur ein Pferd transportiert, verlädt man es links, da sich die meisten Straßen nach rechts neigen und der Transporter sonst kippen könnte.

Tips zum Verladen

✦ Junge Pferde sollte man vor einer Reise mehrfach ein- und ausladen oder im Transporter füttern.

✦ Die verläßlichsten Tiere werden zuerst verladen.

✦ Mit Strohballen kann man eine Art „Anlaufweg" abstecken.

✦ Wenn man die Rampe mit Stroh bestreut, wirkt sie einladender. Man sollte die Trennwand weit stellen, damit der Transporter nicht so eng wirkt.

✦ Futter ist ein gutes Lockmittel.

✦ Man stellt einen Fuß des Pferdes vorsichtig auf die Rampe.

✦ Pferden, die ausbrechen, kann man den Einstieg durch zwei Longen erleichtern, die man seitlich am Hänger befestigt. Zwei Helfer kreuzen die Longen hinter der Hinterhand des Pferdes. Viele Pferde reagieren auf den Druck und betreten dann den Hänger.

AUSLADEN

Man sollte die Tiere über eine Rampe nach vorn ausladen. Bevor man die Tür oder die Bracke öffnet, bindet man das Pferd los. Das Tier muß still stehen, bis die Rampe fest auf dem Boden liegt. Als erstes wird immer dasjenige Pferd ausgeladen, das der Rampe am nächsten steht.

Empfängnis, Trächtigkeit & Geburt

Was zu beachten ist ✦ Bedeckung ✦ Abfohlen

Erfahrungsgemäß ist es einfacher, ein Pferd zu kaufen, als es selbst zu züchten. Zwar ist auch in der Pferdezucht die Wissenschaft mittlerweile so weit fortgeschritten, daß man mit ziemlicher Sicherheit einen bestimmten Pferdetyp züchten kann – dennoch gehört auch immer noch Glück dazu. Man sollte zudem nie mit Stuten züchten, die gesundheitliche Probleme oder einen mangelhaften Charakter haben.

Wenn man beschlossen hat, seine Stute decken zu lassen, muß sichergestellt sein, daß die Stute während Trächtigkeit und Geburt sowie nach dem Abfohlen unter fachkundiger Aufsicht steht. Auch in der Zeit nach dem Absetzen muß für beide Pferde gesorgt sein. Ein nicht unbeträchtlicher Faktor sind die Kosten – zunächst für den Tierarzt und dann mindestens drei Jahre für die Aufzucht, ehe das Fohlen eingeritten werden kann. Manchmal dauert es vier oder fünf Jahre, ehe der Züchter weiß, ob das Pferd so geworden ist, wie er es sich vorgestellt hat.

DIE WAHL DES HENGSTES

Zunächst muß sich der Besitzer der Stute über das Zuchtziel klar werden und den passenden Hengst wählen. Welcher Pferdetyp soll gezüchtet werden? Sollte das Pferd größer oder kleiner werden als die Mutter? Soll es fei-

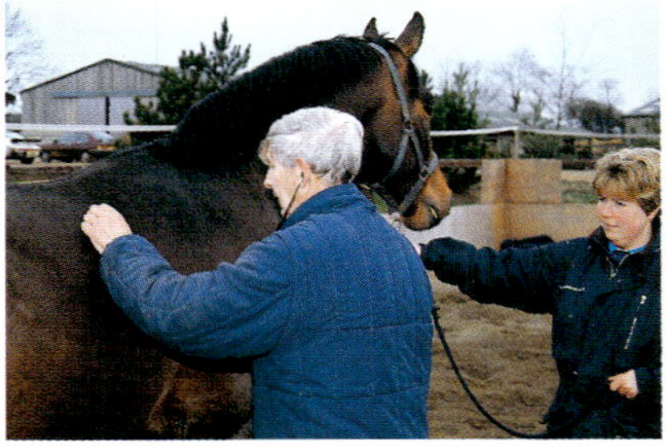

Links: Hengst und Stute sollten öfter vom Tierarzt untersucht werden. Sie müssen frei von Infektionskrankheiten und Parasiten sein und regelmäßig entwurmt werden.

Rechts: Das „Probieren" der Stute auf ihre Deckbereitschaft besteht darin, einen Hengst in Kontakt mit ihr zu bringen. Dabei sollten die Pferde durch eine Holzwand getrennt sein, um Verletzungen zu verhindern.

nere Knochen oder mehr Substanz haben? Soll sein Rahmen größer oder kleiner sein? Soll die Aktion der Bewegung flacher oder höher werden? Soll das Pferd eine bessere Schulter, einen kürzeren Rücken oder kräftigere Knochen und Hufe haben? Soll es einen ausdrucksvolleren Kopf mit größeren Augen bekommen? Auch das Wesen ist von Bedeutung – das Gleichgewicht zwischen Draufgängertum und kühlem Kopf, zwischen Temperament und Sanftheit. Selbst die Farbe spielt zuweilen eine Rolle, wenn beispielsweise Füchse oder Schimmel bevorzugt werden. Beachtung verdient auch die Abstammung, denn einige Linien vererben Gesundheit und Ausdauer. Will man ein Springpferd, ein Rennpferd, ein leichtes Pferd oder ein schwereres Kutschpferd haben? Möchte man einen Vollblüter fürs Turnier oder ein Pony züchten?

Oben: Das Decken an der Hand sollte von erfahrenen Pferdebesitzern überwacht werden, um sowohl die Stute als auch den Hengst vor Verletzungen zu bewahren.

Der richtige Zeitpunkt

Die meisten Jungstuten werden mit etwa zwei Jahren rossig, sollten dann aber noch ein Jahr lang ungedeckt bleiben. Die Rosse dauert etwa sechs Tage und tritt vom Frühjahr bis zum Herbst in regelmäßigen Abständen von 18 bis 21 Tagen auf. Stuten akzeptieren den Hengst nur während der Rosse. Die Trächtigkeit dauert elf Monate. In nördlichen Ländern plant man die Fohlengeburt erst ab März, wenn das Wetter wärmer wird und das Frühjahrsgras wächst. Turnierreiter lassen ihre Stuten wegen der Wettbewerbstermine ebenfalls möglichst im Frühjahr fohlen (siehe Seite 40).

Rossige Stuten sind oft reizbar, schlagen mit dem Schweif und verhalten sich anderen Pferden gegenüber aggressiv. Oft setzen sie kleine Mengen Urin ab. Ihre Klitoris schwillt an und füllt sich mit Schleim. Man sollte die Stute zudem vom Tierarzt untersuchen lassen. Ob eine Stute deckbereit ist, läßt sich jedoch am sichersten feststellen, indem man sie mit einem Hengst in Kontakt bringt; man nennt das „probieren". Dabei bleiben Hengst und Stute durch eine hohe Holzwand voneinander getrennt. Der Hengst beschnuppert und kneift die Stute mit den Zähnen. Die Stute zeigt ihre Deckbereitschaft durch seitliches Anheben des Schweifs und das Blinken der Klitoris an. Andernfalls weist sie den Hengst durch Ausschlagen zurück.

Künstliche Besamung

Der Samen von Hengsten wird mit Hilfe einer Phantomstute gewonnen, auf die der Hengst aufspringt. Der Samen wird tiefgekühlt oder einige Tage lang als sogenannter Frischsamen konserviert. Künstliche Besamung (KB) reduziert das Verletzungsrisiko des Hengstes beim Deckakt; außerdem entfallen weite Transporte der Stuten. Die KB wird bei Warmblut-Sportpferden und bei Trabern angewendet.

Vor dem Decken

Vor dem Decken müssen der Stute die Hintereisen abgenommen werden. Außerdem wird sie vom Tierarzt auf etwaige Infektionskrankheiten hin untersucht. Die Stute sollte gesund und nicht zu dick sein.

Die Deckgebühr und eventuelle Pensionskosten – für den Fall, daß die Stute länger im Gestüt bleiben muß – müssen ebenfalls vereinbart werden.

Das Decken

Wenn die Stute es duldet, sollte sie während der Rosse mehrmals von dem Hengst gedeckt werden. Oft bleiben Stuten bis zum Zeitpunkt der nächsten Rosse im Gestüt – also etwa 21 Tage –, falls die Bedeckung wiederholt werden muß. Wenn die Stute nicht wieder rossig ist, ist sie vermutlich tragend. Ab dem 15. Tag kann man eine Trächtigkeit durch eine Ultraschalluntersuchung feststellen. Eine manuelle Untersuchung bringt nach der dritten bis vierten Woche Klarheit. Es steht dann allerdings im-

Links: Mit einer Ultraschalluntersuchung läßt sich Trächtigkeit schon ab dem 15. Tag feststellen. Manuelle Untersuchungen zur Folikelkontrolle können ab der dritten bis vierten Woche vorgenommen werden.

Empfängnis, Trächtigkeit & Geburt

mer noch nicht fest, ob die Stute ein gesundes Fohlen zur Welt bringen wird. Ohne daß der Besitzer es merkt, kann die Stute das Fohlen verlieren. Es kann auch im Mutterleib sorbiert oder zu früh abgestoßen werden.

Der Deckakt selbst wird meist vom Hengstbesitzer und mindestens einem Helfer überwacht. Die Stute wird festgehalten – von Warmblutzüchtern manchmal sogar an den Hinterbeinen gefesselt –, damit sie nicht nach dem Hengst ausschlagen kann. Stuten, die frei in der Herde gedeckt werden, bestimmen den Zeitpunkt ihrer Bedekkung selbst; die Hengste gehen hier sehr vorsichtig mit den Stuten um. Der eigentliche Deckakt dauert etwa fünf Minuten.

DIE TRÄCHTIGKEIT

In den ersten Monaten der Trächtigkeit kann die Stute noch normal geritten werden. Nach 16 Wochen sollte man sie nur noch schonend reiten.

Während der Trächtigkeit braucht die Stute besonders viel Futter, damit sich das Fohlen im Mutterleib entwikkeln kann. Harte Pferderassen wie Berg- und Moorponys oder Wüstenpferde sind relativ anspruchslos; empfindlichere Rassen wie Vollblüter brauchen jedoch mehr Aufmerksamkeit und spezielles Futter. Wenn die Stute friert, sollte man sie nachts aufstallen und Spezialfutter für tragende Stuten verfüttern. Die meisten Ponys und unkomplizierten Pferderassen fohlen am liebsten unbeobachtet im Freien. Für hochgezüchtete Stuten sollte man aber eine Abfohlbox vorbereiten und die Tiere im Endstadium der Trächtigkeit ständig überwachen.

Eine Abfohlbox muß mindestens 4,5 m x 4,5 m groß sein. Ein Fenster dient der Überwachung, ohne daß die Stute gestört wird. Die meisten Stuten fohlen frühmorgens, wenn alles ruhig ist. Die Einstreu in der Box muß tief und sauber, der Boden griffig sein. Die Seiten sollten hoch eingestreut werden, damit sich die Stute beim Abfohlen nicht festlegt und das Fohlen leichter aufstehen kann.

Die sogenannten Harztropfen am Euter der Stute bilden sich in der Regel erst kurz vor dem Abfohlen. Während der letzten Tage vor der Geburt sollte man die Stute nur noch führen, aber nicht mehr reiten.

DAS ABFOHLEN

Während der Trächtigkeit liegt das Fohlen zusammengekrümmt im Mutterleib. Das stärkste Wachstum setzt in den letzten vier Monaten ein. Im letzten Monat dreht sich das Fohlen im Uterus, so daß seine Vorderbeine und der Kopf zuerst geboren werden.

- Durch die ersten Wehen gelangt das Fohlen in die richtige Geburtspositon. Die Stute wird unruhig und legt sich manchmal kurz hin.
- Bei weiteren, stärkeren Wehen, die in regelmäßigen Abständen auftreten, tritt das Fohlen durch das Becken in den Gebärmuttermund ein. Manche Stuten fohlen mühelos, während andere unter schmerzhaften Wehen leiden. Diese werden zumeist dadurch verursacht, daß das Fohlen verkehrt liegt. Wenn man den Eindruck hat, daß die Geburt nicht voranschreitet – ein normales Abfohlen dauert etwa 20 Minuten –, sollte man unbedingt den Tierarzt rufen.
- Kurz bevor das Fohlen geboren wird, platzt die Fruchtwasserblase, und das Fruchtwasser tritt aus. Danach legt sich die Stute meist hin – die Geburt beginnt.
- Zunächst erscheinen die Vorderbeine des Fohlens. Diese sind meist von einer Membran umgeben, die bei der Geburt platzt.
- Dann erscheinen der Kopf, der gegen die Vorderbeine gepreßt ist, und die Schulter. Der restliche Körper kommt relativ schnell zum Vorschein.
- Wenn die Eihaut über der Nase aufreißt, beginnt das Fohlen zu atmen.
- Die Nabelschnur reißt meist von selbst, wenn das Fohlen strampelt und die Stute aufsteht.

Unten: Die Eihaut um das Fohlen ist gerissen. Erst erscheinen die Vorderbeine, danach der Kopf. Das Fohlen kommt zum Vorschein, zuletzt die Hinterbeine. Das Tier atmet, sobald die Membran um seine Nase reißt; dies geschieht meist von selbst. Das Fohlen strampelt sich frei. Die Nabelschnur, die es mit der Mutter verbindet, reißt von selbst. Die Stute leckt ihr neugeborenes Fohlen ab.

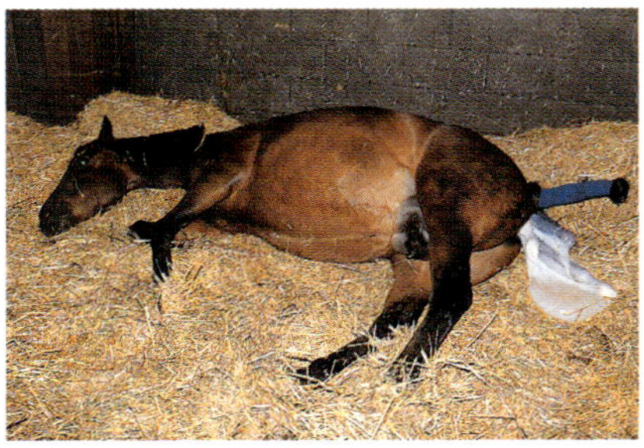

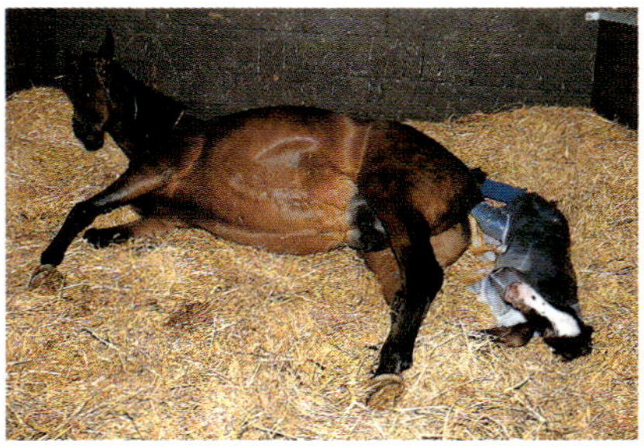

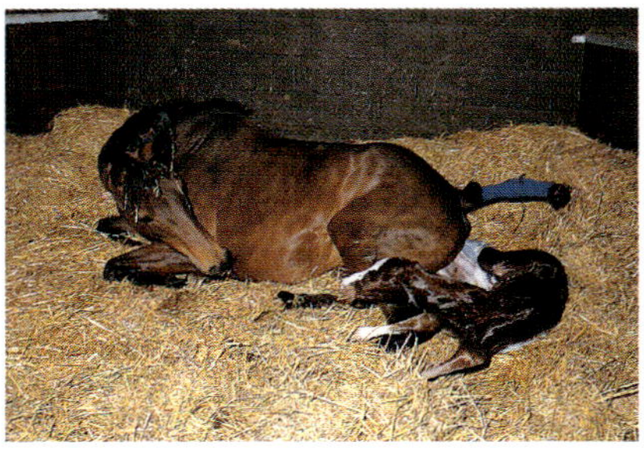

Oben: Die Bindung des Fohlens an die Stute ist lebenswichtig. Die Kontaktaufnahme sollte daher nicht gestört werden. Später kann man die Stute mit warmem Wasser abwaschen und das Fohlen untersuchen.

✦ Danach leckt die Stute ihr Fohlen, um es zu trocknen und zu wärmen.

Die erste Lebensstunde

Nach spätestens einer halben Stunde versucht das Fohlen aufzustehen. Die erste Muttermilch, das Kolostrum, ist lebenswichtig für das Fohlen, da es mit ihr wichtige Nährstoffe und Abwehrkräfte erhält.

Ein Fohlen, das trinkt und Kontakt zur Mutter aufnimmt, ist mit ziemlicher Sicherheit gesund.

Innerhalb von vier Stunden nach dem Abfohlen sollte die Nachgeburt austreten. Sie muß vom Tierarzt auf Vollständigkeit hin kontrolliert werden. Wenn die Stute einen Teil der Nachgeburt verhält, kann es zu Infektionen und zur gefürchteten Hufrehe kommen, die tierärztlich behandelt werden müssen. Nach dem Abfohlen sollte man den Tierarzt rufen, der dem Fohlen ein Aufbaumittel spritzt, das die Fohlenlähme verhindert. Die Nase des Fohlens muß von Eihaut- oder Schleimrückständen gereinigt werden. Stuten, die nicht zulassen wollen, daß man ihr Fohlen berührt, müssen kurz festgehalten werden. Neugeborene Fohlen hält man fest, indem man ihnen einen Arm unter den Hals um die Brust und den anderen Arm um die Hinterhand legt.

Typische Probleme, die bei neugeborenen Fohlen auftreten, sind beispielsweise mangelnde Milchaufnahme, Durchfall, Verdauungsprobleme (siehe Seite 93), Schwierigkeiten beim Urinieren, Nabelschnurinfektionen oder Zurückweisung durch die Mutter. Das Fohlen sollte sorgfältig beobachtet werden, damit erste Anzeichen für unnormales Verhalten frühzeitig erkannt werden.

Unten: Schon eine halbe Stunde nach der Geburt versucht das Fohlen aufzustehen. Es dauert jedoch einige Minuten, ehe es sicher genug steht, um bei seiner Mutter zu trinken.

Fohlenaufzucht

Gewöhnung ✦ Führen ✦ Fütterung ✦ Gesellschaft ✦ Absetzen

Je früher das Fohlen mit Menschen in Kontakt kommt, desto eher wird es mit ihnen vertraut. Der erste Kontakt sollte gleich nach der Geburt im Stall stattfinden. Im Freien geborene Fohlen sind dagegen oft scheuer. Ihre Mütter, die ihrem Instinkt gehorchen, schirmen sie stärker ab, so daß die Kommunikation schwieriger wird.

Umgang mit dem Fohlen

Man bringt die Stute zusammen mit dem Fohlen in einen großen Stall und sollte das Fohlen zuerst nur in Gegenwart der Mutter berühren. Dabei achtet man darauf, das Fohlen nicht zu erschrecken. Das Fohlen muß immer die Möglichkeit haben, Zuflucht zur Mutter zu nehmen. Sobald man in der Lage ist, das Fohlen festzuhalten, kann man ihm ein leichtes Fohlenhalfter anziehen. Das Fohlen darf das Halfter aber nur in Gegenwart von Menschen tragen, damit es damit nirgendwo hängenbleibt.

Rechts: Dieses Fohlen lernt, geführt zu werden. Die Ausbilderin setzt ihre Arme zur Kontrolle des Fohlens ein, während sie dieses zu überzeugen versucht, vorwärtszugehen.

Unten: Man kann dem Fohlen auch ein breites Gummiband um den Hals (nicht um die Kehle!) legen. So verletzt es sich nicht, wenn es einmal stolpert oder wegläuft.

Man sollte sich jeden Tag mit dem Fohlen beschäftigen, bis es sich am ganzen Körper berühren läßt. Allerdings sollte man es noch nicht putzen, da der Staub im Fell wärmeisolierend wirkt und das Tier warm hält, wenn es sich im Freien aufhält. Kleine Fohlen darf man nicht anbinden. Sie werden schnell panisch, versuchen zu fliehen und verletzen sich vielleicht. Das Fohlen sollte aber relativ bald lernen, sich an der Hand zu benehmen. Man sollte ihm ruhig und bestimmt und ohne laute Worte Manieren beibringen. Fohlen reagieren am besten auf einen ruhigen und sicheren Umgang mit ihnen, denn das gibt ihnen Vertrauen. Gutes Benehmen können sie nicht früh genug erlernen.

Sobald das Fohlen das Halfter akzeptiert hat und auf den Menschen achtet, sollte man ihm beibringen, ruhig neben einem zu stehen und loszugehen, wenn man dies wünscht. Ebensofrüh sollte das Fohlen lernen, die Füße zu geben, damit man die Hufe kontrollieren kann und um auf den Schmied vorbereitet zu sein.

Links: In der Herde bleiben die Fohlen meist nahe bei ihren Müttern. Die Stuten verjagen fremde Fohlen, die ihnen und ihrem Fohlen zu nahe kommen.

Fohlen führen

Anfangs sollte man einen Strick durch das Halfter ziehen und dessen Enden in beiden Händen halten, um nötigenfalls schnell loslassen zu können. Mit einem Arm wird die Brust des Fohlens umfaßt, mit dem anderen die Hinterhand berührt.

Anführen wird in einem geschlossenen Raum geübt. Falls das Fohlen sich losreißt, kann man es wieder einfangen. Man stellt es neben die Mutter und läßt ihm Zeit, bis es weder zurückzieht noch vorprescht. Dann führt man es mit Hilfe eines erfahrenen Helfers um die Mutter herum.

Man sollte das Fohlen immer an einem gutsitzenden, weichen Fohlenhalfter führen und den Strick unter dem Kinn durchführen. Den Strick nimmt man in losen Schlaufen in die Hand. Man bleibt auf der Höhe der rechten Schulter des Fohlens.

Sobald sich Stute und Fohlen an eine gewisse Routine – Füttern, Putzen, Hufeauskratzen – gewöhnt haben, wird die Handhabung des Fohlens einfacher. So behandelte Fohlen machen dann im Alter von etwa zwölf Wochen auch keine Probleme beim Schmied, der ihre Hufe überprüfen sollte.

Fütterung

Das wichtigste Nahrungsmittel für Fohlen ist die Muttermilch, doch sie knibbeln auch schon früh am Gras. Bis in den Herbst hinein brauchen die Fohlen neben der Muttermilch erstklassiges Grünfutter. Pferde, die im Freien gehalten werden, benötigen im Sommer kein zusätzliches Kraftfutter. Sowie aber das Gras im Herbst seinen Nährgehalt verliert, müssen gutes Heu oder auch Kraftfutter zugefüttert werden. Stute und Fohlen sollten in guter Kondition in den Winter gehen. Bei hochblütigen Pferden, denen man das ganze Jahr über Kraftfutter zufüttert, bekommt das Fohlen schon mit zwei Monaten eine kleine Portion. Das Anfüttern muß langsam geschehen, sonst können Verdauungsprobleme auftreten. Man muß auf Anzeichen von Durchfall oder Verstopfung achten (siehe Seite 93). Futterzusätze wie Knochenmehl oder Lebertran sollten nur nach Absprache mit dem Tierarzt verfüttert werden (siehe Seite 61). Stute und Fohlen müssen regelmäßig entwurmt werden.

> *„Ken ... lief ein Stück den Pfad hinunter – immer hin und zurück –, und Flicka folgte ihm, soweit es das Führseil zuließ.“*
>
> Mary O'Hara

Absetzen

Das Absetzen kann sowohl bei der Stute als auch beim Fohlen ein Trauma hinterlassen. Es ist leichter, mehrere Fohlen gemeinsam abzusetzen als ein einzelnes, das sich ganz auf die Mutter konzentrieren konnte.

Im Alter von sechs bis neun Monaten braucht das Fohlen die Stute nicht mehr. Nun ist der richtige Zeitpunkt zum Absetzen gekommen.

Die Fohlen müssen mindestens einen Monat lang von der Mutter getrennt werden und dürfen sie in dieser Zeit weder sehen noch hören. Meist ist es einfacher, die Stute wegzubringen als das Fohlen. Man sollte ein Fohlen nie allein lassen: Wenigstens zwei Tiere bleiben zusammen in einem großen Stall oder Auslauf. Sensible Fohlen sollten in der ihnen vertrauten Umgebung bleiben. In der freien Natur setzt die Stute ihr Fohlen mit einem Jahr selbst ab.

Bei einer anderen Methode wird im Abstand von einigen Tagen jeweils eine Stute aus der Gruppe herausgeholt. Die Fohlen suchen sich dann Freunde unter den anderen Fohlen. Man sollte ein Fohlen nicht allein aufziehen.

Viele Fohlen brauchen nach dem Absetzen vermehrte Aufmerksamkeit. Nun sollte man sich ihnen besonders intensiv zuwenden. Was sie jetzt lernen, verlernen sie nie mehr.

Die Kastration der Hengstfohlen sollte erfolgt meist im Jährlingsalter vor dem nächsten Frühjahr. Wenn man jedoch plant, ein Hengstfohlen aufzuziehen, sollte man es von den Stuten separieren: Junghengste können vereinzelt schon im Alter von unter einem Jahr mit Erfolg decken. Hengste gehören in erfahrene Hände.

Unten: Fohlen lernen schnell, neben dem Menschen zu gehen, wenn sie dies neben ihrer Mutter tun können.

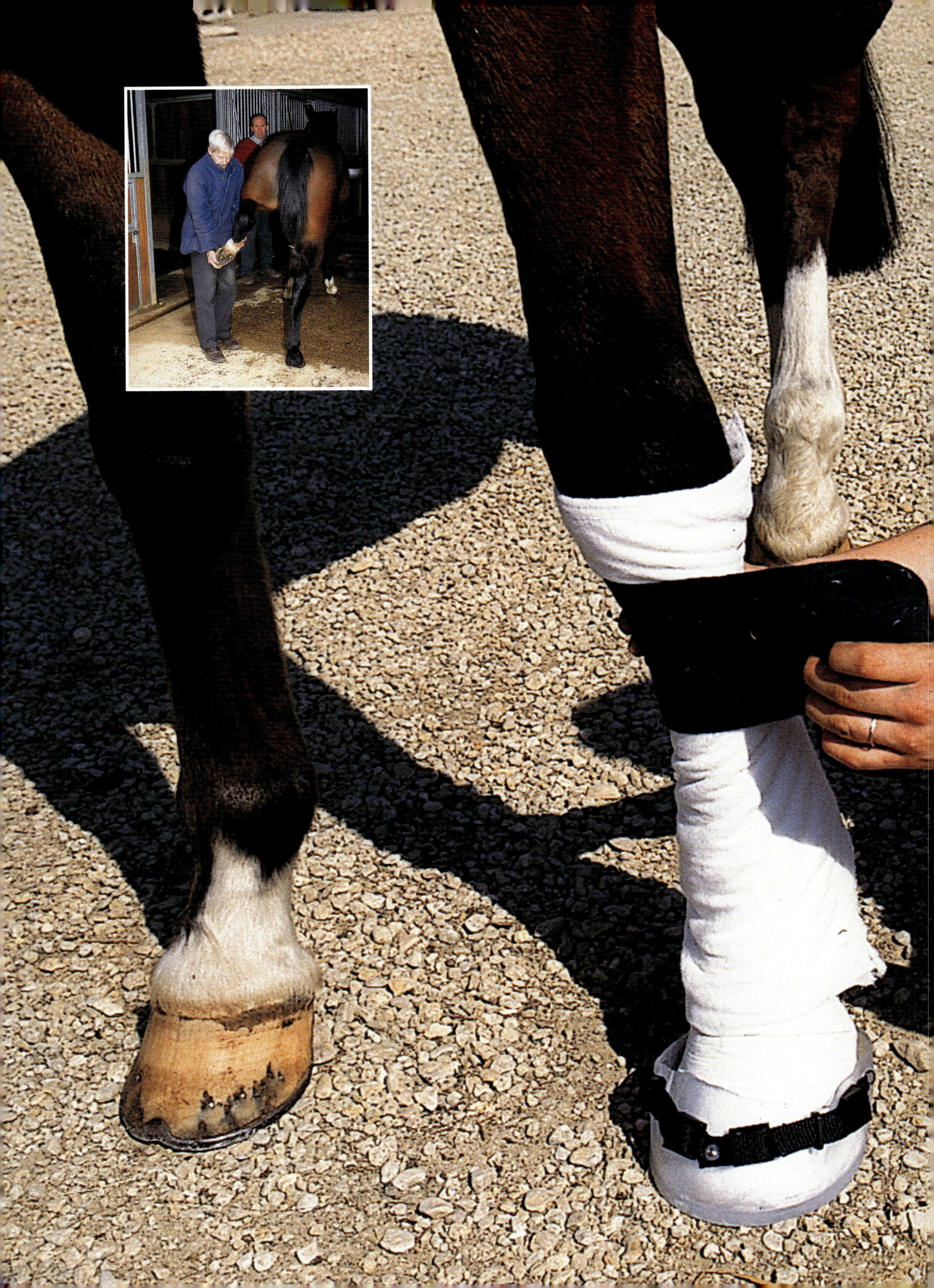

Teil 3

Gesunde Pferde

Die meisten Pferdebesitzer würden gerne noch mehr Zeit mit ihren Tieren verbringen – und das ist auch gut so: Je mehr Aufmerksamkeit der Halter seinem Pferd widmet, desto besser lernt er das Tier kennen. Die Zeit, die man damit verbringt, über den Zaun oder die Stalltür gelehnt, sein Pferd zu beobachten, ist niemals verloren.

Keine zwei Tiere gleichen einander. Ihre Reaktionen auf Schmerz, ihre Angst- und auch ihre Freudensäußerungen sind unterschiedlich. Nur wenn man ein Pferd genau kennt, kann man seine Gemütslage richtig einschätzen.

Manche Pferde haben eine höhere Schmerzgrenze als andere. Einige sind von Natur aus phlegmatisch und ruhig. Wenn ein solches Pferd Schmerz oder Angst zeigt, muß man ihm eine größere Aufmerksamkeit widmen, als es bei einem leicht erregbaren Vollblüter vonnöten wäre. Im Zweifelsfall sollten Sie immer den Tierarzt benachrichtigen – lieber einmal zuviel als einmal zuwenig!

Gesundheit & Krankheit

Nicht artgerechte Haltung ✦ Vorbeugung ✦ Den Tierarzt benachrichtigen

Viele Pferdekrankheiten sind ein Resultat der Domestizierung. Während Wildpferde innerhalb eines Herdenverbandes stundenlang grasen können und dabei nur minimale Nahrungsmengen aufzunehmen pflegen, leben domestizierte Pferde nicht mehr artgemäß. Fehler in der Haltung der Tiere und Ignoranz im Hinblick auf die Bedürfnisse des Pferdes können jedoch zu schweren gesundheitlichen und psychischen Schäden führen.

Als Herdentiere zeigen Pferde ein ausgeprägtes Sozialverhalten und sollten daher nicht über einen übermäßig langen Zeitraum hinweg allein in einer Box gelassen werden. Symptome wie Krippenbeißen, Koppen und Weben (siehe Seite 111), Verstopfung, Koliken oder zwanghaftes Strohfressen entstehen erst durch Langeweile, Einsamkeit und Frustration.

Zu reichliche Fütterung in Verbindung mit zu wenig Bewegung kann Hufrehe verursachen, eine äußerst schmerzhafte Huferkrankung (siehe Seite 103). Diese Krankheit tritt in erster Linie im Frühjahr auf, wenn die Pferde zu viel junges Gras gefressen haben. Hufrehe ist sehr schwierig zu behandeln und führt oft zum Tod des erkrankten Tieres.

Die Heu- und Stauballergien von Pferden (siehe Seite 95–96) ähneln asthmatischen Erkrankungen beim Menschen. Diese Krankheiten werden durch ungenügend belüftete Ställe und muffige Boxen ausgelöst. Viele Pferdebesitzer wissen nicht, daß halbgeschlossene Stalltüren den Bedarf der Tiere an frischer Luft bei weitem nicht decken. In den letzten Jahren hat die Heuallergie bei Pferden in erschreckendem Ausmaß zugenommen. Doch auch Staub und Pollen verursachen Atemwegserkrankungen. Die Ursachen hierfür sind zu warme, unzureichend gelüftete und staubige Ställe sowie schlecht geerntetes und gelager-

Oben: Pferde sind Herdentiere. Um sich wohl zu fühlen, brauchen sie die Gesellschaft anderer Tiere.

Unten: Überfütterung und Mangel an Bewegung sind die weitaus häufigsten Ursachen für Hufrehe.

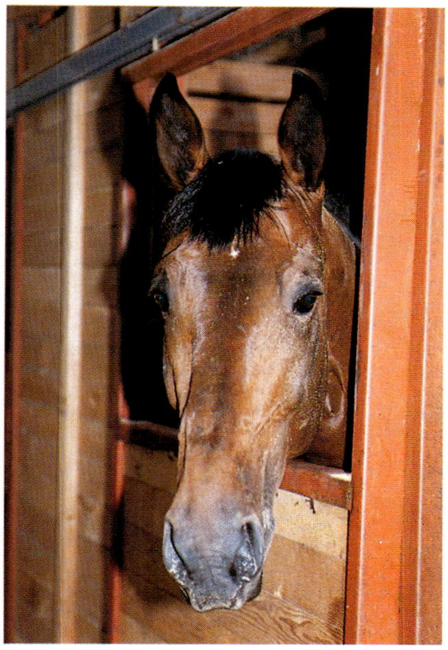

Links: Die Atmungsorgane von Pferden sind empfindlich. Eine halbgeöffnete Boxentüre reicht als Lüftung für einen Stall bei weitem nicht aus.

tes Heu. In der freien Natur treten Heu-, Staub- und Pollenallergien nicht auf. Die beste Prophylaxe bieten viel frische Luft und sauberes Futter.

Vorbeugung

Die meisten Sehnen-, Bänder- und Gelenkprobleme bei Pferden entstehen durch überhöhte oder unvernünftige Beanspruchung. Lahmheiten sind mittlerweile an der Tagesordnung. Da manche Lahmheitsursachen erblich bedingt sein können, sollte man nicht mit Pferden züchten, die aufgrund einer derartigen Erkrankung aus dem Sport ausgeschieden sind.

Anderen Krankheiten kann zwar durch Impfungen vorgebeugt werden, doch leider wird davon noch zu wenig Gebrauch gemacht. Viele Besitzer lassen ihre Pferde nicht gegen Husten oder Pferdegrippe (siehe Seite 94) impfen. Selbst gegen Tetanus (siehe Seite 95) sind viele Tiere nicht geschützt, obwohl ein Pferd jederzeit an Wundstarrkrampf erkranken kann. Trotz verbesserter Medikamente ist die Überlebenschance für Tetanuspatienten gering. Auch wenn die Pferde überleben, tragen sie häufig bleibende Schäden davon und müssen zudem lange Klinikaufenthalte und starke Muskelschmerzen verkraften.

Das eigene Pferd kennen

Wenn man Tiere verstehen will, muß man sich die Mühe machen und sie sorgfältig beobachten. Viele sogenannte „Pferdeflüsterer" besitzen diese Gabe schon von frühester Kindheit an. Wenngleich nicht jeder von uns das Talent zum Pferdeflüsterer hat, kann man mit etwas Geduld durchaus lernen, Pferde zu beobachten und so besser zu verstehen.

Die Kenntnis des eigenen Pferdes ist vor allem dann wichtig, wenn ein Tierarzt konsultiert werden muß: Um sich ein umfassendes Krankheitsbild machen zu können, muß der Veterinär die Vorgeschichte des Tieres kennen. Eine fehlerhafte oder schlechte Vorinformation verzögert die Diagnose nur unnötig.

Es ist daher äußerst wichtig, das eigene Pferd genau zu kennen, richtig einschätzen zu können und zu wissen, was normal ist und was nicht. Man sollte sein Pferd regelmäßig untersuchen und die eigenen Beobachtungen präzise notieren. Eine derartige Kontrolle des Tieres beginnt man am Kopf und geht dann jedes Körperteil einzeln durch. Alles, was einem ungewöhnlich erscheint, wird sofort vermerkt. Auch den Umgang mit einem digitalen Fieberthermometer sollte man erlernen.

Checkliste Symptome

Mit dieser Checkliste können Sie den Gesundheitszustand Ihres Pferdes überprüfen. Die normalen Puls-, Atem- und Temperaturwerte sind auf Seite 57 angegeben. Beim geringsten Zweifel sollten Sie den Tierarzt benachrichtigen.

Ausfluß: Woher kommt er? Augen? Ohren? Nase? After? Vagina? Ist er eitrig, klar oder blutig?
Verhalten: Ist das Tier ruhig, apathisch oder aufgeregt? Schwitzt es?
Maul: Speichelt das Pferd stark? Eventuell beim Fressen?
Fressen und Trinken: Frißt und trinkt das Pferd normal? Wieviel? Zu viel oder zu wenig?
Husten: Ist er trocken, hart oder weich? Mit Auswurf?
Atmung: Schnell oder langsam?
Durchfall: Wäßrig oder blutig? Eventuell schleimig?
Koliksymptome: Seit wann?
Urin: Ist der Urin dunkel oder sogar blutig?
Haut- und Haarschäden: Juckt die Haut? Finden sich Wunden? Wo?
Lahmheit: Welches Bein?
Temperatur: Hoch oder niedrig?
Gewicht: Hat das Pferd Über- oder Untergewicht?
Schwellungen: Gibt es Beulen oder Schwellungen? Wo?

Rechts: Wenn man ein gesundes Pferd auf die Weide läßt, freut es sich über seine wiedergewonnene Freiheit.

Verdauungsprobleme

Maulprobleme ✦ Schlundverstopfung ✦ Kolik ✦ Graskrankheit ✦ Durchfall

Der Verdauungstrakt des Pferdes ist für die Verarbeitung vegetarischer Kost ausgelegt. Mit Maul und Zähnen wird die Nahrung zerkleinert und zu Brei verarbeitet. Die kleinste Abnormität in diesem System kann diesen lebenswichtigen Prozeß behindern und zu Verdauungsproblemen führen.

Zahnprobleme

Angeborene Abnormitäten wie Überbiß oder fehlende Backenzähne erschweren die Zerkleinerung der Nahrung und führen dazu, daß das Pferd die Nahrung nicht voll auswerten oder gar nicht erst aufnehmen kann und so körperlichen Schaden nimmt. Oft werden diese Probleme aber auch durch scharfe Ecken und Kanten an den Backenzähnen hervorgerufen. Um das zu vermeiden, sollte man Pferde einer jährlichen Zahnkontrolle unterziehen, bei der scharfe Ecken rundgeraspelt werden. Auch die sogenannten Wolfszähne (oder rudimentären Prämolaren beziehungsweise vorderen Backenzähne, siehe Seite 24–25) können zu Verdauungsproblemen und Maulproblemen beim Reiten führen. Wenn nötig, sollten die Wolfszähne entfernt werden.

Zahnausfall ist bei Pferden eher selten. Bei Zahnabszessen sollte der betreffende Zahn gezogen werden.

Anzeichen für Probleme im Maulbereich sind starker Speichelfluß, Schwierigkeiten beim Kauen und Schlucken sowie das seitliche Herausfallen der Nahrung aus dem Maul. In diesen Fällen sollte man unverzüglich den Tierarzt benachrichtigen.

Schlundverstopfung

Eine Schlundverstopfung entsteht durch den Verschluß der Speiseröhre, die die Nahrung in den Magen transportiert. Schlundverstopfungen treten relativ häufig auf, können aber mit Erfolg behandelt werden. Es sieht gefährlich aus, wenn das Pferd mit vorgestrecktem Hals steif dasteht und Nahrung und Speichel aus den Nüstern hervortreten. Meist wird die Schlundverstopfung durch Futter wie nicht ausreichend aufgequollene Zuckerrübenschnitzel oder zu hastig aufgenommene Pellets verursacht (siehe Seite 61). In einem solchen Fall sollte man den Tierarzt benachrichtigen, der Sedativa und muskelentspannende Medikamente verabreicht. Wenn das zu keinem Erfolg führt und die Nahrung die Speiseröhre weiterhin verstopft, muß eine Magen-Schlund-Sonde eingeführt und die Nahrung in einem meist sehr langwierigen Prozeß herausgespült werden.

Links: Ein Überbiß ist ein angeborener Defekt. Tiere mit dieser Abnormität benötigen besondere Aufmerksamkeit und Pflege, da sie kaum in der Lage sind, ihr Futter gut zu verarbeiten, was zu Verdauungsstörungen führen kann.

Oben: Vorsorglich sollte man die Zähne ein- bis zweimal jährlich raspeln lassen. Futter, das aus dem Maul fällt, und vermehrter Speichelfluß sind Anzeichen für Zahnprobleme. Beim Raspeln benutzt der Tierarzt ein Maulgatter, damit er von dem Pferd nicht gebissen wird.

Bauchschmerzen (Kolik)

Kolik ist ein anderes Wort für Bauchschmerzen. Es gibt verschiedene Koliken, wobei die Symptome je nach Grad des Schmerzes variieren. Die Symptome reichen von leichtem Schwitzen und Unwohlsein bis zum Ausschlagen gegen den Bauch oder ständigem Hinlegen, Aufstehen oder Wälzen. Eine Kolik kann aber auch durch eine Blockade im Harntrakt entstehen, die durch Harnsteine verursacht wird. Diese seltene Erkrankung tritt fast nur bei Hengsten auf.

Krampfkolik

Eine Krampfkolik entsteht, wenn sich die Darmmuskulatur verkrampft. Das kann zum Beispiel durch Wurmbefall ausgelöst werden (siehe Seite 98). Normalerweise werden muskelentspannende Medikamente verabreicht und eine Wurmkur durchgeführt.

Verstopfungskolik

Eine Verstopfungskolik wird meist durch ungeeignetes Futter wie zuviel Stroh hervorgerufen. Der Schmerz scheint zwar nicht so stark wie bei einer Krampfkolik zu sein, dennoch kann die Kolik sehr langwierig sein. Sie wird oft durch das Einflößen von Paraffin mittels einer Nasen-Schlund-Sonde und die Injektion schmerzstillender Medikamente behandelt. Durch eine ausgewogene Nahrung

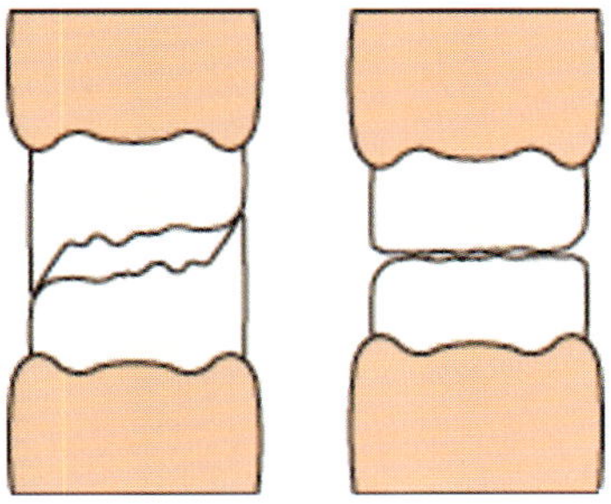

Oben: Diese Abbildung zeigt die Zähne eines Pferdes vor (links) und nach (rechts) dem Raspeln. Die scharfen äußeren Ecken an den oberen Molaren und die inneren Ecken der unteren Molaren werden abgeschliffen. Sie entstanden durch ungleichmäßiges Kauen.

Rechts: Wälzen ist ein typisches Zeichen für Bauchschmerzen oder Koliken. In diesem Fall sollte man unbedingt einen Tierarzt rufen.

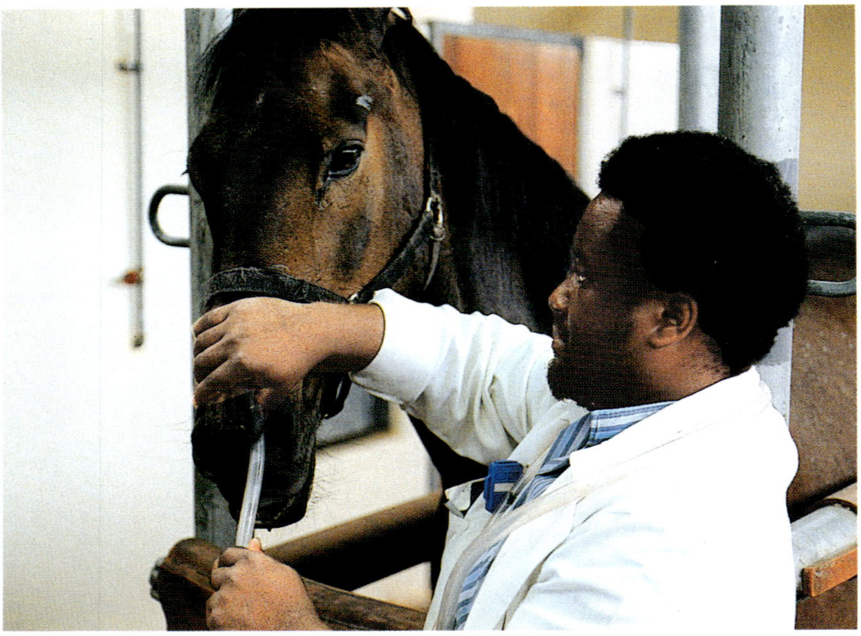

kann man Verstopfungen jedoch vorbeugen (siehe Seite 60–61).

Gaskolik

Gaskoliken werden durch Gase im Darm hervorgerufen. Diese können durch kurzen Grasschnitt oder Obst entstehen, die im Verdauungstrakt zu gären beginnen. Bei Gaskoliken gibt man zunächst eine schmerzstillende Injektion, dann versucht man das Gas durch das Einführen einer Nasen-Schlund-Sonde entweichen zu lassen.

Darmverdrehung

Hierbei handelt es sich um die schlimmste Kolikart, die aus einer Gas- oder einer Verstopfungskolik entstehen kann. Meist ist zu kurz geschnittenes Gras der Grund. Eine Darmverdrehung bedarf einer Operation. Das Pferd muß möglichst schnell in eine Tierklinik gebracht werden. Die meisten betroffenen Tiere müssen allerdings eingeschläfert werden.

Massnahmen

Jede Kolik muß ernst genommen werden. Bis der Tierarzt eintrifft, kann das Pferd geführt werden. Doch selbst wenn die Symptome durch leichtes Bewegen im Schritt abklingen, sollte das Pferd vor dem Eintreffen des Tierarztes nichts fressen.

Graskrankheit

Diese Erkrankung tritt im Sommer auf und befällt Weidepferde, die älter als zwei Jahre sind. In Deutschland ist sie selten; in Schottland, Nordengland und Schweden dagegen kommt sie häufiger vor. Der Auslöser ist noch nicht bekannt; man vermutet, daß durch bisher unbekannte Schadstoffe jene Nerven geschädigt werden, die das Verdauungssystem kontrollieren.

Das klinische Erscheinungsbild der Graskrankheit ist sehr unterschiedlich, was die Diagnose erschwert. Es gibt vier verschiedene Formen, deren Symptome variieren, je nachdem, ob es sich um eine akute, eine perakute, eine subakute oder eine chronische Form handelt. Pferde können an allen vier Formen erkranken.

In der perakuten Form sterben die Tiere meist innerhalb von 24 Stunden.

Bei der akuten Form tritt der Tod nach zwei Tagen ein, wenn sich der Magen mit Flüssigkeit gefüllt hat. Aus den Nüstern quillt grüner Mageninhalt. Aus dem Maul fließt Speichel. Es kommt zu einer schwere Kolik.

Subakute Erkrankungen dauern bis zu zwei Wochen, während sich die chronische Form sogar über Monate erstrecken kann. Die Tiere verlieren an Gewicht, schwitzen, leiden manchmal an leichten Koliken, sind matt und bewegen sich ruhelos. Fress- und Trinkversuche enden oft mit Würgen, mit Koliken oder mit Verstopfung. Das Pferd stirbt an Erschöpfung. Es gibt zwar keine spezielle Behandlungsmethode für diese Krankheit, durch ein besonderes Ernährungsprogramm kann die chronische Form aber in etwa 40 % der Fälle geheilt werden.

Oben: Bei einer Kolik schiebt der Tierarzt oft eine Nasen-Schlund-Sonde in den Magen des Tieres, damit Gas entweichen kann oder um Medikamente zu verabreichen.

Links: Eine intravenöse Injektion eines schmerzstillenden Medikamentes wird bei Koliken meist in die Halsvene gespritzt.

Durchfälle

Durchfall ist keine Krankheit, sondern ein Symptom verschiedener Erkrankungen. Er kann durch Futter entstehen – zum Beispiel durch zu schnelle Umstellung auf Gras. Problematischer wird es, wenn der Durchfall durch Bakterien, eine Virus- oder Parasiteninfektion oder durch beides ausgelöst wird. Das Ergebnis ist eine Reizung oder eine Entzündung des Darmes, die zu Durchfällen führt.

Bakterielle Infektionen

Die gefährlichste dieser Infektionen wird durch Salmonellen ausgelöst und kann zu Blutvergiftung, starkem Flüssigkeitsverlust und sogar zum Tod führen. Salmonellenvergiftungen können auch auf den Menschen übertragen werden.

Escherichia-coli-Bakterien verursachen bei jungen Tiere schwere Durchfälle. Man behandelt die erkrankten Pferde mit Antibiotika, viel Flüssigkeit und Darmaufbaumitteln. Zudem ist eine gute Nachsorge nötig.

Clostridieninfektionen sind weniger häufig, führen aber durch Schock und Dehydration oft zum Tod. Durch Dickdarmentzündungen kann es zu chronischen Formen kommen.

Virusinfektionen

Gerade junge Tiere sind anfällig für Virusinfektionen, wobei eine sekundäre bakterielle Infektion die Krankheit verschärfen kann. Leichtere Fälle behandelt man mit Vitaminen, während man bei einer Sekundärinfektion Antibiotika verabreicht.

Parasitäre Infektionen

Eine parasitäre Infektion (siehe Seite 98–101) löst oft Durchfälle aus. Bei erwachsenen Pferden durchdringen *Trichonomena-*, *Cyathostiminae-* oder *Strongylus-vulgaris*-Larven die Darmwand und versursachen Durchfälle. Wenn diese nicht behandelt werden, können sie zu chronischen Erkrankungen führen. Man sollte in derartigen Fällen unbedingt einen Tierarzt hinzuziehen.

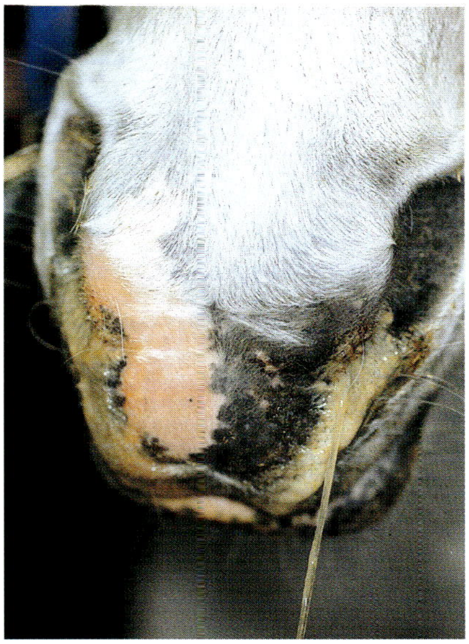

Oben: Wenn beim Weiden eine grüne Flüssigkeit aus den Nüstern des Pferdes austritt, sollte man den Tierarzt rufen. Dieser Ausfluß kann ein Anzeichen von Schlundverstopfung sein. In angelsächsischen Ländern könnte es sich aber auch um die Graskrankheit handeln.

Oben: Dieses Tier ist in einem sehr schlechten Zustand und leidet wahrscheinlich an verschiedenen Krankheiten. Im Rahmen einer Laboruntersuchung sollten daher Kot- und Bluttests durchgeführt werden, um die Funktion von Leber und Nieren sorgfältig zu überprüfen.

Bei Fohlen verursachen *Strongyloides westeri* Durchfälle, die häufig mit jenem Durchfall verwechselt werden, den die Fohlen bei der ersten Rosse ihrer Mütter bekommen. Dieser Durchfall gibt sich aber von selbst.

Andere Ursachen

Durchfälle können außerdem durch Darmerkrankungen hervorgerufen werden, infolge derer sich die Darmwand verdickt. Dies wiederum führt zu einer gefährlichen Unterversorgung mit Flüssigkeit und Nahrung, die nur schwer therapiert werden kann. Manchmal handelt es sich bei derartigen Durchfällen allerdings auch nur um harmlose Nebenwirkungen eines Antibiotikums.

Husten & Atemwegserkrankungen

Bakterielle Erkrankungen ✦ Virusinfektionen ✦ Allergien ✦ Endoparasiten

Oben: Eitriger oder rotziger Ausfluß – auch nur aus einer Nüster – ist ein eindeutiges Anzeichen für eine Erkrankung der oberen Atemwege.

Husten und Atemwegserkrankungen bei Pferden sind oft die Folgen bakterieller Infektionen beziehungsweise von Virusinfektionen. Aber auch Endoparasiten wie Lungenwürmer können diese Erkrankungen bewirken. Die häufigste Ursache für Husten bei Pferden die Heu- und Stauballergie, eine Art Asthma.

Bakterielle Erkrankungen

Die häufigste Form der bakteriellen Infektion der oberen Atemwege, die Druse, wird durch *Streptococcus-equi*-Bakterien ausgelöst. Betroffen von dieser Krankheit sind vor allem junge Pferde bis zu fünf Jahren und Tiere aus größeren Beständen. Erste Symptome der Druse sind erhöhte Temperatur, verminderte Freßlust und apathisches Verhalten. Später kommt eitriger Nasenausfluß hinzu. Die Lymphknoten am Hals schwellen an und werden warm. Das Pferd hustet und hat Probleme beim Schlucken.

Im nächsten Stadium bilden sich Abszesse an den Kehlgangslymphknoten. Wenn diese aufgebrochen sind oder chirurgisch geöffnet wurden, fühlt sich das Tier besser. Das effektivste Medikament zur Behandlung ist Penicillin, obwohl viele Tierärzte es nicht verschreiben, ehe die Abszesse nicht offen sind.

Im Verlauf der Krankheit können Komplikationen wie innere Abszesse, Ödeme oder Kehlkopflähmungen auftreten. Die teilweise Blockierung der Luftröhre verursacht einen röchelnden Ton beim Atmen. Das Tier muß unter Umständen operiert werden, damit es wieder mühelos atmen kann.

Die Druse ist eine hochinfektiöse Erkrankung, gegen die es noch keine vorbeugende Impfung gibt. Man muß erkrankte Tiere daher isolieren und den Stall sowie alle Ausrüstungsgegenstände gründlich desinfizieren.

Streptococcus zooepidemicus hat ein ähnliches Krankheitsbild, dessen Verlauf aber wesentlich harmloser ist.

Virusinfektionen

Die Pferdegrippe ist die häufigste Virusinfektion im Atemwegsbereich. Diese hochansteckende Erkrankung durchläuft wie die Druse unterschiedliche Stadien und befällt vor allem jüngere Pferde. Pferdegrippe tritt sehr plötzlich mit hohem Fieber, einem harten, trockenen Husten und klarem Nasenausfluß auf. Das Pferd wirkt gedrückt, seine Muskulatur ist steif.

Es existiert keine spezielle Behandlungsmethode. Zumeist werden Antibiotika verabreicht, die Sekundärinfektionen verhindern sollen. Entzündungshemmende Medikamente wirken fiebersenkend, während schleimlösende und bronchienerweiternde Mittel den quälenden Husten lindern. Wichtig sind sorgfältige Pflege und

IMPFUNGEN

- ✦ Grippe: zwei Impfungen im Abstand von vier bis acht Wochen, die dritte nach einem halben Jahr, halbjährliche bis jährliche Auffrischung
- ✦ Tetanus: wie Grippe; aber Auffrischung nur alle ein bis zwei Jahre
- ✦ Herpes: zwei Impfungen im Abstand von vier bis acht Wochen, halbjährliche Auffrischung (evtl. mit Grippe-/Tetanusimpfung)
- ✦ Tollwut: jährliche Impfung

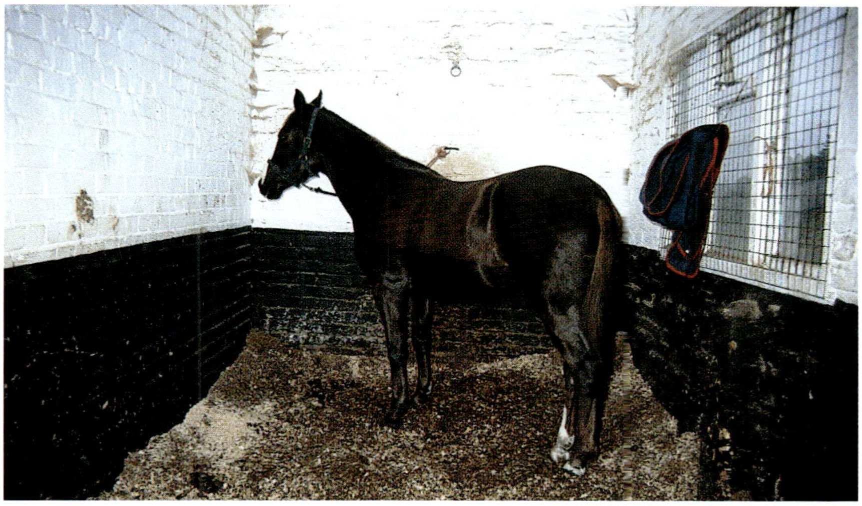

absolute Schonung. Kranke Tiere sollten wegen der Ansteckungsgefahr isoliert werden.

Es ist ratsam, Pferde gegen die Pferdegrippe impfen zu lassen. Zunächst werden, im Abstand von vier bis acht Wochen, zwei Grundimmunisierungen vorgenommen; die dritte erfolgt ein halbes Jahr später. Die Impfung, die alle sechs bis zwölf Monate aufgefrischt werden muß, kann in Kombination mit einer Tetanusimpfung vorgenommen werden (siehe Seite 89).

HERPESVIREN BEI PFERDEN

Die Herpesinfektion bei Pferden (*Equine Herpes*) tritt in verschiedenen Erscheinungsformen auf. In Deutschland sind EHV-1, EHV-2 und EHV-4 verbreitet, wobei EHV-4 mit einer Atemwegsinfektion die harmloseste Form ist. Die Symptome sind nicht so deutlich wie bei der Pferdegrippe. Das Pferd hat Fieber, ist müde und liegt, während der Husten mit Schleimauswurf verbunden ist. Der Nasenausfluß ist anfangs klar, wird aber später dick und grau oder sogar eitrig.

EHV-1, die gefährlichste Form, führt zu Fehlgeburten, Atemwegsinfektionen, zur Lähmung der Hinterhand oder ständigem Liegen. Vorbeugend besteht jedoch die Möglichkeit einer Impfung: Zunächst werden zwei Injektionen im Abstand von vier bis acht Wochen verabreicht. Danach sollte aber alle sechs Monate eine Auffrischung erfolgen. Zuchtstuten müssen zweimal während der Trächtigkeit geimpft werden.

Oben: Dieses an Pferdegrippe erkrankte Tier wurde von anderen Pferden isoliert, da die Krankheit überaus ansteckend ist. Die Quarantäne dauert sieben bis zehn Tage. Erst nach Ablauf dieser Zeit sind andere Pferde durch die Krankheit nicht mehr gefährdet.

Unten: Ödeme sind Wasseransammlungen im Gewebe. Geschwollene Beine mit Ödemen sind meist die Folge einer Infektion, die das Lymphsystem oder die Blutgefäße geschädigt hat, so daß die Lymphflüssigkeit und das Blut nicht mehr frei zirkulieren können.

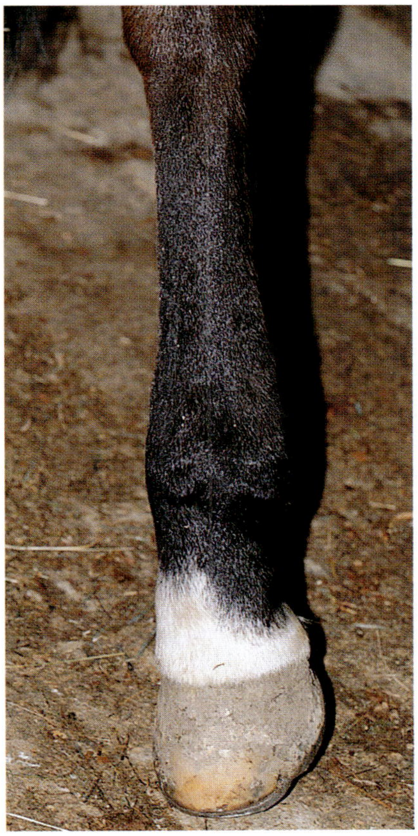

PFERDESTAUPE

Die Pferdestaupe ist in Deutschland eher selten und verläuft meist mild. Sie ist ansteckend und kann durch Tröpfchen, Futter und Kleidungsstükke übertragen werden. Erkrankte Pferde wirken müde, fressen nicht und haben erhöhte Temperatur. Ihre Augen und Nüstern verändern sich; die Atmung ist schneller als gewohnt. In den Beinen und an anderen Körperstellen können Wasseransammlungen auftreten. Tragende Stuten verfohlen. Es gibt keine speziellen Behandlungsmöglichkeiten. Man verabreicht Antibiotika, um Sekundärinfektionen zu unterbinden, und harntreibende Mittel, um die Ödeme zu reduzieren und ein Abschwellen der Beine zu erreichen. Die betroffenen Pferde müssen isoliert und hygienisch aufgestallt werden. Um die Überträger herauszufinden, werden Blutuntersuchungen durchgeführt. Impfungen sind zur Zeit nur in Ausnahmefällen möglich.

HEU- UND STAUBALLERGIE

Die Heu- und Stauballergie äußert sich in einem chronischen, eitrigen Husten, der durch eine allergische Reaktion auf Pilzsporen in Heu und Stroh verursacht wird. Diese Allergie tritt vorzugsweise in staubigen und schlecht gelüfteten Ställen auf. Das erste Anzeichen der leichten Form ist ein trockener Husten, der vorrangig bei der Arbeit oder beim Fressen zu hören ist. Manchmal kommt es auch zu einem dünnen Nasenausfluß. Aus dieser Allergie kann sich eine ernst-

Husten & Atemwegs-erkrankungen

hafte Erkrankung der Atemwege entwickeln, die zur Dämpfigkeit führt.

Die Diagnose ist normalerweise eindeutig, wird aber manchmal durch sekundäre bakterielle Infektionen erschwert. Zur Bestätigung der Diagnose sollte man daher eine Endoskopie mit einem flexiblen Endoskop vornehmen lassen.

Die Behandlung von allergischen Atemwegserkrankungen in ihrer chronischen, leichten Form besteht in der Verabreichung von Bronchienmitteln, die die Luftwege erweitern, und Mitteln, die den dicken Schleim lösen, der die kleinen Bronchien verstopft. Ein Pferd mit akuter Atemnot dagegen benötigt intravenöse Injektionen von Bronchienmedikamenten beziehungsweise entzündungshemmende Mittel. Sekundäre Infektionen müssen mit Hilfe von Antibiotika behandelt werden.

Wichtig ist hier in erster Linie eine sofortige Veränderung der Haltungsbedingungen. Erkrankte Pferde sollte man möglichst viel im Freien halten. Ein windgeschützter Unterstand ist bei nassem Wetter wünschenswert. Nur hier kann das Pferd frei und problemlos atmen. Im Stall sollte man das Tier unbedingt auf Hobelspäne, Papier oder eine andere strohfreie Ausstreu stellen, um die Umgebung möglichst allergenfrei zu halten. Auch die Nachbarboxen müssen entsprechend ausgestreut werden. Staub und Spinnweben lassen sich mit einem Druckluftgerät oder einem Industriestaubsauger entfernen. Außerdem muß sichergestellt sein, daß genügend Luft in den Stall kommt und zirkulieren kann.

Wenn man unbedingt Heu füttern muß, sollte dieses vor dem Füttern ausreichend lang in Wasser eingeweicht werden. Zu lange Zeit darf es jedoch nicht eingeweicht werden, da es dann zu viele Nährstoffe verliert und nicht mehr schmeckt. Als Alternative kann man Grassilage oder Grascobs verfüttern.

Sobald das akute Stadium abgeklungen ist, kann man das Pferd zusätzlich inhalieren lassen, um dessen Bronchien zu stärken. Außerdem sollte man auch weiterhin darauf achten, das Tier von allergieauslösendem Staub fernzuhalten.

Pollenallergien

Diese Erkrankung, die der Heu- und Strohallergie ähnelt, wird durch Pollen verschiedener Pflanzen wie Raps oder Leinsamen hervorgerufen. Oft erkranken Pferde, die bereits an einer Heu- und Strohallergie leiden. Die Tiere müssen in einer sauberen Umgebung aufgestallt werden, damit sie nicht mehr mit den Pollen in Berührung kommen. Die Behandlung entspricht der bei Heuallergie. Oft müssen aber auch antiallergische und entzündungshemmende Medikamente verabreicht werden.

Links: Dieses Heunetz wird 30 Minuten lang in einen Wasserbottich getaucht. Bevor das Heu verfüttert wird, sollte es abgetropft sein. Für jedes Heunetz sollte neues, frisches und sauberes Wasser genommen werden.

Unten: Wenn das Heunetz über dem Pferdekopf angebracht ist, fallen Pollen in die Nüstern des Pferdes. Füttert man dagegen vom Boden, tritt dieses Problem nicht auf.

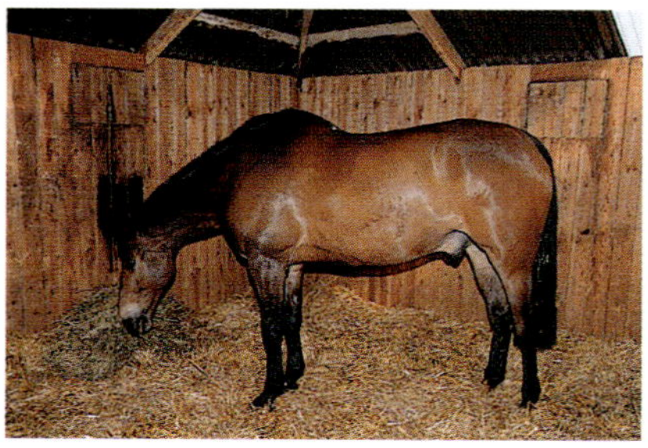

Parasitenbefall

Innere Parasiten können die Atemwege von Pferden und Ponys ebenfalls schädigen. Obwohl die entsprechende Behandlung meist gut anschlägt, ist es in jedem Fall empfehlenswert, Pferde regelmäßig zu entwurmen und so einer Infektion vorzubeugen (siehe Seite 99). Regelmäßige Wurmkuren

Links: Pferde mit allergisch bedingten Atemwegsproblemen sollten das ganze Jahr über im Freien gehalten werden. Selbst im Winter und bei extrem kalten Temperaturen fühlen sich die Pferde im Freien sehr wohl – wenn sie einen trockenen Unterstand aufsuchen können (siehe Seite 55).

kosten nicht viel und können ernsthafte Erkrankungen verhüten.

Lungenwürmer

Lungenwürmer, *Dictyocaulis arnfieldi*, befallen Pferde und Esel. Bei Eseln treten sie oft auf, bereiten ihnen aber kaum Probleme. Bei Pferden hingegen kommt es zu einem anhaltenden, trockenen Husten mit zunehmenden Atemproblemen. Die Behandlung mit Ivermectin ist jedoch relativ einfach und sehr erfolgversprechend.

Spulwürmer

Bei Fohlen können Spulwürmer (*Parascaris equorum*) Koliken und Nasenausfluß hervorrufen, wenn sie aus dem Magen in die Luftröhre wandern. Die meisten Medikamente schaffen rasch Abhilfe. Als Vorbeugung sollte der Abfohlstall vor dem Bezug desinfiziert und auch danach regelmäßig gereinigt werden. Die Stute muß ebenfalls entwurmt werden, bevor sie den Stall bezieht. Nach dem Abfohlen sollten Stute und Fohlen auf eine Weide gebracht werden, die im letzten Jahr nicht von Jungpferden beweidet wurde. Ab einem Alter von vier Wochen sollten die Fohlen alle sechs bis acht Wochen entwurmt werden.

Andere Erkrankungen

Eine Lungenentzündung kann aus einer Virusinfektion, einer bakteriellen oder einer parasitären Infektion der Atemwege oder aus einer Schlundverstopfung entstehen, wenn Nahrungsreste in die Luftröhre gelangt sind.

Ein chronischer Herzfehler kann bei älteren Tieren Husten und Atemprobleme hervorrufen, wenn sich die Lungen mit Flüssigkeit füllen – ein ernster, lebensbedrohender Zustand.

Lymphdrüsenerkrankungen sind Atemwegserkrankungen, die durch *Actinobacillus mallei* hervorgerufen werden. Wenn die Erkrankung akut auftritt, können die erkrankten Tiere daran sterben. Rechtzeitig verabreichte Antibiotika sind jedoch sehr effektiv.

Die Afrikanische Pferdepest wird durch einen Virus ausgelöst und von stechenden Insekten übertragen. Die in Süd- und Westafrika, Pakistan und Indien verbreitete Krankheit wurde auch schon in Marokko und Portugal beobachtet – eine Folge der Flugzeugtransporte von Pferden. Die Afrikanische Pferdepest kann – bei massiven Atemproblemen – innerhalb von vier bis sechs Stunden zum Tod führen.

Unten: Bei Atemwegserkrankungen kann ein Inhaliergerät gute Dienste leisten, wenn man die Pferde im Stall halten muß, weil sie zu alt sind oder an anderen Infektionen leiden.

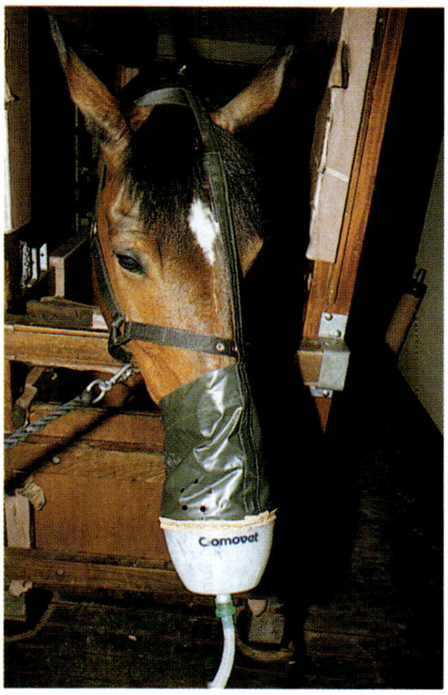

Wurmbefall

Rundwürmer ✦ Bandwürmer ✦ Leberegel ✦ Behandlung

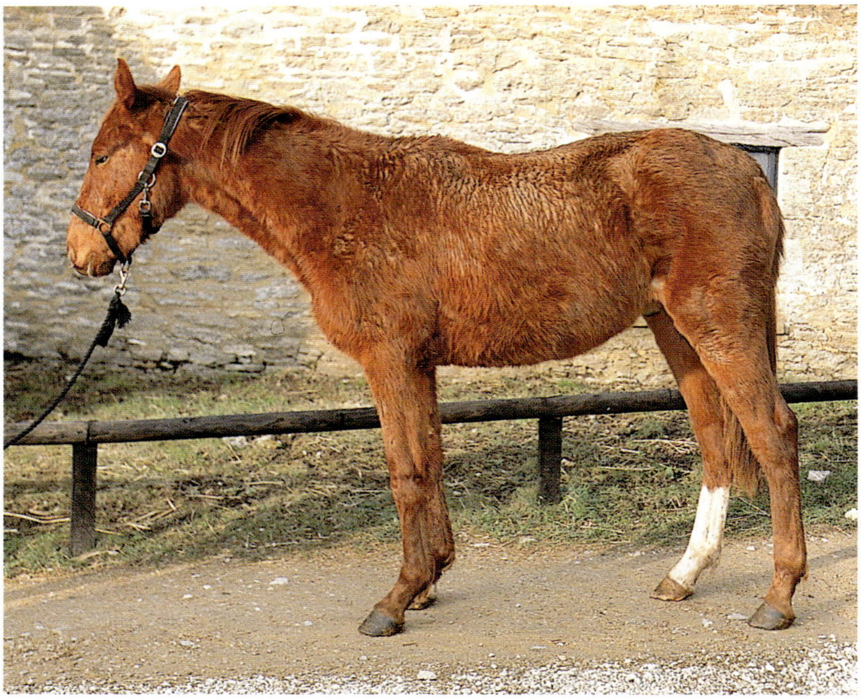

Links: Ein an Wurmbefall leidendes Tier: in schlechter körperlicher Verfassung und mit aufgedunsenem Leib sowie struppigem Fell.

Unten: Würmer sind die größte und wichtigste Gruppe der inneren Parasiten. Rundwürmer haben einen einfachen Zyklus; Bandwürmer dagegen brauchen zwei Wirte. Plattwürmer haben den komplexesten Zyklus – sie benutzen Schnecken als Wirtstiere.

Rundwürmer Bandwürmer Plattwürmer

Alle Weidetiere werden von Würmern heimgesucht. Die Würmer, die Pferde befallen, entwickelten sich innerhalb der Evolutionsgeschichte vermutlich gleichzeitig mit den Pferden. Manche dieser Endoparasiten sind einfacher Natur; es gibt aber auch äußerst komplexe Erscheinungsformen. Die meisten Würmer gehören einer der drei folgenden Kategorien an: Rundwürmer (Nematoden), Bandwürmer (Cestoden) oder Plattwürmer (Trematoden).

Symptome

Die klinischen Symptome für einen Wurmbefall variieren je nach Wurmart und dem aktuellen Standort der Würmer im Pferdekörper. Das häufigste Symptom für einen massiven Wurmbefall ist Abmagerung. Das Tier verliert Gewicht, hat keinen Appetit, ein schlechtes Fell und wirkt krank. Jungtiere, die häufig von Rundwürmern befallen werden (siehe Seite 99), werden anämisch und haben häufig einen aufgeblähten Bauch und ein struppiges Fell. Ihre Haare stehen hoch, anstatt flach anzuliegen.

Rundwürmer

Rundwürmer sind große, runde, unsegmentierte Würmer, die sich im Verdauungstrakt finden. Die Pferde infizieren sich beim Grasen. Rundwürmer brauchen mehrere Wochen, um sich zu entwickeln. Sie bohren sich durch den Darm, wandern durch den Körper und schädigen die Organe. Kotproben, die man im Sommer nimmt, weisen oft selbst bei gerade entwurmten Tieren eine alarmierende Anzahl an Rundwurmeiern auf, während die Kotproben im Winter selbst bei stark befallenen Tieren kaum auffällig sind. Im Winter geben Blutuntersuchungen einen wesentlich besseren Aufschluß.

Strongyliden (Blutwürmer, Palisadenwürmer)

Die größte Wurmgruppe im Pferdekörper ist der Strongylus oder Blutwurm. Er tritt in unterschiedlichen Größen vom großen *Strongylus vulgaris* bis hin zum kleinen *Trichonema* auf. Die Larven wandern in den Dickdarm und entwickeln sich dort. Wenn sie ausgewachsen sind, ernähren sie sich vom Inhalt des Dickdarms und beschädigen das Gewebe und die Blutgefäße. Die unreifen Wurmlarven in den Blutgefäßen blockieren den freien Fluß des Blutes durch den Verdauungstrakt und verursachen Krampfkoliken (siehe Seite 91). Die Wanderung großer Wurmmengen in den Dickdarm kann schwere Durchfälle verursachen (siehe Seite 93). Die betroffenen Pferde magern in der Regel stark ab, und ihre Beine schwellen an (siehe Seite 95). Ohne schnelle medizinische Behandlung ist die Prognose schlecht.

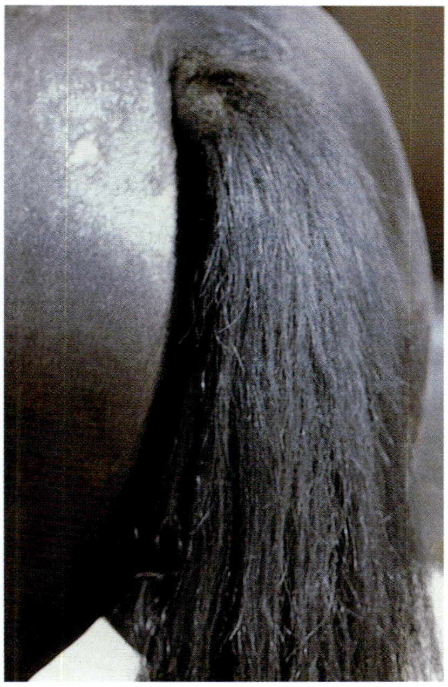

Links: Pfriemenschwänze können große und wunde Stellen auf der Hinterhand der Pferde hervorrufen. Wenn diese Stellen nicht behandelt werden, scheuert sich das Tier an Gegenständen, um den Juckreiz zu lindern, was wiederum zu Wunden führt.

Pfriemenschwänze

Pfriemenschwänze (*Oxyuris equi*) sind Rundwürmer, die im Dickdarm vor allem von Jungtieren auftreten. Der Wurm kriecht aus dem After des Pferdes und legt klebrige Wurmeier unter die Schweifrübe. Diese verursachen einen starken Juckreiz beim Pferd, was nicht nur den Verlust der Schweifhaare durch Scheuern zur Folge hat, sondern oft auch zu nässende Wunden im Afterbereich führen kann. Diese Würmer können mit allen im Handel erhältlichen Mitteln bekämpft werden; am sinnvollsten aber ist eine Prophylaxe durch Entwurmen.

Spulwürmer

Der Spulwurm (*Parascaris equorum*) ist weiß und kann bis zu 50 cm lang werden. Die Pferde nehmen die Wurmeier auf der Weide auf; diese gelangen dann durch den Darm in die Leber und wandern von dort in die Lunge. Danach werden sie ausgehustet und erneut von den Pferden aufgenommen. Diese Wurmart befällt zumeist Fohlen und verursacht eher leichte Symptome (siehe Seite 97). Es kommt allerdings vor, daß die Würmer den gesamten Verdauungstrakt lahmlegen. Dann können Darmdurchbrüche auftreten, die leider zumeist tödlich verlaufen.

Zwergfadenwürmer

Die Zwergfadenwürmer (*Strongyloides westeri*) sind kleine Fadenwürmer, die vor allem Fohlen befallen und Durchfall verursachen. Die Fohlen nehmen die Larven bereits in den ersten Lebenstagen mit der Muttermilch auf. Wenn die Fohlen in einem feuchten, warmen und unsauberen Stall stehen, kommt es zehn Tage nach der ersten Infektion zu einer weiteren. Zwergfadenwurmbefall wird oft mit dem Durchfall während der Fohlenrosse verwechselt. In schweren Fällen enthält der Durchfall Blut.

Zwergfadenwürmer können mit den üblichen Wurmmitteln bekämpft werden. Fohlen sollten bereits in den ersten Lebenstagen entwurmt werden. Die Einstreu der Fohlenbox muß sauber und trocken sein, um eine Ausbreitung der Infektion zu verhindern. Die Stuten sollten vor dem Abfohlen mit Ivermectin entwurmt werden. Hierdurch wird die Anzahl der Wurmlarven in der Stutenmilch reduziert.

Lungenwürmer

Lungenwürmer (*Dictyocaulis arnfieldi*) treten oft bei Eseln auf, denen sie jedoch keinen Schaden zufügen. Bei Pfer-

Entwurmung

Die Entwurmung ist ein wichtiger Bestandteil der Pferdepflege. In den Monaten zwischen April und August sollten die Wurmmittel jährlich gewechselt werden.

✦ Vor der Entwurmung sollte ein Kotprobe entnommen werden. Die Untersuchungen werden von Tierärzten, Veterinäruntersuchungsämtern und Landwirtschaftskammern durchgeführt.

✦ Es sollte in jedem Fall eine Absprache mit dem Tierarzt erfolgen.

✦ **Frühjahr (Februar – März):** Spulwurm, Strongyliden (Blutwürmer, kleine Strongyliden)

✦ **Sommer (April – Mai):** Spulwurm, Strongyliden (siehe Frühjahr), Magenfadenwurm (bei Bedarf)

✦ **Herbst (Oktober – November):** Spulwurm, Strongyliden (siehe Frühjahr), Magenfadenwurm (bei Bedarf), Ende Oktober: Magendasseln, Anfang November: mit Mitteln, die die Larven abtöten

✦ **Winter (Dezember):** Spulwurm, Strongyliden (siehe Frühjahr), Magendasseln haben sich im dritten Larvenstadium im Magen angesiedelt (Plus-Präparate).

Wurmbefall

den und Ponys sind sie zwar relativ selten, verursachen aber einen chronischen Husten und Atemnot. Die Würmer leben in den Lungen, wobei die Diagnose selbst bei einer endoskopischen Untersuchung schwierig ist. Oft steht die Diagnose erst nach einer Behandlung mit den Wirkstoffen Fendendazole (Panacur) oder Ivermectin (Ivomec) fest. Selbst wenn nur ein Tier befallen ist, müssen sämtliche Tiere des Bestandes mit behandelt werden; nur so kann die Ausbreitung des Lungenwurms verhindert werden.

Pferde und Esel dürfen sich nur dann zusammen auf der Weide aufhalten, wenn die Esel zuvor entwurmt wurden und der ganze Bestand weiterhin regelmäßig beobachtet wird.

Filarien

Diese Wurmart (*Onchocera cervicalis*) infiziert die Haut hauptsächlich im Halsbereich, manchmal jedoch auch

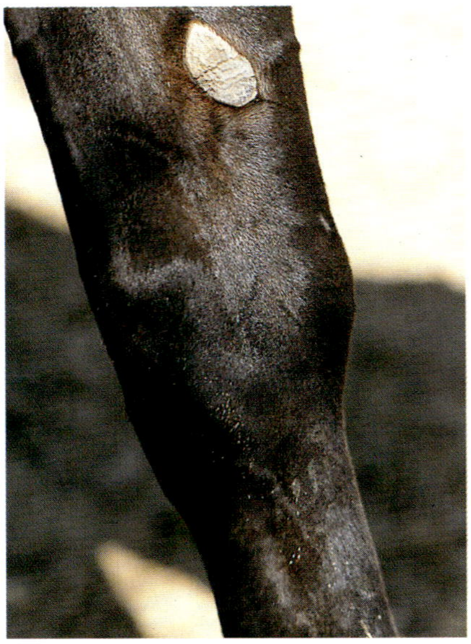

Oben: Die Eier der Dassellarve werden im Spätsommer beziehungsweise im Herbst ausgeschieden. Die geschlüpften Larven können sich durch die Haut bohren und bis zu neun Monate lang im Pferdekörper bleiben.

Unten: Die gemeinsame Weidehaltung von Pferden und Schafen kommt beiden zugute – dadurch werden die Parasiten vermindert.

die Sehnen der Vorhand. Die Würmer können in seltenen Fällen auch kahle Stellen und Schwellungen an den Beinen verursachen. Abhilfe kann man mit Ivermectin schaffen.

Bandwürmer

Bandwürmer sind relativ häufig, wobei die Meinungen, ob sie tatsächlich gefährlich sind oder nicht, auseinandergehen. Einige Experten vermuten, daß Bandwürmer für ein hohes Kolikrisiko sorgen (siehe Seite 91), da man sie bei Kolikoperationen im Dünn- und im Dickdarm vorgefunden hat.

Die Bandwurmzyste, der infektiöse Teil des Bandwurms, der sich im Ei entwickelt, wird durch Tröpfchen ausgeschieden, infiziert die Weide und wird im Frühjahr und im Sommer mit dem Gras durch Milben wieder aufgenommen. Im Winter lebt diese Milbe im Heu und im Stroh – Pferde können das ganze Jahr über von Bandwürmern befallen werden. Es ist daher wichtig, Pferde jedes halbe Jahr (im September und März) mit einem Bandwurmmittel zu behandeln. Da

Rechts: Regelmäßiges Absammeln der Weiden ist nicht nur für die Verwurmungsprophylaxe von Bedeutung – das Gras wächst auch besser. Für große Weiden, die nicht mit der Hand abgesammelt werden können, sind entsprechende Geräte erhältlich.

Bandwurmmittel hoch dosiert werden müssen, sollte man sich zuvor mit dem Tierarzt absprechen.

Trematoden

Trematoden sind unsegmentierte Plattwürmer mit Saugnäpfen, die auch Leberegel (*Fasciola hepatica*) genannt und durch Schnecken übertragen werden. Die Pferde nehmen sie über das Trinkwasser oder beim Grasen auf feuchten Weiden auf. Leberegel findet man häufig bei Rindern und Schafen; Pferde sind seltener betroffen. Sind sie jedoch davon befallen, dann wandern die Leberegel in die Leber und verursachen Anämie, Durchfall und Gelbsucht. Die Diagnose wird dann meist durch Leberegeleier im Kot gestellt. Es gibt noch kein Mittel gegen Leberegel. Die beste Prophylaxe ist, Tiere kein durch Schnecken verschmutztes Wasser trinken zu lassen und sämtliche Trinkbehälter regelmäßig zu reinigen.

Dasseln

Die Larven der Dasseln (*Gastrophilus intestinalis* und *G. nasalis*) findet man im Pferdemagen, wo sie nach Meinung der meisten Tierärzte großen Schaden anrichten können. Erwachsene Dasseln legen ihre Eier normalerweise im Spätsommer in die Pferdehaare auf dem Hals, den Schultern oder den Beinen. Das Pferd leckt und zwickt die Haut mit den Zähnen, wodurch die Eier stimuliert werden, ins Larvenstadium überzugehen. Die Larven dringen dann durchs Maul in den Magen ein und bilden in der Magenschleimhaut kleine Krater, wenn sie sich in die Magenwand bohren. Dadurch kann der Verdauungsprozeß gestört werden. Die Eier können nur schwer aus dem Fell entfernt werden. Eine zweifache Gabe von Ivermectin (Wurmmittel: Ivomec) im Abstand von vier bis sechs Wochen tötet die ausgewachsenen Würmer im Magen ab.

Behandlung

Pferde und Ponys, die in großen Beständen oder auf kleinem Raum gehalten werden, sollten alle sechs bis acht Wochen entwurmt werden. Der Kot sollte im Stall, in den Ausläufen und den Weiden täglich entfernt werden, da die Larven den Kot innerhalb von Stunden verlassen und wachsen oder von den Pferden wieder aufgenommen werden können.

Es ist vorteilhaft, Pferde zusammen mit Rindern oder Schafen weiden zu lassen, da diese die Würmer problemlos aufnehmen können. So vermindert sich die Zahl der Würmer – und die Infektionsgefahr für die Pferde. Neueintreffende Pferde sollten 24 Stunden zuvor entwurmt worden sein, ehe sie zu den anderen stoßen. Man sollte alle Pferde eines Bestandes gemeinsam entwurmen. Ideal ist es, wenn man die Weiden so einteilen kann, daß sie jeweils ein Jahr lang nicht von Pferden benutzt werden.

In jedem Fall ist es wichtig, die Gefahr der Verwurmung durch Vorsorge und Behandlung ständig im Auge zu behalten. Dazu gehört auch die halbjährliche Untersuchung einer Kotprobe auf Wurmeier oder -larven, die im Frühjahr und im Herbst stattfinden sollte. Blutuntersuchungen können weitere Hinweise geben, da ein hoher Globulingehalt auf Verwurmung hinweist. Da die Würmer gegen Wurmmittel häufig resistent werden, sollte man die Präparate beziehungsweise Wirkstoffe nach Absprache mit dem Tierarzt regelmäßig wechseln.

Lahmheiten

Verletzungen ✦ Infektionen ✦ Entzündungen ✦ Muskelschäden ✦ Krankheiten

Die Lahmheit kann eines oder mehrere Beine gleichzeitig befallen und plötzlich oder allmählich auftreten. Man bemerkt sie im Schritt oder im Trab.

Die Lahmheit weist in fast allen Fällen auf Schmerzen hin und ist nur selten die Folge einer mechanischen Behinderung wie beispielsweise einer verkürzten Sehne. Lahmheiten entstehen durch Verletzungen, Infektionen wie beispielsweise Hufgeschwüre oder bestimmte Krankheitsprozesse wie Arthritis (siehe Seite 105).

Anfällig für Lahmheiten sind vor allem Pferde mit Stellungsfehlern sowie alte oder überforderte Tiere. Doch auch mangelnde Hufpflege und schlechter Beschlag können in diesem Zusammenhang eine Rolle spielen.

Die Diagnosefindung ist häufig schwierig – manchmal muß die diagnostische Anästhesie angewendet werden: Es wird dann geröntgt oder mit Ultraschall untersucht. In einigen Kliniken arbeitet man bereits mit der hochmodernen Technik der nuklearen Scintigraphie.

Huflahmheiten

Die meisten Lahmheiten haben ihre Ursache im Huf. Hufgeschwüre können extrem schmerzhaft sein. Sie entstehen meist durch mangelnde Hufpflege und daher ausgebrochene Hufe oder Vernagelung beim Beschlag. Der Abszeß wird geöffnet. Der Huf bekommt einen Hufverband, um Infektionen vorzubeugen (siehe Seite 113).

Strahlfäule entsteht durch mangelnde Hufhygiene, wenn die Hufe nicht regelmäßig gesäubert wurden. Man behandelt sie mit antiseptischen Mitteln und Antibiotika; der Huf muß sauber- und trockengehalten werden.

Druckstellen an der Sohle und der Wand treten hauptsächlich bei flachen Hufen mit dünnen Sohlen auf. Schlechter Beschlag und Laufen auf hartem, steinigem Boden verursachen Schmerzen – das Pferd lahmt.

Hufrollenerkrankung

Die Hufrollenerkrankung verursacht Lahmheiten aufgrund von Schmerzen am Strahlbein. Dieses kann sich aus den unterschiedlichsten Gründen verändern. Die Krankheit befällt nur die Vorderbeine und tritt schleichend auf. Erstes Anzeichen ist die Tendenz zum Stolpern; dann folgt die Lahmheit, die sich allmählich verstärkt.

Die Diagnose erfolgt durch diagnostische Anästhesie und Röntgen. Die Behandlung ist unterschiedlich: Orthopädischer Beschlag, Operation

„Die Schenkelknochen sollen stark sein, … trotzdem aber nicht dickadrig und dickfleischig. Denn sind sie mit dickem Gewebe umgeben, so werden sie … schnell blutunterlaufen, es entstehen weitere Blutgefäße, die Schenkel werden plump, und die Haut löst sich. Wenn die Haut aber schlaff wird, so hat sich auch schon oft das Griffelbein abgelöst und dadurch eine Lähmung verursacht."

Xenophon

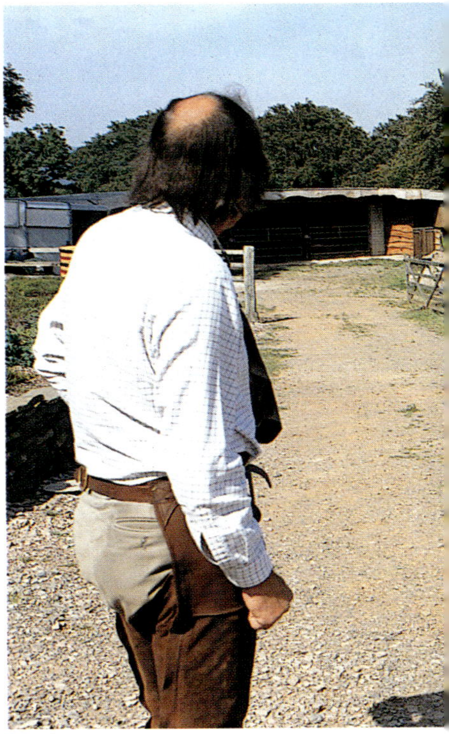

Oben: Das Vortraben ist der übliche Beginn einer Lahmheitsuntersuchung. Es sollte auf hartem, ebenem Grund (fester Boden oder Asphalt) geschehen. Der Kopf des Pferdes sollte sich frei bewegen können, dann kann man die Lahmheit besser erkennen.

Unten: Bei starkem Schmerz schont das Pferd den betroffenen Fuß. Die häufigste Ursache für diesen Schmerz ist ein Hufgeschwür. Kann diese Diagnose nach einer Untersuchung jedoch nicht bestätigt werden, muß man weitersuchen.

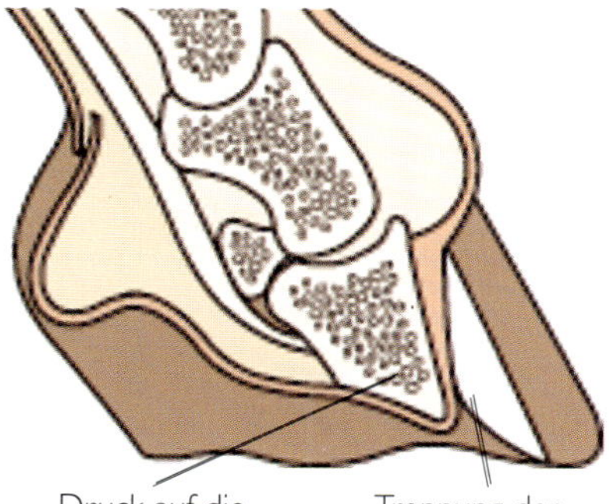

Oben: Hufrehe entsteht durch eine Unterbrechung der Blutzufuhr im Huf. Dies kann die Huflamellen dauerhaft schädigen und zu einer Rotation und Absenkung des Hufbeins führen. Sind noch genügend gesunde Lamellen vorhanden, kann man versuchen, die Hufbeinsenkung durch einen orthopädischen Beschlag zu verhindern. Im Notfall hilft zunächst auch eine feste Bandage um den Strahl.

Checkliste Lahmheiten

Wenn Sie befürchten, daß Ihr Pferd ein Hufproblem hat, ergreifen Sie folgende Maßnahmen:

✦ Fühlen Sie mit der Hand, ob der Huf warm ist. Vergleichen Sie ihn mit dem gegenüberliegenden Huf.

✦ Traben Sie mit dem Pferd auf ebenem Boden. Bei Vorderhandslahmheit hebt das Pferd den Kopf, wenn der schmerzende Fuß den Boden berührt. Bei einer Hinterhandslahmheit senkt es den Kopf, wenn es mit dem schmerzenden Huf auftritt.

✦ Wenn Sie eine Hufrehe vermuten, stellen Sie das Pferd auf einen weichen Untergrund und rufen sofort den Tierarzt.

und Medikamente können Abhilfe schaffen. Die chronische Form der Krankheit führt allerdings zur dauernden Unbrauchbarkeit des Pferdes.

Hufrehe

Hufrehe ist eine recht häufige Erkrankung, bei der sich die Huflamellen entzünden und das Blut nicht mehr gleichmäßig im Huf zirkuliert.

Verursacht wird Hufrehe zumeist durch Übergewicht (bei leichtfuttrigen Pferden ein häufiges Problem bei Weidegang im Frühjahr) oder Vergiftungen, die durch Fütterungsfehler oder durch Nachgeburtsverhalten entstehen. Manche Pferde bekommen die Hufrehe auch nach langen, ermüdende Reisen oder durch Cushing, eine Erkrankung der Hirnanhangdrüse, durch die große Mengen an Hormonen ausgeschüttet werden.

Oft kann sich das Tier dann kaum mehr bewegen. Wenn es sich nicht niederlegen kann, steht es in der typischen Rehehaltung, d. h. es versucht, soviel Gewicht wie möglich auf die Hinterhand zu verlagern. Die Hufe fühlen sich warm an und pulsieren.

Eine akute Hufrehe behandelt man mit Schmerzmitteln. Man setzt das Futter herab und bringt das Pferd in eine mit reichlich Sand ausgestreute Box, in der es sich so hinstellen kann, daß seine Vorhand entlastet wird.

Bei einer toxischen Rehe muß die Vergiftung behandelt werden. Ein orthopädischer Beschlag – vermehrt auch aus Kunststoff oder geklebt – unterstützt das Hufbein und schafft Erleichterung Wenn das Hufbein jedoch rotiert, sinkt und sogar die Sohle durchstößt, ist das Pferd kaum noch zu retten.

Hufgelenkentzündung

Die Ursachen für diese Erkrankung sind noch nicht hinreichend erforscht. Die Lahmheit kommt schleichend. Eine Diagnose kann nur durch Ausschluß aller anderen Faktoren und durch Röntgen erstellt werden. Behandelt wird mit einem orthopädischen Beschlag und Schmerzmitteln, in den letzten Jahren auch vermehrt durch Injektionen von Gelenkflüssigkeit in das erkrankte Gelenk.

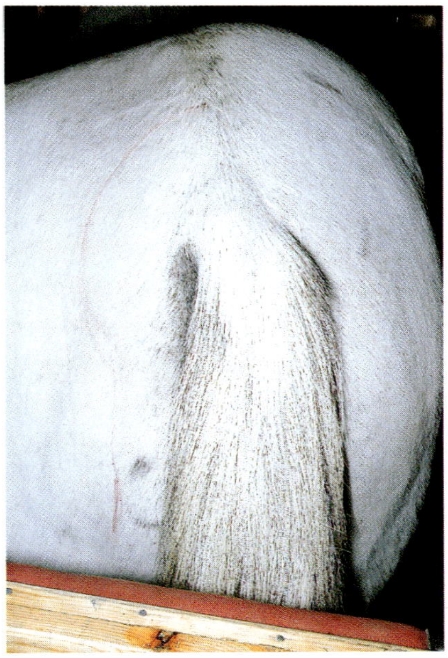

Links: Zusammengezogene Muskeln im Beckenbereich deuten auf eine Lahmheit hin. Die Ursache könnte aber auch weiter unten im Bein liegen. Wenn die Lahmheit beseitigt ist, kann es noch einige Zeit dauern, bis die Muskulatur wieder ihre ehemalige Form annimmt.

Rechts: Hufzangen sind für die Diagnose von Huferkrankungen unerläßlich. Mit ihnen lassen sich Hufgeschwüre exakt orten.

Lahmheiten

Muskelkater und Kreuzverschlag

An Muskelkater leiden alle Hochleistungstiere – das Pferd ist da keine Ausnahme. Dabei handelt es sich um eine Schädigung der Muskulatur – sei es durch Überdehnungen oder durch Muskelrisse, die nur schwer heilen. In den meisten Fällen ist die Prognose günstig – vorausgesetzt, die Pferde haben ausreichend Ruhe und werden physiotherapeutisch behandelt.

Der Kreuzverschlag ist eine Erkrankung der gesamten Muskulatur, die schwere Folgeschäden haben kann. Er tritt meist nach einer Ruhezeit auf, während der die Fütterung nicht entsprechend reduziert wurde, kann aber auch bei überanstrengten Pferden auftreten, besonders wenn Fütterungs- und Trainingsfehler hinzukommen. Bei einem leichten Kreuzverschlag ist das Pferd völlig steif und kann sich nicht mehr drehen. Bei der schweren Form leidet das Tier an Muskelschmerzen und hohem Fieber, und es schwitzt. Sein Urin ist dunkel.

Kreuzverschlag wird mit Schmerzmitteln und Pufferlösungen behandelt. Die Pferde brauchen Ruhe.

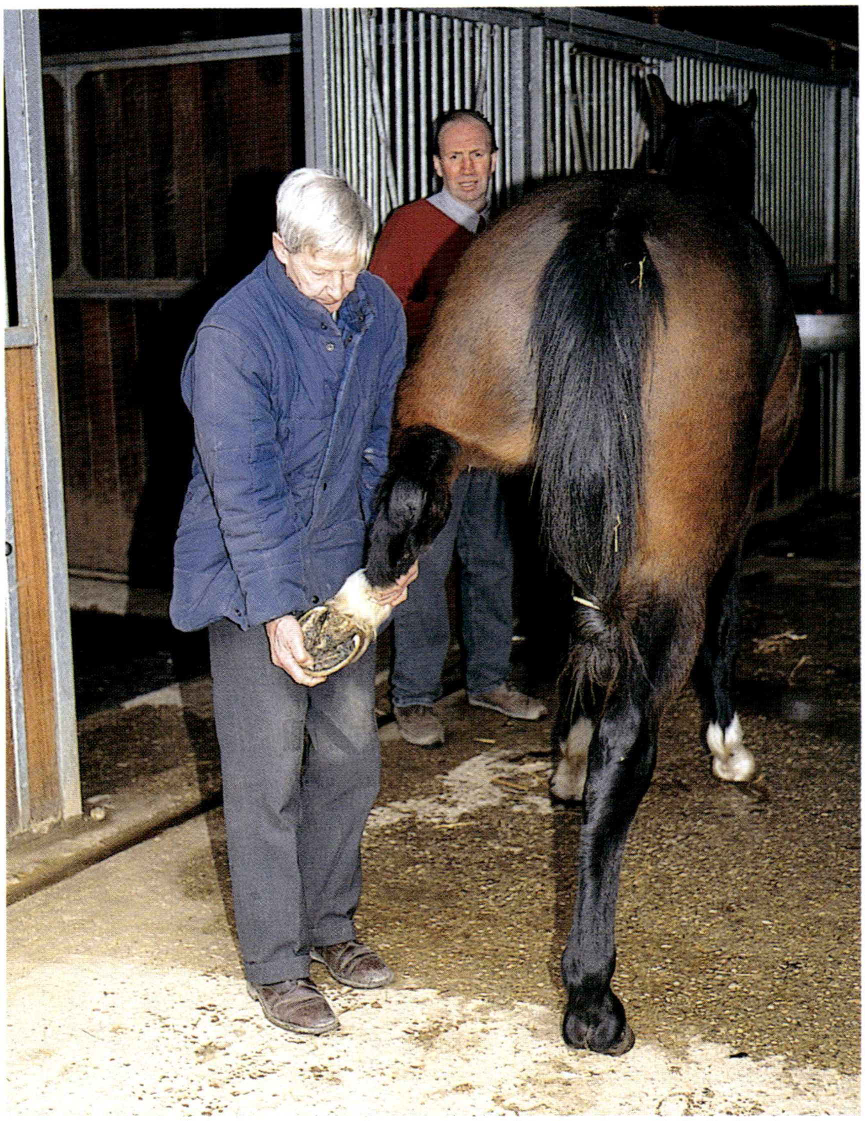

Rechts: Nach dem Auskratzen sollte der Huf locker mit der Sohle nach oben in der Hand liegen. Offensichtliche Defekte können dann schnell entdeckt werden. Strahlfäule erkennt man bereits am Geruch.

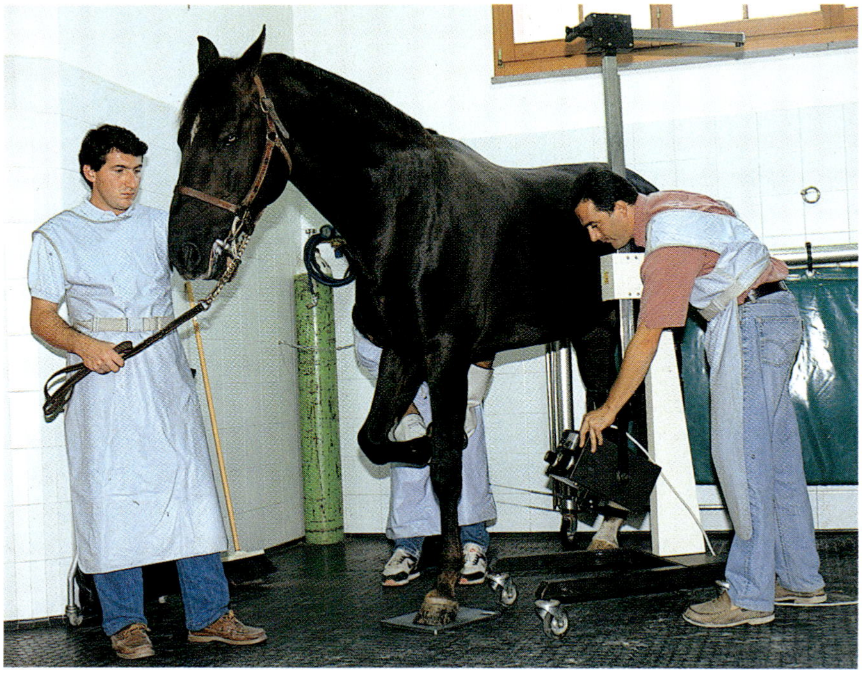

Unten: Geröntgt wird meist in der Tierklinik. Die meisten Tierärzte, die sich auf Großtiere spezialisiert haben, haben aber ein tragbares Röntgengerät im Auto. Der Tierarzt muß sorgfältig darauf achten, daß die Helfer beim Röntgen ausreichend vor den Röntgenstrahlen geschützt sind.

Knochenerkrankungen

Dabei hat man es vor allem mit Brüchen zu tun, die in Typ und Schwere sehr unterschiedlich sind. Der komplette Bruch eines langen Knochens erfordert meist ein Einschläfern des Pferdes, da die zeitgenössische Tier-

Oben: Ein Hufrehebeschlag, der das Hufbein bei einer Hufrehe stützen soll. Ein derartiger Beschlag sollte aber nicht ohne vorherige Röntgenaufnahme gemacht werden, da die Position des Hufbeins bekannt sein muß.

medizin so gut wie keine Heilungsmöglichkeiten kennt. Bei Teilbrüchen, besonders solchen unterhalb des Fesselgelenks, bestehen nach chirurgischer Versorgung dagegen gute Chancen auf Heilung.

Jungtiere weisen oft Nahrungsdefizite auf, die zu Rachitis und Lahmheiten führen. Diese Mangelerscheinungen können jedoch durch eine ausgewogene Fütterung und eine entsprechende Vitamin-D-Versorgung ausgeglichen werden.

Knochenentzündungen (*Osteomyelitis*) entstehen durch Infektionen im Blut oder in offenen Wunden. Sie sind sehr schwierig zu kurieren und erfordern in den meisten Fällen eine Drainage und hohe Antibiotikagaben.

Eine häufige Erkrankung ist die metakarpale Periostose. Der Schmerz entsteht durch eine Vorwölbung der vorderen Kontur des Mittelfußknochens. Bei genügend Zeit und Ruhe ist die Prognose günstig, doch bleiben oft Knochenauftreibungen zurück.

Gelenklahmheit

Die Lahmheit in einem Gelenk kann die Folge einer Verletzung oder aber ein Krankheitssymptom sein. Eine Lahmheit nach einem Unfall macht eine Röntgendiagnose unbedingt erforderlich, um zu sehen, ob die Knochen im Gelenk verletzt sind. Ausgerenkte Gelenke kommen selten vor, sind aber eine ernste Verletzung. Verstauchungen treten auf, wenn ein Gelenk überdehnt wurde, und werden durch Schonung therapiert.

Auch bei kleineren Verletzungen schwillt das ganze Gelenk an – es bilden sich Ödeme (siehe Seite 95), die chronisch werden können.

Bei Gallen an den Fesseln und am Sprunggelenk handelt es sich um chronische, unschöne Schwellungen, die die Beweglichkeit des Pferdes aber nicht zwangsläufig einschränken.

Gelenkarthrose ist eine der häufigsten Gelenkerkrankungen und beendet die Karriere eines Leistungspferdes. Knochenauftreibungen in den Gelenken verursachen Schmerzen und Schwellungen, die geröntgt werden müssen. Die Behandlung besteht in der Gabe von entzündungshemmenden Mitteln sowie von Medikamenten, die die betroffenen Gelenke wieder geschmeidig machen. Spat am Sprunggelenk und Schale unterhalb des Fesselgelenks sind die häufigsten Arthroseerkrankungen beim Pferd.

Eine Septikämie in den Gelenken tritt meist bei Fohlen auf; man nennt sie auch „Fohlenlähme“. Sie wird über Wochen hinweg mit Antibiotika behandelt. Das Gelenk muß gespült werden, um Infektionsreste zu entfernen.

Bänder und Sehnen

Bänder verbinden die Knochen miteinander, Sehnen Muskeln und Knochen. Sehnen- und Bänderverletzungen heilen nur schwer.

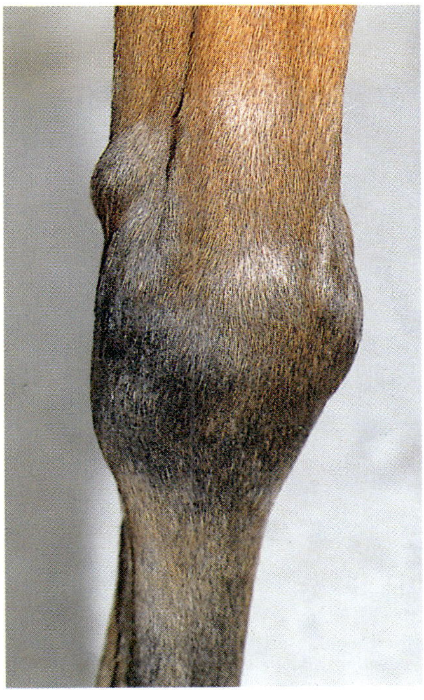

Vorbeugende Maßnahmen

- ✦ Das Pferd sollte regelmäßig beschlagen werden.
- ✦ Das Futter muß ausgeglichen sein. Holen Sie hierzu den Rat von Experten ein.
- ✦ Harter Boden sollte gemieden werden. Bei schlechten Bodenverhältnissen müssen Sie absitzen.
- ✦ Sind Hufe und Beine des Pferdes verschmutzt, müssen sie abgespritzt und abgetrocknet werden.
- ✦ Die Hufe sollten täglich ausgekratzt werden.

Die Beugesehne ist am häufigsten betroffen; ihre Heilung dauert meist mehrere Monate. Mit Hilfe von Ultraschalluntersuchungen kann man Sehnenschäden exakt diagnostizieren.

Eine akute Verstauchung erfordert Schonung, kalte Umschläge, Bandagen und Schmerzmittel. Versuche, chronische Sehnen- und Bändererkrankungen mit Sehnensplitting, Karbonfiberimplantaten oder Ultraschall- und Lasertherapie zu behandeln, blieben bisher erfolglos. Ein kompletter Bänderriß führt meist zu einer ungünstigen Prognose.

Links: Chronische Arthritis tritt bei älteren Pferden auf. Das Tier geht steif, und seine Gelenke schwellen an; schließlich lahmt es.

Unten: Septikämie als Folge einer Infektion tritt meist bei jungen Pferden auf. Die Gelenke schmerzen und sind geschwollen. Der Patient hat erhöhte Temperatur. Wenn die Lahmheit nicht behandelt wird, kann das Tier sein Leben lang daran leiden.

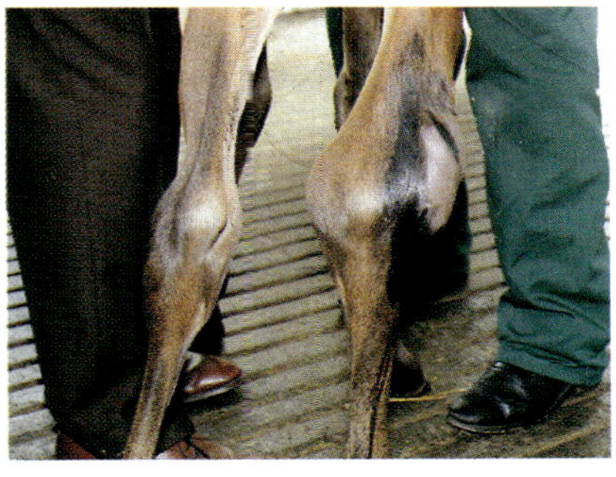

Hauterkrankungen

Bakterielle Erkrankungen ✦ Parasiten ✦ Pilzerkrankungen ✦ Allergien

Die Haut ist das umfassendste Organ des Pferdes. Ein stumpfes und struppiges Haarkleid läßt fast immer auf einen unbefriedigenden Gesundheitszustand des Tieres schließen. Lockiges Fell beispielsweise kann ein Hinweis auf „Cushing" sein, eine Krankheit, die durch einen Tumor an der Hirnanhangdrüse hervorgerufen wird (oben). Einige Krankheiten wie die Blutfleckenkrankheit können anhand von Hautsymptomen diagnostiziert werden. Eine derartige Erkrankung tritt oft infolge der Druse auf (siehe Seite 94). Ihre vorrangigen Symptome sind weiche Schwellungen an den Beinen und am Bauch. Die Haut gibt ein Serum ab, das zunächst noch flüssig ist, dann jedoch trocknet und verkrustet. Das erkrankte Pferd spricht aber zumeist gut auf eine konsequente Behandlung mit Steroiden und Antibiotika an.

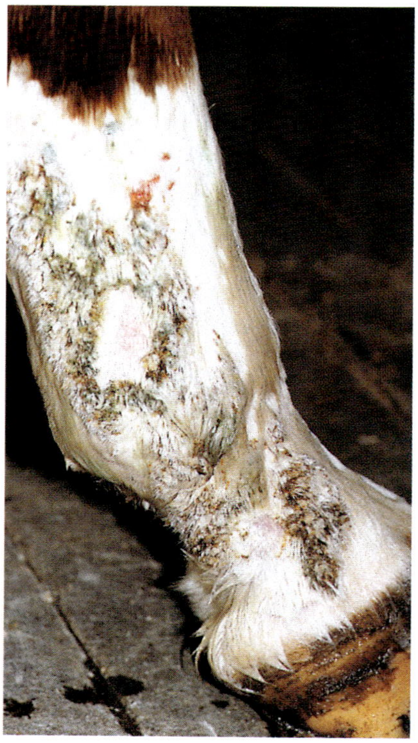

Die Mehrzahl der Krankheitssymptome, die sich auf der Haut zeigen, weist allerdings auf Hautkrankheiten hin, die durch Bakterien, Parasiten oder Pilze hervorgerufen wurden. Die Ursachen hierfür liegen häufig in einer nicht artgemäßen Haltung des Tieres oder in mechanischen Effekten wie Hautkratzen. Zudem gibt es allergische Erkrankungen der Haut.

Bakterielle Erkrankungen

Eine sehr häufig vorkommende bakterielle Erkrankung ist die durch Ektoparasiten übertragene Mauke. Diese Krankheit tritt oft bei schlechter Haltung in feuchter und verschmutzter Einstreu auf. Die Haut des betroffenen

Links: Cushing befällt gewöhnlich ältere Tiere. Die Symptome sind ein langes, weiches und gelocktes Fell, ein aufgetriebener Bauch sowie eine Tendenz zur Hufrehe (siehe Seite 103).

Links: Mauke ist eine bakterielle Infektion, die durch Schmutz und Feuchtigkeit hervorgerufen wird und auf Behandlung oft nicht anspricht. Durch regelmäßiges Abspritzen und anschließendes Trocknen der Beine kann dieser Erkrankung vorgebeugt werden.

Unten: Offene Satteldrücke sind schmerzhaft und können sich infizieren. Sie müssen mit einer milden antiseptischen Lösung gereinigt und mit einer vom Tierarzt verschriebenen antibiotischen Salbe behandelt werden.

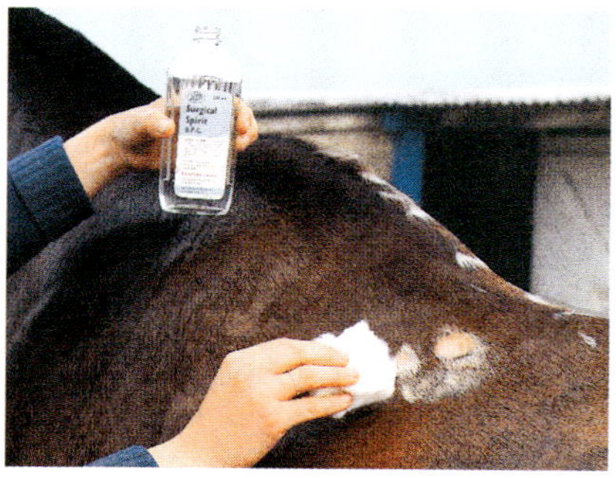

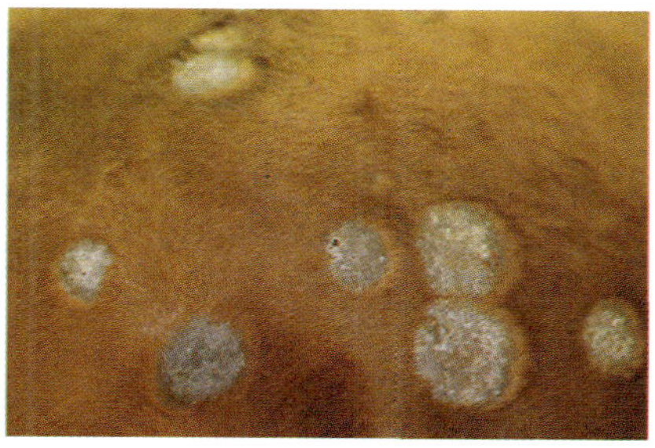

Oben: Flechten sind kreisrunde und schuppige Stellen, die vor allem in der Gurtlage, am Hals und am Kopf auftreten. Sie entstehen durch eine Pilzinfektion (*Trychophyton* oder *Microsporum*) und sind für Pferde und Menschen ansteckend.

Oben: Das Sommerekzem ist eine Allergie gegen eine bestimmte Gnitzenart, die *Culicoides*. Symptomatisch dafür ist eine extrem irritierte Haut, meist im Mähnenbereich und am Schweifansatz, aber auch an anderen Körperstellen.

Pferdes wirkt matt und löst sich ab, wobei eine eitrige Masse austritt. Die Haut der unteren Gliedmaßen erscheint zunehmend rissig. Die infizierten Bereiche müssen absolut sauber und trockengehalten werden. Zu diesem Zweck sollten antiseptische Waschungen vorgenommen werden. In ernsteren Fällen muß man allerdings auf Antibiotika zurückgreifen. Die Behandlung sollte jedoch bereits im Anfangsstadium der Krankheit erfolgen, da die Mauke andernfalls chronisch werden kann.

Akne tritt bei Pferden auf, die sich mit *Staphylococcus-epidermis*-Bakterien infiziert haben. Die Haut, vor allem im Bereich von Gurt- und Sattellage, ist mit Pusteln übersät. Dieser Krankheit kann jedoch mit antiseptischen Waschungen oder, in schwereren Fällen, mit Antibiotika begegnet werden.

Offene Satteldrücke und Gallen entstehen in erster Linie durch Druck und können sich sehr leicht entzünden. Diesen Erkrankungen kann jedoch durch eine absolut saubere und sorgfältig gepflegte Ausrüstung (siehe Seite 75) vorgebeugt werden. Offene Drücke werden genauso wie andere bakterielle Hautinfektionen behandelt.

Rechts: Sonnenbrand (siehe Seite 109) tritt an nichtpigmentierten Hautstellen wie dem Maul auf und verursacht Schwellungen und allgemeines Unwohlsein. Man sollte die Pferde in den Schatten holen und mit einem Sunblocker einreiben.

Pilzinfektionen

Flechten werden durch Pilze wie *Trichophyton* und Mikrosporen hervorgerufen. Diese Erkrankung tritt relativ häufig auf. Sie ist hochgradig ansteckend und kann auch auf den Menschen übertragen werden. Pilzsporen können zudem über mehrere Jahre hinweg in Ausrüstungsgegenständen überleben und die Tiere immer wieder von neuem infizieren.

Von Flechten kann ebenfalls der ganze Körper befallen werden. Am häufigsten treten sie allerdings an Stellen auf, an denen die Haut leicht gereizt wird, also in der Gurt- und der

Hauterkrankungen

Sattellage. Zunächst werden Gewebeveränderungen von einem bis zwei Zentimetern Durchmesser sichtbar. An diesen Stellen stehen die Haare dann büschelförmig nach oben. Der sich nun bildende Schorf fällt später wieder ab und hinterläßt eine trockene und schuppige Stelle.

Die erkrankten Stellen werden mit speziellen Antipilzmitteln behandelt, mit denen man überdies auch die gesamte Ausrüstung sorgfältig desinfizieren sollte. In schwereren Fällen kann man Flechten allerdings auch mit Medikamenten behandeln, die dem Futter beigemischt werden.

Parasitäre Erkrankungen

Es existieren zwei Sorten von Pferdeläusen: beißende und saugende (*Haematopinus asini* und *Damalinia equi*). Beide Arten sind mit dem bloßen Auge zu erkennen.

Diese Infektionen treten häufig während der Wintermonate oder zu Beginn des Frühjahres auf. Als Hauptsymptom zeigt sich ein starker Juckreiz, den das Pferd dann durch heftiges Knabbern oder Kratzen zu mildern sucht. Betroffen von dieser Erkrankung sind in erster Linie der Hals, die Mähne, die Flanken und der Schweifansatz. In schwereren Fällen können die erkrankten Pferde sogar anämisch werden. Läuse werden mit Hilfe von synthetischen Pyrothroiden behandelt, die als Spray oder als Waschlotion erhältlich sind.

Milben treten vor allem im Spätsommer und im Herbst auf und verursachen Juckreiz (siehe Seite 100).

Die Mauke findet man häufig bei schweren Pferden mit starkem Kötenbehang. Diese Krankheit wird durch eine Milbe ausgelöst, die für das menschliche Auge unsichtbar ist. Die Haut an den Beinen des Pferdes ist wund, entzündet sich dann und schwillt stark an. Die Tiere werden zunehmend unruhiger und sind schließlich nicht mehr in der Lage, still zu stehen. Die von der Mauke betroffenen Bereiche müssen geschoren, sorgfältig gereinigt und mit Antiparasitica behandelt werden.

Allergische Erkrankungen

Ein Sommerekzem ist eine hypersensible Reaktion des Pferdes auf bestimmte Gnitzen, die *Culicoides*, vermutlich im Zusammenhang mit einer Stoffwechselstörung. Von dieser Allergie können alle Pferde betroffen sein, die robust gehalten werden und somit Insekten ausgesetzt sind.

Die Allergie tritt in den Monaten von April bis Oktober, in warmen Jahren sogar bis in den November hinein auf. Als Hauptsymptom zeigt sich eine starke Irritation der Haut im Mähnen- und im Schweifbereich. Durch ihr überaus heftiges Kratzen verlieren manche Tiere sogar ihre gesamte Mähne und den Schweif. Die Haut trocknet aus und wird krustig. Wenn das Ekzem nicht äußerst sorgfältig behandelt wird, bilden sich nässende Stellen, die wiederum erneut von Gnitzen und auch anderen Insekten befallen werden können.

Vorbeugende Maßnahmen

Hauterkrankungen sind schmerzhaft für das Pferd. Man kann ihnen aber vorbeugen:

- ✦ Pferde sollten nicht lange auf feuchtem Untergrund stehen. Der Boden an Toren und Wasserstellen sollte befestigt sein.
- ✦ Schmutz muß von den Beinen des Pferdes entfernt werden. Dabei sieht man Wunden, kann sie behandeln und beugt so Infektionen vor.
- ✦ Pferde, die empfindlich auf Insekten reagieren, sollten bis 10 Uhr und zwischen 16 Uhr und Einbruch der Dunkelheit im Stall bleiben.
- ✦ Eine Sommerdecke schützt das Pferd vor Insekten.
- ✦ Knoblauch wirkt wie ein Antifliegenmittel, wenn er regelmäßig gefüttert wird.
- ✦ Pferde nicht an stehenden Gewässern grasen lassen.
- ✦ Fliegenmittel auftragen.
- ✦ Der Sattel muß perfekt sitzen, damit keine Drücke entstehen.
- ✦ Die Ausrüstung muß regelmäßig gepflegt und kontrolliert werden.

Links: Dieses Pferd ist ausgerutscht und in Brennesseln gefallen. Beißende Insekten können bei Pferden durchaus ähnliche Symptome hervorrufen.

Die Ursache für das Sommerekzem konnte wissenschaftlich bislang leider noch nicht erforscht werden. Es stehen jedoch sehr unterschiedliche Behandlungsmethoden von Zusatzfuttermitteln bis hin zu lokaler Behandlung der betroffenen Stellen zur Verfügung. Eine kombinierte Behandlung ist in diesem Zusammenhang aber auf jeden Fall zu empfehlen.

Bei Nesselfieber handelt es sich um eine starke allergische Reaktion des Tieres auf Futtermittel, Insekten oder auch Streß. Von dieser Erkrankung sind in erster Linie Tiere betroffen, die überdurchschnittlich viel konzentriertes Futter bekommen. Die Krankheit wird zumeist mit Steroiden behandelt und klingt dann in der Regel schnell ab.

Mücken und Fliegen

Mücken beißen für gewöhnlich in der Dämmerung sowie bei heißem und feuchtem Wetter. Empfindliche Pferde sollte man daher zwischen der Morgendämmerung und 10 Uhr beziehungsweise zwischen 16 Uhr und dem Einbruch der Dunkelheit im Stall lassen. Wenn ein Pferd aus irgendwelchen Gründen nicht im Stall bleiben kann, sollte man zumindest versuchen, das Tier von Bäumen, Hekken und Büschen fernzuhalten, da Mücken dort am häufigsten auftreten.

Unten: Knötchen-Sarkoide sehen wie Warzen aus. Man entfernt sie meist chirurgisch, am Auge ist das jedoch problematisch. Auch eine Lasertherapie oder die Injektion von flüssigem Stickstoff kann wirksam sein.

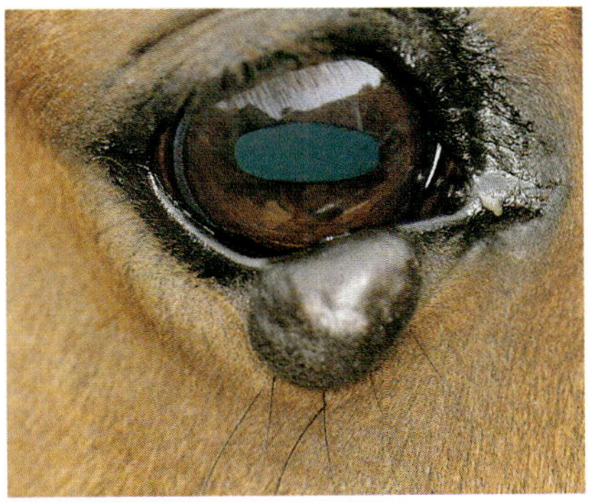

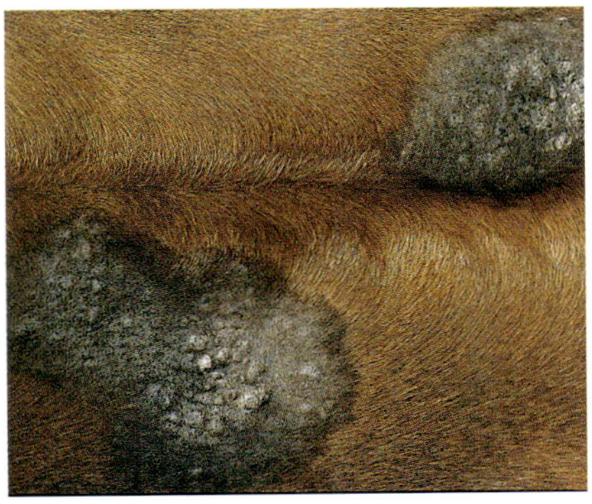

Im Sommer werden Pferde häufig von Bremsen, Stallfliegen, Pferde- und Hausfliegen geplagt. Die Fliegen legen ihre Eier vorrangig in offene Wunden. Wenn diese Wunden nicht regelmäßig und sorgfältig versorgt werden, bilden sich darin Maden, was zu ernsthaften Erkrankungen führen kann. Im allgemeinen verursachen Fliegen jedoch nur einen lokalen Reiz, der schnell vergeht. Mit den überall im Handel erhältlichen Fliegenmitteln kann man den Pferden zumindest stundenweise etwas Erleichterung verschaffen.

Vor allem robust gehaltene Pferde sind im Sommer oft der Gefahr eines Sonnenbrandes ausgesetzt. Hiervon sind jedoch nur die weißen Stellen des Fells und das unbehaarte rosa Maul betroffen. Das Risiko eines Sonnenbrandes vergrößert sich allerdings, wenn die Pferde Johanniskraut fressen, da ihre Haut dadurch noch empfindlicher wird. Auf jeden Fall sollte man das Pferd aus der Sonne holen und mit einem Sunblocker behandeln. Viele Pferdebesitzer wissen nicht, daß die Haut ihres Pferdes bei einem Sonnenbrand derart schwer geschädigt werden kann, daß dem Tier schließlich Antibiotika verabreicht werden müssen.

Hautwucherungen

Bei jungen Pferden treten des öfteren kleine Warzen rund um das Maul auf, die in der Regel jedoch harmlos sind, sofern sie sich nicht infizieren. Meist handelt es sich dabei aber lediglich um eine leichte Viruserkrankung, die nach einigen Monaten wieder von selbst abklingt.

Links: Verruköse Sarkoide sind in erster Linie am Bauch, an der Brust und in der Leistengegend zu finden. Man kann sie zwar chirurgisch entfernen lassen, oft treten sie jedoch von neuem auf.

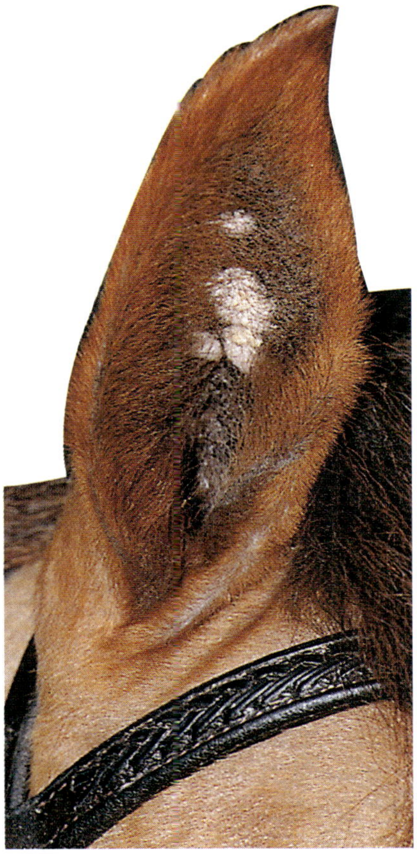

Oben: Bei Ohrplacken handelt es sich um dicke weiße Stellen in der äußeren Ohrmuschel. Die Ursache hierfür ist unbekannt. Da die Placken die Pferde nicht zu stören scheinen, läßt man sie meist unbehandelt.

Sarkoide treten vor allem am Kopf und an den Beinen auf. Auch sie werden durch Virusinfektionen verursacht. Diese Tumore werden leicht übersehen und infizieren sich dann. Man kann sie zwar chirurgisch entfernen, aber es besteht die Gefahr, daß sie sogar nach einer scheinbar radikalen Entfernung erneut auftreten.

Melanome findet man überwiegend bei älteren Schimmeln am Rükken, an der Scheide und unter dem Schweif. Medikamentöse Behandlungen schlagen nicht an. Eine chirurgische Entfernung ist zwar möglich, besser ist es jedoch, die Melanome unberührt zu lassen.

Bei Ohrplacken handelt es sich um dicke weiße Stellen in den Ohren, mit einem Durchmesser von einigen Zentimetern. Ohrplacken werden in den meisten Fällen nicht behandelt, da sie die Pferde nicht zu stören scheinen.

Nervenkrankheiten & „Untugenden“

Vergiftungen ✦ Fehlanpassungssyndrom ✦ Epilepsie ✦ „Untugenden“

Pferde empfinden Schmerzen, Angst und Wut, ihnen ist heiß oder kalt. Mit anderen Worten: Sie haben Empfindungen und Gefühle, die von inneren oder äußeren Einflüssen abhängen. Das Nervensystem des Pferdes ist hochentwickelt: Bereits die kleinste Verletzung einer Nervenzelle durch eine traumatische Erfahrung, eine Infektion oder eine Vergiftung kann zu einer gravierenden Reaktion des gesamten Systems führen.

Wundstarrkrampf

Die gefährlichste Nervenerkrankung bei Pferden ist der Wundstarrkrampf.

Unten: Kopfstoßen deutet auf eine durch falsche Haltung bedingte Nervenkrankheit hin, kann aber auch durch eine Vergiftung verursacht werden. In diesem Fall muß das Pferd eingeschläfert werden.

Die schwierig zu behandelnde Krankheit wird durch *Clostridium-tetani*-Bakterien ausgelöst.

Die Infektion erfolgt oft durch eine bereits vorhandene Wunde (siehe Seite 112). Erste Symptome einer Tetanuserkrankung sind Muskelsteifheit sowie Angstzustände. Das betroffene Tier kann bald nicht mehr schlucken, streckt den Schweif steif weg und wird von Krämpfen geschüttelt. Bei einem leichten Krankheitsverlauf kann das Pferd durchaus wieder genesen. Wenn es aber so starke Krämpfe hat, daß es sich nicht mehr auf den Beinen zu halten vermag, sollte man es besser einschläfern lassen.

An Wundstarrkrampf erkrankte Tiere bringt man in einer ruhigen und dunklen Box unter. Hohe Dosen an Penicillin und antitoxischen Medikamenten lösen die Krämpfe.

Durch Impfungen kann einer Tetanus-Erkrankung vorgebeugt werden. Geimpft wird zweimal im Abstand von vier bis acht Wochen. Eine dritte Impfung nach einem Jahr schließt die Grundimmunisierung ab. Alle ein bis zwei Jahre muß eine Auffrischung vorgenommen werden. Verletzte Tiere ohne Impfschutz sollten sofort mit Tetanusserum behandelt werden.

Vergiftungen

In der freien Natur fressen Pferde keine giftigen Pflanzen wie Jakobskreuzkraut (siehe Seite 55). Im Heu jedoch verliert diese Pflanze ihren bitteren Geschmack und wird mitgefressen. Die Symptome treten erst nach einiger Zeit auf. Im Endstadium zersetzt das Gift die Leber. Die Tiere werden blind und reagieren nicht mehr auf ihre Umwelt. Sie laufen gegen Gegen-

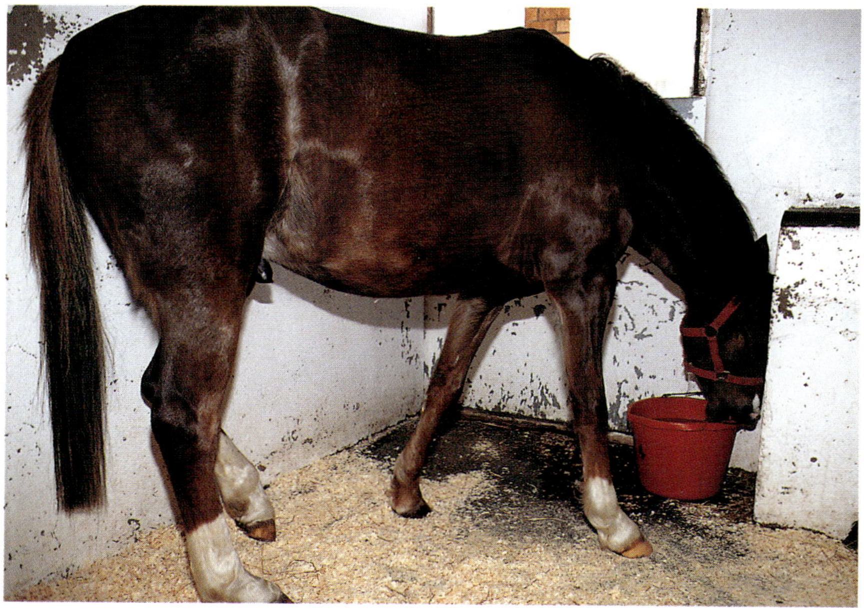

Oben: Dieses Gitter verhindert, daß das Pferd seinen Kopf beim Weben hin und her schleudert. Besser wäre es jedoch, dem Pferd eine höhere Lebensqualität zu ermöglichen.

stände und im Kreis herum. Manche Pferde rennen mit dem Kopf gegen die Wand oder werden aggressiv.

Wenn diese Symptome auftreten, muß das Pferd eingeschläfert werden. Falls das Tier aber noch keine neurologischen Krankheitsanzeichen zeigt, kann der Leberzerfall durch hohe Gaben an Vitaminen und entsprechende Fütterung aufgehalten werden.

Fehlanpassungssyndrom

Fohlen, die am Fehlanpassungssyndrom erkrankt sind, werden auch als „Dummy-Fohlen" bezeichnet. Diese Krankheit tritt – meist bei hochblütigen Pferden – innerhalb der ersten 24 Lebensstunden auf. Zu den Symptomen gehören zielloses Herumwandern, Blindheit und Nahrungsverweigerung. Außerdem kann es zu einem zeitweisen, von Zuckungen unterbrochenen Koma kommen.

Obwohl noch keine spezifische Behandlungsmethode entwickelt wurde, kann intensive Pflege und Fütterung zur Genesung des Fohlens führen. Die Ursache für die Erkrankung ist noch unbekannt. Man nimmt an, daß sie mit dem *Equine Herpes Typ 1* (siehe Seite 95) zusammenhängt, der das Zentralnervensystem beeinträchtigt. Die Heilungschancen sind gering, doch wenn die Fohlen den kritischen Zeitraum von einigen Tagen überleben, bleiben keine Schäden zurück.

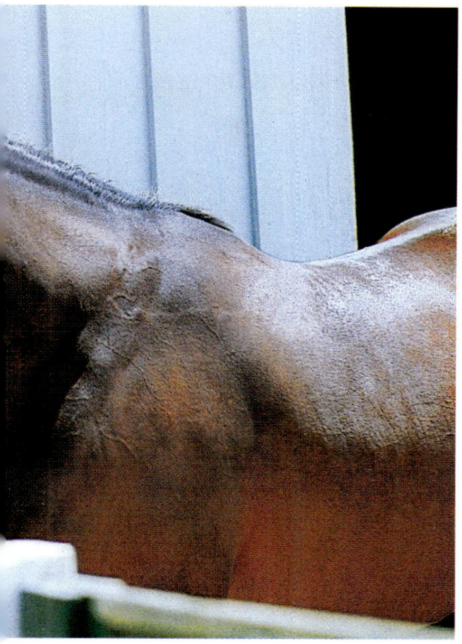

Links: Krippenbeißer setzen auf Gegenstände auf und beißen hinein. Beim Schlucken wird die Halsmuskulatur angespannt, was oft zu einem massiven Unterhals führt.

Epilepsie

Epilepsie tritt auch bei Pferden auf. Eine entsprechende Behandlung kann die Krämpfe unterdrücken. Erkrankte Pferde sollten aus Sicherheitsgründen jedoch nicht geritten werden. Hat die Krankheit ein Stadium erreicht, in dem sich das Tier selbst verletzt, sollte man es einschläfern.

„Stalluntugenden"

Diese Verhaltensweisen sind Ausdruck von Frust und Verzweiflung eines in der Box vereinsamten und zur Bewegungslosigkeit verdammten Tieres. Zu den „Stalluntugenden" gehören Weben, Kopfnicken, Herumwandern in der Box, Krippensetzen, Koppen und sogar Selbstverstümmelung.

Derartige monotone Handlungsweisen sind die Reaktion eines Tieres auf Eingesperrtsein, Einsamkeit und zu wenige äußere Reize. Bereits bei den ersten Anzeichen dieser Stereotypen sollte man eingreifen und die Lebensqualität des Tieres verbessern. Gerade bei jungen Pferden manifestieren sich diese unerwünschten Verhaltensstörungen andernfalls sehr schnell.

Ziegen als Gesellschafter

Wenn man einem Pferd kein anderes Pferd als Gefährten bieten kann, sollte man zumindest die Anschaffung einer Ziege in Erwägung ziehen. Ziegen haben jedoch andere Futteransprüche als Pferde. Sie verbeißen alles, was sich in ihrer Nähe befindet, und sind außerordentlich neugierig. Da sie zudem hervorragende Springer und Kletterer sind, müssen Zäune und Boxentüren ausreichend hoch sein.

Wenn diese Verhaltensmuster den Pferden erst zur Gewohnheit geworden sind, können sie kaum mehr unterbunden werden. Die Tiere behalten ihr „abnormes" Verhalten auch dann bei, wenn sie aus der Auslösersituation herausgeführt werden und ein „normales" Leben führen können.

Oft wird behauptet, daß Pferde diese Verhaltensweisen voneinander abschauen. Diese These ist allerdings umstritten. Sicherlich kann es für ein „normales" Pferd belastend sein, in einer Box neben einem Kopper oder Weber stehen zu müssen: Schnell entwickelt das gesunde Tier ebenfalls Frust und schließlich auch ähnliche Verhaltensmuster. Die Anwendung mechanischer Mittel wie beispielsweise eines Kopperriemens, von Medikamenten oder gar eine Kopperoperation dienen lediglich dazu, die Symptome zu unterdrücken. Um dem Pferd wirklich zu helfen, muß man ihm eine höhere Lebensqualität ermöglichen, ihm soziale Kontakte erlauben, es abwechslungsreich beschäftigen und ihm genügend Auslauf oder Weidegang verschaffen.

Erste Hilfe & Pflege

Unfälle ✦ Verletzungen ✦ Wundpflege ✦ Erstversorgung und weitere Behandlung

Alle Tierbesitzer sollten Erste Hilfe leisten können, da deren Kenntnis im Notfall lebensrettend sein kann. Nach dem akuten Auftreten einer Krankheit trägt aber auch das Wissen um die sachgemäße Pflege eines Pferdes zur vollständigen Genesung des Tieres bei.

Unfälle

Bei einem Unfall gilt es, ruhig zu bleiben. Andere Verkehrsteilnehmer müssen gewarnt werden. Wenn das Pferd noch steht, faßt man es am Halfter, führt es zur Seite und ruft Hilfe. Liegt das Pferd am Boden, bettet man seinen Kopf auf eine weiche Unterlage. Wenn das Tier zittert oder schwitzt, deckt man es zu, sofern dies möglich ist. Man sollte bei dem Pferd bleiben, bis professionelle Hilfe kommt

Erste Hilfe

Blutende Wunden müssen mit einem Druckverband abgedeckt werden. Wenn das Blut trotzdem weiter durchsickert, legt man einen zweiten sauberen Verband darüber. Derartige Verletzungen sollten nur dann mit klarem Wasser ausgewaschen werden, wenn das Pferd ansprechbar und die Wunde deutlich sichtbar und sehr stark verschmutzt ist. Normalerweise ist es jedoch nicht erforderlich, blutende Wunden auszuwaschen, da die Blutzirkulation durch sie nicht unterbrochen wird. Nasenbluten sieht zwar oftmals sehr gefährlich aus, hört aber meistens von allein auf. Versuche, die Blutung mit einem Tampon zu unterbinden, sind nutzlos: Sie beunruhigen das Pferd nur unnötig, zeigen aber keinerlei Wirkung.

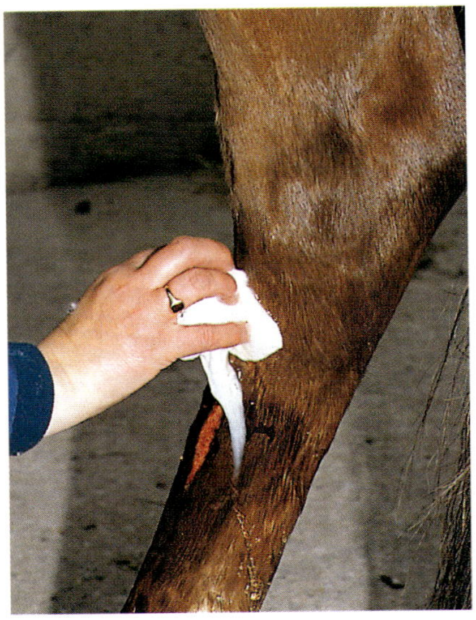

Oben: Verschmutzte Wunden müssen sorgfältig mit einer antiseptischen Lösung ausgewaschen werden. Dabei sollte man überaus vorsichtig vorgehen.

Wunden

Es gibt vier verschiedene Arten von Wunden: Schlag- und Druckwunden, Stichwunden, Schnittwunden und flächige Wunden.

✦ Ein verletztes Bein, das anzuschwellen droht, kann man mit kaltem Wasser abspritzen oder vorsichtig abwaschen. Dies vermindert den Blutfluß und verhindert eine Entzündung.

✦ Starkes Bluten aus punktuellen Wunden kann man mit Hilfe eines Druckverbandes unterbinden. Chronische Wunden (vor allem im Bereich der unteren Gliedmaßen) entzünden sich leicht. Um sie vor Infektionen zu schützen, sollten sie sorgfältig verbunden werden.

✦ Schnittwunden bluten stark und müssen genäht werden. Sie dürfen nicht ausgewaschen werden. Man sollte einen Druckverband anlegen, bis der Tierarzt kommt.

✦ Flächige Wunden entstehen meist durch den Kontakt mit harten Gegenständen wie z. B. bei Stürzen auf der Straße. Diese Wunden sind häufig ver-

Erste Hilfe

In jeden Stall gehört eine regelmäßig überprüfte Erste-Hilfe-Apotheke, die auch bei Transporten oder Turnieren greifbar sein muß. Sie sollte folgendes enthalten:
Antiseptika: flüssig und als Spray
Bandagen: Baumwollbinden, selbsthaftende Bandagen, luftdurchlässige elastische Binden sowie Wollbandagen
Verbandmaterial: Scheren, Watte, Wundverbände und Pflaster, antiseptischer Puder
Zum Kühlen: entsprechende Medikamente sowie ein medizinischer Hufschuh zum Hufebaden; ferner ein Stethoskop und ein Fieberthermometer

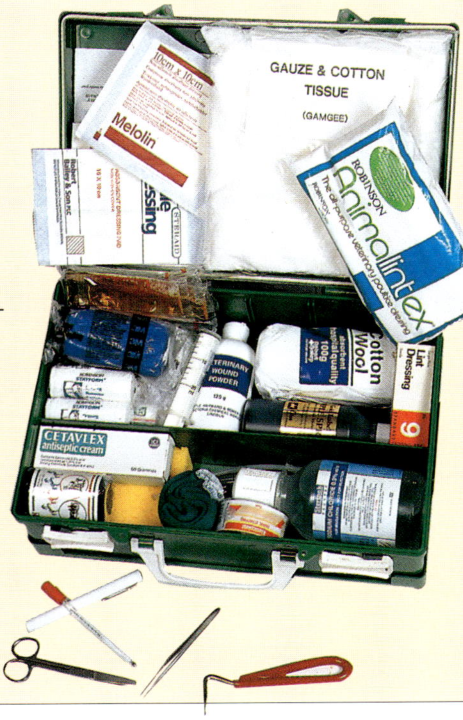

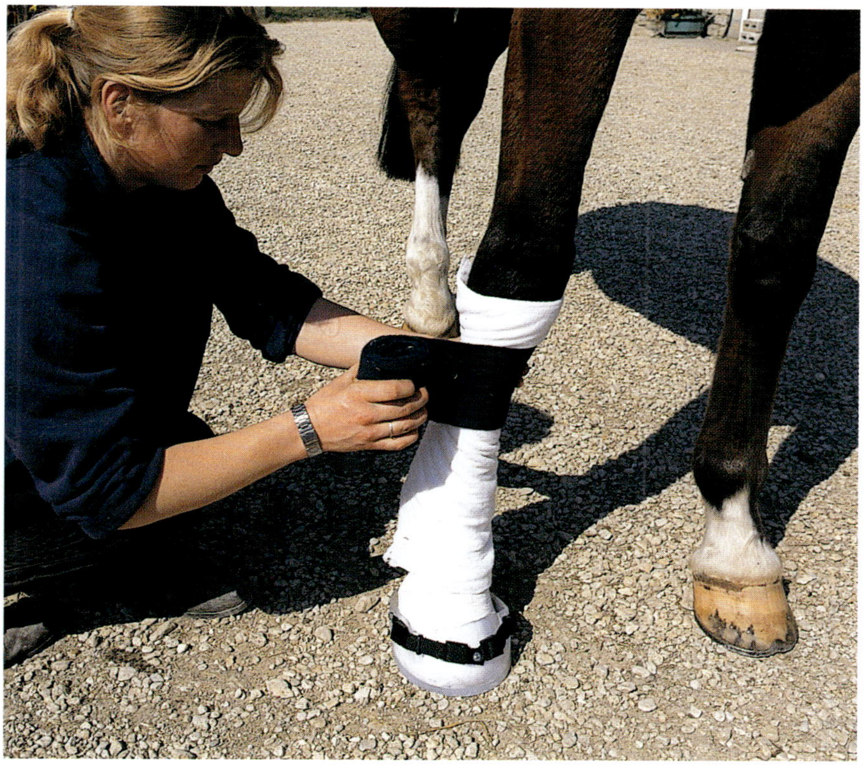

Oben: Eine Stützbandage besteht aus einer elastischen Bandage über einer Watteschicht. Stützbandagen werden in Absprache mit dem Tierarzt täglich gewechselt.

Pflege bei Erkrankungen

✦ Hufverbände sind recht schwierig anzubringen und halten oft nur schlecht. Krankenhufschuhe aus verschiedenen Materialien und in verschiedenen Größen sind in Reitsportgeschäften oder über Kataloge erhältlich. Manchmal hält ein Hufverband besser, wenn man ihn nach dem Anbringen mit einem alten Strumpf fixiert und darüber noch doppelseitig klebendes Klauenband anlegt, das allerdings regelmäßig erneuert werden muß.
✦ Pferde, die zu Verstopfung neigen, sollten Diätfutter erhalten. Kraftfutter darf sowenig wie möglich gereicht werden, um das Gleichgewicht zwischen Futter und Leistung nicht zu stören.
✦ Befolgen Sie bei der Herstellung antiseptischer Lösungen strikt die entsprechenden Vorschriften: Zu scharfe Lösungen können starke Schmerzen verursachen.

schmutzt, bluten aber nur leicht. Man sollte sie unangetastet lassen oder mit kaltem Wasser abspritzen, bis der Tierarzt kommt.
✦ Symptome für eine Sehnenverletzung sind leichte bis schwere Lahmheit mit Schwellungen in Sehnennähe. Man sollte einen Stützverband anlegen und das Tier ruhigstellen, bis der Tierarzt eintrifft.

Augenentzündungen

Wenn ein Auge tränt, handelt es sich meist um eine Entzündung. Diagnose und Behandlung sollten jedoch dem Tierarzt überlassen werden. Auf keinen Fall darf man das Auge mit Kamillentee behandeln, denn entgegen der landläufigen Meinung wirkt dieses Hausmittel reizsteigernd.

Pflege kranker Pferde

Ein krankes Pferd sollte in einer Box untergebracht werden, die ausreichend belüftet ist und täglich gesäubert wird. Frische Luft ist besonders für Pferde mit Atemwegserkrankungen wichtig. Ein dunkler und muffiger Stall behindert die Genesung.

Das Pferd muß sorgfältig beobachtet werden: Ist der Stuhlgang in Ordnung? Wird er regelmäßig abgesetzt? Ist die Atmung völlig regelmäßig? Trinkt das Pferd genug? Friert es? Braucht es eine Decke? Schwitzt es viel? Muß es trockengerieben werden? Ist das Trinkwasser frisch? Ist der Stall absolut sauber?

Kranken Pferden muß man oft die Nüstern säubern oder die Augen von Verklebungen reinigen. Der Afterbereich sollte, vor allem bei Durchfall, regelmäßig gesäubert werden. Hierfür eignet sich eine leichte Seifenlösung. Eine sanfte Reinigung stimuliert die Haut und trägt außerdem zum allgemeinen Wohlbefinden des Pferdes bei. All dies sollte jedoch in Ruhe und mit Geduld geschehen, denn das Tier darf sich keinesfalls aufregen.

Geschwollene Beine

Pferde, die sich wenig bewegen, brauchen weniger Futter als Pferde, die arbeiten. Bei Überfütterung kann es zu Hufrehe oder zu Kreuzverschlag (siehe Seite 103–104) oder zu angeschwollenen Beinen (Lymphangitis) kommen. Aufgedunsene Beine werden mit Stallbandagen behandelt, die mit einem die Abschwellung fördernden Medikament getränkt sind. Die Stützbänder müssen nach Anweisung des Tierarztes täglich erneuert werden.

Pferden, die nicht arbeiten, sollte daher ballastreiches und eiweißarmes Rauhfutter verabreicht werden.

Chronisch angeschwollene Beine können mit warmen und kalten Waschungen behandelt werden. Dabei öffnen beziehungsweise schließen sich die Blutgefäße: Sie werden geschmeidiger und geben die sich stauende Flüssigkeit frei.

Abszesse im Bereich der unteren Gliedmaßen sollten nach Anweisung des Tierarztes mit einer antiseptischen Lösung behandelt und bandagiert werden. Der Umschlag wird zweimal täglich gewechselt oder wenigstens neu getränkt. Läßt das Pferd das nicht zu, sollte man das betroffene Bein fünf- bis sechsmal täglich etwa 20 Minuten lang in warmer Salzwasserlösung baden.

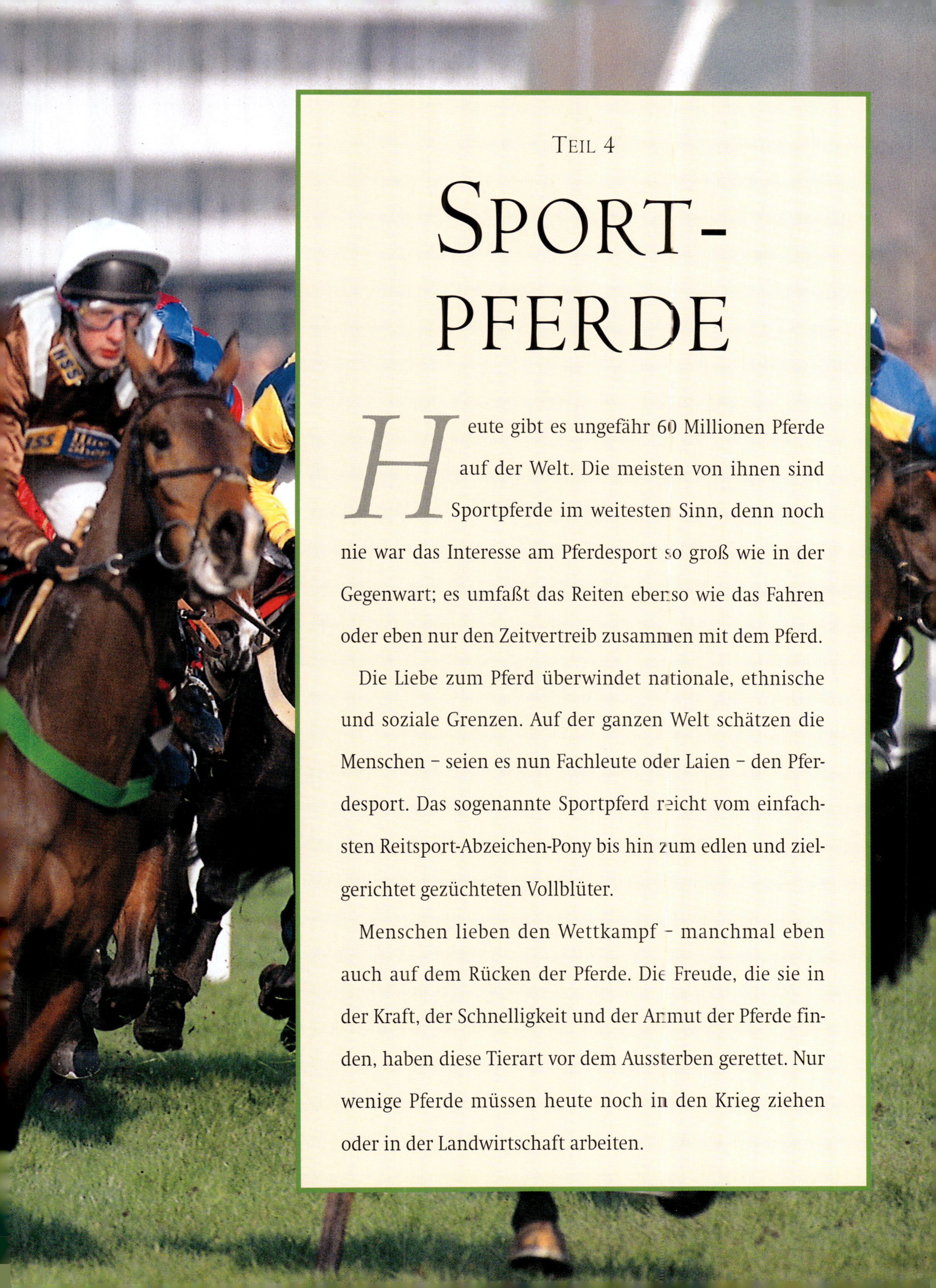

Teil 4

Sport-pferde

Heute gibt es ungefähr 60 Millionen Pferde auf der Welt. Die meisten von ihnen sind Sportpferde im weitesten Sinn, denn noch nie war das Interesse am Pferdesport so groß wie in der Gegenwart; es umfaßt das Reiten ebenso wie das Fahren oder eben nur den Zeitvertreib zusammen mit dem Pferd.

Die Liebe zum Pferd überwindet nationale, ethnische und soziale Grenzen. Auf der ganzen Welt schätzen die Menschen – seien es nun Fachleute oder Laien – den Pferdesport. Das sogenannte Sportpferd reicht vom einfachsten Reitsport-Abzeichen-Pony bis hin zum edlen und zielgerichtet gezüchteten Vollblüter.

Menschen lieben den Wettkampf – manchmal eben auch auf dem Rücken der Pferde. Die Freude, die sie in der Kraft, der Schnelligkeit und der Anmut der Pferde finden, haben diese Tierart vor dem Aussterben gerettet. Nur wenige Pferde müssen heute noch in den Krieg ziehen oder in der Landwirtschaft arbeiten.

Das richtige Pferd

Auswahl ✦ Gesamterscheinung ✦ Vollblüter

Oben: Peintre Celebre, ein Sohn von Nureyev und der Alydar-Stute Peintre Bleue, wurde im Jahr 1997 Europachampion.

Rechts: George Bowman kreuzte Hackneys und Welsh-Cobs (siehe Seite 161–162) zu einer neuen Leistungsrasse.

Das richtige Pferd für die entsprechende Disziplin ist die Voraussetzung, um im Pferdesport Erfolg zu haben – im Rennsport wird zu diesem Zweck viel Geld ausgegeben. Jede Ära kennt zwar Ausnahmepferde wie Eclipse, Ormonde, Sceptre, Hyperion, Sea-Bird, Sekretariat, Thergar, Nashwan und Peintre Celebre, doch ein Patentrezept, um solche Tiere zu züchten, existiert nicht. In den 300 Jahren, seit es die Vollblutzucht gibt, hat sich ein Sprichwort bewahrheitet: „Bringe die besten Pferde zusammen – und hoffe das Beste!"

In der heutigen Zeit ist das Pferd kein Arbeitstier mehr, sondern ein Luxus, den wir uns zu unserem Vergnügen leisten. Noch nie gab es so viele Sportpferde wie heute – angefangen beim Freizeitpferd bis hin zum erfolgreichen Derby-Gewinner. Ein korrekt ausgebildetes Pferd kann – mit Ausnahme von Galopprennen – in allen Disziplinen auf unterer Ebene eingesetzt werden. Ein Freizeitreiter kann beispielsweise mit ein und demselben Pferd an einem einfachen Turnier, an einer Reitjagd oder auch an einem Distanzritt teilnehmen.

Die Spezialisierung setzt erst in den höheren Sportklassen ein. Pferde sind zwar durchaus in der Lage, körperliche Mängel zu kompensieren, dennoch sind nur bestimmte Pferdetypen für spezifische Sportarten geeignet: Warmblüter sind aufgrund ihrer Muskelkraft, ihrer flexiblen Gliedmaßen und einer für ihre Größe erstaunlichen Leichtfüßigkeit prädestiniert für Kraftsportarten wie Springen oder Dressur. Vollblüter und Partbreds dagegen, die drahtig und athletisch sind und auf Schnelligkeit gezüchtet werden, eignen sich für Military oder Polo. Im Galopprennsport allerdings haben nur Vollblüter (siehe Seite 160), bei Trabrennen nur Traber und Standardbreds (siehe Seite 167, 180 und 191) eine Chance.

Das Sportpferd

Jede Sportart stellt andere Anforderungen an das Pferd. Die Grundvoraussetzung für alle Disziplinen ist jedoch ein möglichst gutes Gleichgewicht: Ein Pferd, das sich bereits im Schritt gut trägt, bleibt meist auch in den höheren Gangarten in der Balan-

Rechts: Willi Melligers Springpferd Calvaro V ist ein hervorragender Vertreter des Holsteiner Pferdes (siehe Seite 173).

Unten: Unter den Vorfahren von Grand-National-Gewinner Earth Summit waren Celtic Cone, Win Green Hill und National Trust.

Das richtige Pferd

ce. Die Form der Schulter dagegen ist ausschlaggebend für das Bewegungspotential der Vorderbeine – eine zu gerade Schulter schränkt die Beweglichkeit erheblich ein.

Wenn man von oben auf die Vorderbeine blickt, sollte das Karpalgelenk gerade über den Hufen stehen. Auch von der Seite betrachtet, müssen die Beine gerade sein – rückständige Pferde haben Probleme an der tiefen Beugesehne. Eine zu steile Fesselung führt zum Stolpern, während eine fast durchgetretene Fessel die Sehnen übermäßig strapaziert.

Eine gute Gurtentiefe bietet ausreichend Platz für Herz und Lungen. Eine lange Linie vom Hüfthöcker zum Sprunggelenk, kombiniert mit geraden, kraftvollen Hinterbeinen, garantiert einen kraftvollen Schub der Hinterhand. Die Hufe sollten gleichmäßig geformt und aus hartem und dichtem Horn sein. Die Kopfform wiederum läßt auf den Charakter des Tieres schließen. Doch unabhängig davon, um welchen Pferdetyp es sich handelt – ein gutes Sportpferd sollte alle hier beschriebenen Merkmale aufweisen.

Der Vollblüter

Der Vollblüter ist das perfekte Sportpferd: Er wird zwar in erster Linie auf Schnelligkeit gezüchtet, besitzt aber auch andere Talente. Man sagt – und darin liegt viel Wahrheit –, alles, was ein „normales" Pferd tut, kann ein Vollblüter besser. Tatsache ist, daß nahezu alle Rassen durch die Zufuhr von Vollblut verfeinert werden.

Der Züchtung des Englischen Vollbluts verdanken wir eine Rasse mit Qualitätsmerkmalen, wie man sie bis dahin nicht gekannt hat. Seine hervorragende Knochenstruktur und Muskulatur machen das Englische Vollblut zum idealen Sportpferd.

Die feinen Knochen des Vollblüters vereinen Stärke mit relativer Leichtigkeit und erlauben dem Tier auf diese Weise lange und geschmeidige Bewegungen. Die größere Knochenmasse in den oberen Gliedmaßen (im Verhältnis zu den unteren) legt auch das Zentrum des Gleichgewichts höher zum Drehpunkt, nämlich auf die Höhe von Hüfte und Schulter. Dies be-

Links: Mary Kings kraftvolles Vielseitigkeitspferd King William entstammt der Verbindung des Vollblüters Nickel King mit einer Irish-Draught-Partbred-Stute.

Unten: Ein typisches Partbred-Polopony: schnell, gut ausbalanciert und aufmerksam.

Oben: Ein Standardbred vor dem Sulky. Die Rasse wurde vom Vollblut-Naragansett Pacer und dem Morgan Horse beeinflußt.

Unten: Das kanadische Distanzpferd Gamet Gallant ist ein Araber – eine Rasse, deren Hauptmerkmale Schnelligkeit und Härte sind.

dingt zugleich einen größeren Bewegungsradius der Gliedmaßen, der durch die Kraft der ausgesprochen starken Antriebsmuskulatur der Hinterhand noch verstärkt wird.

Der Vollblüter zeichnet sich zudem durch einen hohen Adrenalinspiegel aus, der schnelle physiologische und metabolische Reaktionen ermöglicht. Das Herz ist im Verhältnis zum Körper sehr groß. Außerdem besitzen Vollblüter einen höheren Anteil an roten Blutkörperchen – Herz und Muskulatur werden hervorragend mit Sauerstoff versorgt.

Der Vollblüter, der seine Qualitäten vererbt, trägt viel zur Weiterentwicklung der Sportpferderassen bei. Doch wenn ein Züchter ein außergewöhnliches Pferd erzielt, weiß er nie genau, warum. Eine wichtige Voraussetzung ist die Ausgeglichenheit des Tieres hinsichtlich seiner körperlichen und geistigen Möglichkeiten. Ebensowichtig sind Temperament, Mut und eine harmonische Gesamterscheinung. Wenn dies alles in einem Pferd vereint ist, hat man ein seltenes Phänomen vor sich – einen echten Champion.

Oben: Eine Gruppe Vollblüter beim Morgentraining auf der Bahn in Lambourne, Berkshire, England. Rennpferde müssen täglich trainieren, um ihre Schnelligkeit, ihre Kondition und ihre Ausdauer zu erhalten.

Galopprennen

Geschichte ✦ Struktur ✦ Rennkalender ✦ Strecken

Der Galopprennsport ist ein regelrechtes Business, in dem weltweit viel Geld verdient wird. Während das Publikum nur eine Seite dieses Rennsports sieht, stehen dahinter auch noch Zucht und Ausbildung der Pferde. Auch das Wettgeschäft ist ein nicht zu unterschätzender Wirtschaftszweig.

Ebenso wie das Vollblutpferd (siehe Seite 160) ist das Galopprennen gewissermaßen die Formel 1 des Reitsports – und nicht nur deshalb, weil es um Schnelligkeit geht! Man investiert riesige Geldsummen in das, was man als Forschung und Entwicklung bezeichnen könnte – Ausrüstung, Tierarztkosten, Zuchttechniken, Transport. Und genauso, wie der normale Autofahrer von dem profitiert, was von Grand-Prix-Motorteams ausgetüftelt wurde, profitiert auch der Freizeitreiter von dem, was für den Pferderennsport entwickelt, erprobt und für gut befunden wurde: zum Beispiel vom Reithelm, der anfangs für Jockeys gedacht war, oder von der Entwicklung der Pferdetransporter. Der erste dieser Transporter wurde 1816 für Rennpferde gebaut, und durch die Globalisierung des Pferdesports sind Reisen per Flugzeug für Pferde heute schon fast Routine.

Der organisierte Sport ist vermutlich das letzte Vermächtnis des britischen Empire an die restliche Welt. Fast alle populären Sportarten wie Cricket, Tennis, Golf und Fußball entwikkelten sich in der zweiten Hälfte des 19. Jahrhunderts in ihrer heutigen Form, doch der Galoppsport übertrifft sie alle. Vollblüter kamen zwischen 1750 und 1850 auf. Galopprennen in ihrer heutigen Form gibt es seit etwa 1800.

Geschichte

Keine Pferdesportart ist so gut und so ausführlich dokumentiert wie der Rennsport. Die älteste heute noch bestehende englische Rennstrecke liegt in Chester. Auf ihr fanden bereits 1540 Pferderennen statt. 1580 wohnte Königin Elisabeth I. den Rennen in Salisbury Plain bei. Noch vor 1600 wurde eine Rennstrecke in der Karte von Doncaster eingetragen. 1640 fand ein Rennen in Epsom statt. Die Vormachtstellung von Newmarket entstand 1700 infolge des königlichen Patronats, das zur Popularität des Sports beitrug. Charles II. hatte die Stadt bereits 1660 zu seinem Wohnsitz gemacht.

Oben: Auf einer Strecke von 1000 m, der kleinsten Wettkampfstrecke, können Rennpferde eine Spitzengeschwindigkeit von 65 km/h erreichen. Die Geschwindigkeitsrekorde werden ständig gebrochen, obwohl die Zeiten nicht mehr so dramatisch verbessert werden wie noch in den Anfangszeiten der Vollblutzucht.

ECLIPSE

Eclipse wurde 1764 als Sohn von Marske geboren, der wiederum ein Enkel von Darley, einem der drei Gründerhengste der Vollblutzucht, war. Eclipse ging sein erstes Rennen, eine Strecke von 6,4 km, im Alter von fünf Jahren in Epsom Downs – und gewann es. Im Laufe seiner 17 Monate langen Karriere gewann er jedes Rennen. Später war er 19 Jahre lang Deckhengst – und zeugte 355 Gewinner. Eclipse gründete eine der drei wichtigsten Hengstlinien in der Vollblutzucht – 90 % der heutigen Vollblüter gehen direkt auf ihn zurück.

Der Rennkalender, in dem alle Rennen und Ergebnisse verzeichnet werden, wurde 1727 erstmals veröffentlicht. 1740 verbot das englische Parlament alle kleineren Rennen, bei denen es um geringe Summen ging, um den Sport in größerem Rahmen zu fördern. Der Sieger des ersten Derby 1780 hieß Diomed; alle Derbys laufen auch heute noch in der damaligen Form ab. In Großbritannien gibt es 59 Rennbahnen. Die einzigen Wochentage, an denen keine Rennen stattfinden, sind der Karfreitag und der Heilige Abend.

Galopprennen – und die dazugehörige Industrie – verbreiteten sich vorzugsweise überall dort, wohin der britische Einfluß reichte. Das erste offizielle Pferderennen in Nordamerika fand 1665 auf Long Island, New York, statt. Frankreichs erstes organisiertes Rennen wurde 1776 in Paris gestartet. Das erste Rennen in Deutschland fand 1822 in Mecklenburg statt, die ersten italienischen Wettbewerbe 1837 in Florenz und Neapel. Auf der südlichen Welthalbkugel startete das erste organisierte Rennen im australischen Sidney 1810 und 1842 im neuseeländischen Auckland.

Die Struktur des Sports

Die Struktur des Galopprennsports verwirrt Laien oft – im Grunde ist sie aber sehr einfach und überall auf der Welt gleich. Am Anfang steht der Pferdebesitzer, von dem alle anderen Faktoren abhängen. Der Eigentümer (eine Einzelperson, eine Partnerschaft, ein Syndikat, ein Club oder jede andere Geschäftsverbindung) beschäftigt einen Berufstrainer, der für das Pferd sorgt und es für die Rennen trainiert, sowie einen Jockey, der das Tier reitet. Der Besitzer kann zum Beispiel eine Person von der gesellschaftlichen Stellung eines Scheichs wie Mohammed Al Maktoum sein – ein Mitglied einer der reichsten Familien der Welt, des Herrscherhauses des Emirats Dubai mit Tausenden von Pferden, die unter seinen Farben Rennen in der ganzen Welt laufen –, ebenso aber auch ein Mitglied eines kleinen

Oben: Rennpferde sind es gewohnt, mit dem Flugzeug zu reisen – beim Verkauf oder zu Rennen im Ausland. In den Maschinen gibt es sichere Boxen für die Pferde, die während des Flugs ständig beaufsichtigt werden.

Galopprennen

Syndikats oder eines Rennclubs mit einem einzigen Pferd.

Manche Besitzer halten ihre Pferde nur als Hobby und ohne finanzielle Interessen; für andere dagegen ist es nur ein Geschäft (die Pferde tragen oft einen Firmennamen und die Jockeys die entsprechende Reklame auf ihrem Dreß); manchmal ist es auch eine Kombination aus beidem. Ein Besitzer kann selbst Züchter sein oder seine Pferde von einem Züchter kaufen. Den reichsten Besitzern – in Europa sind das Scheich Mohammed und die anderen Mitglieder der Maktoum-Familie, Khaled Abdullah, Aga Khan, Cheveley Park Stud – gehören riesige Gestüte, die deren Bedarf decken.

Die berühmtesten Trainer genießen das Vertrauen der großen Pferdebesitzer und trainieren oft mehr als 200 Tiere. Für diese Arbeit steht ihnen ein großer Stab an Mitarbeitern zur Verfügung, der vom Stallburschen bis zum Jockey reicht. Die Jockeys – übrigens immer mehr Frauen – arbeiten freiberuflich und werden entweder vom Besitzer oder vom Trainer eines Pferdes verpflichtet. Sie sind am Gewinn beteiligt. Amateurjockeys nehmen nur an kleineren Rennen teil.

Dahinter steht noch das Gestütswesen. Züchter liefern junge Pferde – meist Jährlinge – zu Hunderten, manchmal für geradezu unglaubliche Summen (der teuerste Jährling, der je verkauft wurde, wechselte 1985 für 3,1 Millionen Pfund Sterling den Besitzer); andere schikken jährlich nur ein oder zwei Pferde zur Auktion. Das Gros der gehandelten Pferde wird über Auktionen verkauft; die beiden größten Auktionshäuser sind Tattersall in Newmarket und Keeneland in Kentucky.

Der Rennkalender

Die Galopprennen beginnen für die Pferde als Zweijährige über eine Distanz von 1000 beziehungsweise 4400 Metern. Die wichtigsten Rennen sind die klassischen Rennen der Dreijährigen und die offenen Rennen über mittlere Distanzen zwischen 2000 und 2400 Metern – die Gewinner werden oft zu Zuchtzwecken gekauft und sind daher doppelt wertvoll. In fast allen Ländern finden klassische Rennen statt, in denen die Pferde getestet werden: Die wichtigsten Rennen sind British 1000 Guineas (erstmals 1814 für Zweijährige) und 2000 Guineas (erstmals 1809 für Zwei- und Dreijährige), die beide in Newmarket stattfinden

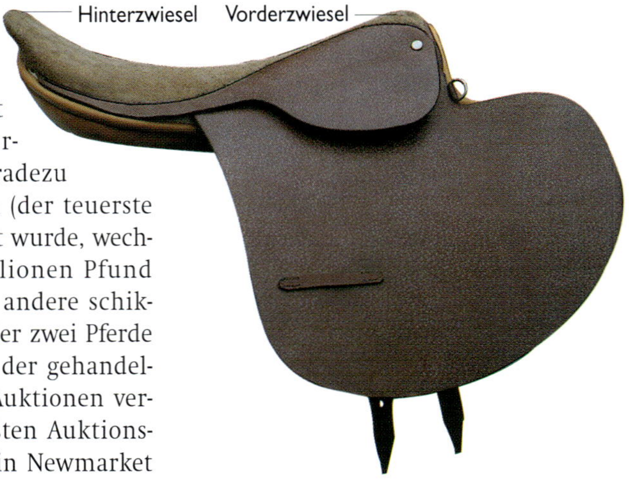

Oben: Rennsättel sind kleiner und leichter als normale Sättel. Das Sattelblatt liegt extrem weit vorn, da die Knie des Jockeys wegen der kurzen Steigbügel so weit vorn liegen. Der kleinste Plastiksattel ist nur noch ein Stück Plastik, an dem die Steigbügel befestigt sind.

Unten: Das Derby im englischen Epsom geht über eine Strecke von 2400 Metern, die die Pferde in jeder Beziehung fordert: Der Gewinner braucht Balance, Wendigkeit, Durchhaltevermögen und natürlich Schnelligkeit. Dies ist das schwierigste Geläuf der Welt – der Jockey, der an der Spitze des Felds bleiben will, muß taktisch klug reiten.

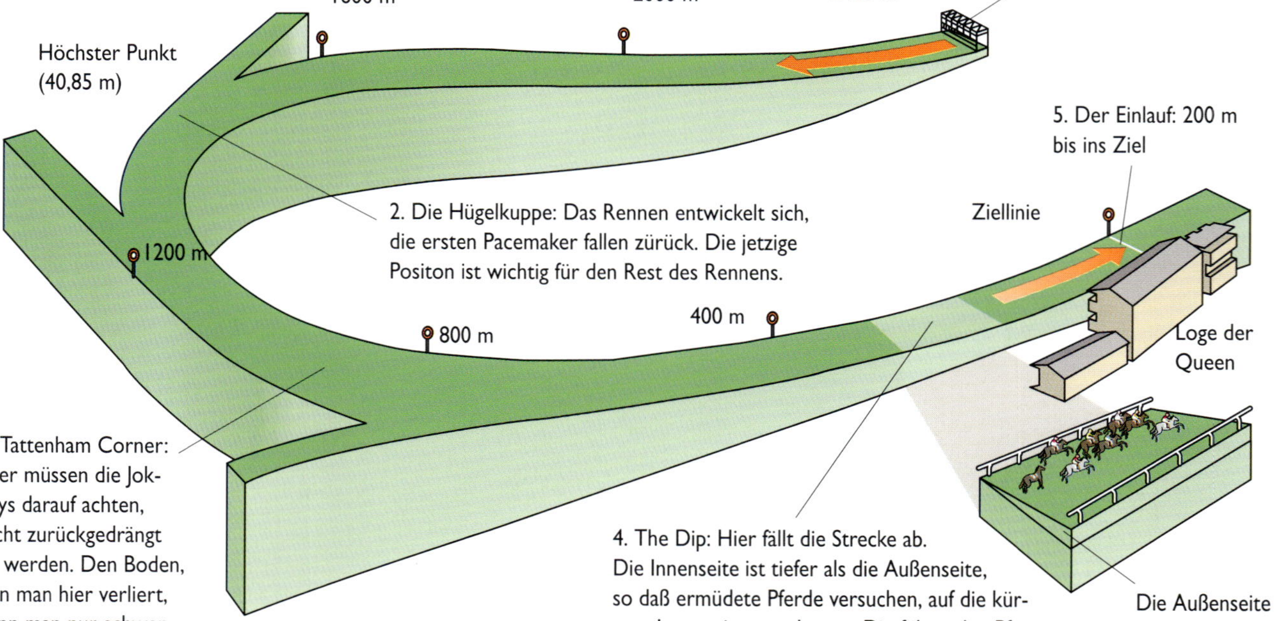

Oben: Farben und Aufregung beim Galopprennen – Pferde und Reiter bei einem engen Finish. Hier sind einige der berühmtesten Besitzer der Welt repräsentiert wie Hamdan Al Maktoum (gestreifte Kappe, rechts), Robert Sangster (getupft, zweiter von rechts) und Khaled Abdullah (rosa Kappe, Mitte).

SEKRETARIAT

Sekretariat wurde 1970 in Virginia geboren. Der Hengst hatte eine Schrittlänge von 7,6 m und gewann 16 von 25 Rennen, darunter auch den ersten American Triple Crown. Sein Sieg in Bemont bleibt unvergessen: Sekretariat verwandelte das Rennen in eine gloriose Vorstellung von Kraft und Schnelligkeit: Im Finish hatte er 31 Längen Vorsprung, brach bei 2400 m den bisherigen Rekord um 2,6 Sekunden und stellte, nachdem ihn sein Jockey Ron Turcotte bis zum Schluß des Rennens gefordert hatte, bei 2600 m einen neuen Weltrekord auf.

und über 1600 Meter gehen; das Derby (erstmals 1780 für Zwei- und Dreijährige) und Oaks (erstmals 1779 für Dreijährige), beide finden im Juni in Epsom statt und gehen über 2400 Meter; und das St. Leger (erstmalig im Jahr 1776 für Zwei- und Dreijährige) im September über 2800 Meter. Das berühmteste Rennen Amerikas ist das Kentucky-Derby in Churchill Downs, das über 2000 Meter geht und 1875 erstmals ausgetragen wurde.

Die wichtigsten Rennen in Europa sind das King George and Queen Elisabeth Diamond Stakes in Ascot sowie der Prix de l'Arc de Triomphe in Longchamps, Paris. In finanzieller Hinsicht wurden diese Rennen jedoch längst von später ins Leben gerufenen Veranstaltungen wie dem Japan Cup, dem Dubai Cup und den Breeders Cup Series in Nordamerika überflügelt.

Rennstrecken

Ein Reiz der Rennen in Großbritannien sind die unterschiedlichen Rennstrecken. In Amerika ist das Geläuf zumeist ein Oval, das auf der linken Hand geritten wird. England hingegen bietet das weite und offene Gelände von Newmarket, den exakten Zirkel in Chester, die abwechslungsreiche Strecke in Goodwood, das schwierige Geläuf mit den engen Kurven in Epsom und die faire, weit ausschwingende Rennstrecke von York. Die meisten Rennen in Europa finden vom Frühjahr bis zum Herbst statt. Allwetterbahnen ermöglichen jedoch das ganze Jahr über Rennen auf einem immer gleichen Geläuf.

Wie in allen Gebieten, in denen es um viel Geld geht, gibt es auch im Galopprennsport Mißbrauch. Während in früheren Jahren nicht immer alles mit rechten Dingen zuging, verlaufen die Rennen heute aber nach strengen Regeln. Ernsthafte Verstöße gegen das Reglement sind selten. In jedem Land kontrolliert eine nationale Organisation die Rennen und deren Ergebnisse. In Deutschland ist dies das Direktorium für Vollblutzucht und Rennen in Köln. Organisiert werden die Rennen aber von den einzelnen Rennvereinen. Außerdem hat jedes Land ein Renngericht, das Vergehen streng ahndet und somit die Seriosität des Rennsports wahrt.

Die wichtigsten Rennen sind:

- ✦ Kentucky Derby, Churchill Downs, USA (Mai)
- ✦ 1000 Guineas, Newmarket, GB (Mai)
- ✦ 2000 Guineas, Newmarket, GB (Mai)
- ✦ Derby, Epsom, GB (Juni)
- ✦ Oaks, Epsom, GB (Juni)
- ✦ King George VI and Queen Elisabeth Diamond Stakes, Ascot, GB (Juli)
- ✦ St. Leger, Doncaster, GB (September)
- ✦ Prix de l'Arc de Triomphe, Longchamps, Paris (Oktober)
- ✦ Melbourne Cup, Flemington, Australien (November)
- ✦ Breeders Cup Series, USA (jedes Jahr auf einer anderen Rennbahn)
- ✦ Japan Cup, Tokio (November).

Hindernisrennen

Geschichte ✦ Heutige Rennen ✦ Aintree ✦ Cross-country-Rennen

Hindernisrennen sind nicht so populär wie Flachrennen, was sich auch im Wettgeschehen ausdrückt. Die Preisgelder sind wesentlich geringer und die Ergebnisse für die Zucht unerheblich, da es sich bei den meisten teilnehmenden Pferden um Wallache handelt. Während Flachrennen sich allmählich zu einer Art Industrie entwickeln, bieten Hindernisrennen noch echten Sport. Die wichtigsten dieser Rennen finden in Großbritannien statt.

Geschichte

1752 ritten zwei irische Jagdreiter zwischen Buttevant und St. Leger in der Grafschaft Cork über eine Strecke von 7,2 Kilometern um die Wette – das erste Hindernisrennen der Welt.

Das erste schriftlich belegte Hindernisrennen wurde 1792 in Leicestershire ausgetragen. In den Anfangsjahren dieses Sports wurden noch natürliche Hindernisse übersprungen, und die Teilnehmer konnten sich ihre Strecke selbst aussuchen. Im Grunde handelte es sich bei den Rennen anfangs noch um eine Art Jagd, an deren Ende allerdings nicht das Wild als Beute stand, sondern ein Preis winkte. Im Jahr 1811 fand in Bedford das erste Hindernisrennen über einen künstlichen Kurs statt.

Oben links: Ein Sprung aus der Froschperspektive gesehen. Die Zuschauer am Zaun bekommen im Gegensatz zu denen auf der Tribüne einen Eindruck von der Geschwindigkeit und der Hektik des Rennens.

Links: Der Aufmarsch der Pferde in Cheltenham vor dem Panorama der Cleeve Hills. Diese bilden den Hintergrund zu der Zeltstadt, die hier an Renntagen aus dem Boden schießt. Der Gloucestershire-Kurs liegt in einem natürlichen Amphitheater.

Moderne Rennen

Jagdrennen, die schwerere Form der Hindernisrennen, führen über feste Hindernisse, wobei Wälle, Mauern und Gräben unterschiedlicher Höhe und Breite einander ständig abwechseln. In jedem Rennen sind zwei oder drei Wassergräben, hinter denen ein Hindernis steht, sowie ein Wassereinsprung mit einem Hindernis davor zu bewältigen. Die Hindernisse bei Jagdrennen sind bis zu 1,37 m hoch.

„Die Übung, welche ich nicht lobe, ist das Pferderennen, denn es ist damit gar zu viel Betrügerei verknüpft. Auch sehe ich nicht ein, welches Vergnügen ein tapferer Mann an einem Tier haben kann, dessen Hauptvorteil darin besteht, daß es uns zu schneller Flucht verhilft."

Lord Herbert on Cherbury

Die Hindernisse bei Hürdenrennen sind 0,80 m bis 1,10 m hoch, bestehen aber aus Hecken oder Holzgestellen, die mit Reisig bestückt sind, das durchsprungen werden kann.

Das berühmteste Jagdrennen der Welt, das Grand National, findet jährlich in Aintree statt. Dieses Rennen wird seit 1839 auf einem einzigartigen Kurs abgehalten: 30 mit Fichten abgedeckte, feste Hindernisse von über 1,50 m Höhe, die sich auf einer Strecke von 7,2 Kilometern verteilen. Aintree ist ein sehr schweres Rennen, bei dem jedes Jahr Pferde stürzen, sich verletzen und oft an Ort und Stelle getötet werden müssen. Proteste von Tierschützern haben aber dazu geführt, daß einige der gefährlichsten Hindernisse entschärft wurden.

Die Hindernisse der meisten Rennen in Großbritannien und Irland sind ähnlich. Der Schwierigkeitsgrad der Rennen ergibt sich aus der Kombination von Hoch- und Weitsprüngen und aus der Streckenführung.

Oben: Desert Orchid, einer der Stars des Hindernisrennens, zeigt seinen Stil am Hindernis, gefolgt von Charcoal Willy. In zehn Rennsaisons gewann Desert Orchid 34 von 72 Rennen, dazu viermal den King George VI., was bisher keinem anderen Pferd gelang.

In Kontinentaleuropa dagegen sind die Rennen mit sehr unterschiedlichen Hindernissen bestückt. Das berühmteste Hindernisrennen Frankreichs findet in Auteuil bei Paris statt, wo es neben den üblichen Standardhindernissen auch Wasserein- und -aussprünge, feste Zäune und einen hohen Aufsprung auf einen Wall zu meistern gilt. Ansonsten sind die Hindernisrennen in Frankreich eine Art Miniaturausgabe der entsprechenden britischen Rennen. Jagdrennen in Irland und England können auch von Amateurreitern bestritten werden und sind wahre Publikumsmagneten, bei denen Wetten im großen Stil abgeschlossen werden. In Großbritannien gibt es 39 Jagdrennstrecken, in Irland 26. Früher fanden Hindernisrennen nur im Winter statt, doch heute wird das ganze Jahr über geritten. Die besten Pferde erscheinen aber erst ab dem Spätherbst auf der Bahn.

Das höchstdotierte Rennen Großbritanniens ist der Cheltenham Gold Cup, der seit 1924 ausgetragen wird. Der erste Gewinner hieß Red Splash, doch am meisten Geld brachte der fünfmalige Sieger Golden Miller (1932–1936) ein. Golden Miller ist das einzige Pferd, das im gleichen Jahr auch das Grand National gewann.

Viele Pferde, die bei Hindernisrennen starten, waren auf der Galopp-

Hindernisrennen

rennbahn zu langsam; andere stammen aus Zuchten, in denen härtere Pferde speziell für Hindernisrennen gezüchtet werden. In England und Irland dürfen Pferde erst mit dreieinhalb Jahren an Hindernisrennen und mit fünf Jahren an Jagdrennen teilnehmen. Viele erfolgreiche Pferde sind jedoch älter als zehn Jahre.

Amateurrennen

Wie im Galoppsport finden auch im Hindernisrennen Wettbewerbe für Amateurjockeys statt. Voraussetzung für einen Start ist die Anerkennung des jeweiligen nationalen Jockeyclubs.

Normalerweise reiten die Amateurjockeys ihre Rennen auch auf internationaler Ebene. Sie können darüber hinaus an Rennen mit professionellen Jockeys teilnehmen.

Bekannte Rennen

Das Grand National in Großbritannien ist das wohl berühmteste Hindernisrennen der Welt und das Ziel aller Jockeys und Pferdebesitzer. Beim Grand National werden die Gewichte der Reiter so ausgeglichen, daß jedes Pferd theoretisch dieselbe Chance hat.

Die „Krone" des Hindernisrennens jedoch ist der Cheltenham Cup. Die 5,2 km lange Strecke führt über 22

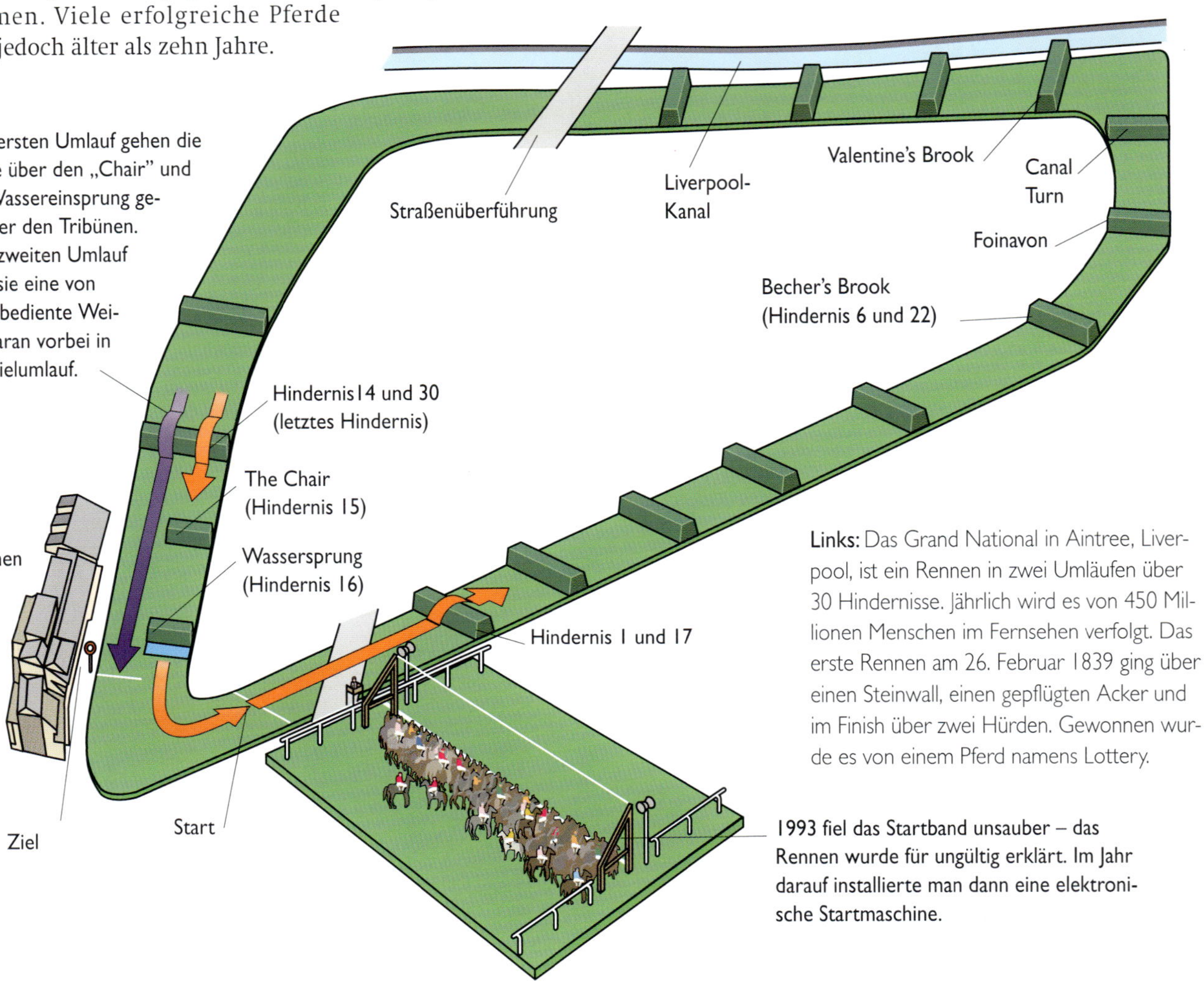

Links: Das Grand National in Aintree, Liverpool, ist ein Rennen in zwei Umläufen über 30 Hindernisse. Jährlich wird es von 450 Millionen Menschen im Fernsehen verfolgt. Das erste Rennen am 26. Februar 1839 ging über einen Steinwall, einen gepflügten Acker und im Finish über zwei Hürden. Gewonnen wurde es von einem Pferd namens Lottery.

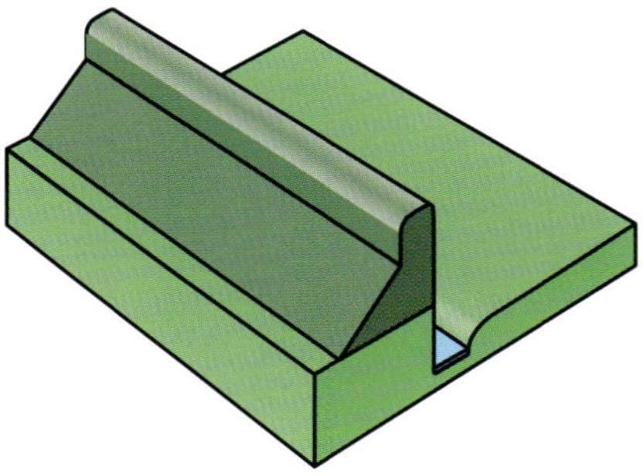

Unten: Becher's Brook (Hindernis 6 und 22): Der äußerst gefährliche Absprung in die Tiefe wurde 1990 durch Anheben der hinteren Stufe etwas entschärft.

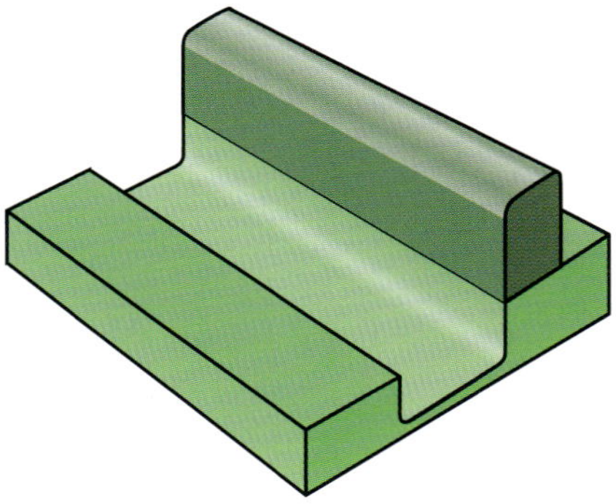

Unten: The Chair (Hindernis 15) – mit 1,57 m das höchste und mit einem 2 m breiten Graben davor das engste Hindernis. Hier muß sauber abgesprungen werden.

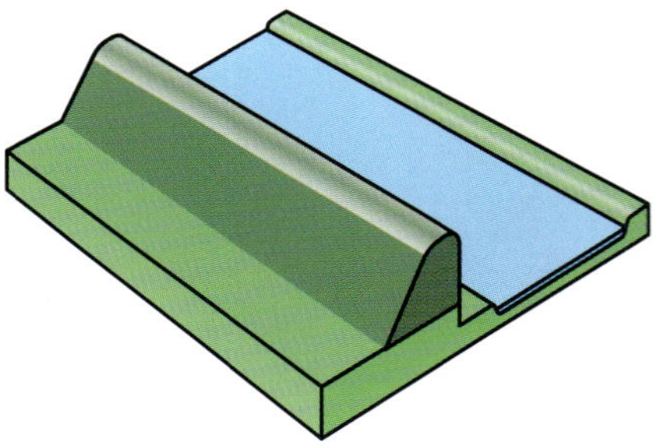

Unten: Der Wassersprung (Hindernis 16) ist ein Weitsprung, der nur geringe Probleme bereitet. Er ist eher eine Erholung, bevor die Pferde in den zweiten Umlauf gehen.

Oben: Auteuil, die erste Adresse für Hindernisrennen in Frankreich, liegt im Pariser Bois de Boulogne. Die Rennstrecke bildet eine Acht und wartet mit sehr unterschiedlichen Hindernissen auf.

Hindernisse und erfordert ein großes Durchhaltevermögen. Mittelmäßige Pferde haben hier nicht den Hauch einer Chance. Vergleichbar damit ist Auteuil bei Paris; das Rennen findet jährlich im Juni über eine Strecke von 5,8 Kilometern statt. Bisher ist es nur zwei Pferden gelungen, beide Rennen zu gewinnen: Mandarin, der 1962 beide Rennen gewann, und The Fellow, der 1991 in Paris und drei Jahre später auch in Cheltenham siegte.

Außerhalb Großbritanniens, das eine sehr spezielle Hindernisrennkultur kennt, sind die Hindernisrennen eher „Cross-country"-Rennen. Das berühmteste, aber mit Sicherheit auch berüchtigtste findet jährlich im tschechischen Pardubice statt.

Bilder von sterbenden und toten Pferden beim Rennen in Pardubice sind jedes Jahr in den Medien zu sehen. Die Proteste von Tierschützern führten zwar zu einer geringen Entschärfung der Hindernisse, dennoch erreichen nur etwa zwei Drittel der Pferde – oft entkräftet und mit Schäden fürs ganze Leben – das Ziel. Dabei sind die Hindernisse auf der 6,8 km langen Strecke nicht einmal besonders hoch, aber „gemein", d. h. für die Pferde kaum taxierbar. Der Sturz eines einzelnen Pferdes zieht meist auch den der nachfolgenden Reiter und Tiere nach sich.

Die wichtigsten Rennen in Nordamerika sind der Colonial Cup in Camden, South Carolina, der über traditionelle Hindernisse geht, und der Maryland Hunt Cup, der über feste Holzzäune führt. Das amerikanische Pferd Jay Trump gewann den Hunt Cup zweimal, 1964 das Grand National und belegte zudem den dritten Platz im Grand Steeplechase.

Unten: Amateurreiter bei einem Rennen in Herefordshire. Nach einer Krankheit oder einer Verletzung setzt man Pferde zuerst in den geringer dotierten Amateurrenenn ein, um ihnen den Wiedereinstieg zu erleichtern.

A R K L E

◆

Arkle ist der Inbegriff eines Hindernisrennpferdes. Er wurde 1957 in der Grafschaft Dublin geboren und gewann 27 Rennen, darunter zwischen 1961 und 1966 dreimal den Cheltenham Gold Cup. Arkle hatte eine derartige Vormachtstellung inne, daß die Rennen in zwei Kategorien aufgeteilt wurden: eine, in der er startete, und eine, in der er nicht am Start war. Arkles Karriere endete 1966 mit einem Beinbruch. Am 31. Mai 1970 mußte er wegen einer Brucellose eingeschläfert werden. Sein Skelett steht jetzt im Irish Horse Museum in Tully.

Springreiten

Die Anfänge ✦ Regeln und Organisation ✦ Springsitz ✦ Parcoursbau

Springreiten ist zwar die jüngste und vermutlich künstlichste reiterliche Wettkampfdisziplin, aber auch diejenige, mit der sich die meisten Reiter identifizieren können. Das Konzept ist einfach: Das Pferd muß in einer Halle oder auf einem Platz über eine Reihe bunter, leicht fallender Hindernisse springen – ein dramatisches und publikumswirksames Spektakel, das mit viel Kraft und Akkuratesse aufgeführt wird.

Geschichte

Die erste Veranstaltung, die man als Springturnier bezeichnen könnte, fand 1865 bei der Dublin Horse Show statt. 1866 wurde in Paris ein „concours hippique" veranstaltet, bei dem die Teilnehmer nach ihrem Erscheinungsbild beurteilt wurden und über einige natürliche Hindernisse im Gelände sprangen. Das nächste Stadium war das Springen über aus Balken angefertigte Hindernisse, das bereits auf eingezäunten Plätzen stattfand – allerdings als eine Art Pausenfüller bei weitaus wichtigeren Ereignissen wie zum Beispiel Fahrturnieren.

Im Jahr 1883 jedoch wurde auf einem New Yorker Turnier bereits ein relativ anspruchsvolles Springen veranstaltet. Ab etwa 1900 gewann der Springsport an Format. Ein Meilenstein war 1908 die Gründung der jährlichen International Horse Show im Olympia in London.

Von Beginn an war der Springsport international ausgerichtet. Der erste Nations Cup – heute immer noch das

Links: Der Engländer Geoff Billington und sein brauner Wallach It's Otto demonstrieren die Kraft und den sauberen Springstil, die sie zu internationalen Erfolgen brachten. Auffallende Pferde wie It's Otto gehören immer zu den Publikumslieblingen.

Oben: Springturniere eignen sich hervorragend für den Hallensport, weil das Publikum dann ganz nahe am Geschehen ist. Mittlerweile finden sie sogar – wie hier die Horse of the Year Show in Wembley, London – bei Flutlicht statt.

Rechts: Die Hindernisse bei den Olympischen Spielen in Atlanta 1996 hatten jeweils einen Bezug zum Gastland USA und waren sehr phantasievoll gestaltet. Hier springt Michael Withaker, ein Mitglied der nicht plazierten britischen Mannschaft, auf Two Step die Mount-Rushmore-Mauer.

HALLA

Halla war das Idol des deutschen Springsports der 50er Jahre. Sie lief anfangs Galopprennen, wurde dann in der Military eingesetzt und fand schließlich in Hans Günter Winkler „ihren" Reiter . Mit ihm zusammen gewann sie 1954 und 1955 die Weltmeisterschaft und nahm 1956 an den Olympischen Spielen in Stockholm teil. Dort zog sich Winkler in der ersten Runde einen zwar Muskelriß zu, doch Halla beendete den anspruchsvollen zweiten Durchgang als einziges Pferd ohne Fehler und holte für Deutschland damit zwei Goldmedaillen in der Einzel- und in der Mannschaftswertung.

wichtigste Mannschaftsturnier – wurde im Jahr 1910 veranstaltet. 1911 startete bereits eine Mannschaft aus den USA im Olympia, und ein Jahr später wurden bei den Olympischen Spielen in Stockholm sogar schon Mannschafts- und Einzelmedaillen verliehen (es siegten Schweden und der Franzose Jean Cariou).

In den ersten Jahren gab es bereits Strafpunkte für ein Verschieben der leichten Hindernisstangen, und man differenzierte zwischen Abwürfen durch die Vor- oder die Hinterhand. Die Teilnehmer, die damals fast alle aus Militärkreisen kamen, durften ihren Pferden die Hindernisse vor dem Springen zeigen. Es gab Punkte für den Reitstil, und jedes Hindernis wurde anders bewertet. Jede Nation hatte ihre eigenen Regeln, manchmal sogar jeder Veranstalter.

Der Einfluss Caprillis

Der Name Caprilli spielt in der Geschichte des Springreitens eine große Rolle. Der Italiener Capitano Federico Caprilli (1868–1907) entwickelte den heutigen Springsitz, der dem Pferd den Rücken freigibt und es ihm so ermöglicht, sich über dem Sprung auszubalancieren. Vor Caprillis Innovation sprang man noch im Vollsitz, oft leicht nach hinten geneigt, und behinderte das Pferd eher, als daß man ihm den Sprung erleichterte.

Der heutige leichte Springsitz hat als Fundament eine gedachte senkrechte Linie, die durch Schulter, Knie, Wade und Fuß des Reiters verläuft, wobei das Gesäß weit nach hinten verlagert ist. So sitzt der Reiter in jeder Sprungphase im Gleichgewicht und stört das Pferd nicht in der Bewegung. Erst durch diese neuartige Sitzhaltung wurde es möglich, wirklich hohe Hindernisse zu überwinden.

Der leichte Springsitz wurde zunächst in der italienischen Militärakademie, später in der Militärakademie in Hannover propagiert und setzte sich relativ schnell durch.

Regeln

Springprüfungen können in der Halle oder im Freien stattfinden. Für jedes Turnier wird ein neuer Parcours gebaut; lediglich die sogenannten „Derbys" wie in Hamburg oder in Hickstead werden immer auf dem gleichen Parcours gesprungen. Die Derby Bank und der Devil's Dyke in Hickstead sind die berühmtesten Hindernisse der Welt.

Oben: Die Aachener Soers ist einer der berühmtesten Turnierplätze der Welt. Der große Komplex mit Reitplätzen, Ställen und Unterkünften für Reiter und Pferdepfleger wird regelmäßig für Meisterschaften auf nationaler und internationaler Ebene genutzt.

Springreiten

Bei einem klassischen Springen wird die erste Runde nach Fehlern und die zweite, verkürzte Runde mit meist erhöhten Sprüngen nach Fehlern und Zeit gewertet. Es gibt dabei viele Variationen: Bei einem Zeitspringen geht es von Anfang an gegen die Uhr; beim Mächtigkeitsspringen werden die Hindernisse – vor allem die Mauer – nach und nach erhöht. Bei anderen Prüfungen kann sich der Reiter aussuchen, in welcher Reihenfolge er die Hindernisse springt, usw. Die Strafpunkte sind einheitlich: vier Punkte für einen Abwurf, drei Punkte für den ersten Ungehorsam (Verweigerung oder Vorbeireiten), drei für den zweiten und Ausscheiden beim dritten Ungehorsam.

Unten: Der Hochsprung erfordert exaktes Reiten und Taxieren. Das Hindernis kann aus Stangen oder Latten bestehen oder die Form einer Mauer oder eines Tores haben.

Unten: Die Triplebarre, ein ansteigender Stufensprung, lädt zum Springen geradezu ein. Bei diesem Sprung gibt es manchmal einen seitlichen Fang.

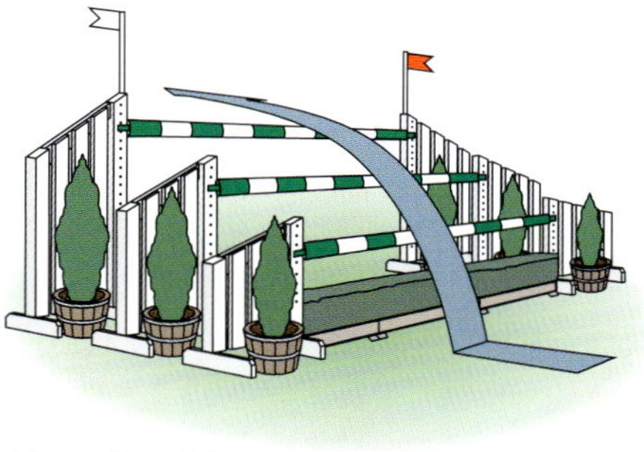

Unten: Die eckige Form des Oxers entsteht durch zwei hintereinanderliegende Stangenreihen. Bei der einfachen Version ist die hintere Reihe etwas höher.

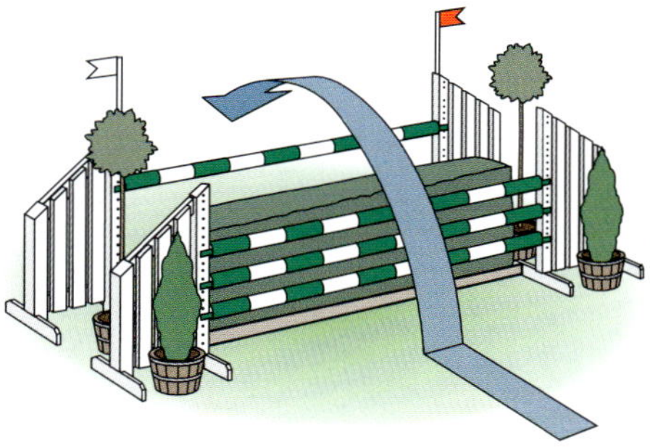

Unten: Der Schweinerücken ist ein eher seltenes Hindernis. Es hat aber den Vorteil, daß man es – da die obere Stange in der Mitte liegt – von beiden Seiten springen kann.

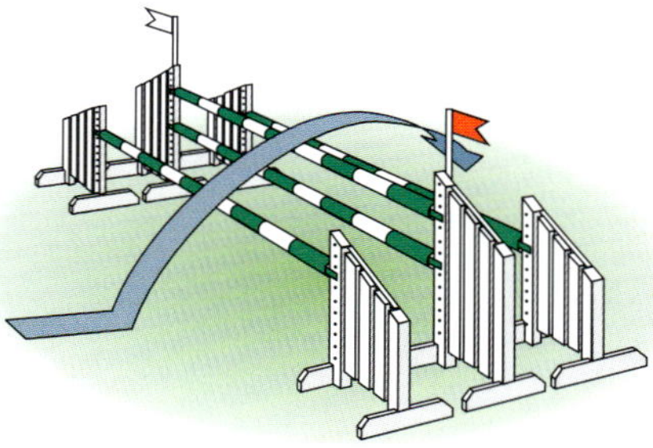

Hindernisse

Es gibt eine Vielzahl von Hindernissen: Hoch- und Weitsprünge, treppenartige Sprünge (vorn die niedrigste, hinten die höchste Stange), Parallelsprünge oder Oxer (die vordere und die hintere Stange sind gleich hoch) oder den Schweinerücken (die Stange in der Mitte ist erhöht). Ein Wassersprung mit oder ohne einem niedrigen Hindernis darin verlangt nach einem weiten, flachen Sprung. Oft wird der Wassergraben auch vor ein Hindernis gelegt. Die Hindernisse werden phantasievoll und oft mit Bezug auf das Turnier gestaltet.

Der Parcours

Von den Fähigkeiten des Parcoursbauers hängt sehr viel ab. Er muß einen Parcours bauen, der das Publikum unterhält, Pferd und Reiter fordert (das gilt für Einsteigerturniere ebenso wie für Olympische Spiele) und für Spannung sorgt. Der Parcours darf nicht zu einfach, aber auch nicht zu schwierig sein. Die reiterlichen Fähigkeiten

kann der Parcoursbauer durch Hindernisse testen, die zum einen Mut und zum anderen Genauigkeit erfordern. Ein Hochsprung beispielsweise, der einen korrekten Absprung verlangt, kann direkt auf einen Weitsprung folgen, bei dem das Pferd sich strecken und Tempo machen mußte.

Der Parcours wird vor dem Springen von den Reitern abgegangen, so daß sie sich ein Bild von den Hindernissen und vom Ablauf machen können – wo sie Zeit sparen können, wo sie Tempo machen oder Tempo zurücknehmen müssen usw. Wenn zwischen zwei Hindernissen zum Beispiel Platz für sechs Galoppsprünge ist, kann man versuchen, es mit fünf zu schaffen und so Zeit zu sparen.

Internationaler Sport

Derbys gehören zu den Spitzenveranstaltungen im internationalen Springsport. Die Anforderungen sind extrem hoch, die Parcoursstrecken lang und Null-Fehler-Ritte äußerst selten. Vielleicht sind Derbys gerade deshalb derartige Publikumsfavoriten.

Das eigentliche Original, das Jumping Derby im englischen Hickstead, ist wahrscheinlich das berühmteste Springturnier der Welt. Der dortige Parcours ist 1200 m lang und mit 16 Hindernissen gespickt, die sich in 23 Sprünge aufteilen.

Ebenso attraktiv sind die Springen in Hamburg, Berlin, Münster und ganz besonders in der Aachener Soers. Hier finden viele nationale Springturniere und das CHIO (Concours Hippique International) statt, das jedes Land nur einmal jährlich ausrichten darf.

Deutschland gehört zu den Spitzennationen im Springsport. Die ersten weltberühmten deutschen Springreiter waren Fritz Thiedemann mit seinem Holsteiner Meteor und Hans-Günter Winkler mit Halla.

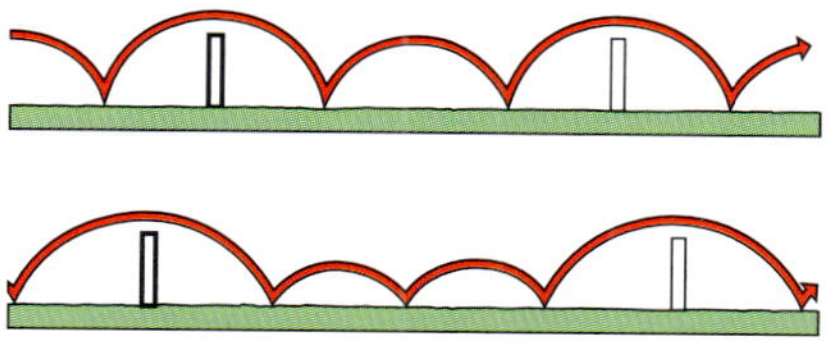

Links: Der Hochweitsprung in eine zweifache Kombination erfordert vom Pferd einen kraftvollen Sprung, der es auf den Absprung zum Hochsprung vorbereitet. Zweifache Kombinationen gibt es mit einem (oben) oder zwei Schritten (unten) zwischen den Sprüngen.

Parcoursführung

In einem guten Parcours zeigt sich die Harmonie zwischen Reiter und Pferd. Die Hindernisse stellen wegen ihrer unterschiedlichen Größe, Konstruktion und Kombination verschiedene Anforderungen. Der unten dargestellte Parcours für das Mannschaftsspringen bei den Olympischen Spielen in Atlanta 1996, den Linda Allen baute, ist dafür ein hervorragendes Beispiel. 13 Hindernisse mit 16 Sprüngen erfordern mehr Technik als Kraft.

Zwischen dem elften Hindernis, einem Hochsprung, und dem zwölften, einer Kombination aus Triplebarre und Oxer, liegen sieben oder acht Galoppsprünge.

Nach einem Weitsprung über den 4,3 m breiten Wassergraben müssen die Pferde vor dem nächsten Hochsprung, einem Westerntor mit Mauer, stark aufgenommen werden.

Die fünffache Kombination ist eine echte Herausforderung: ein Wassergaben, eine dreifache Kombination aus zwei Hochsprüngen und einem Weitsprung sowie ein Oxer.

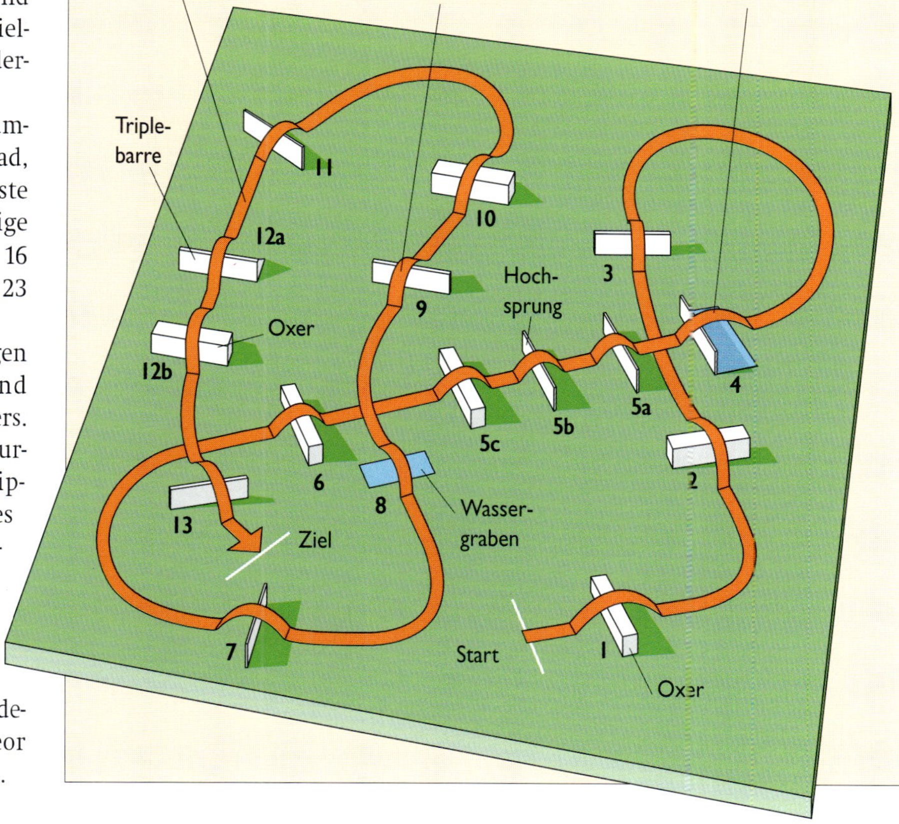

Dressur

Ursprünge ✦ Prüfungen ✦ Dressurviereck ✦ Kür

Dressur bedeutet kein stures Abrichten, sondern die Gymnastizierung des Pferdes. Ziel ist ein geschmeidiges Tier, das dem Reiter willig gehorcht und angenehm zu reiten ist. Die Grundlage der Ausbildung eines jeden Reitpferdes ist daher – oder sollte es zumindest sein – die Dressur.

Der griechische General Xenophon (435–355 v. Chr.) erkannte deren Bedeutung als erster und beschrieb Reiten als Wissenschaft und Kunst. Auf ihn ging die reiterliche Bewegung der Renaissance in Europa zurück, als man das „klassische" Reiten entwikkelte, das die Basis der heutigen Dressur ist. Diese Prinzipien waren auch Grundlage der Ausbildung bei der Kavallerie, die im allgemeinen als die Elite der Pferde und Reiter einer Nation angesehen wurde.

Oben: Isabell Werth, mehrfache Weltmeisterin und Olympiasiegerin von 1996, auf ihrem Pferd Gigolo im starken Trab.

Bei der klassisch iberischen Dressur, die von Ausbildern wie Pluvinel und de la Guérinière geprägt wurde, sind die Bewegungen der Pferde eher hoch als weit; im heutigen Wettkampfsport ist dies unerwünscht.

Die heutige Dressur

In den heutigen Dressurprüfungen sind die Bewegungen der Pferde (Schritt, Trab, Galopp) vorgeschrieben. Erwünscht sind nicht zu hohe, dabei aber raumgreifende Bewegungen – dies waren die Anforderungen der Kavallerie, in deren Tradition die Sportreiterei steht. Für diese Art der Dressur ist das Warmblutpferd wegen seines Exterieurs das geeignetste Pferd.

Die Prüfungen finden in einem Dressurviereck mit international festgelegten Maßen statt. Es gibt Prüfungen für Anfänger (E = Einsteiger und A = Anfänger) bis hin zum Grand Prix und olympischen Wettbewerben.

Die Bewertung jeder einzelnen Figur reicht von 0 (nicht ausgeführt) bis 10 (ausgezeichnet); einfache Prüfungen werden vorgelesen, während höhere auswendig geritten werden.

In den unteren Prüfungen wird auf einem 20 x 40 m großen, in den höheren auf einem 20 x 60 m großen Reitplatz geritten. Die Punkte, an denen für einzelne Hufschlagfiguren abgewendet wird, sind mit Buchstaben gekennzeichnet. Der Reiter reitet also beispielsweise „von F nach D im Trab". In den unteren Prüfungen werden einfache Bewegungen geradeaus in den Grundgangarten gefordert.

Höhere Prüfungen verlangen auch Seitengänge, Verstärkung und Zurücknehmen der Bewegungen in allen Gangarten. Auf höchster Ebene werden die anspruchsvollsten Figuren gefordert, wie die Galopp-Pirouette, bei der sich das Pferd im Takt um ein Hinterbein dreht, die Passage, ein ausdrucksvoller, hoher und raumgreifender Trab, die Piaffe, ein Trab auf der Stelle, der sich aus der Passage entwickelt, und fliegende Wechsel, bei denen die Pferde ohne Zwischenschritt im Galopp von einer auf die andere Hand wechseln. Mehrere Einerwechsel hintereinander stellen den höchsten Schwierigkeitsgrad dar.

Dressurreiten bringt enorme physische und mentale Anstrengungen mit sich – wirklich gute Leistungen erreichen nur die besten Pferde. Grundvoraussetzungen sind ein gutes Exterieur mit einer starken Hinterhand und ein ausgeglichenes Wesen.

In den Prüfungen werden die Taktreinheit der Gänge und die Losgelassenheit des Pferdes beurteilt. Ebensowichtig sind Gehorsam, körperliches Gleichgewicht und die Bereitschaft, den Anweisungen des Reiters zu folgen. Einfachere Prüfungen werden von nur einem Richter beurteilt, der an Punkt C sitzt; die Reiter reiten immer bei Punkt A ein. Bei internationalen Prüfungen werten fünf Richter: Sie sitzen an verschiedenen Bahnpunkten und können jede Phase der Prüfung aus jedem Winkel beurteilen.

Die höchsten und bekanntesten Dressurprüfungen sind der Prix St. George, der Intermédiaire I und II und der Grand Prix. Die Dressurprüfung bei der Vielseitigkeitsprüfung entspricht dem mittleren Standard, also der Klasse L.

Die Kür

Seit einigen Jahren besteht auch die Möglichkeit, eine Kür zu Musik zu reiten. Damit geht man zurück zu den Ursprüngen der Dressur in der Renaissance – die Reiter können auch künstlerische und spielerische Elemente in ihre Darbietung einfließen lassen.

Ziel der Dressur ist die völlige Harmonie zwischen Reiter und Pferd, wobei das Pferd sich mühelos unter dem Reiter bewegen muß; es soll Freude an der Bewegung und an seinen eigenen Fähigkeiten ausstrahlen. Nur so entsteht die Leichtigkeit, die man in einer perfekt gerittenen Dressuraufgabe zu sehen bekommt.

Unten: Das Reiten einer Dressuraufgabe in der 20 x 60 m großen Reitbahn erfordert große Konzentration. Anhaltspunkte geben die Buchstaben an der Bande, deren Herkunft übrigens unbekannt ist.

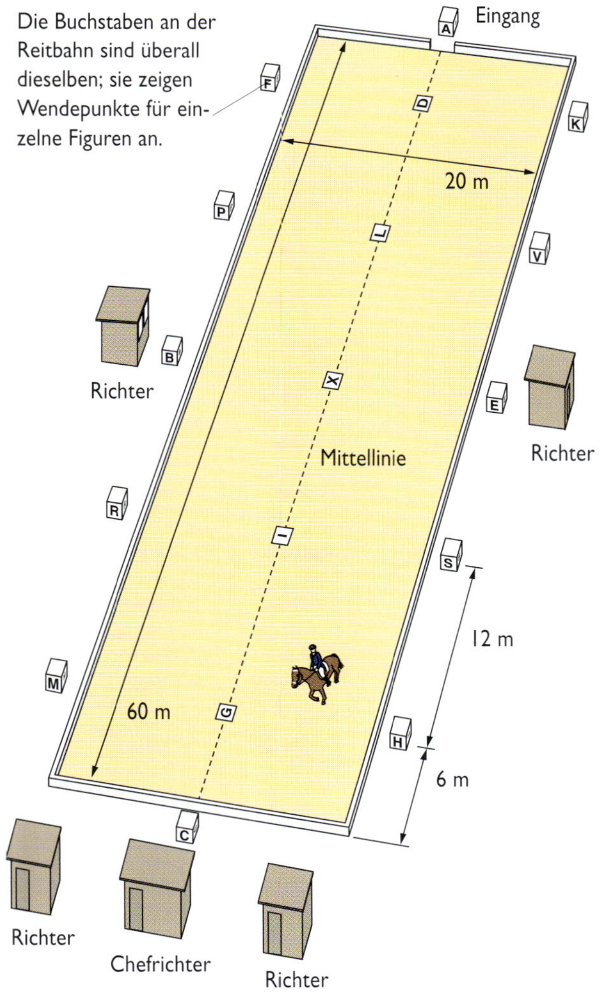

Unten: Barbara Perkins auf Wotan in einer Trabtraversale nach rechts. Die Seitwärtsbewegung demonstriert die Geschmeidigkeit und Ausbalanciertheit des Pferdekörpers – das Ziel der Dressurarbeit.

Oben: Magic Rogue unter Gary Parsonage zeigt seine Kraft und Leistungsbereitschaft beim Überspringen einer Hinderniskombination. Das Bild entstand auf der Geländestrecke in Badminton, einer der bekanntesten Vielseitigkeitsprüfungen der Welt.

Military

Geschichte ✦ Sinn und Zweck ✦ Querfeldein ✦ Hindernisse

Die Vielseitigkeit (Military) ist eine Prüfung, bei der sämtliche Aspekte der Reiterei berücksichtigt werden. Pferd und Reiter starten in den Disziplinen Dressur, Geländereiten und Springen. Die Ergebnisse der einzelnen Prüfungen werden dann zusammengezählt.

Geschichte

Die Disziplin hat ihren Ursprung im Militär. Jahrhundertelang waren jene Armeen im Vorteil, die über schnelle, mutige, ausdauernde, gutausgebildete und gehorsame Pferde verfügten. Die erste militaryähnliche Veranstaltung war das Championnat du Cheval d'Armes, das 1902 in der Nähe von Paris stattfand. Es umfaßte eine Dressuraufgabe, ein Hindernisrennen, eine 48 km lange Geländestrecke und ein Springen. Anfangs nannte man die Disziplin „kombinierte Prüfung". Zu den Olympischen Spielen wurde sie 1912 in Stockholm zugelassen; die ersten Goldmedaillen in der Einzel- und der Mannschaftswertung gewann Schweden. Nach dem Krieg wurde die Sportart hauptsächlich von früheren Armeeangehörigen gefördert.

Der Aufbau der Prüfung

Die einfacheren und mittelschweren Vielseitigkeitsprüfungen finden an einem Tag statt und beginnen mit der Dressurprüfung; dann folgen das Springen und zum Schluß die Geländestrecke. Die Prüfungen auf höchster Ebene (nationale, internationale und olympische) erstrecken sich über drei Prüfungstage. Auch hier wird mit der Dressur begonnen. Die zweite Prüfung ist eine anspruchsvolle Geländeprüfung, bei der es auf Schnelligkeit, Geschicklichkeit und Ausdauer ankommt. Die letzte Prüfung ist das Springen eines meist sehr anspruchsvollen Parcours in der Halle oder auf dem Springplatz.

Bei der Dressur werden der Gehorsam und die Willigkeit gegenüber den Reiterhilfen geprüft, bei der Geländestrecke Schnelligkeit, Kraft, Leistungsbereitschaft und Mut, und beim anschließenden Springen muß das Pferd beweisen, daß es nach der schwierigen Geländestrecke noch genügend Kraft, Geschmeidigkeit und Konzentration besitzt, um einen Parcours auf engem Raum zu springen.

Dressur und Springen sind eigenständige Disziplinen, die als Teile der Vielseitigkeitsprüfungen natürlich nicht auf dem hohen Niveau von reinen Dressur- oder Springprüfungen stattfinden. Im Mittelpunkt der Vielseitigkeit steht die Geländestrecke – was sich auch in der Wertung niederschlägt. Die Ergebnisse des Geländeritts haben großen Einfluß auf das Gesamtergebnis. Bei den hohen Prüfungen werden die Ergebnisse der Dressur umgekehrt, so daß der niedrigste Punktestand der beste ist. Dabei werden die Punkte aus der Geländeprüfung addiert: 20 Punkte für Verweigerung auf der Geländestrecke und Zeitpunkte für das Überschreiten der Höchstzeit (0,25 Punkte für jede Sekunde oder jeden Sekundenbruchteil); fünf Punkte werden für einen Abwurf beim Springen berechnet usw.

Vielseitigkeitspferde sind in den meisten Fällen hoch im Blut stehende Pferde mit einem soliden Fundament, d. h. Warmblüter mit Vollblutanteil. Die Pferde müssen gut ausbalanciert sein, gute Knochen haben, kühl im Kopf sein und dabei eine ausreichende Geschwindigkeit erreichen.

CHARISMA

Der 1972 in Neuseeland geborene Charisma gehörte zu den berühmtesten Military-Pferden. Dabei schienen er und sein Reiter, Mark Todd, nicht zusammenzupassen, denn während Mark Todd 1,92 m maß, war Charisma mit seinen 1,53 m Stockmaß fast noch ein Pony. Doch der kleine Wallach machte seine geringe Größe mit Enthusiasmus und Kraft wett. Nur zwei Pferde konnten bei Olympischen Spielen zwei Goldmedaillen gewinnen: Marcroix nach dem Zweiten Weltkrieg und Charisma 1984 in Los Angeles und 1988 in Seoul.

Oben: Bei der Querfeldeinstrecke ist die gleichmäßige Galoppade zwischen den Hindernissen genauso wichtig wie das Abschätzen des richtigen Absprungs.

Rechts: Der Wassereinsprung in Badminton ist weltweit eine der größten Anforderungen. Der Sprung wird jedes Jahr verändert, geht jedoch immer in tiefes Wasser hinein. Auf dem Bild scheinen sich Headley Bravo und Daisy Dick nicht ganz einig zu sein, dennoch vertraut das Pferd seinem Reiter.

Die Geländestrecke

Schnelligkeit und Ausdauer werden bei höchsten Prüfungen auf der Geländestrecke in vier Teilstrecken geprüft, die jeweils 26 km lang sind. Die erste, 4,8 km lange Teilstrecke über Wege muß innerhalb einer bestimmten Zeit – vorzugsweise im Trab – bewältigt werden. Die zweite Strecke führt im Galopp über einen 3,2 km langen Hinderniskurs. Die dritte Teilstrecke wiederum ist eine Wegstrecke, aber doppelt so lang wie die erste. Es ist nicht sinnvoll, diese drei Teilstrekken zu schnell anzugehen, weil man die Pferde sonst bereits zu Beginn überfordert. Im Gegenteil: Die Reiter dürfen auf den Wegestrecken absitzen und neben dem Pferd herlaufen. Diejenigen Reiter, die das tun und ihr Pferd so vom Reitergewicht befreien, sind letztendlich oft im Vorteil.

Die vierte Teilstrecke, die echte Geländestrecke, zieht die meisten Zuschauer an. Auf internationalem Level handelt es sich dabei um einen überaus anstrengenden Leistungstest mit bis zu 30 sehr unterschiedlich konzipierten Natursprüngen, die über das sowieso schon schwierig zu bewältigende Gelände verteilt sind. Die sieben Kilometer lange Strecke muß in

Military

Oben: Welton Boogie beim Aufsprung. Dieses kombinierte Hindernis – ein Aufsprung, ein Graben und gleich danach ein Hindernis – sieht für Reiter und Zuschauer spektakulärer aus als für das Pferd. Dennoch kann jedes Zögern ein Verweigern des Tieres und möglicherweise einen Sturz verursachen.

zehn Minuten geritten werden. Stürze sind dabei fast an der Tagesordnung, bedauerlicherweise gibt es auch hie und da tote Pferde und Reiter.

Die Geländestrecke bei der Military folgt ihren eigenen Gesetzen: Während der Reiter im normalen Springturnier den Parcours vor der Prüfung abgehen und die Galoppsprünge sowie den Absprung abschätzen kann, muß der Military-Reiter sich dies vor dem Ritt auf der Karte einprägen. Im Gelände muß er sich dann viel stärker auf das Taxiervermögen und die Geschicklichkeit seines Pferdes verlassen als im geschlossenen Parcours.

Die Hindernisse

Im Gegensatz zu den Hindernissen im Springparcours sind die Hindernisse auf der Geländestrecke stabil: Sie fallen nicht schon beim Anstoßen, sondern erst bei festeren Zusammenstößen um – wenn sich ein Pferd beispielsweise darin verfängt. Ein guter Parcoursbauer läßt die Hindernisse schwieriger erscheinen, als sie in Wirklichkeit sind; das macht die Reiter aufmerksam und risikobewußt. In den ersten Vielseitigkeitsturnieren war die Strecke so angelegt, daß Hindernisse bewältigt werden mußten, die dem Reiter damals tatsächlich im Weg standen: gefällte Bäume, ein breiter Bach, Hecken und Zäune. Heute sind die Hindernisse zwar künstlich und nach sportwissenschaftlichen Erkenntnissen aufgebaut, sollten aber „natürlich" wirken.

Darunter sind so skurrile Hindernisse wie der Sprung über ein umgekipptes Boot in einem See, Western-Tore, mit der Ladefläche gegeneinander stehende Pick-ups, eine Treppe, die nach unten gesprungen werden muß, Wassereinsprünge, Aufsprünge, Billards, Holzwagen, Sprünge vom Schatten in die volle Sonne, über „umgestürzte" Bäume oder durch ein Loch in einer Hecke. Zumindest für die Zuschauer ist die moderne Geländestrecke ein Augenschmaus.

Unten: Ein Steilsprung erfordert stets Überwindung. Das Pferd darf selbst bei hohem Tempo nicht zu flach, aber auch nicht zu hoch und zu nahe abspringen.

Unten: Der Holzstoß ist etwas einfacher zu springen, weil er kompakt und übersichtlich ist. Das Pferd kann ihn besser einschätzen und muß nicht ganz so akkurat abspringen.

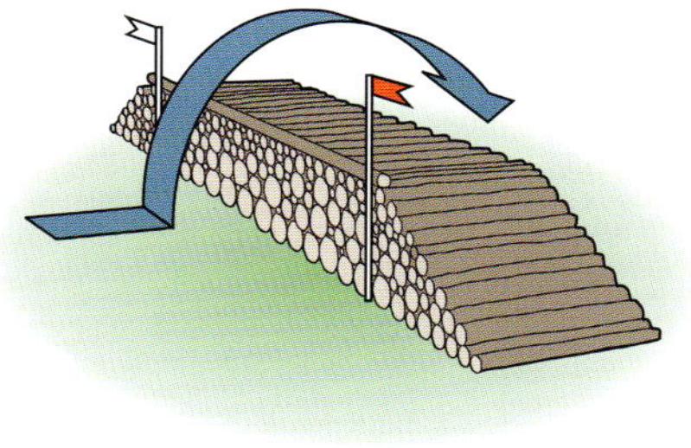

Unten: Die schnellste, aber auch riskanteste Möglichkeit durch diese Kombination ist der Sprung über die Ecke. Die mittlere Route ist einfacher, aber auch länger.

Unten: Sprungkraft und Balance sind für die Aufsprünge wichtig, besonders dann, wenn ein Graben zwischen den Sprüngen liegt. Eine Verweigerung des Pferdes kann zum Sturz führen.

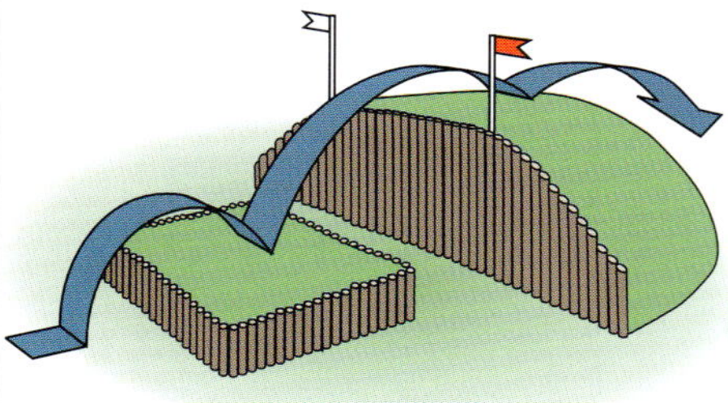

Unten: Diese Bank ist im Grunde ein einladender Sprung, weil er kompakt aussieht. Der darüber angebrachte Holzrahmen sollte für ein erfahrenes Pferd kein Problem darstellen.

Unten: Dieser Sprung kann auf zweifache Weise angegangen werden: entweder direkt durch das Wasser oder erst links über die Ecke und über festen Boden.

Die Geländestrecke einer Vielseitigkeitsprüfung erfordert völlige Harmonie zwischen Pferd und Reiter. Die Hindernisse sind so trickreich plaziert, daß das Pferd beim Absprung nicht abschätzen kann, wo es landen wird. Ohne absolutes Vertrauen darauf, daß sein Reiter nichts Unmögliches von ihm fordert, wird es nicht ins Ungewisse springen.

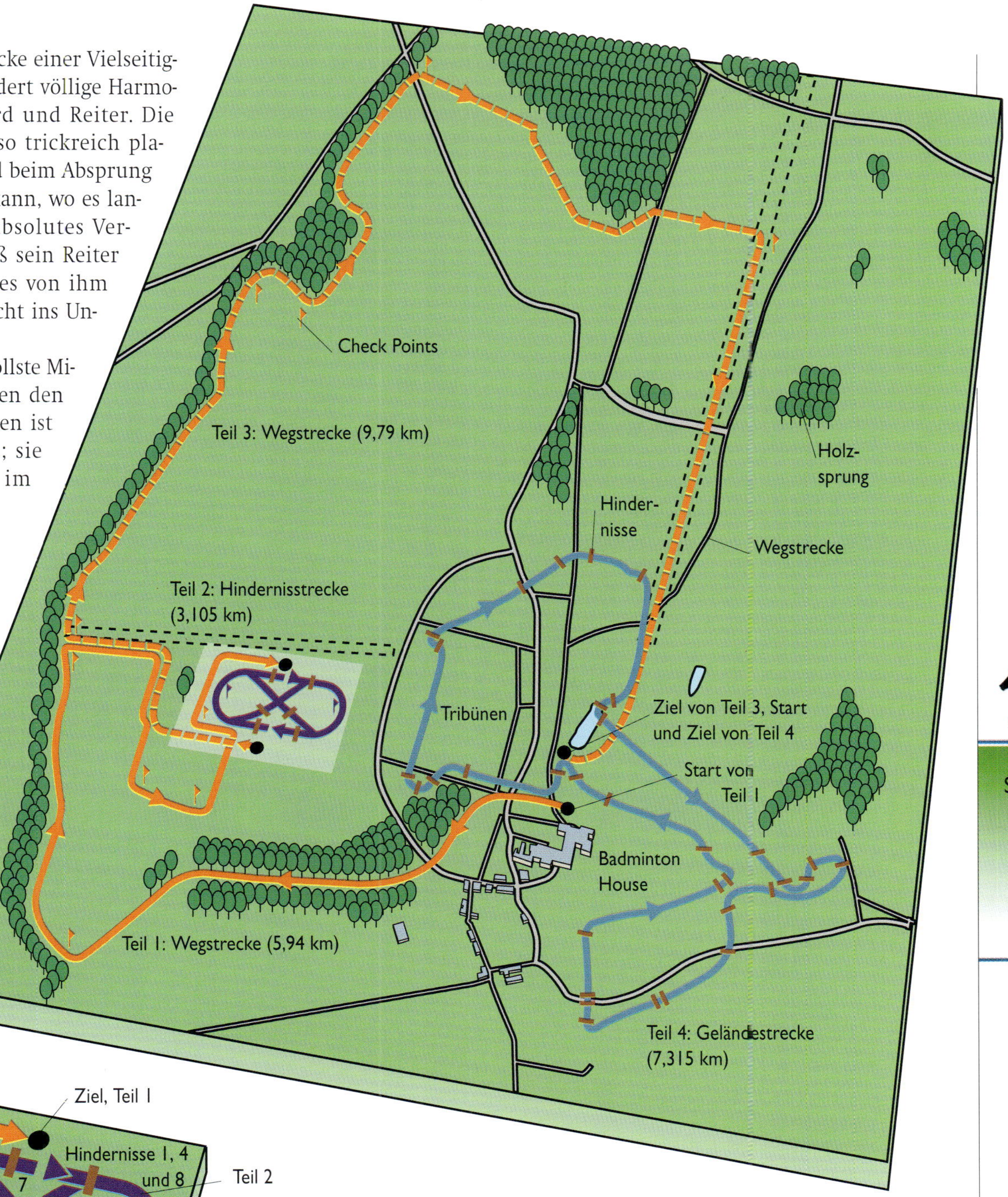

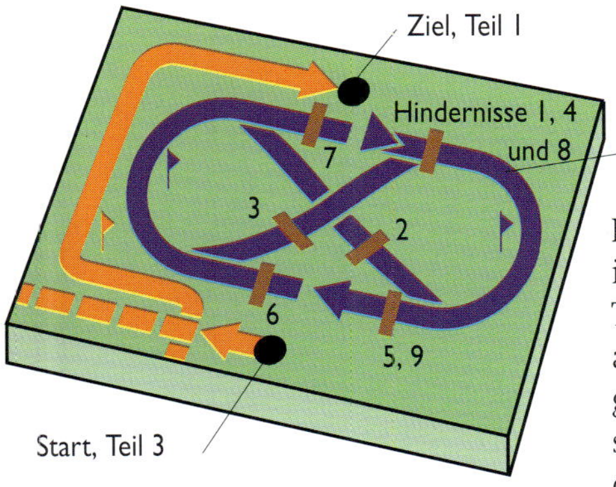

Oben: Seit John Sheddon das erste Vielseitigkeitsturnier in Badminton gewann, hat sich vieles verändert. Damals ritt man noch auf Kavalleriepferden. Es ging darum, das Ziel zu erreichen. Heute sind Vielseitigkeitspferde und -reiter Spitzensportler. Der Kurs ist eine Acht, die in einem Jahr im und im nächsten Jahr gegen den Uhrzeigersinn geritten wird.

Die anspruchsvollste Military-Prüfung neben den Olympischen Spielen ist die in Badminton; sie findet jedes Jahr im Frühjahr statt und zieht ein großes internationales Teilnehmerfeld und Tausende von Zuschauern an. Die Veranstaltung wurde erstmals 1949 ausgetragen; als die erste ihrer Art setzte sie Maßstäbe und begründete die moderne Vielseitigkeitsreiterei.

Die Internationale Reiterliche Vereinigung (FEI) bezeichnet die Military als „die vielseitigste Pferdeprüfung überhaupt". Vom Reiter verlangt diese Disziplin ein umfassendes Wissen, große Erfahrung in allen Sparten der Reiterei und eine genaue Kenntnis der Fähigkeiten seines Tieres, vom Pferd hingegen eine ausgezeichnete und vielfältige Ausbildung sowie Intelligenz und Leistungsbereitschaft.

Die Military wird in Deutschland immer beliebter, da die Reiter sich nicht auf eine Kategorie beschränken und ein möglichst vielseitiges Pferd unter dem Sattel haben möchten. Die Spreu vom Weizen scheidet sich auf der Geländestrecke, wo Reiterfehler am deutlichsten zutage treten.

Die bekannteste und größte deutsche Military-Veranstaltung findet einmal im Jahr in Luhmühlen in der Lüneburger Heide statt.

Polo

Geschichte ✦ Regeln ✦ Handicaps

Polo ist der schnellste reiterliche Mannschaftssport. Für dieses Spiel benötigt man hochblütige Pferde und einen kühlen Kopf: Ein guter Polospieler ist daher nicht nur ein exzellenter Reiter, sondern auch ein erstklassiger Ballspieler. Die Hauptbewegung, nämlich einen Ball von 9 cm Durchmesser mit einem langen Schläger mit kleinem Kopf in vollem Galopp vom Pferderücken aus zu treffen, erfordert ein sehr hohes Maß an Koordinationsvermögen von Hand und Auge.

Historisches

Polo wurde bereits im antiken Persien gespielt, wo man es „chaugan" nannte. Später breitete sich das Spiel bis nach China und ab dem 6. Jahrhundert n. Chr. auch nach Japan aus. Im 17. Jahrhundert breitete es sich über Tibet nach Manipur, einer Bergregion in Indien, aus. Dort hieß es „pulu".

Nach Europa gelangte das Spiel im 19. Jahrhundert, nachdem britische Offiziere in Assam einen Poloclub gegründet hatten. Offiziere des 10. Husarenregiments spielten es in England erstmals 1859 als „Hockey zu Pferd". Nach Amerika kam das Spiel 1876.

Zu Beginn des 20. Jahrhunderts war Polo fünfmal olympische Disziplin. Hauptrivalen waren England und die USA. Nach 1930 entwickelte sich Argentinien, wo das Spiel 1877 von den Briten eingeführt worden war, zur erfolgreichsten Polo-Nation.

Ursprünglich war Polo das Spiel gehobener Militärs; das Image des Extravaganten haftet ihm auch heute noch an. Zwar wurden vor allem in Großbritannien große Anstrengungen unternommen, um das Spiel populärer zu machen (in den Jugendklassen spielen sowohl Mädchen als auch Jungen, wohingegen Polo bei Erwachsenen ein fast reiner Männersport ist), doch Polo ist immer noch ein Spiel für Leute mit viel Geld. Die Teams gehören Sponsoren, die teilweise selbst mitreiten, aber auch professionelle Spieler engagieren.

Wie gut die Teams sind, hängt weitgehend von den Pferden ab. Ein Polo-Pony (heute sind es meist Pferde, das Limit von 1,42 m wurde 1916 abgeschafft) muß schnell, stark, athletisch, geschmeidig, mutig, ausdauernd und bei allem Temperament gelassen sein. Es sollte – wie man im Westernreiten sagt – „auf einer Münze stoppen" können und muß außerordentlich schnell auf Gewichts- und

Oben: Beim Polo kann es zu Zusammenstößen oder Stürzen kommen. Hohe Stiefel, ein Knieschutz und ein Helm mit Gesichtsschutz schützen den Reiter, ohne jedoch seine Beweglichkeit einzuschränken. Die Handschuhe verhindern ein Durchgleiten der Zügel durch die Finger. Die Pferde sind durch Bandagen oder Gamaschen geschützt.

Unten: Im indischen Ladakh spielt man auf einer Höhe von 1700 m über dem Meeresspiegel eine rustikale Version des Polo. Bei diesem Spiel kommen die einheimischen Manipuri-Ponys zum Einsatz.

Unten: Anfänger müssen die Schläge erst einmal auf einem Holzpferd üben. Diese hier stehen im Freien. In einem geschlossenen Raum dagegen kommt der Ball nach dem Schlag wie beim Squash zurück.

Oben: Ein internationales Match in Palm Beach in Florida. Ursprünglich war Polo ein Sommersport, doch auf künstlichem Rasen gewinnt er auch im Winter an Popularität.

Schenkelhilfen reagieren. Polo-Ponys haben meist sehr scharfe Gebisse und sind Vollblutkreuzungen – die meisten Pferde haben einen „ball sense" und spielen quasi mit.

Die Spielregeln

Polo wird in zwei Teams von je vier Spielern gespielt. Das Feld ist höchstens 274,3 m lang und zwischen 146,3 und 182,9 m breit. Der Ball ist aus Plastik und wiegt bis zu 127,5 g. Die Schläger weisen einen hölzernen Hammer (Schlagkopf) auf, der Stiel ist aus Bambus und bis zu 1,37 m lang.

Das Spiel ist in Spielzeiten von siebeneinhalb Minuten eingeteilt, die man „chukkas" nennt und die von zwei berittenen Schiedsrichtern beaufsichtigt werden. Meist werden sechs „chukkas" gespielt, international sind acht erlaubt. Kein Pferd darf in zwei aufeinanderfolgenden oder in mehr als zwei „chukkas" während eines Spiels eingesetzt werden.

Das Handicap

Jeder Spieler hat ein vom nationalen Verband festgesetztes individuelles Handicap – abhängig von seinem Leistungsgrad. Je höher das Handicap – das von −2 bis +10 je nach Torschüssen geht –, desto besser ist der Spieler.

Bei fast allen Matches werden diese Handicaps berücksichtigt, damit Chancengleichheit zwischen den Mannschaften herrscht. Bislang konnten 55 Spieler ein Handicap von zehn Toren erreichen. Ein Spieler mit einem Handicap von fünf Toren zählt aber bereits zur Weltspitze. Die meisten Teams treten mit einem gemeinsamen Handicap von 15 – 18 Toren an.

Ausreiten

Ausreiten gehört zu den wichtigsten Techniken im Polo. Es bedeutet, den Gegner durch Reiten an seiner Seite aus der Position zu drängen, ohne die Ballinie zu kreuzen oder den anderen Spieler anzugreifen. Der Trick dabei ist, die Schulter des eigenen Pferdes vor die Schulter des anderen zu bringen. Es ist zwar erlaubt, den eigenen Schläger in den des Gegners zu verhaken, aber verboten, dessen Linie zu kreuzen; dies wird mit einem Freischlag geahndet.

Fahrsport

Ursprünge ✦ Fahrturniere ✦ Kutschenkorsos

In Zeiten, als Kutschen und Karren die einzigen Transportmöglichkeiten waren, gehörten Fahrwettbewerbe zu den Vergnügungen der privilegierten Schichten. Im englischen Newmarket wetteten zwei Lords 1750 um 1000 Pfund Sterling, daß ihr Vierspänner eine Strecke von 30 km in weniger als einer Stunde schaffen würde – die Vollblüter brauchten sogar sieben Minuten weniger.

Heute unterliegt der Fahrsport offiziellen Regeln. Das erste europäische Fahrturnier fand 1970 auf Betreiben und unter der Schirmherrschaft des begeisterten Sportfahrers Prinz Philipp, Herzog von Edinburgh, in der Schweiz statt. Prinz Philipp ist auch heute noch Präsident der Internationalen Fahrervereinigung.

Fahrwettbewerbe

Es gibt Fahrturniere für Einspänner, Zweispänner, Tandems und Vierspänner. Das System entspricht dem der Military bei den Reitern: ein Allroundtest, der aus drei Teilen besteht.

Teil A ist eine Dressurprüfung auf einem Platz, dessen Größe von der Anspannung abhängt. Der Dressurplatz für einen 10 m langen Viererzug ist 100 m x 40 m groß. Gewertet werden die Korrektheit der vorgeschriebenen Figuren, der Fahrstil, die Gleichmäßigkeit der Gänge, Gehorsam und weitere Faktoren wie der allgemeine Eindruck und die Präsentation.

Teil B ist eine Ausdauerprüfung (Marathonprüfung). Ein Vierspänner muß eine Strecke von 27 km Länge in zwei Stunden zurücklegen und dabei

Oben: Marathonkutschen müssen stabil gebaut sein. Die Wasserdurchfahrt erfordert Vertrauen und Gehorsam von den Pferden. Die Kleidung bei Geländefahrten sollte eher praktisch und strapazierfähig sein.

Unten: Bei der Dressur werden die Beherrschung und der Gehorsam der Pferde bewertet – hier perfekt vorgeführt von einem Teilnehmer mit braunen Warmblütern bei den Weltreiterspielen 1994 in Den Haag.

Oben: George Bowman, einer der besten britischen Fahrer, führt in Stockholm seine Cumberland-Cobs zum Sieg. Die Crew auf dem Marathonwagen dient bei Kurven und Steigungen als lebender Ballast.

bestimmte Etappen in vorgeschriebenen Geschwindigkeiten fahren. Auf den letzten zehn Kilometern müssen die Fahrer acht Hindernisse um- oder durchfahren und dabei das eigene Können sowie den Gehorsam ihrer Pferde demonstrieren.

Teil C ist ein Hindernisfahren auf dem Platz. Hier muß der Fahrer zeigen, wie exakt er Hindernisse taxieren kann und wie fit sein Pferd ist. Es wird durch Pylonen gefahren, die einen kleinen Ball auf ihrer Spitze tragen, der bei der geringsten Berührung herunterfällt. Für heruntergefallene Bälle und Zeitüberschreitungen werden Strafpunkte berechnet.

Fast alle Pferde, die in diesen Prüfungen starten, sind Vertreter kräftiger europäischer Warmblutrassen wie Holsteiner und Oldenburger und weisen einen Schuß Vollblut auf.

Kutschenkorsos und Concours d'Élégance

Neben den Sportprüfungen finden immer häufiger Kutschenkorsos statt, auf denen das harmonische Gesamtbild von Fahrer, Kutschen und Pferden sowie das fahrerische Können beurteilt wird.

Gefahren wird meist in leichten und eleganten Kutschen, vorzugsweise in Nachbauten historischer Kutschen, die aber moderne Fahreigenschaften aufweisen. Einspänner werden ebenso vorgestellt wie Zweispänner, Vierspänner oder Tandems (zwei Pferde hintereinandergespannt). Hier sieht man vereinzelt sogar die selten gewordene Einhorn-Anspannung, also zwei Zugpferde mit einem vorgespannten Führpferd.

Ebenso wichtig wie die Harmonie der Pferde ist das Erscheinungsbild von Fahrer und Beifahrer. Sie müssen – vom Hut bis zu den Handschuhen, der Fahrpeitsche und der Kniedecke – stilecht gekleidet sein.

Ein außerordentlich wichtiges Beurteilungskriterium ist die Leichtigkeit, mit der die Pferde gehandhabt werden. Die Anweisungen des Fahrers sollen präzise und für den Betrachter möglichst unsichtbar erfolgen. Die Pferde müssen willig reagieren.

Diese „Prüfungen" haben keinen sportlichen Charakter im üblichen Sinne und unterliegen keinen festgeschriebenen Regeln. Es werden daher auch keine regionalen oder nationalen Meisterschaften veranstaltet.

Rechts: Mit hoher Aktion zeigt ein Hackney-Pony (siehe Seite 221) sein Gangvermögen vor einem Gig.

Trabrennen

Renngeschichte ✦ Das Standardbred

Wagenrennen waren der erste vollorganisierte Pferdesport. Bereits 1500 v. Chr. gab es am königlichen Hof in Assyrien Rennpferde, die leichte Wagen zogen. Ursprünglich wurden die Streitwagen im Krieg eingesetzt, bald aber auch für die Jagd und in sportlichen Rennen. Im 7. Jahrhundert v. Chr. war Wagenrennen olympische Disziplin. Mit der Einführung der Rennen im antiken Rom (siehe unten) erlebte die Sportart einen enormen Aufschwung.

Moderne Rennen

Heute zählt der Trabrennsport in den USA, in Europa und in Australien zu den bekanntesten Pferdesportarten. Seine moderne Entwicklung setzte im 19. Jahrhundert ein, obwohl bereits 1554 einmal 3000 der schnellsten Fahrpferde im niederländischen Valkenburg gegeneinander angetreten waren. Früher gab es sogar Galopprennen vor dem Wagen. Die modernen Rennen aber finden im Trab oder im Paß statt. Beiden Gangarten gemein ist, daß sich jeweils zwei Beinpaare gleichzeitig bewegen: im Trab die diagonalen, im Paß die Beinpaare jeweils einer Körperseite. Der Galopp ist verpönt – „umspringende" Pferde werden disqualifiziert. In Europa bevorzugt man Trab-, in Nordamerika dagegen Paßrennen. Gemischte Rennen finden nicht statt.

Gefahren wird mit dem Sulky. Dabei handelt es sich um ein U-förmiges Gestell; der Sitz befindet sich auf dem geschlossenen Ende, die offenen Teile bilden die Deichseln. Die meisten Rennen werden entgegen dem Uhrzeigersinn auf Allwetterbahnen gefahren – auch nachts bei Flutlicht.

Wagenrennen im alten Rom

Während Wagenrennen in Griechenland eher ein Sport der Reichen war, entwickelten sich die Rennen in Rom zu einer Art Volkssport. Es gab Vereinigungen, die nach ihren Farben benannt wurden, und die Zuschauer kleideten sich in den Farben ihrer Favoriten. Die Stammbäume berühmter Pferde kannte man auswendig. Die erfolgreichsten Pferde – eines gewann 1300 Rennen und belegte 88mal den zweiten sowie 37mal den dritten Platz – wurden mit ihren Trophäen begraben. Im 4. Jahrhundert n. Chr. wurde zwischen dem Palatin und dem Aventinus der Circus Maximus gebaut, in dem 200 000 Zuschauer Platz fanden. Unter Kaiser Augustus (27 v. Chr.–14 n. Chr.) wurden täglich zwölf Rennen veranstaltet, unter Flavius (69–96 n. Chr.) waren es bereits 100. Funktionäre überwachten die Rennen, und es gab Anklagen wegen gedopter Pferde. Die Wagenrennen endeten abrupt mit dem Fall des Römischen Reiches im 5. Jahrhundert n. Chr.

Unten: Im Zielumlauf des Red Mile Raceway in Lexington, Kentucky, einer der immerhin 800 Rennbahnen in Nordamerika, legen die Fahrer an Tempo zu. Kentucky ist die Wiege der Standardbred-Zucht.

Oben: Im Paß werden die Beinpaare derselben Körperseite gleichzeitig bewegt. Paß ist eher antrainiert als genetisch fixiert.

Oben: Beim Trab fußen das Hinterbein und das gegenüberliegende Vorderbein gleichzeitig ab, danach das andere diagonale Beinpaar.

American Standardbred

Die erste Pferderasse, mit der systematisch Rennen gefahren wurden, war das American Standardbred. Der Name rührt von der früher festgelegten Rennzeit – zwei Minuten und 30 Sekunden – für eine Meile her (siehe Seite 191). Alle American-Standardbred-Horses stammen von Hambletonian ab. Der 1849 geborene Vollbluthengst war ein Enkel des berühmten Messenger, der 1788 von England nach Philadelphia gebracht worden war.

In den USA fanden die ersten Rennen noch als Kutschenrennen statt. Doch bereits zu Beginn des 19. Jahrhunderts errichtete man in den Großstädten Trabrennbahnen. Paßrennen waren beim Publikum weniger beliebt als Trabrennen, bis der Hengst Star Pointer 1897 eine Meile in einer Zeit von unter zwei Minuten lief – dicht gefolgt von Dan Patch; beide begründeten wichtige Zuchtlinien.

Die Beliebtheit der Trabrennen in den USA nahm schnell zu. Champions wie Lady Suffolk, Flora Temple und Maud S. lenkten das Interesse der europäischen Traberzüchter auf die amerikanischen Zuchten. Allein 1903 wurden 3000 Standardbred-Horses nach Europa exportiert. In Rußland dagegen beherrschte der Orlow-Traber immer noch die Szene, während man in Frankreich mit hochblütigen Normannen züchtete.

Innovationen

Zwei Neuerungen verhalfen dem Trabrennsport zu einem enormen Aufschwung: In den 50er Jahren wurden in den USA die ersten Bahnen mit Flutlicht ausgerüstet. Die zweite Innovation war die automatische Startermaschine – klappbare Metallflügel, die an ein Starterauto montiert sind. Die Pferde traben hinter dem Auto bis zur Starterlinie. Dort werden die Flügel zusammengeklappt, und das Auto fährt davon. Die berühmteste Rennbahn der Welt ist die 1976 eröffnete Meadowlands in New Jersey.

In Deutschland sind Trabrennen ebenso beliebt wie Galopprennen. In Italien und in Frankreich hingegen überwiegen Trabrennen, weil man dort mehr Traber züchtet. Die berühmteste Rennbahn Frankreichs, Vincennes bei Paris, wurde 1836 eröffnet. Dort werden jährlich an die 1000 Rennen gelaufen, das berühmteste ist der Prix d'Amérique. In Frankreich werden übrigens auch Trabrennen unter dem Sattel veranstaltet.

Rechts: Die Pferde starten hinter einem Auto mit zwei Metallflügeln. Sobald die Tiere auf einer Linie sind, werden die Flügel eingeklappt. Rennpferde können auf der Bahn eine Geschwindigkeit von 65 km/h erreichen.

Jagdreiten

Geschichte ✦ Saison ✦ Bräuche

In den Frühzeiten der Menschheit jagte man nur zur Beschaffung von Nahrung oder um Raubtiere von Herden fernzuhalten. Doch die Jäger selbst liebten schon damals den Nervenkitzel, der sich bei der Jagd zu Pferd sogar noch steigerte.

Geschichte

Jagden zu Pferd, bei denen man mit speziell dafür gezüchteten Hunden jagte, gab es zuerst in Frankreich. Von dort breiteten sie sich über Europa aus – der in Deutschland gebräuchliche Ruf „Horrido“ stammt vermutlich von dem französischen Jagdruf „Il est haut.“(„Das Tier ist tot.“) ab.

In Frankreich wird auch heute noch vom Pferd aus nach Wildschweinen und Hirschen gejagt – in England sogar noch nach lebenden Füchsen. Diese Art der Jagd gerät aber immer mehr in Mißkredit.

In Deutschland ist die Jagd auf lebendes Wild vom Pferd aus schon seit 1930 verboten. Die deutsche Kavallerie übernahm im letzten Jahrhundert die Tradition des fürstlichen Jagdreitens. Nach dem Zweiten Weltkrieg entwickelte sich die Reitjagd dann zum gesellschaftlichen Ereignis.

Oben: In England und Irland gehören Steinwälle zu den natürlichen Hindernissen, die Jagdreiter überwinden müssen.

Unten: Eine typisch englische Jagdszene in Beaufort. Die Fuchsjagd ist eine beliebte Reitsportart auf der Insel.

Das Jagdgeschehen

Man unterscheidet zwischen reinen Reitjagden und Schleppjagden hinter der Meute. Beide Jagden gehen über eine vorher festgelegte Geländestrecke mit festen Hindernissen, die aber so errichtet sind, daß sie auch umritten werden können.

Geritten wird in mehreren „Feldern”. Das erste Feld muß alle Hindernisse überspringen, die Reiter des zweiten Feldes können springen, dürfen aber auch am Hindernis vorbeireiten, während das dritte Feld nichtspringenden Reitern vorbehalten ist.

Jedes Feld wird von einem Master angeführt, der die Strecke kennt und nicht überritten werden darf. Dieser wird von zwei Pikören flankiert. Den Schluß des Feldes bildet wieder ein Pikör, der gestürzten Reitern hilft und freilaufende Pferde einfängt.

Bei der Reitjagd bestimmt der Master das Tempo, bei der Schleppjagd die Meute. Die Meute befindet sich zu Beginn der Strecke immer beim ersten Feld, kann nach dem Stopp aber auch vor dem zweiten Feld laufen.

Die Meute gehorcht dem Master. Die „Equipage” besteht aus vier oder fünf den Hunden vertrauten Reitern, die versprengte Hunde zurückholen.

Vor dem Beginn der Jagd reitet ein von zwei Pikören begleiteter Reiter die Strecke ab. Am Steigbügel hat er eine Flasche mit einer Duftflüssigkeit, auf die die Hunde geprägt sind und die während des Rittes zu Boden tropft. Dieser Spur folgen die Hunde – und somit die ganze Jagdgesellschaft.

Auf der Hälfte der Strecke wird ein Stopp eingelegt. Dann geht die Jagd zum Ausgangspunkt zurück.

Ausrüstung und Bräuche

Für die Jagd braucht man einen ganz bestimmten Pferdetyp. Am geeignetsten sind relativ hochblütige Pferde mit kräftigen Gliedmaßen, guter Galoppade und viel Durchhaltevermögen. Die Tiere müssen Kondition haben und geländeerfahren sein.

Dasselbe gilt für die Reiter. Es erfordert viel reiterliches Können, das Pferd individuell zu dirigieren. Gute Manieren und Selbstdisziplin von Reiter und Pferd sind unabdingbar.

Reitjagden unterliegen Kleidervorschriften. Männer tragen einen schwarzen, einen grünen oder einen roten Rock, Damen ein blaues Jackett. Die dunkle Kappe oder ein Reithut sind ebenso Vorschrift wie das Plastron, ein weißer Seidenschal.

Die Stiefel sind aus schwarzem Leder; die Reithose ist hell. Man benutzt eine kurze Gerte mit Klatsche und reitet grundsätzlich mit Handschuhen.

„Auf eines guten Pferdes Rücken und in dem Jagen hinter den Hunden bekämpfet man des Lebens Tücken und hat sich selbst auch bald gefunden."

VOLKSTÜMLICHER SPRUCH

Die Reiter dürfen nicht in die Nähe der Hunde kommen. Auf den Ruf „Die Hunde!" hin ziehen die männlichen Jagdteilnehmer die Kappe oder den Hut. Das schlimmste Vergehen bei einer Jagd ist ist es, einen Hund durch einen Pferdetritt zu verletzen.

Vor dem Abritt wird ein Bügeltrunk gereicht. Zum Ausklang bekommen die Hunde das „Curée", ihre Pansenmahlzeit. Dabei ziehen die Reiter als Ausdruck ihres Danks an die Hunde die Kappe und rufen „Halali!".

Rechts oben: In Frankreich jagt man Hirsche und Wildschweine noch heute mit Meute und Pferd. Amazonen im Damensattel sieht man aber nur noch selten.

Rechts: Die Jagd hinter der Meute gelangte in der Mitte des 17. Jahrhunderts mit den Briten nach Amerika. Gejagt werden auch hier vor allem Füchse.

Dann steckt der Jagdherr allen Teilnehmern einen Bruch ans Revers. Vor dem 3. November, dem Hubertustag, besteht der Bruch aus Eichen-, danach aus Fichtenzweigen.

Beim früher ausgetragenen „Fuchsschwanzausreiten" wurde einem Reiter ein Fuchsschwanz an die Schulter geheftet, der ihm dann von den anderen Jagdteilnehmern entrissen werden mußte. Von den Pferden, deren Puls- und Atemwerte sich nach der langen und anstrengenden Jagd gerade beruhigt und deren Muskulatur sich entspannt hatte, wurde plötzlich wieder eine Höchstleistung verlangt. Dies führte bei den Tieren häufig zu schweren Verletzungen.

Westernreiten

Reitstil ✦ Turnierdisziplinen ✦ Rodeos ✦ Geschichte

Oben: Beim „calf-roping" wird versucht, möglichst schnell drei Füße des Kalbs zu fesseln und es dadurch zu Boden zu werfen.

Nicht nur die Ausrüstung des Pferdes und die Kleidung des Westernreiters unterscheiden sich von den traditionellen europäischen Reitstilen – auch die Art, Pferde zu reiten, ist anders. Wenngleich beide Reittraditionen dasselbe Ziel verfolgen – ein leichtrittiges Pferd, das gehorsam im Gleichgewicht geht –, wird das Westernpferd zu mehr Selbständigkeit im Denken und in der Bewegung erzogen.

Die Ursprünge des Westernreitens liegen in der Reitweise der Konquistadoren, die sich zur Reitweise der Cowboys auf den texanischen Rinderfarmen entwickelte (siehe Seite 244). Das moderne Westernreiten basiert auf den Anforderungen, die an ein mitarbeitendes „cowpony" gestellt wurden.

Bei der Ausbildung legt man großen Wert auf ein Pferd, das bei geringster Zügeleinwirkung reagiert. Es wird vorzugsweise einhändig geritten. Gewichtshilfen gehen vor Zügelhilfen; bei einem gutausgebildeten Westernpferd spielen die Zügelhilfen nur eine minimale Rolle. In der klassischen kalifornischen Westernreitweise durchläuft das Pferd nach der Zäumung auf das „snaffle bit", die Wasser-Trense, für etwa ein bis zwei Jahre die Ausbildung auf Bosal, einer gebißlosen Zäumung. Erst dann wird mit der Westernstange geritten. Danach ist das Pferd so gut ausgebildet, daß es nur auf Gewichtshilfen reagiert, die durch ein leichtes Heben oder Senken der durchhängenden Zügel unterstützt werden können.

TURNIERDISZIPLINEN

Die „Reining" entspricht der Dressurprüfung in der europäischen Reitweise. Das Pferd muß vorgeschriebene Bewegungsabläufe absolvieren, die teilweise in höchster Geschwindigkeit auszuführen sind. Dies erfordert absoluten Gehorsam und ein natürliches Balancevermögen. Ebenso werden die

Oben: Dieses Westernpferd zeigt in voller Balance und bei nur minimalem Zügelkontakt einen klassischen „sliding stop".

Rechts: Beim „steer-wrestling" geht es darum, das Kalb vom Pferd aus zu ergreifen und durch das eigene Körpergewicht zu Boden zu drücken.

Grundgangarten bewertet. Darüber hinaus gibt es Figuren wie „spin", „roll back" und „sliding stop", das Anhalten aus dem Galopptempo heraus.

„Western pleasure" ist eine Turnierdisziplin, in der Gänge, Gehorsam und Manieren des Gebrauchspferdes bewertet werden. Dazu gehört auch das Stillstehen, wenn der Reiter absitzt, die Zügel fallen läßt und sich vom Pferd entfernt. In den Trail-Klassen werden Hindernisse bewältigt – ohne zu springen.

Beim „Barrel Racing" handelt es sich um ein Rennen um drei im Dreieck aufgestellte Tonnen, das Konzentration und Geschmeidigkeit von Reiter und Pferd verlangt.

Rodeo

Im Rodeo leben die alten Cowboywettbewerbe fort: Wildpferdereiten, Reiten auf dem blanken Pferderücken, „calf-roping" und „steer-wrestling". Das Reiten eines ungezähmten Pferdes erfordert eher Mut als reiterliches Können und endet meist mit einem Sturz. Ein strammgezogener Gurt um die Lendenpartie veranlaßt das Pferd zum Buckeln. Sobald der Reiter gefallen ist, wird der Gurt gelockert, und das Pferd beruhigt sich.

„Calf-roping" erfordert das Zusammenspiel von Reiter und Pferd. Ein gutes „cutting horse" arbeitet selbständig und reagiert von sich aus auf die Bewegungen des Kalbs. Sobald das Kalb eingefangen ist, steht das Pferd ohne Einwirkung des Reiters still.

Das erste klassische Rodeo fand 1887 in Denver statt. Das Wort kommt vom spanischen „rodear" („umrunden"). Die Calgary Stampede, die es seit 1912 gibt, ist zwar das berühmteste Rodeo – das älteste aber sind die Cheyenne Frontier Days, die bereits seit 1897 ausgetragen werden.

In Europa werden kaum Rodeos in dieser Form veranstaltet. Populärer hingegen ist der „elektrische Bulle", den man am Rande vieler Westernturniere sieht. Dieses Gerät vollführt ähnliche Bewegungen wie ein lebendiger Bulle – kaum ein Reiter kann sich mehr als ein paar Sekunden lang auf ihm halten.

Oben: Um ein Pferd entsprechend den Bestimmungen zu präsentieren, muß man das Tier „offen" hinstellen – die dem Richtergremium zugewandte Hinterhand muß etwas nach hinten stehen, damit auch die äußere Hinterhand beurteilt werden kann.

„ ... sieh edle Fohlen und Jährlinge frei auf der Koppel. Wohl hängen sie im Getrappel der Herde achtlos und lässig im Wind. Wenn sie aber das Selbstbewußtsein ergreift, wenn sie sich brüsten und zeigen, schweben sie in erhobenen Tritten daher."

Rudolf Binding

Pferdeschauen

Offizielle Schauen ✦ Umzüge ✦ Vorbereitung

Ehe ein Fohlen ins Stammbuch eingetragen wird und eigene Papiere erhält, wird es einem Gremium vorgestellt – zusammen mit der Stute und noch vor dem Absetzen. Nach der Eintragung wird das Fohlen „gebrannt": Es bekommt einen Kalt- oder einen Heißbrand und/oder einen Chip zur Identifizierung.

Mit der Eintragung ist meist auch eine Bewertung verbunden, bei der die besten Fohlen prämiert werden.

Die Stuten können dann jährlich wieder vorgestellt werden, zunächst allein, später mit ihren eigenen Fohlen. Hier spielt die Bewertung der Zuchttauglichkeit beziehungsweise der Zuchterfolge eine große Rolle.

Stuten und Fohlenschauen sind offizielle Veranstaltungen und werden vom jeweiligen Zuchtverband der Rasse organisiert.

Hengstkörung

Die Körung – also die Anerkennung zur Zuchttauglichkeit – der Hengste findet bei den meisten Pferderassen im Anschluß an den sogenannten „Hundert-Tage-Test" statt, einer stationären Hengstprüfung in speziellen Hengstprüfungsleistungsanstalten. Hier werden die Hengste etwa drei Monate lang auf eine strenge Prüfung vorbereitet, bei der das Exterieur ebenso bewertet wird wie die Manieren und die Leistungen in den Grundgangarten und eventuell im Springen.

Am Tag der Körung werden die Hengste eines Jahrgangs gemeinsam vor Publikum vorgestellt, beurteilt und gekört.

Schaunummern auf Turnieren

Turniere sind Pferdeleistungsprüfungen. In den Pausen zwischen den Prüfungen werden oft sehr qualitätsvolle Schaunummern gezeigt. Das kann beispielsweise eine besondere Pferderasse sein wie etwa Gangpferde auf einem Springturnier oder Reiten im Damensattel, das in Deutschland noch nicht offiziell geprüft wird.

Mit Schaunummern ist kein Prüfungsanspruch verbunden, sondern dem Publikum soll dabei nur etwas „präsentiert" werden. Der Phantasie sind dabei keine Grenzen gesetzt – Märchenaufführungen mit verkleideten Pferden haben hier ebenso ihren Platz wie eine barocke Dressur oder eine Herde freilaufender Islandpferde.

Pferdemärkte

Die meisten ländlichen Pferdemärkte haben einen eher traditionellen Charakter und dienen weniger dem Verkauf von Pferden als vielmehr der Prä-

Links: Bei offiziellen Vorstellungen werden die Pferde sowohl im Stand als auch in der Bewegung präsentiert. Dabei soll dem Publikum gezeigt werden, daß das Pferd gut erzogen ist und gelassen und ruhig still stehen kann.

Rechts: Ein Reitjagdverein führt in der Pause eines Turniers eine Schaunummer vor. Dieser Reiter in offizieller Jagdkleidung präsentiert dem Publikum einen mächtigen Hunter. Gelegentlich bekommt man im Rahmen derartiger Schaunummern sogar ganze Meuten zu sehen.

Unten: Eine Quadrille im Damensattel, wie man sie heutzutage wieder häufiger sieht. Das Reiten im Damensattel erlebt zur Zeit eine regelrechte Renaissance und wird auch auf Pferdeschauen gern gezeigt.

sentation der Tiere des jeweiligen Landstrichs. Meist werden die Pferde dem Publikum herausgeputzt präsentiert und prämiert. Der eigentliche Verkauf ist zur Nebensache geworden.

Umzüge

Die meisten Umzüge mit Pferden haben Tradition. In ländlichen Gebieten sind es meistens Prozessionen, die religiösen Ursprung haben und auf denen einheimische Pferderassen geritten werden. Auch die vielfach üblichen Pferdesegnungen finden vor allem auf dem Land statt, die Karnevalszüge hingegen in der Stadt. Hier werden Pferde aus der ganzen Umgebung präsentiert.

Vorbereitungen

Unabhängig davon, auf welche Schau man mit seinen Pferden geht – die Tiere müssen darauf vorbereitet sein, daß unbekannte Dinge auf sie zukommen und sie eventuell von fremden Menschen angefaßt werden. Auf Schauen sollten die Pferde einen möglichst guten, bei Umzügen einen möglichst gelassenen Eindruck machen.

Je nach Veranstaltung werden die Pferde entsprechend herausgeputzt. Für eine offizielle Schau trägt das Tier die rassetypische Frisur: Bei Warmblutpferden wird die Mähne eingeflochten und der Schweif auf etwa Sprunggelenkshöhe gestutzt. Haflinger präsentiert man mit offener Doppelmähne, Appaloosas mit Handbreit abgeschnittener, federnder Mähne.

Die Pferde werden vor einer Schau gewaschen und gründlich geputzt, kurz vor dem Auftritt kann man auch noch mit Glanzspray über Fell und Mähne gehen. Verpönt sein sollte hingegen das Umschmieren von Augen und Maul mit Öl. Das Abrasieren von Tasthaaren an Maul und Ohren verstößt gegen das Tierschutzgesetz.

Unten: Derartige Schachbrett- und andere Muster werden mit Hilfe von Schablonen auf die Kruppe gebürstet, um zum Beispiel eine außergewöhnlich kraftvolle Hinterhand zusätzlich zu betonen.

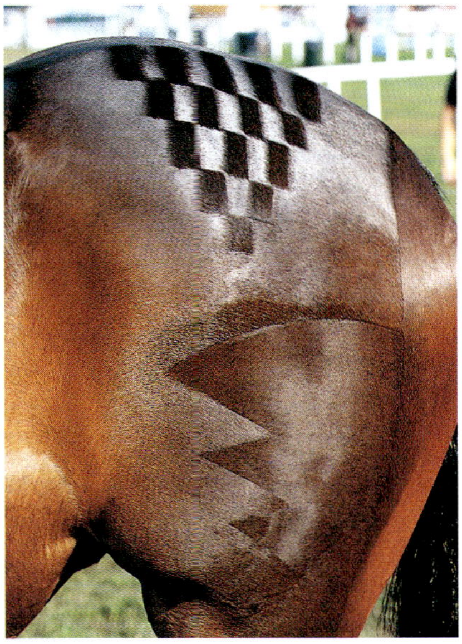

Ausdauerreiten

Beliebtheit ✦ Distanzritte ✦ Wettbewerbe ✦ Anforderungen

Oben: An Einsteigerritten unter 30 km können im Prinzip alle gutkonditionierten Pferde teilnehmen. In den Sportklassen aber herrschen Araber oder Partbreds vor – wie Peraz, der Sieger bei den Weltreiterspielen von 1994 in den Niederlanden (hier mit seiner Reiterin Valerie Kanary beim Finish).

In der letzten Zeit werden Ausdauerritte immer beliebter. Der Grund dafür ist die Vielseitigkeit dieser Sportart. Als Freizeitreiter kann man mit einfachen Wanderritten beginnen. Auf höchster Ebene handelt es sich allerdings um eine Extremsportart, die Körper und Geist gleichermaßen fordert und von Reiter und Pferd sorgfältiges Training und eine gute Kondition erfordert.

Distanzritte

Ein Distanzritt ist ein Wettkampfritt, bei dem eine vorher festgelegte Strekke nach Karte oder Markierung geritten werden muß. Ziel ist es, die vorgegebene Strecke mit gesundem Pferd in möglichst kurzer Zeit zu überwinden.

Distanzritte sind militärischen Ursprungs. Früher waren es vom Militär organisierte Wettbewerbe oder Offizierswetten. Allerdings war man bei diesen Ritten noch nicht so auf die Gesundheit des Pferdes bedacht, wie dies heute der Fall ist. So manches Pferd blieb erst nach dem Ritt auf der Strecke – Lahmheiten sieht man häufig erst am nächsten Tag. Die Spätfolgen können schwerwiegend sein.

PHANTASTISCHE REISE

Der längste nicht wettkampfmäßig unternommene Ausdauerritt war jener des Schweizer Lehrers Aimé Tschiffely, der mit seinen beiden südamerikanischen Criollos – dem Schekken Mancha und dem Braunen Gato – 16 000 Kilometer zurücklegte. Tschiffely, der 1925 im argentinischen Buenos Aires gestartet war, erreichte nach zweieinhalb Jahren Washington, D. C. Während des gesamten Rittes wurde keines der Pferde jemals krank oder lahm.

Oben: Der Distanzsattel ist eine Kombination aus englischem und Westernsattel – meist ein Trachtensattel mit flachem Sitz und hoher Cantle. Die Auflagefläche ist breiter als bei anderen Sätteln und verteilt das Gewicht des Reiters besser auf den Pferderücken.

Seit den sechziger Jahren hat sich der Distanzsport in Deutschland etabliert. Zunächst gab es einzelne Distanzreitervereinigungen, die Strekken aussuchten und Reglements aufstellten. Der „Feuerkreis" schuf den „Trabweg West", der von der Schweizer Grenze bis zur Nordsee führt.

Distanzreiter aus Deutschland, aus Österreich und aus der Schweiz nehmen mittlerweile auch an Weltmeisterschaften äußerst erfolgreich teil.

Internationale Ritte

Der aufreibendste Ritt in den USA ist der Tevis Cup, ein eintägiger, 160 Kilometer (= 100 Meilen) langer Ritt von Tahoe City in Nevada nach Auburn in Kalifornien. Die Strecke in der Sierra Nevada führt unter anderem über den 2896 m hoch gelegenen Squaw Pass und birgt extreme Klimaunterschiede von Schnee bis zu Temperaturen von +38°C. Die ersten Reiter treffen nach etwa zwölf Stunden im Ziel ein. Jeder Reiter, der innerhalb von 24 Stunden ins Ziel kommt, erhält zur Erinnerung eine goldene oder eine silberne Gürtelschnalle mit dem Bild des Pony-Express-Reiters (siehe Seite 244).

Bekannte deutsche Distanzritte sind der 1000 Kilometer lange „Trabweg West" und die „Rauhe Alb".

Die letzten Weltmeisterschaften fanden in Rom und in Dubai statt.

Fitness und tierärztliche Kontrolle

Bei wettkampfmäßigen Distanzritten werden die Pferde an vorher festgesetzten Streckenpunkten von Tierärzten untersucht. Bei allen Distanzritten steht die Gesundheit des Pferdes im Mittelpunkt. Regelmäßige Kontrollen von Puls, Atem und Temperatur sind die Grundvoraussetzungen. Darüber hinaus wird das Gangwerk überprüft; man achtet zudem auf Anzeichen von Unwohlsein. Jeder Reiter verfügt über ein eigenes Team, das ihn bei jedem Stopp und bei jedem Straßenübergang erwartet und betreut.

Bei Ritten von über 80 Kilometern müssen Reiter und Pferd über Nacht am Ziel bleiben, da die Wertung erst nach dem tierärztlichen Check am nächsten Morgen erfolgt – im Anschluß an längere Ritte zeigen sich Lahmheiten erst nach Stunden.

Der Reiter muß eine ebenso gute Kondition besitzen wie sein Pferd, denn allein ein unruhiger Sitz durch Müdigkeit kann schon Satteldruck hervorrufen. Pferd und Reiter sollten sich außerdem gut kennen und aufeinander eingestellt sein; gerade auf langen Strecken und in schwierigem

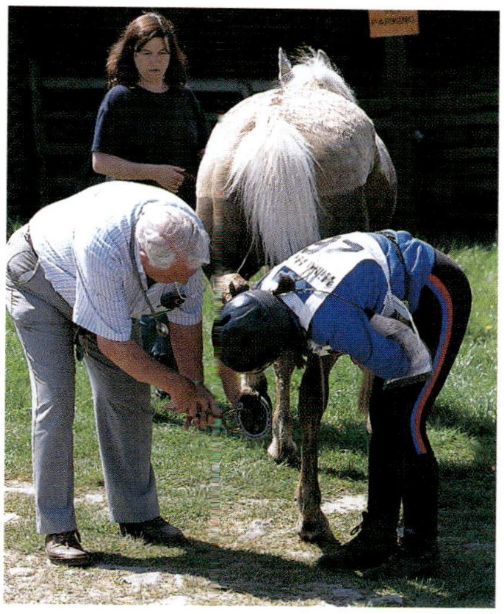

Oben: Bei der tierärztlichen Untersuchung wird auch der Zustand der Hufe und des Hufschutzes kontrolliert.

Gelände müssen sich Mensch und Tier bedingungslos aufeinander verlassen können.

Organisationen

Seit einigen Jahren ist der Distanzsport gut organisiert. Jedes Land hat eine eigene nationale Vertretung.

Der Distanzsport in Deutschland wird vom Verein Deutscher Distanzreiter (VDD) vertreten, der der Deutschen Reiterlichen Vereinigung (FN) angeschlossen ist. Die europäisch übergeordnete Organisation ist die ELDRIC, die European Long Distance Riding Conference.

Rechts: Beim „Golden Horseshoe" in Exmoor reiten zwei Reiter nach Karte. Ein Pferd trägt einen Kopfschutz gegen die Sonne; das Halfter des anderen ist mit einem synthetischem Fell umwickelt, das den Schweiß aufsaugen soll.

Das Arbeitspferd

Seit seiner Domestizierung vor ungefähr 6000 Jahren beeinflußt das Pferd die Menschheitsgeschichte. In Vorzeiten waren die Tiere Herdenvieh, später wurden sie geritten und gefahren. Seit Anfang dieses Jahrhunderts hat sich die Rolle des Pferdes geändert. Lebenswichtig für die Bevölkerung sind Pferde heute nur noch

in Osteuropa und in einigen Teilen Asiens. In den wohlhabenderen Ländern werden sie vor allem im Sportbereich eingesetzt. Bei Staatsfeierlichkeiten dienen Pferde der Repräsentation; wichtige Aufgaben erfüllen sie aber immer noch bei der berittenen Polizei und beim Hüten von Rinder- und Schafherden.

„Hab also acht, Reiter, auf dich selbst. Ist dein Pferd stützig, heftig, ungefügig, so dürfen wir kecklich die Behauptung aufstellen, dir gebricht es an liebenswürdigem Charakter und richtiger Methode.“

FRANÇOIS BAUCHER

„Dulde keine unfreundliche Behandlung des Pferdes von seiten anderer, am wenigsten von seinem Wärter!“

PETER SPOHR

„Der Beruf des Kutschers und des Pferdepflegers ist von allen Angestelltenberufen der verantwortungsvollste und schönste. Kutscher und Pferdepfleger stehen nur allzuoft an der Stelle ihres Herren, sollen ihren Herren vertreten und in seinem Sinne tätig sein.“

CARL GUSTAV WRANGEL

„Leicht kann der Hirt' eine ganze Herde vor sich hertreiben, der Stier zieht seinen Pflug ohne Widerstand; aber dem edlen Pferde, das du reiten willst, mußt du seine Gedanken ablernen: Du mußt nichts Unkluges, nichts unklug von ihm verlangen."

JOHANN WOLFGANG VON GOETHE

„Es gibt wenige Menschen, die keine Liebe zu Pferden haben, diese Neigung scheint sich auf die Erkenntlichkeit zu gründen, die wir einem Thier, das uns so mannigfaltige Dienste leistet, schuldig sind.“

FRANÇOIS ROBICHON DE LA GUÉRINIÈRE

„Ein Tänzer, der mit Peitsche und Stachel zum Umherspringen gezwungen wird, ist auch nicht schöner als ein Pferd, das gleichermaßen behandelt wird.“

XENOPHON

Teil 5

Rassen

Equiden mit einem Stockmaß von mindestens 1,49 m und mehr bezeichnet man als Pferde; kleinere Equiden dagegen werden Ponys genannt. Die Stammrassen wie Araber, Berber und Englisches Vollblut nennt man Vollblüter, während die schweren europäischen Pferde als Kaltblüter bekannt sind. Warmblüter stellen eine Kombination aus beiden Pferdetypen dar.

In der heutigen Zeit arbeitet die Pferdezucht mit hochgradig komplizierten, wissenschaftlichen Methoden, um eine bestimmte Rasse oder einen ganz speziellen Pferdetyp hervorzubringen. Denn schließlich hat nur ein Pferdetyp mit starken Genen und dominant vererbten Merkmalen, die außerdem noch dauerhaft genetisch fixiert sind, die Chance, als eigenständige Rasse anerkannt zu werden.

Jede Rasse verfügt über ein eigenes Stutbuch, in das allerdings nur den Rassemerkmalen entsprechende, qualitativ hochwertige Tiere eingetragen werden. Für nahezu alle Pferderassen existieren mittlerweile nationale und internationale Verbände.

Englisches Vollblut

Die Pferde wurden schon vor etwa dreihundert Jahren gezüchtet, aber erst 1821 nach der Veröffentlichung des zweiten Bandes des „General Stud Book for Great Britan and Ireland“ als Rasse anerkannt. Seitdem führte man kein Fremdblut mehr zu.

Der Vollblüter wird in England als hochqualifiziertes Sportpferd gezüchtet. Zu seinen Vorfahren gehören schottische Galloway-Ponys und Irish Hobbys. Als Pferderennen im 16. Jahrhundert immer populärer wurden, kreuzte man die einheimischen Pferde mit italienischen und spanischen Importen, um schnellere Pferde zu bekommen.

Zwischen 1660 und 1760 wurden etwa 200 orientalische Pferde eingeführt und mit einheimischen Tieren gekreuzt. Sämtliche Englischen Vollblüter gehen auf die Hengste Byerley Turk, Darley Arabian und Godolphin Arabian zurück.

Verwendung
Vollblüter dienen in erster Linie zur Zucht. In fast allen Leistungspferderassen fließt ein Tropfen Vollblut, durch den die Pferde ihre Feinheit, Ausstrahlung, Leistungsbereitschaft und Schnelligkeit erhalten.

Oben: Das „National Hunt“ findet nur einmal jährlich in England statt. Flach- und Hindernisrennen dagegen werden das ganze Jahr über ausgetragen. Flachrennen gehen über eine Distanz von 1 bis 4 km, Hindernisrennen über 3,2 bis 7,2 km.

Die meisten Züchter möchten Rennpferde für Flach- oder Hindernisrennen hervorbringen. In über fünfzig Ländern werden Rennen ausgetragen, bei denen nur Vollblüter starten. Erfolgreiche Rennpferde sind äußerst wertvoll: Für einen Hengst mit erstklassiger Abstammung werden an die 20 Millionen, für einen Jährling, dessen spätere Rennleistung keineswegs garantiert ist, 12 Millionen Dollar gezahlt. Viele Vollblüter, darunter auch frühere Rennpferde, nutzt man als Sportpferde – vor allem im Polo, im Distanzreiten, in der Vielseitigkeit und im Springsport.

Exterieur
Der Englische Vollblüter ist ein Pferd mit feinen Linien, wobei der Knochenumfang, die Länge des Rückens und der Gliedmaßen sowie die Größe der Hufe variieren können. Der Kopf sitzt auf einem langen, schön gebogenen Hals. Die Augen sind groß und ausdrucksvoll. Die Schulter ist lang und schräg. Der Widerrist ist ausgeprägt. Der Rumpf sollte lang und schmal sein, die Hinterhand stark, aber nicht zu rund. Die Gliedmaßen sind klar, die Gelenke kräftig, um dem Druck bei hohen Geschwindigkeiten standzuhalten. Vollblüter sind immer einfarbig.

Merkmale
Vollblüter sind spätreif und nervös. Sie haben lange und flache Gänge, obwohl häufig auch Pferde mit höherer Knieaktion vorkommen. Die Pferde benötigen gutes Futter und viel Aufmerksamkeit. Im Freien haben sie bei extremen Temperaturen Probleme. Sie sind mutig und kraftvoll, lieben den Galopp, springen gut und sind freundlich.

Stockmaß
1,50 – 1,70 m

Hackney

Früher war der Hackney ein beliebtes Reisepferd für längere Strecken – sowohl als Reit- wie auch als Fahrpferd vor einer Kutsche. Das feingliedrige Pferd stammt vom Norfolk Roadster ab, einem Gebrauchspferd mit demselben orientalischen Blut wie das Vollblut, das mit Vollblütern gekreuzt wurde. Im 18. und 19. Jahrhundert gewannen Traber in England an Bedeutung, weshalb 1883 die Hackney Horse Society gegründet wurde. Die Zucht konzentrierte sich sowohl bei den Reit- als auch bei den Fahrpferden, die eine Spitzengeschwindigkeit von 25 km/h erreichten, auf Trabpferde. Heute ist der Hackney ein leichtes und elegantes Fahrpferd mit spektakulären Gängen und hoher Aktion. Die Pferde sind im gleichen Stutbuch wie die Hackney-Ponys erfaßt (siehe Seite 221).

Verwendung
Früher war der Hackney eher ein Reitpferd, heute wird er vorzugsweise gefahren. Hackneys sind erfolgreiche Turnier- und Showpferde und werden zudem als Veredler in der Zucht eingesetzt.

Exterieur
Der Hackney hat ein gerades oder leicht konvexes Profil. Der Kopf sitzt auf einem gebogenen Hals und sehr schrägen Schultern mit wenig Widerrist. Die Hinterhand ist oft leicht rückständig, was zur hohen Aktion führt. Hackneys sind meist Rappen, Braune oder Füchse und haben häufig weiße Abzeichen an den Beinen sowie am Kopf (siehe Seite 23). Die Hufe sollten nicht zu flach und breit, die Fesselung der Hinterhand eher gerade sein.

Merkmale
Der Hackney ist ein mutiges Pferd mit hohem Leistungswillen und viel Ausstrahlung. Er hat einen geschmeidigen Schritt und einen fliegenden hohen Trab mit spektakulärer Vor- und Hinterhandaktion. Beim Trab greift die Hinterhand extrem vor – das Pferd bewegt sich mit unglaublicher Leichtigkeit. Diese Aktion hat genetische Ursachen. Die Schnelligkeit im Trab ist dagegen trainingsbedingt.

Stockmaß
1,42 – 1,60 m

Oben: Ein Zweispänner mit Hackneys zeigt bei einer Fahrprüfung das typische spektakuläre Bild zweier im gleichen Takt trabender Pferde.

Links: Ein Hackney-Hengst wird an der Hand vorgeführt. Bei der Zuchtprüfung werden Gänge, Erscheinungsbild und Typ sowie Manieren und Temperament bewertet.

Welsh Cob

Der Welsh Cob ist der größte Vertreter aus der Familie der Welsh. Er entstand im 12. Jahrhundert aus der Kreuzung von Welsh Mountain Ponys und südländischen Importpferden wie Andalusiern (siehe Seite 170). Die Powys Cobs dienten früher vor allem als Kriegspferde. Auch das mittlerweile ausgestorbene Pembroke Cart Horse, das Milch- und Bäckerwagen zog und zum Schafehüten und für andere Farmarbeiten eingesetzt wurde, gehörte zu seinen Vorfahren. Im 18. Jahrhundert kreuzte man Norfolk Roadster, Englische Traber (siehe Seite 161), Araber und spanische Pferde ein – das Ergebnis ist der heutige Welsh Cob.

Verwendung
Der äußerst vielseitige Welsh Cob ist ein überaus beliebtes Freizeit- und Turnierpferd. Obwohl die Pferde problemlos schwere Erwachsene tragen können, schätzt man sie in erster Linie als Einsteigerturnierpferde für Jugendliche. Welsh Cobs sind sehr gute Springpferde und – insbesondere nach der Einkreuzung von Vollblütern – ausgezeichnete Wettkampfpferde.

Exterieur
Der Welsh Cob hat einen schönen, leicht gebogenen Kopf, große, glänzende Augen, kleine Mauseohren und weite Nüstern. Sein Rumpf ist kraftvoll, kompakt und tief. Der Welsh Cob steht gern etwas nach hinten, hat einen feinen seidigen Behang und gute Hufe. Alle Farben sind erlaubt.

Merkmale
Welsh Cobs sind bekannt für ihren spektakulären Trab, bei dem sie die Vorhand fast waagerecht in die Luft schleudern. Sie zeichnen sich aber auch durch ihr freundliches Wesen, ihren Mut und ihre Leistungsbereitschaft aus.

Stockmaß
Um 1,54 m.

Irish Draught

Das Irish Draught stammt von französischen und flandrischen Kaltblütern ab. Durch die Einkreuzung spanischer Pferde kamen Temperament und Leistungsbereitschaft hinzu. Es enstand ein vielseitiges, sanftes und williges Pferd, das viel leichter ist als seine Vorfahren. Heute ist der Irish Draught Irlands wichtigste Pferderasse – wenn man von der Vollblutzucht absieht.

Verwendung
Früher wurde der Irish Draught in der Landwirtschaft eingesetzt. Heute ist er ein ideales Jagdpferd – besonders für schwerere Reiter. Er ist von freundlichem Wesen und eignet sich zudem hervorragend als Springpferd. In der Kreuzung mit Vollblütern (siehe Seite 160) entstehen schnellere, leistungsbereitere und spritzigere Pferde.

Exterieur
Der Irish Draught vereinigt Substanz mit Qualität und Stärke. Der ältere Typ hatte einen relativ kurzen Hals, einen groben Kopf und eine eher steile Schulter; der moderne Typ wurde verbessert. Die Augen sind freundlich und sanft. Der Rumpf ist tief und von feinem, seidigem Haar bedeckt. Die starken Gliedmaßen haben gute, trockene Knochen und sind ohne Behang. Die meisten Pferde sind Schimmel, es werden jedoch alle Farben akzeptiert.

Merkmale
Irish Draughts sind Allroundpferde mit Temperament, Gesundheit und Kraft – zuverlässig, trittsicher, vielseitig und sensibel. Ihre Gänge sind korrekt, dabei nicht extravagant, aber mit gutem Galoppiervermögen. Heute sind die Pferde größer als vor einhundert Jahren und mit sechs bis sieben Jahren ausgewachsen.

Stockmaß
1,63 – 1,73 m

Cleveland Bay

Der Cleveland Bay ist die älteste englische Rasse. Bereits im 16. Jahrhundert waren seine Vorfahren in Cleveland und Yorkshire unter den Namen Chapman Horse oder Yorkshire Pack als Zugpferde der fahrenden Händler bekannt. Im Bergbau wurden die starken, trittsicheren und zuverlässigen Tiere für den Transport der Lasten eingesetzt, die von den Minen zum Fluß oder zur Küste transportiert wurden. Im 19. Jahrhundert war der Cleveland Bay ein gefragter Veredler für Kutschpferde. Als es 1962 nur noch vier rein gezogene Hengste in England gab, wurde der Fortbestand der Rasse durch einen Deckhengst aus dem Gestüt der Königin gesichert. Heute werden Cleveland Bays vor allem mit Vollblütern gekreuzt.

Verwendung
Vor der Mechanisierung in der Landwirtschaft war der Cleveland Bay unentbehrlich – ein kraftvolles Pferd, das auch zu schweren Arbeiten herangezogen werden konnte. Später wurde es ein beliebtes Kutschpferd und oft mit Vollblütern gekreuzt, um es schneller zu machen. Heute werden Cleveland Bays im Fahrsport eingesetzt. In der Kreuzung mit leichteren Pferden, vorzugsweise Vollblütern, sind sie gute Turnierpferde, die hervorragend springen und in der Vielseitigkeit gehen.

Exterieur
Der braune Cleveland Bay hat eine schwarze Mähne, einen schwarzen Schweif sowie dunkle Beine und Hufe. Andere Farben sind nicht erlaubt. Die Röhrenbeine sind sehr kräftig, aber ohne Behang. Der lange Hals ist schön geboten, der Rumpf breit und tief. Der Rücken ist stark, häufig etwas lang. Lendenpartie und Hinterhand sind kräftig. Die Gliedmaßen sind kurz, die Hufe ausreichend groß.

Merkmale
Der Cleveland Bay vereint Kraft mit Geschmeidigkeit und ist daher ein außerordentlich vielseitiges Fahrpferd, das auch schwerste Kutschen ziehen kann. Er ist trittsicher und zuverlässig, wenngleich nicht sonderlich schnell. Die Gänge sind korrekt und lang. Cleveland Bays sind gute Springpferde, die auch schwere Reiter über tiefen Boden tragen können. Die Pferde sind sensibel, von freundlichem Wesen und zäh. Mit Vollblütern gekreuzt, ergeben sich vorzügliche Reit- und Fahrpferde, die um einiges geschmeidiger, schneller und von größerem Durchhaltevermögen sind als die Ursprungsrasse. Im Alter von fünf bis sechs Jahren sind die Pferde ausgewachsen.

Stockmaß
1,63 – 1,78 m

Oben: Die Kutschen der englischen Königsfamilie werden von Cleveland Bays und entsprechenden Kreuzungen gezogen. Der Hengst der Königin, Mulgrave Supreme, rettete die Rasse ab dem Jahr 1962 vor dem Aussterben. Er deckte mehrere Cleveland- und Kreuzungsstuten, so daß es nach 15 Jahren wieder 36 reingezogene Cleveland-Bay-Hengste in England gab.

Links: Dieser Cleveland-Bay-Hengst in Yorkshire weist die für die Rasse typischen Merkmale auf: den kräftigen Körperbau des schwereren Pferdes ebenso wie die Geschmeidigkeit des leichteren Typs. Heute werden nur noch wenige reine Cleveland Bays gezogen. Da kein Fremdblut zugeführt werden darf, sind sie unverkennbar in ihrer Erscheinung. Der einheitliche Charakter und die typische kastanienbraune Farbe sollen erhalten bleiben. Nur erstklassige Tiere werden ins Cleveland Bay Stud Book aufgenommen.

Friese

Die Wurzeln dieser niederländischen Rasse gehen zurück bis in die Zeit um 1000 v. Chr. Bereits die Römer nutzten die Tiere als Zugpferde. Veredelt mit östlichen Pferden, waren Friesen die Ritterpferde der Kreuzzüge. Als die Niederlande im 16. Jahrhundert von den Spaniern erobert wurden, führte man der Rasse andalusisches Blut (siehe Seite 170) zu. Friesen beeinflußten Fell- und Dale Pony (siehe Seite 216–217), Oldenburger, Morgan Horse (siehe Seite 173 und 190), Old English Black und Shire (siehe Seite 201). Im 19. Jahrhundert kreuzte man sie mit leichteren Pferden. Zu Anfang dieses Jahrhunderts fast ausgestorben, erleben die Friesen zur Zeit eine Renaissance.

Verwendung
Der Friese ist ein beliebtes Freizeit- und Schaupferd. Seine hohen Gänge prädestinieren es für die barocke Reitweise, die sich steigender Beliebtheit erfreut, bis hin zur Hohen Schule. Darüber hinaus ist er ein elegantes Fahrpferd.

Exterieur
Der Friese ist leichter als seine Vorfahren, jedoch ebenso stark, mutig und willig. Der feine Kopf hat einen intelligenten Ausdruck und sitzt auf einem hochangesetzten Hals. Der kurze Rumpf ist kompakt. Mähne, Schweif und Kötenbehang sind lang und dicht. Friesen sind Rappen.

Merkmale
Friesen zeigen hohe, spektakuläre Gänge und beeindrukken unter dem Sattel ebenso wie im Geschirr. Wegen ihres sensiblen Wesens sind sie als Schulpferde ungeeignet.

Stockmaß
Um 1,52 m.

Holländisches Warmblut

Die Rasse wurde 1960 gegründet. Ziel war ein qualitätsvolles, leicht zu reitendes Turnierpferd mit Substanz und Geschmeidigkeit. Man kreuzte ausgewählte Gelderländer und Groninger Stuten mit leichteren Pferden. Die Zucht wird strengstens selektiert und in mehrere Kategorien eingeteilt. Es gibt das Sportpferd, das Freizeitpferd mit anglo-arabischem Blutanteil (siehe Seite 178) und das etwas schwerere Fahrpferd mit mehr holländischem Blut. 1980 wurden der Zucht sieben Lipizzaner (siehe Seite 175) zugeführt, um einen neuartigen Typ von Reit- und Fahrpferd zu produzieren.

Verwendung
Das Holländische Warmblut ist ein kraftvolles Allroundpferd mit ausdrucksvollem Gang. Es wird als Turnierpferd in der Dressur und im Springen, aber auch im Fahrsport und als Freizeitpferd eingesetzt.

Exterieur
Das Holländische Warmblut ist ein kraftvolles Pferd ohne jede Weichheit, obwohl sein Rücken oft etwas lang und der Kopf etwas flach ist. Der starke Rumpf mit der kräftigen Hinterhand sitzt auf guten Beinen mit wohlgeformten Hufen. Die meisten Pferde sind braun, es sind jedoch alle Grundfarben erlaubt.

Merkmale
Das Holländische Warmblut ist von ausgeglichenem Wesen und sehr willig. Die Gänge sind korrekt und schwungvoll. Die Pferde sind frühreif und mit vier bis fünf Jahren ausgewachsen. Die Vollblutkreuzungen eignen sich hervorragend für schnelle Sportarten wie die Vielseitigkeit.

Stockmaß
Um 1,63 m.

Camarguepferd

Das Camarguepferd ist eine sehr alte Rasse, die große Ähnlichkeit zu den Pferden aufweist, die man von den etwa 17 000 Jahre alten Höhlenzeichnungen im französischen Lascaux her kennt. Bis ins 8. und 9. Jahrhundert war die Population rein, danach kamen im Zuge der Invasion der Mauren berberische Einflüsse (siehe Seite 185) aus Nordafrika. Seit dieser Zeit wurde jedoch kein Fremdblut mehr eingekreuzt. Camarguepferde leben im Rhone-Delta in Südfrankreich in kleinen, halbwilden Herden. Im Jahr 1968 wurde die Rasse offiziell anerkannt; seitdem wird streng und systematisch selektiert.

Verwendung

Die Pferde dienen als Hütepferde für die schwarzen Stiere der Camargue, aber auch als Reitpferde für Touristen. In Deutschland wird das Camarguepferd als Freizeitpferd immer beliebter.

Exterieur

Das ausgesprochen zähe Pferd hat einen großen, geraden Kopf, einen kurzen Hals und eine steile Schulter. Der Rükken ist kurz und stark. Die meist kurze Hinterhand hat eine abfallende Kruppe und einen tiefangesetzten, welligen Schweif. Die Gliedmaßen sind kurz und sehr stark. Die Hufe sind dem feuchten heimischen Boden angepaßt.

Merkmale

Das Camarguepferd ist – bedingt durch die eher mäßige Nahrungsgrundlage in seiner Heimat – spätreif und kann selbst in den Salzwassersümpfen des Rhone-Deltas überleben. Das halbwilde Pferd hat einen unabhängigen Charakter und läßt sich ungern fangen oder ausbilden. Wenn es jedoch einmal gezähmt wurde, ist es ein williges Pferd. Es gibt mittlerweile Gestüte, in denen die Pferde von Geburt an domestiziert werden. Camarguepferde haben eine lange, hohe Galoppade, ihr Trab ist jedoch relativ unbequem. Sie sind zähe, sehr geschmeidige Pferde, die ungeheuer viel leisten und auch im Alter von über 20 Jahren noch geritten werden können.

Stockmaß

Um 1,42 m.

Links: Kleinere Gruppen von Camarguepferden – Hengste, Stuten und Jungpferde bis zum Alter von drei Jahren – bevölkern die Salzwassersümpfe des Rhone-Deltas. Seit Jahrtausenden haben sich die Tiere dieser unwirtlichen Umgebung angepaßt. Seit 1968 werden die Pferde systematisch gezüchtet, d. h. aussortiert, gebrannt und eventuell kastriert. Die Rasse wird absolut rein gezüchtet. Das einzelne Pferd mag nicht besonders beeindruckend sein – der Anblick einer durch das aufspritzende Salzwasser galoppierenden Gruppe jedoch bleibt unvergeßlich.

Selle Français

Der Selle Français (ins Deutsche übersetzt: „französisches Reitpferd“) war früher unter dem Namen Anglo-Normanne bekannt. Diese Warmblutrasse gibt es offiziell erst seit 1965. Sie hat ihre Wurzeln im Normannischen Pferd, einem schweren Zugpferd, das sich durch die Einkreuzung von Araber- und Berber-Blut (siehe Seite 184–185) aus Nordafrika und Südeuropa zu einem guten und stämmigen Gebrauchspferd entwickelte. Im 19. Jahrhundert wurden die Normannen dann mit Vollbluthengsten (siehe Seite 160) und Halbblütern auf Norfolk Trotter-Basis veredelt, wodurch die Rasse der Anglo-Normannen entstand. Die weitere Kreuzung mit Vollblütern erbrachte schließlich den heutigen Selle Français. Der Name der Rasse wurde im Jahr 1958 geprägt und bezeichnet ein französisches Reitpferd von hoher Qualiät, das man früher auch „demi-sang“, also Halbblut, nannte. Im Lauf der Zeit wurden die Tiere qualitativ immer hochwertiger. Sie sind sehr schnell und ausdauernd, was dazu führte, daß eine eigene Rennszene abseits der Vollblutrennen etabliert werden konnte. Im Stutbuch werden diverse Kreuzungen wie Vollblut mit Französischem Traber, Araber oder Anglo-Araber mit Französischem Traber oder Vollblut mit Anglo-Araber akzeptiert.

Verwendung
Der Selle Français wird heutzutage in allen bekannten Turniersparten eingesetzt, besonders jedoch im Springsport und im Rahmen von Querfeldeinrennen. Manche Vertreter dieser Rasse werden ausschließlich zur Zucht verwendet. Außerdem finden die Pferde als Renn- und als Schulpferde sowie als Trekkingpferde und im Dienst des Militärs Verwendung. Viele bekannte Springpferde sind Selles Français.

Exterieur
Der Selle Français weist den qualitativ hochwertigen Kopf des Vollblüters auf – entweder konkav wie beim Araber oder konvex. Seine Schultern sind stark, manchmal auch steil. Der Rumpf hat viel Fundament, einen kräftigen Rükken und eine breite Hinterhand. Diese ist wie geschaffen fürs Springen, obwohl die Hinterbeine oft gerade sind. Je nach Vollblutanteil kann der Selle Français ein mittelschweres oder schweres Pferd sein. Das Fell ist fein. Alle Pferde sind Füchse.

Stockmaß
1,55 – 1,68 m

Links: Dieses Pferd zeigt die ausdrucksvollen Gänge und die Schubkraft, die für den modernen Selle Français typisch sind. Seine Leichtigkeit in der Bewegung und sein grundsolider Knochenbau machen ihn zu einem gefragten Sportpferd. Die Grundlage hierfür liegt in der geglückten Mischung aus Arabern, Vollblütern, Normannen und Trabern. Wegen ihrer unterschiedlichen Vorfahren variieren die Pferde zwar im Exterieur, in Größe und Gewicht – andererseits macht dies aber gerade die Vielseitigkeit der Rasse aus, die in sämtlichen Turnierdisziplinen glänzt.

Französischer Traber

Der Französische Traber stammt aus der Normandie, die seit dem 12. Jahrhundert als bedeutendes Pferdezuchtgebiet gilt. Die Rasse wurde im 19. Jahrhundert begründet, als man Vollblüter (siehe Seite 160), die mit französischen Halbblütern gekreuzt worden waren, zur Veredelung von Norfolk Roadster (siehe Seite 161) und Normannen einsetzte. Hinzu kamen American Standardbred (siehe Seite 191) und russische Pferde. Wie die französischen Vollblüter stammen die meisten Französischen Traber von fünf englischen Linien ab. Im Jahr 1922 wurde die Rasse offiziell anerkannt. Seitdem entwickelte sich der Trabsport in Amerika und in großen Teilen Europas zum Volkssport. Der französische Traber wird auch als Reit- und Fahrpferd eingesetzt.

Verwendung
Die meisten Französischen Traber gehen als Trabrennpferde auf der Bahn. Einige werden jedoch auch geritten. Die Pferde dienen außerdem zur Veredelung anderer Rassen.

Exterieur
Auf dem starken Hals sitzt ein ausdrucksvoller Kopf. Die Schulter ist kraftvoll, der Widerrist breit und nur wenig ausgeprägt. Der Rumpf kann lang und rund sein. Die Gliedmaßen müssen perfekt geformt sein, um die große Belastung im starken Trab auszuhalten. Die Gelenke sollten groß und flach sein, die Knochen von guter Qualität. Die Hinterhand muß extrem stark sein und leicht nach hinten stehen. Es gibt Rappen, Braune und Füchse.

Merkmale
Der Französische Traber ist ein großes Pferd mit langen, gleitenden Bewegungen. Durch Einkreuzungen von Selles Français, Vollblütern oder Anglo-Arabern (siehe Seite 178) entstehen auch exzellente Springpferde. Da die Minimalgeschwindigkeit auf der Bahn 1,22 m/s beträgt, müssen die Pferde leistungsbereit und ausdauernd sein.

Stockmaß
Um 1,65 m.

Oben: Diese Französische Traberstute zeigt ihre außergewöhnliche Aktion. Das Pferd vereint Substanz, Stärke und Schnelligkeit.

Rechts: Dieser Traberhengst wird im französischen Nationalgestüt Haras du Pin in der Normandie vorgeführt.

Salerno

Der Salerno ist ein gutes und vielseitig einsetzbares Reitpferd aus der Gegend um die italienische Stadt Salerno. Er stammt vom Neapolitaner ab und führt somit auch spanisches und berberisches Blut (siehe Seite 185). Die Zucht wurde unter Karl III., König von Neapel und Spanien, begonnen, der 1763 im süditalienischen Persano ein Gestüt gründete, in dem wunderschöne Reitpferde gezüchtet wurden, die für die Hohe Schule prädestiniert waren. Seit 1900 kreuzte man zur Qualitätsverbesserung Vollblüter (siehe Seite 160) ein. Heute ist der Salerno ein begabtes Sportpferd.

Verwendung
Einige der hervorragendsten italienischen Springpferde stammen vom Salerno ab, darunter auch der Weltmeister von 1956 und Gewinner der Goldmedaille bei den Olympischen Spielen von Rom 1960. Früher wurden diese Pferde zudem in der italienischen Kavallerie eingesetzt.

Exterieur
Mit wachsendem Vollbluteinfluß wurde der Salerno immer feiner. Der Kopf ähnelt dem des Andalusiers (siehe Seite 170). Die Schulter ist von guter Schräge, obwohl der Rumpf nur wenig Tiefe hat. Die Gliedmaßen haben feine, harte Knochen, gute Gelenke und sind wohlgeformt.

Merkmale
Der Salerno ist sensibel, aber kräftig. Seine Bewegungen sind frei. Die Pferde verfügen über viel Springvermögen. Die früher hohen Bewegungen sind nun eher flach, dennoch hat sich das Pferd sein spritziges Wesen bewahrt.

Stockmaß
Um 1,63 m.

San Fratello

Der San Fratello stammt von anglo-normannischen Pferden ab, die im 17. Jahrhundert nach Sizilien importiert wurden. Einige Tiere leben auch heute noch wild.

Verwendung
Der San Fratello ist ein eher leichtes Zug- und Hütepferd. Von den italienischen Züchtern wird er jedoch in erster Linie als Zuchtbasis für das italienische Reitpferd eingesetzt, indem man San Fratellos häufig mit Salernos, Maremmanas und auch Vollblütern einkreuzt.

Exterieur
Wie es für Mischlingsrassen charakteristisch ist, zeigt der San Fratello kein einheitliches Erscheinungsbild. Der größere Typ wird oft als Turnierpferd genutzt.

Merkmale
Der San Fratello ist ein sehr hartes Pferd, das den Klimaschwankungen in den Bergen um Messina trotzen kann.

Stockmaß
1,60 – 1,63 m

Maremmana

Wenngleich diese Rasse, die auch unter dem Namen Maremma bekannt ist, noch immer in ihrer ursprünglichen Form existiert, gibt es auch verfeinerte Typen. Der Maremmana stammt von Neapolitanern und anderen europäischen Pferden ab und wurde früher in der toskanischen Maremma als Hütepferd genutzt, wo man wildlebende Pferde mit jedem halbwegs passenden Pferd oder Pony kreuzte. Obwohl die Vorfahren des Maremmana nicht aus der Region stammen, handelt es sich bei den Pferden doch um eine einheimische Rasse.

Verwendung
Der Maremmana ist ein vielseitiges Pferd, das in der Landwirtschaft sowie als Hüte- und Reitpferd eingesetzt wird.

Exterieur
Der Maremmana ist kein schönes, aber ein durch und durch praktisches Pferd – solide, zuverlässig und zäh. Sein Hals ist kurz. Das Pferd macht einen eher weichen Eindruck, obwohl die Hinterhand kräftig ist und die Hufe fest und wohlgeformt sind. Es kommen alle Farben vor.

Merkmale
Der Maremmana ist von sehr freundlichem, zuverlässigem und ruhigem Wesen. Die Pferde sind äußerst willig, ausdauernd und schnell; ihr Springvermögen allerdings ist kaum ausgeprägt. Man kreuzt Maremmanas oftmals mit Vollblütern und erhält dann ein größeres, qualitativ hochwertigeres Reitpferd mit deutlich verbesserten Gängen und größerer Schnelligkeit. Der echte Maremmana ist zäh und leichtfuttrig und kann einen recht ausgeglichenen Charakter vorweisen.

Stockmaß
Um 1,60 m.

Oben: Der Maremmana, ein sehr zuverlässiges und freundliches Tier, ist das Pferd der berittenen Carabinieri und wird bei Einsätzen ebenso geschätzt wie als Paradepferd. Obwohl Maremmanas relativ klein sind, machen sie ihre Zähigkeit und ihre Ausdauer zu überaus vielseitig einsetzbaren Reitpferden.

Rechts: Auch die italienischen Viehhirten, die „butteri", reiten beim Treiben ihrer großen Herden in Süditalien Maremmanas. Die Pferde werden in erster Linie wegen ihres angeborenen Hüteinstinkts geschätzt. Ihre kraftvolle Hinterhand ermöglicht es ihnen, lange Ritte selbst bei glühender Hitze durchzustehen.

Andalusier

Der Andalusier, der heute offiziell Pura Raza Espanola heißt, hat eine lange Tradition. Er stammt von jenen iberischen Pferden ab, wie sie um 18 000 v. Chr. auf Höhlenbildern in Südspanien verewigt wurden. Während der Maurenherrschaft im 8. und 9. Jahrhundert kreuzte man Araber- und Berberblut (siehe Seite 184–185) ein. Die daraus hervorgegangenen Pferde wurden bis ins 18. Jahrhundert hinein nach ganz Europa exportiert. Vor allem die Kartäusermönche von Jerez de la Frontera widmeten sich der Zucht dieser Rasse und eröffneten bereits 1476 ein Stutbuch. Heute wird die Pura Raza Espanola unter anderem in Sevilla, Córdoba und Granada gezüchtet, wobei man großen Wert auf Reinblütigkeit legt.

Der Andalusier hatte zudem großen Einfluß auf die Entstehung anderer berühmter Pferderassen: Der Lusitano und der Alter-Real sind mit ihm verwandt und auch Lipizzaner, Kladruber, Nonius (siehe Seite 175 und 182) sowie viele deutsche Rassen wurden durch ihn geprägt. In Großbritannien gehen der Cleveland Bay, der Welsh-Cob und das Connemara-Pony (siehe Seite 162 und 220) auf spanische Pferde zurück – ebenso wie die meisten amerikanischen Rassen (siehe Seite 190–197).

Verwendung
Bereits im Altertum war man sich des veredelnden Einflusses spanischer Pferde bewußt. Sie sind zwar prädestiniert für die Hohe Schule, eignen sich aber auch als Hütepferde. Es ist eine wahre Freude, diese Pferde zu reiten. Ihre hohe Aktion ist in der Dressur zwar nicht erwünscht, es sind jedoch gute Springpferde zu finden. Auch im Fahrsport finden immer mehr spanische Pferde Verwendung.

Exterieur
Der Andalusier ist ein kurzes, kompaktes Pferd mit leicht schräger Kruppe, einer langen, fliegenden Mähne und einem ebensolchen Schweif. Der Kopf mit dem konvexen Profil und den offenen Nüstern ist relativ groß, der Hals hoch aufgerichtet und gebogen, wodurch das Pferd selbstbewußt und ausbalanciert wirkt. Die Schulter ist oft gerade. Der Widerrist ist flach und geht in einen starken, kurzen Rücken über. Die Lendenpartie ist ebenso kraftvoll und geschlossen wie die Hinterhand. Die Hufe sind sehr hart. Die meisten Pferde sind Schimmel oder Graue. Es gibt aber auch Braune, Falbe und Pferde mit Stichelhaar.

Merkmale
Der Andalusier erscheint aufgrund seiner hohen Gänge und des stolz getragenen Halses größer als er tatsächlich ist. Der Schritt ist rhythmisch und ausgeprägt, der Trab hoch und rund und der Galopp weich und gesprungen. Letzterer wird meist versammelt geritten, sieht aber wie die anderen Gänge spektakulär aus. Die anmutigen und athletischen Pferde vereinen Temperament und Sanftheit.

Stockmaß
Um 1,57 m.

Links: Zwei Andalusier werden in der klassischen Hohen Schule vorgestellt. Die Hohe Schule entstand im 16. Jahrhundert, als der europäische Adel seine Pferde in der klassischen Reitweise ritt. Ihre Wurzeln gehen jedoch bereits auf die Schriften des Griechen Xenophon (430 – 355 v. Chr.) und anderer Gelehrter zurück, die ihre Schüler in der Reitkunst unterrichteten. Heute werden Andalusier zwar auch auf Dressurturnieren eingesetzt, sie sind aber vor allem gute Springpferde.

Lusitano

Der Lusitano – von Lusitania, dem lateinischen Namen Portugals – hat dieselben orientalischen Ursprünge wie der Andalusier und gehört zu den Gründerrassen des Lipizzaners (siehe Seite 175). 1966 wurde die Abgrenzung der Rasse vorgenommen, um wichtige Blutlinien zu retten. Früher diente der Lusitano in der Kavallerie, heute wird er als Stierkampfpferd eingesetzt. Beim Stierkampf wird eine Art Hohe Schule geritten – die Kontrolle des Stiers ist zugleich ein reiterliches Schauspiel.

Verwendung
Der Lusitano dient als vielseitiges Reitpferd im Freizeitbereich, Turniersport und Stierkampf. Das intelligente und leistungswillige Pferd ist ein gutes Fahrpferd und wird auch heute noch in der Landwirtschaft eingesetzt.

Exterieur
Der Lusitano unterscheidet sich deutlich vom Andalusier. Sein Profil ist konvexer, die Stirn breiter. Der starke, kurze Hals sitzt auf einer kraftvollen Schulter. Die Kruppe ist abgeschlagen und hat einen tiefangesetzten Schweif. Der oft röhrenförmige Leib läßt das Pferd langbeinig erscheinen. Die lange Mähne und der lange Schweif sind charakteristisch für die iberischen Pferde. Die Tiere sind meist grau. Es gibt auch andere Farben, aber keine Schecken.

Merkmale
Das Wesen des Lusitanos entspricht weitgehend dem des Andalusiers. Obwohl das Pferd etwas größer und schwerer ist, ist es ebenso geschmeidig. Der Lusitano hat hohe und anmutige Gänge, kann sich gut versammeln, schnell drehen und hat viel Mut und Feuer.

Stockmaß
1,57 – 1,63 m

Alter Real

Die Rasse wurde im 18. Jahrhundert auf der Basis von 300 spanischen Stuten auf dem Gestüt Vila de Portel in Portugal begründet. Die feinen Pferde erlebten ihre Blütezeit vor dem Einmarsch Napoleons 1821. Später verwässerte man die Rasse durch Fremdblut. Anfang des 20. Jahrhunderts wurde sie jedoch durch den Einsatz andalusischer Hengste auf ihr früheres Bild zurückgezüchtet. Obwohl die Hohe Schule zu Beginn der portugiesischen Demokratie in Vergessenheit geraten war und alle Zuchtunterlagen verlorengegangen waren, begann die erste frei gewählte Regierung ein neues Zuchtprogramm.

Verwendung
Der Alter Real wird ausschließlich für die Hohe Schule gezüchtet. Während er für erfahrene Reiter ein wunderbares Reitpferd darstellt, ist er aufgrund seiner Sensibilät für unerfahrene Reiter nicht geeignet.

Exterieur
Der intelligente Kopf ist mit seiner breiten Stirn typisch iberisch. Der muskulöse Hals sitzt auf einer schrägen Schulter. Der Widerrist und die Brust sind ausgeprägter als bei den spanischen Verwandten. Das Pferd hat mehr Fundament. Der Alter Real hat eine feine, lange, glatte Mähne und einen ebensolchen, tiefangesetzten Schweif.

Merkmale
Wie bei allen iberischen Pferden sind auch beim Alter Real die Ellenbogen- und Kniegelenke sehr geschmeidig. Die Gänge sind eher hoch als weit, was sie für die klassische Hohe Schule prädestiniert. Die sensiblen Alter Real-Pferde sind hauptsächlich Braune und Schimmel.

Stockmaß
1,52 – 1,63 m

Hannoveraner

Der Hannoveraner gehört zu den besten Spring- und Dressurpferderassen der Welt. Seit 1735 wird die Rasse im Landgestüt Celle als Wirtschafts- , Kutsch- und Militärpferd gezüchtet. Das Stutbuch wurde jedoch erst 1790 eröffnet. Vierzehn schwarze Holsteinerhengste bildeten die Zuchtbasis und brachten in der Kreuzung mit einheimischen Stuten gute Arbeitspferde hervor. Die Einkreuzung von Vollblütern und Cleveland Bays (siehe Seite 160 und 163) ergab leichtere Pferde mit mehr Leistungsvermögen. Die Pferde waren als Fahr- und Militärpferde geeignet. Später veredelte man die Rasse mit Vollblütern und Trakehnern, um ein ausgesprochenes Sportpferd zu erhalten.

Verwendung
Der Hannoveraner wird nicht auf Schnelligkeit und langes Durchhaltevermögen gezüchtet, doch sein natürlicher Gehwille und seine Leistungsbereitschaft machen ihn zu einem erstklassigen Spring- und Dressurpferd. Auch im internationalen Fahrsport und im Freizeitbereich wird der Hannoveraner geschätzt. Schnellere Pferde mit Vollbluteinschlag gehen auch in der Vielseitigkeit.

Exterieur
Der Hannoveraner ist ein relativ großes und schweres, dabei aber harmonisches und markantes Warmblutpferd. Der mittelgroße Kopf sitzt auf einem schön geschwungenen langen und muskulösen Hals. Die starke Schulter ist von guter Schräge, der Widerrist klar definiert. Das Pferd weist viel Fundament und eine gutgeschlossene Lendenpartie auf. Die Kruppe ist gut bemuskelt und oft leicht schräg. Der Schweif ist hoch angesetzt. Der Hannoveraner hat starke, gutgeformte Gliedmaßen mit kurzen Röhrbeinen. Mit Ausnahme von Schecken und getupften Pferden sind alle Farben erlaubt.

Merkmale
Seit Gründung des Landgestüts Celle 1735 werden alle eingetragenen Hannoveraner mit einem „H“ gebrannt. Die Pferde haben einen ehrlichen Charakter und gute Grundgangarten mit energischen, korrekten Bewegungen.

Stockmaß
1,65 – 1,75 m

Links: Heute gibt es in Celle zweihundert eingetragene Hannoveranerhengste und einige Trakehner und Vollblüter zur Veredelung bestimmter Linien. Die Hengste decken insgesamt 8.000 Stuten. Die Qualität wird durch Leistungsprüfungen stark selektiert. Man legt großen Wert auf Zuverlässigkeit, harmonische Erscheinung und ein gutes Gangwerk. Hannoveraner werden in die ganze Welt exportiert. Auf dem Königlichen Gestüt in Ägypten deckt beispielsweise der Hengst Bellucci.

Holsteiner

Holsteiner sind vermutlich die älteste deutsche Warmblutrasse. Ab 1680 wurde diese Rasse als schweres Kutsch- und Militärpferd gezüchtet. Im 19. Jahrhundert entstand durch die Einkreuzung von Cleveland Bays (siehe Seite 163), Yorkshire Coaches und Vollblütern (siehe Seite 160) ein leichteres Pferd, das auch in anderen deutschen Zuchten eingesetzt wurde. Durch den permanenten Vollbluteinfluß entwickelte sich der Holsteiner zum idealen Sportpferd. Eingetragen werden jedoch nur leistungsgeprüfte Pferde.

Verwendung
Der moderne Holsteiner ist ein Allroundpferd: Er ist ein hervorragendes Fahrpferd, erbringt Weltklasseleistungen in der Dressur sowie im Springen und gehört zu den erfolgreichsten deutschen Vielseitigkeitspferden.

Exterieur
Der Holsteiner ist ein großes, elegantes Pferd mit feinem Kopf und intelligenten Augen. Der lange Hals sitzt auf einer schrägen Schulter und einem gutausgeprägten Widerrist. Das Pferd hat viel Fundament und eine starke Hinterhand. Die Gliedmaßen weisen harte Knochen und gutgeformte Gelenke auf. Es werden alle Farben akzepiert; schwarze und braune Tiere sind aber vorherrschend.

Merkmale
Der Holsteiner ist ein qualitativ äußerst hochwertiges und williges Pferd mit sehr angenehmem Temperament. Die Erscheinung ist korrekt – mit viel Substanz und ausgezeichneten Gliedmaßen. Die Gänge des Holsteiners sind frei und lang. Die Pferde verfügen über ein ausgeprägtes natürliches Gleichgewicht und eignen sich aufgrund ihres Galoppiervermögens hervorragend für lange und schnelle Ritte.

Stockmaß
1,63 – 1,73 m

Oldenburger

Der Oldenburger, der eng mit dem Friesen (siehe Seite 164) verwandt ist, wurde anfangs als schweres Warmblutpferd für die Landwirtschaft gezüchtet. Seine Größe und Knieaktion machten ihn aber auch zu einem brauchbaren Kutschpferd. Im 17. Jahrhundert importierte Graf Anton von Oldenburg neapolitanische und spanische Hengste. Das Stutbuch wurde 1819 mit der Einführung von Vollblütern, Halbblütern sowie hannoveranischem und normannischem Blut eröffnet. Heute ist der Oldenburger ein kraftvolles Sportpferd. Alle Hengste sind leistungsgeprüft. Es wird kaum noch Fremdblut zugeführt.

Verwendung
Der Oldenburger ist ein angenehmes Reit- und Fahrpferd. Die Rasse gilt als fruchtbar und langlebig und wird auch zur Veredelung anderer Rassen wie beispielsweise der Kladruber (siehe Seite 175) herangezogen.

Exterieur
Ein imposantes Pferd mit langem und kraftvollem Hals, einer tiefen Brust, einer muskulösen Hinterhand und gutgeformten, trockenen Gliedmaßen. Der Rumpf ist manchmal etwas lang. Der Brand ist ein O mit einer Krone. Oldenburger sind schwarz, braun, fuchsfarben oder grau.

Merkmale
Trotz seiner Größe ist der Oldenburger ein eher frühreifes Pferd. Die Tiere sind harmonisch und kraftvoll, aber nicht sehr schnell. Die Gänge sind nicht ausgreifend, sondern hoch. Energisch und überraschend geschmeidig, ist der Oldenburger ein erstklassiges Springpferd.

Stockmaß
1,68 – 1,78 m

Trakehner

Der Trakehner gehört zu den ältesten und elegantesten Warmblutrassen überhaupt. Diese Rasse basiert auf den ostpreußischen Schweiken, einem kleinen und harten Landschlag, der bis ins 13. Jahrhundert zurückverfolgt werden kann. Das Gestüt Trakehnen in Ostpreußen wurde 1742 von Friedrich Wilhelm I. gegründet. Zuchtziel war ein robustes Pferd für die Kavallerie und die königlichen Ställe. Die Rasse wurde zwar durch orientalisches Blut verfeinert, den größten Einfluß hatten jedoch Vollblüter (siehe Seite 160) wie der im Jahr 1899 geborene Hengst Perfektionist. Innerhalb von nur drei Jahren zeugte er 131 Fohlen, von denen 32 Hengste und 37 Stuten ins Stutbuch eingetragen wurden. Nur die besten Pferde setzte man nach eingehender Prüfung als Kavalleriepferde ein. Voraussetzung hierfür waren Durchhaltevermögen, Mut, Geschmeidigkeit und Schnelligkeit. Im Zweiten Weltkrieg mußte das Gestüt Trakehnen zum fünften Mal seit 1812 evakuiert werden, wodurch die Zahl der Pferde dramatisch dezimiert wurde. Nur etwa 1000 Pferde erreichten nach einem dreimonatigen Treck im Winter Westdeutschland. Heute ist die Trakehnerzucht komplett in privater Hand.

Verwendung
Der Trakehner ist ein absolutes Allroundpferd und stellte im Springreiten, in der Dressur und in der Vielseitigkeitsreiterei schon zahlreiche Sieger. Seine hervorstechenden Charaktereigenschaften gab der Trakehner durch zahlreiche Kreuzungen an viele andere Warmblutrassen weiter, vor allem an den Hannoveraner (siehe Seite 172). Die Pferde werden in die USA sowie nach Schweden und Großbritannien exportiert. Auch als Fahrpferd genießt diese Rasse großes Ansehen.

Exterieur
Trakehner vereinen in sich die typischen Eigenschaften des Vollblüters und des Arabers sowie die Bodenständigkeit der Schweiken. Der Kopf ist trocken und von edlem Ausdruck. Die Ohren stehen über einer breiten Stirn. Der Hals sitzt elegant auf der langen und schrägen Schulter. Der schön gerippte Rumpf ist lang und hat genügend Gurtentiefe. Die Kruppe ist oft runder als bei anderen Warmblütern. Die Hufe sind perfekt geformt und hart. Der Trakehner hat hervorragende Gliedmaßen. Bevorzugt werden dunkle Farben, es sind aber alle Farben erlaubt.

Merkmale
Der Trakehner wird als Spitzenpferd gezüchtet. Er verfügt über ideale Voraussetzungen im Exterieur, im Gangwerk, in der Leistungsbereitschaft und im Durchhaltevermögen. Sein Springtalent ist hervorragend. Die Pferde kombinieren ein angenehmes Temperament mit Sensibilität. Ihre langen und flachen Gänge erinnern an die des Vollblüters.

Stockmaß
1,63 – 1,68 m

Links: Die Trakehnerzucht wird vom Trakehnerverband kontrolliert, der nach dem Zweiten Weltkrieg im Jahr 1947 gegründet wurde. Von ehemals 25.000 Zuchtstuten hatten nur 1.200 überlebt und begründeten den Neuanfang der Zucht. Der Trakehnerbrand ist das Elchgeweih auf der linken Flanke.

Lipizzaner

Die Lipizzaner gehen auf spanische Pferde zurück, die 1580 in Lipizza (Österreich-Ungarn, heute Slowenien) mit Arabern und Berbern (siehe Seite 184–185) gekreuzt wurden. Die Pferde waren für den königlichen Marstall bestimmt. Bereits 1572 war die Spanische Hofreitschule gegründet worden, in der der Adel sich in der klassischen Reitkunst üben sollte. Lipizzaner werden heute zwar in vielen Ländern gezüchtet, die besten Pferde kommen jedoch noch immer aus dem österreichischen Piber. Wenngleich die Typen leicht variieren können, gibt es keine größeren Abweichungen. Alle Pferde stammen von fünf andalusischen Hengsten (siehe Seite 170) ab. Die strenge Reinzucht bewahrt die Einheitlichkeit der Rasse.

Verwendung
Der Lipizzaner hat die Hohe Schule in der ganzen Welt bekannt gemacht. Er brilliert in der Dressur und im Fahrsport. Die Spanische Hofreitschule in Wien ist mit ihren Lipizzanern der Hort der klassischen Hohen Schule – dort lassen sich Spitzenreiter aus der ganzen Welt korrigieren.

Merkmale
Der Lipizzaner ist ein kompaktes, starkes, dabei aber anmutiges Pferd. Der spanische Kopf sitzt auf einem kurzen, muskulösen Hals. Die Schultern sind kraftvoll. Der kaum ausgeprägte Widerrist geht in einen kurzen Rücken, eine geschlossene Lendenpartie und eine kräftige Hinterhand über. Die kurzen Beine weisen kräftige Gelenke und harte Hufe auf. Mähne und Schweif sind fein und silbrig. Als Farbe herrschen die Schimmel vor, es gibt aber auch Rappen und Braune.

Merkmale
Lipizzaner sind spätreife, aber langlebige Pferde. Die Pferde aus Piber sind kleiner, kraftvoller und sanftmütiger als andere Linien in Europa, bei denen sich der Vollbluteinfluß vor allem durch längere Linien und flachere Gänge bemerkbar macht.

Stockmaß
1,52 – 1,63 m

Kladruber

Der Kladruber wurde in der Tschechoslowakei als kraftvolles Fahrpferd für fürstliche Kutschen gezüchtet. Als Zuchtbasis dienten spanische Pferde. Das erste Stutbuch wurde im frühen 18. Jahrhundert eröffnet, als das königliche Gestüt Kladrub 1.000 Pferde umfaßte. Einige von ihnen waren über zwei Meter groß. 1770 wurde das Gestüt zwar durch ein Feuer zerstört, doch die meisten Pferde konnten gerettet werden. Später züchtete man kleinere, ausdrucksvolle Pferde, die auch heute noch sehr gefragt sind. Mittlerweile hat sich eine Warmblutzucht etabliert, die auch auf Linien wie Furioso (siehe Seite 183), Gidran und Vollblütern basiert und ein Allround-Reitpferd hervorbringt.

Verwendung
Kladruber sind außergewöhliche Fahrpferde, die auf allen internationalen Fahrturnieren zu finden sind, oft sogar im Acht- oder Zehnspänner. Die Tiere finden aber auch vermehrt als Reitpferde Verwendung.

Exterieur
Der Kladruber ist ein starkes, großes und beeindruckendes Pferd, ähnlich dem Lipizzaner und Andalusier. Das Profil ist oft konvex – das Erbe seiner spanischen Vorfahren. Der hoch getragene gebogene Hals sitzt auf einer kraftvollen und schrägen Schulter. Der Rumpf ist lang und röhrenförmig, die Hinterhand kraftvoll und gerundet. Die Gliedmaßen sind gut geformt und trocken. Kladruber sind im allgemeinen grau, doch im Gestüt in Slatinany gibt es eine Linie mit Rappen.

Merkmale
Der Kladruber verfügt über ein ausgeglichenes Temperament und große Körperkraft. Er ist ein ideales Fahrpferd mit einem majestätischen Schritt und kurzen, aber hohen Gängen. Die Pferde beeindrucken auch durch ihre Größe.

Stockmaß
1,68 – 1,73 m

Knabstrupper

Die dänische Zucht geht auf die graugefleckte spanische Stute Flæbehoppen zurück, die wie viele andere Pferde während der Napoleonischen Kriege zurückgelassen und von einem Frederiksborger Hengst gedeckt wurde. Das Stutbuch wurde zwar bereits 1808 eröffnet, der heutige Knabstrupper ist jedoch etwas anders im Typ. Aufgrund jahrzehntelanger unkontrollierter Zucht ist die gleichmäßige Fleckung am ganzen Körper oft nicht mehr vorhanden. Was mit der Zeit an Farbe verlorenging, wird jedoch durch die Qualität des heutigen Pferdes aufgewogen.

Verwendung

Der Knabstrupper ist ein vielseitiges Reitpferd und findet auch im Zirkus sowie als Voltigierpferd Verwendung.

Exterieur

Das heute verbreitete Pferd ähnelt eher dem Appaloosa (siehe Seite 192) als dem ursprünglichen Knapstrupper, der neben dem getupften Fell einen groben Kopf und Hals hatte. Die Schulter und die Hinterhand waren relativ gerade. Durch die Einkreuzung von Fremdblut hat sich das Erscheinungsbild geändert. Der heutige Knabstrupper hat mehr Substanz, einen feineren Kopf und Hals, eine schrägere Schulter und eine bessere Hinterhand. Mähne und Schweif sind fein. Es gibt auch Pferde mit Stichelhaar.

Merkmale

Der sanfte Knabstrupper konnte sich die Intelligenz und Härte seiner Vorfahren bewahren, was ihn, in Verbindung mit seiner auffallenden Färbung, zu einem beliebten Zirkus- und Schaupferd werden ließ. Die Pferde können problemlos von Kindern geritten werden.

Stockmaß

Um 1,57 m.

Frederiksborger

Der Grundstock zum dänischen Frederiksborger wurde bereits 1562 gelegt, als König Frederik II. auf der Basis spanischer Pferde ein Stutbuch gründete. Später kam italienisches, englisches und arabisches Blut hinzu. Das elegante und hübsche Pferd wurde als Schulpferd und zur Veredelung der schweren Jütländer eingesetzt. Der Schimmelhengst Pluto begründete eine berühmte Lipizzanerlinie (siehe Seite 175). Nachdem die Zucht durch Einkreuzungen verweichlicht worden war, löste man das Königliche Stutbuch 1839 auf. Heute wird der Frederiksborger in Dänemark in privater Hand gezüchtet. 1939 brachte die Einkreuzung von Friesen und Oldenburgern sowie von Vollblütern und Trakehnern (siehe Seite 160 und 174) neuerlich Warmblutqualitäten in die Zucht.

Verwendung

Der Frederiksborger ist ein gutes Fahrpferd für leichte Kutschen, wird aber auch als Reitpferd genutzt. Zudem dient er als Veredler für das Dänische Warmblut.

Exterieur

Der Frederiksborger hat eine kraftvolle Schulter, eine breite Brust und gute Gliedmaßen mit wohlgeformten Gelenken. Der Kopf ist oft etwas flach, wird aber hoch getragen und sitzt auf einem muskulösen Hals von ausreichender Länge. Der eher flache Widerrist mündet in einen langen Rücken, die Hinterhand ist gerade, der Schweif hoch angesetzt. Die Gliedmaßen sind eher gerade, die Hufe wohlgeformt und hart. Alle Pferde sind Füchse.

Merkmale

Wegen seiner hohen Trabaktion eignet sich der Fredriksborger hervorragend für den Fahrsport. Obwohl das Pferd nicht sehr schnell ist, weist es freie und energische Gänge sowie ein ausgezeichnetes natürliches Gleichgewicht auf.

Stockmaß

Um 1,63 m.

Dänisches Warmblut

Nach dem Zweiten Weltkrieg lag die dänische Pferdezucht derart darnieder, daß man sogar Pferde importieren mußte. Als das Interesse am Reitsport neu entbrannte, wurde 1960 der dänische Zuchtverband gegründet. Man kreuzte Vollblüter, Trakehner, polnische und anglo-französische Hengste (siehe Seite 160, 174 und 178–179) mit Frederiksborger Stuten, wodurch das Dänische Warmblut, ein hübsches und mutiges Leistungspferd, entstand. Mittlerweile hat sich die Rasse stabilisiert und einige international erfolgreiche Spring- und Dressurpferde hervorgebracht. Obwohl das Pferd nicht billig ist, gehört das Dänische Warmblut zu den erfolgreichsten Exportprodukten des Landes.

Verwendung
Das Dänische Warmblutpferd wurde als Sportpferd für Dressur, Springen und Vielseitigkeit gezüchtet.

Exterieur
Die Rasse vereint in sich die Schönheit des Vollblüters sowie die Substanz und das freundliche Wesen seiner weniger edlen Vorfahren. Der elegante Kopf sitzt auf einem langen und schön gebogenen Hals. Der Widerrist ist stark ausgeprägt, die Schulter lang und schräg. Der Rücken ist bei guter Gurtentiefe mittellang. Die Gliedmaßen sind korrekt und weisen gute Knochen und wohlgeformte Gelenke auf. Die meisten Tiere sind braun, es sind jedoch alle Farben zugelassen.

Merkmale
Das Pferd ist sehr solide. Sein Temperament und seine Geschmeidigkeit machen es zu einem erstklassigen Sportpferd. Dänische Warmblutpferde besitzen den Mut, den Kampfgeist, die Schnelligkeit und das Leistungsvermögen, über die ein internationales Sportpferd zweifellos verfügen muß. Aufgrund seines hervorragenden natürlichen Gleichgewichts und seiner korrekten Bewegungen ist es ein überaus talentiertes Springpferd.

Stockmaß
1,65 – 1,70 m

Schwedisches Warmblut

Das Schwedische Warmblut basiert auf einem schwedischen Kavalleriepferd des 17. Jahrhunderts, das aus der Kreuzung einheimischer Stuten mit spanischen, friesischen und orientalischen Hengsten hervorging. Zur Veredlung dienten Vollblüter, Hannoveraner, Trakehner und Anglo-Araber. Das Stutbuch wurde 1874 eröffnet; die zwei Hauptgestüte befanden sich in Stromsholm und Flyinge. Vor der Eintragung ins Stutbuch wurden alle Hengste geprüft. Heute ist die Selektion sogar noch strenger: Jeder Hengst wird in der Dressur, im Springen und im Geschirr geprüft und aus der Zucht genommen, wenn er einen Teil der Leistungsprüfung nicht besteht. Die Stuten werden ebenfalls geprüft. Fremdblut wird kaum mehr zugeführt.

Verwendung
Schwedische Warmblutpferde werden weltweit als Dressur- und Springpferde geschätzt und konnten schon viele Goldmedaillen bei Olympischen Spielen erringen. Sie brillieren auch als Fahrpferde.

Exterieur
Das Schwedische Warmblut hat einen feinen, attraktiven Kopf mit strahlenden Augen. Die Schulter ist von guter Schräge, der Hals leicht gebogen. Das Pferd verfügt über eine gute Gurtentiefe und eine runde, kraftvolle Hinterhand. Die starken Gliedmaßen weisen hochwertige Knochen, wohlgeformte Gelenke und eine korrekte Fesselung auf. Fehlerhafte Pferde werden nicht anerkannt.

Merkmale
Das athletische Pferd zeigt enorme Leistungsbereitschaft. Seine schwingenden und kraftvollen Gänge, sein Bewegungsdrang und sein angenehmes Temperament machen es zu einem guten Dressurpferd. Die Rasse weist erhebliche Unterschiede in Gewicht und Größe auf: Die stärksten Pferde können selbst schwere Reiter problemlos tragen.

Stockmaß
1,57 – 1,70 m

Anglo-Araber

Ursprünglich kommt der Anglo-Araber aus Großbritannien. Heute wird er jedoch weltweit gezüchtet – vor allem in Frankreich. Der Anglo-Araber stammt vom Araber und dessen Abkömmling, dem Vollblüter (siehe Seite 160) ab. In der britischen Zucht muß der Vollblüter im General Stud Book und der Araber im Arab Horse Stud Book eingetragen sein. Rückkreuzungen sind zwar erlaubt, aber die Nachkommen müssen mindestens 12,5% Araberblut führen. In Frankreich begann die selektive Zucht 1836 mit zwei arabischen Hengsten und drei Vollblutstuten aus dem Gestüt Pompadour in Südwestfrankreich. Doch auch in Navarra, der Gascogne und dem Limousin wurden arabische oder orientalische Stuten gedeckt. Die Gestüte Pau und Tarbes entwickelten sich zu Zentren der Zucht.

Verwendung
Anglo-Araber sind vielseitige Reitpferde, die in England zu Turnieren und bei Distanzritten antreten. Sie eignen sich zudem hervorragend zur Veredelung anderer Rassen. In Frankreich hat sich der Anglo-Araber zu einem außerordentlich leistungsfähigen Sportpferd entwickelt, das in der Dressur und im Springen, aber auch als Rennpferd erfolgreich ist. Französische Anglo-Araber-Hengste werden häufiger zur Zucht des Selle Français (siehe Seite 166) und des französischen Warmblutpferdes als für die Reinzucht des Anglo-Arabers eingesetzt.

Exterieur
Der englische Anglo-Araber ist größer und hat mehr Substanz als seine Vorfahren, weil man den englischen Araber-Hengsten größere Vollblutstuten zuführte. Die Zucht ist aber uneinheitlich. Unterschiedliche Paarungen (zum Beispiel Araberstute und Vollbluthengst) bringen wieder kleinere, eher im arabischen Typ stehende Pferde hervor.

Der französische Anglo-Araber ist im allgemeinen größer und muskulöser als der englische. Sein Exterieur ähnelt eher dem des Vollblüters als dem des Arabers. Französische Anglo-Araber sind leichter und daher eher für Rennen auf trockenem, hartem Boden geeignet.

Der Anglo-Araber hat ein gerades Profil. Der Ausdruck ist wach und intelligent. Die Ohren sind beweglich. Der Hals ist länger als beim reinen Araber, die Schulter schräger und der Widerrist besser definiert. Der Körper ist kürzer und die Kruppe weniger flach. Da das Pferd mehr Substanz als der Vollblüter hat, ist es schwerer. Obwohl die Gliedmaßen leicht erscheinen, sind sie belastbar, gesund und weisen harte, starke Hufe auf. Anglo-Araber haben alle Grundfarben. Hauptfarben sind Schimmel und Füchse.

Merkmale
Der Anglo-Araber weist die Größe, die Schnelligkeit, die Substanz und das Galoppiervermögen des Vollblüters auf – besonders, wenn die Mutter Vollblüter ist. Vom Araber stammen die Gesundheit, das Leistungsvermögen, das angenehme Wesen und die Intelligenz. Wenngleich der Anglo-Araber nicht so schnell wie der Vollblüter ist, so ist er doch ein geschmeidiges und athletisches Pferd. Die besten Exemplare sind begabte Springpferde und eignen sich auch für die Vielseitigkeit. Sie zeigen freie, korrekte Bewegungen, können mühelos große Strecken galoppieren und machen auch im Dressurviereck eine gute Figur.

Stockmaß
1,63 – 1,70 m

Links: Jennie Loriston Clarke reitet den Anglo-Araber Prince Consort in der Dressur der Olympischen Spiele 1984. Anglo-Araber nehmen erfolgreich an internationalen Turnieren in der Vielseitigkeit, dem Springen, der Dressur und an Distanzritten teil.

Malapolski

In Südpolen werden diese Pferde mit starkem arabischen Einschlag als Reitpferde gezüchtet. Einfache Landschläge wurden mit orientalischem Blut und Vollblut veredelt. Um ein besseres Reitpferd zu erhalten, kreuzte man ungarische und österreichische Pferde, Shagya-Araber (siehe Seite 183), Furioso, Gidran und Lipizzaner (siehe Seite 175) sowie Wielkopolski ein. Mittlerweile ist diese vielseitige Rasse in Polen sehr gefragt – allein in den Staatsgestüten stehen 300 Malapolski-Hengste. Weitere 800 Hengste werden von privaten Gestüten genutzt. Dies demonstriert deutlich die Beliebtheit dieser relativ neuen Pferderasse.

Verwendung
Der Malapolski ist ein Reit- und Fahrpferd, wird aber zudem für leichte Arbeiten in der Landwirtschaft herangezogen. Die polnischen Bauern schätzen seinen Anstand und seinen Arbeitswillen. Die Tiere gehen vor dem Wagen und dienen zum Hüten oder Lastentransport.

Exterieur
Im leicht gebogenen oder konkaven Profil, in der breiten Stirn und den strahlenden Augen zeigt sich das arabische Erbe. Der Hals ist leicht gewölbt. Der röhrenförmige Leib hat nur wenig Gurtentiefe. Der Malapolski ist ein elegantes Pferd. Seine leichte Erscheinung täuscht fast über seine Stärke hinweg. Es sind alle Grundfarben erlaubt. Braune, Schimmel, Füchse und Rappen treten allerdings am häufigsten auf.

Merkmale
Die Pferde sind vielseitig genug, um auch vor der Kutsche zu gehen. Sie sind freundlich, willig und besitzen viel Durchhaltevermögen. Ihre Langlebigkeit wird ebenso geschätzt wie ihre Genügsamkeit. Die Pferde sind gute Futterverwerter und setzen ihre Energiereserven effektiv ein.

Stockmaß
1,60 – 1,68 m

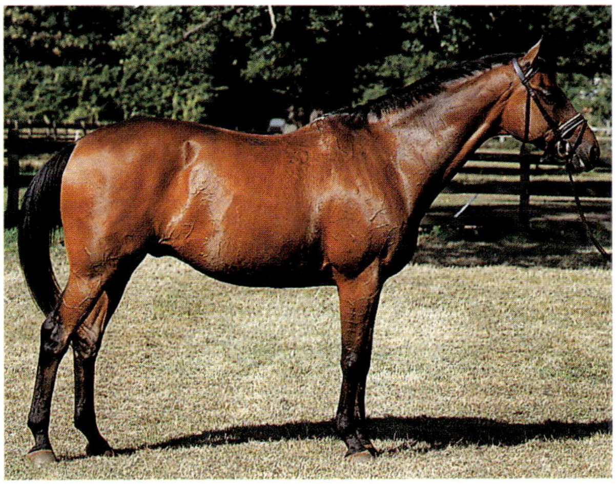

Wielkopolski

Der Wielkopolski, der vom Masurischen und vom Posener Pferd abstammt, ist zwar relativ unbekannt, verdient aber als talentiertes Warmblut Beachtung. Zu einem Teil Konik, zu einem Teil Orientale, ein wenig Hannoveraner und etwas Trakehner, ist das Posener Pferd ein gutes Wirtschafts- und Reitpferd. Das Masurische Pferd wurde in Trakehnen gezüchtet, wo man orientalisches und Vollblut zuführte. Als beide Rassen in einem Stutbuch vereinigt wurden, entstand der Wielkopolski. Die Pferde werden auf 13 polnischen Staatsgestüten gezüchtet; fünf davon haben sich auf hochklassige Sportpferde spezialisiert.

Verwendung
Der Wielkopolski ist ein angenehmes Reitpferd, das sich für alle Disziplinen eignet. Seine Blutlinien werden mehr und mehr veredelt, um den sportlichen Anforderungen genügen zu können. Das Pferd ist ein sehr gutes Fahrpferd und wird sowohl bei Springturnieren als auch in der Vielseitigkeit eingesetzt.

Exterieur
Der Wielkopolski ist ein schönes Pferd mit tiefem Fundament, guten Knochen und Hufen. Der qualitativ hochwertige Kopf sitzt auf einem langen, wohlgeformten Hals und einer schönen, schrägen Schulter. Die Hinterhand ist muskulös und kraftvoll.

Merkmale
Das vielseitige Pferd ist gut proportioniert und besitzt viel natürliches Gleichgewicht. Es ist kraftvoll, zeigt lange ausgreifende Bewegungen und einen rhythmischen Trab. Der sportliche Typ geht häufig im Zweispänner und verfügt über Schnelligkeit, Mut und Leistungsvermögen.

Stockmaß
Um 1,68 m.

Russischer Traber

In keinem Land der Erde gibt es so viele unterschiedliche Pferde- und Ponyrassen wie in der ehemaligen UdSSR. Die berühmteste darunter ist der Russische Traber. Diese Rasse basiert auf dem Orlow-Traber, der als schweres bis mittelschweres Pferd sowie als Sportpferd gezüchtet wurde und bis zum Aufkommen des American Saddlebred (siehe Seite 194) als schnellster Traber der Welt galt. Ihren Namen verdankten diese Pferde Fürst Alexis Orlow. Die Rasse gründete sich auf dem 1784 geborenen Hengst Bars I., dem Nachfahren einer schweren holländischen Stute und eines arabisch-dänischen Kutschhengstes. Alle Russischen Traber stammen von den Söhnen von Bars I. ab.

Als der Trabrennsport nach den ersten Rennen in Moskau 1799 immer populärer wurde, versuchte man die heimischen Mischlingszuchten aufzuwerten und schnellere Pferde zu züchten. Araber (siehe Seite 184), Mecklenburger und Vollblüter (siehe Seite 160) wurden eingekreuzt, um dem Orlow-Traber mehr Schnelligkeit, Größe und Kraft zu verleihen. In den Jahren zwischen 1890 und 1917, als die American Saddlebred Horses immer erfolgreicher wurden, importierten russische Züchter 156 American Saddlebred-Hengste und 220 Zuchtstuten.

Die daraus hervorgegangenen Pferde stellten aber keine Verbesserung dar. Die Anstrengungen, die Zucht zu optimieren, wurden nun intensiviert. Die staatlichen Gestüte begannen eine strenge Selektion. Das Ergebnis ist der Russische Traber, der 1949 als Rasse anerkannt wurde.

Der Russische Traber ist ein spektakulär trabendes Pferd, das schneller und größer als seine Vorfahren ist und es mit den besten Trabern der Welt aufnehmen kann.

Verwendung
Der Russische Traber wird hauptsächlich für Trabrennen vor dem Sulky gezüchtet. Er findet aber auch als vielseitiges Fahr- und Reitpferd Verwendung.

Exterieur
Russische Traber sind muskulös und dennoch leicht. Sie sind zwar eleganter als ihre Vorfahren, werden jedoch eher an ihrer Leistung als an ihrer Schönheit gemessen. Einige Exemplare haben einen schönen Araberkopf, der mehr schmal als breit ist. Die Schultern sind kraftvoll, aber gerade. Der Rücken ist relativ lang – ein Merkmal aller Traber. Die Hinterhand ist wegen der starken Antriebskraft sehr kraftvoll. Zuchtziel sind eine gute Gurtentiefe und solide Knochen. Einige Tiere haben noch die matte Hinterhand, die schräge Kruppe und den Kötenbehang ihrer Vorfahren. Durch die stark selektierte Zucht wird die Rasse aber permanent verbessert.

Merkmale
Der Russische Traber ist ein frühreifes Pferd, das mit vier Jahren bereits voll ausgewachsen ist. Obwohl er schon mit fünf bis sechs Jahren seinen Leistungshöhepunkt erreicht, ist er ausgesprochen langlebig. Seine Gänge sind lang und flach. Die Pferde haben ein außerordentliches Durchhaltevermögen. Einige Pferde tendieren wegen ihrer American-Saddlebred-Vorfahren zum Tölt und Pass. Die Pferde haben ein ausgesprochen angenehmes Temperament.

Stockmaß
Hengste um 1,63 m.
Stuten um 1,60 m.

Rechts: Der Russische Traber muß eine Prüfung auf der Rennbahn ablegen, bevor er an Rennen teilnehmen kann. Die Traber erreichen den Leistungshöhepunkt im Alter von fünf bis sechs Jahren.

Budjonny

Um ein leistungsfähigeres Kavalleriepferd zu erhalten, kreuzte der russische Marschall Budjonny (oder Budenny) 1914 die besten Don-Stuten mit Vollblütern. Das Resultat war der Budjonny, der auch Russisches Warmblutpferd genannt wird. Die Rasse wurde 1949 anerkannt und seitdem durch Leistungstests ständig verbessert. Durch den zunehmenden Einfluß des Vollbluts wurden die Pferde verfeinert und modernen Ansprüchen angeglichen. Obwohl der Budjonny nicht so schnell ist wie der Vollblüter, wird er häufig im russischen Reitsport eingesetzt. Ein Pferd konnte sogar den Großen Pardubitzer, ein Hindernisrennen in der tschechischen Republik, gewinnen. Die Rasse wird in der Ukraine, in Kasachstan und in Kirgisien gezüchtet.

Verwendung

Der Budjonny findet bei Distanzritten, in der Vielseitigkeit und bei Hindernisrennen Verwendung. Zudem wird er als Sport- und Freizeitpferd eingesetzt und ist ein hervorragendes Dressurpferd.

Exterieur

Der Budjonny ist ein harmonisches Pferd. Der ausdrucksvolle Kopf sitzt auf einem langen und eleganten Hals. Der kraftvolle Körper weist genügend Gurtentiefe auf. Schulter und Hinterhand sind stark. Die korrekten Beine haben gute Knochen und wohlgeformte Hufe. Die meisten Budjonnys sind Füchse, die oft einen goldenen Schimmer im Fell tragen. Es gibt aber auch Braune und Schimmel.

Merkmale

Der Budjonny ist ein ruhiges und sensibles Pferd. Seine Gänge sind weich und taktklar, aber unspektakulär. Budjonnys zeigen einen großen Leistungswillen und enorme Ausdauer: Der Hengst Zanos lief 309 Kilometer in 24 Stunden, ein anderer 1.800 Kilometer in 15 Tagen.

Stockmaß

1,58 – 1,63 m

Donpferd

Das russische Donpferd stammt aus der Steppe am Don. Seine Vorfahren sind Turkmenen, Wüstenaraber und Karabaghs (siehe Seite 189). Das zähe Tier wurde berühmt, als Napoleon im Jahr 1812 von 60.000 Kosaken, die Donpferde ritten, nach Frankreich zurückgedrängt wurde. Später veredelte man die Rasse mit Vollblütern (siehe Seite 160), Arabern und Strelitzsch-Arabern. Seit Beginn dieses Jahrhunderts wird kein Fremdblut mehr zugeführt. Donpferde gehören zu den zähesten Pferden überhaupt. Es werden nur leistungsgeprüfte Tiere eingetragen. Ein Donpferd kann 275 Kilometer an einem Tag zurücklegen.

Verwendung

Das Donpferd diente früher als reines Kavalleriepferd, das auch im Geschirr eingesetzt wurde. Heute wird es als Allround-Reitpferd genutzt. Manchmal kreuzt man die Pferde mit Vollblütern oder zieht sie zur Veredelung anderer Rassen heran. Das Donpferd verrichtet auch als Hütepferd seine Arbeit. Viele Tiere leben immer noch frei in Herden.

Exterieur

Das Pferd wirkt drahtig und langbeinig. Das Profil ist gerade, ebenso der Hals. Der Widerrist ist wenig ausgeprägt, der Rücken breit und kraftvoll. Die Schultern sind bei einer schrägen Hinterhand relativ gerade. Die Brust ist tief und weist genügend Gurtentiefe auf. Einige Pferde stehen kuhhessig, haben kleine Gelenke und sind steil gefesselt. Die Hufe sind gesund und hart. Die meisten Donpferde sind Falbe oder Füchse mit einem Bronzeschimmer im Fell. Braune und Schimmel sind zugelassen.

Merkmale

Das Donpferd ist freundlich und zuverlässig. Wegen seines fehlerhaften Exterieurs zeigt es aber oft mangelnde Bewegungen und ist trotz seines taktklaren Ganges nicht immer angenehm zu reiten. Wegen seiner Ausdauer und Genügsamkeit ist es ein beliebtes Arbeitspferd.

Stockmaß

1,60 – 1,68 m

Nonius

Bereits seit dem 9. Jahrhundert werden in Ungarn Pferde gezüchtet. Vom 19. Jahrhundert bis zum Zweiten Weltkrieg galten ungarische Pferde neben den englischen und den französischen als die besten in Europa und waren daher sehr gefragt. Der Nonius ist unverkennbar ein ungarisches Pferd. Früher war die Rasse eher schwer, heute handelt es sich um mittlere Pferde. Als Gründungshengst diente der 1810 geborene anglo-normannische Hengst Nonius. Während der Napoleonischen Kriege wurde er aus der Normandie nach Ungarn gebracht. Zuchtzentrum war das berühmte Gestüt Mezöhegyes, das 1785 von Kaiser Josef I. gegründet wurde und zeitweise bis zu 12.000 Pferde beherbergte. Nonius selbst war kein schönes Pferd: Er hatte einen langen, geraden Kopf, lange Ohren, kleine Augen, einen kurzen Hals und einen langen Rücken. Mit verschiedenen Stuten wie Arabern, Holsteinern, Lipizzanern und Anglo-Normannen (siehe Seite 173, 177 und 184) zeugte er 15 ausgezeichnete Hengste. 1872 umfaßte seine Nachkommenschaft bereits 2.800 Hengste und 3.200 eingetragene Zuchtstuten. Der Nonius ist ein weitverbreitetes Gebrauchspferd, das durch Vollblutzufuhr (siehe Seite 160) über viele Generationen hinweg veredelt wurde. Die Zucht ist allerdings uneinheitlich: Die kleineren Pferde sind leichter und weisen einen höheren Anteil an arabischem Blut auf.

Verwendung

Vor allem der größere Typ wird auch heute noch für landwirtschaftliche Arbeiten und leichte Zugarbeiten genutzt. Das ausgezeichnete Fahrpferd wurde mittlerweile so veredelt, daß es auch ein gutes Reit- und Sportpferd abgibt – besonders dann, wenn Vollblut eingekreuzt wurde. Der kleinere Nonius ist ein hartes Arbeitspferd und kann geritten und gefahren werden.

Exterieur

Der Nonius ist ein stämmiges Pferd mit gutem Knochenbau und kurzen, kräftigen Gliedmaßen. Das Gesicht hat einen freundlichen Ausdruck. Schultern, Rücken und Hinterhand sind stark und kraftvoll. Die Pferde weisen eine gute Gurtentiefe und wohlgeformte Gliedmaßen auf. Die Hufe sind hart. Der Nonius ist meist braun oder schwarz; es kommen aber auch Füchse vor.

Merkmale

Der Nonius ist bekannt für sein ausgeglichenes Wesen und seine Leistungsbereitschaft. Es ist ein Allround-Pferd und eignet sich in der Kombination mit Vollblut durchaus auch als Sportpferd. Seine Gänge sind energisch und frei, wenngleich nicht herausragend. Springvermögen ist ebenfalls vorhanden. Der Nonius ist sowohl im Freizeit- als auch im Sportbereich ein beliebtes Fahrpferd.

Stockmaß

1,60 – 1,68 m

Oben: Ein typisches Nonius-Zweiergespann zeigt bei der Zugarbeit lebhafte Gänge und große Leistungsbereitschaft. Obwohl die Rasse erst mit sechs Jahren voll ausgewachsen ist, kann der Nonius bis ins hohe Alter hinein für die Arbeit eingesetzt werden.

Furioso-Northstar

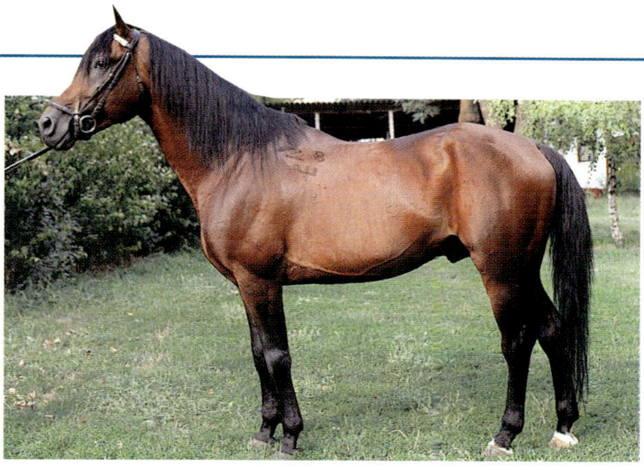

Die Rasse Furioso-Northstar basiert auf dem 1835 geborenen englischen Vollblüter Furioso und auf North Star, einem Fast-Vollblut mit Norfolk-Roadster-Blut (siehe Seite 161). Diese Hengste deckten im ungarischen Nationalgestüt Kosber einheimische Nonius-Stuten. Später kreuzte man Araber ein, um ein vielseitigeres Pferd zu erhalten, das aber die Stärke und die Härte des Nonius aufweisen sollte. Furioso zeugte 95 Hengste, die auf kaiserlichen Gestüten eingesetzt wurden. Beide Linien wurden bis 1885 getrennt gehalten, wobei sich die Furioso-Linie besser entwickelte. Heute liegt das Hauptzuchtgebiet in Polen.

Verwendung
Das attraktive Pferd ist sehr vielseitig und findet in allen Disziplinen Verwendung. Zusammen mit dem Nonius gilt der Furioso-Northstar als das typische ungarische Warmblut. Er entwickelte sich zu einem ausgezeichneten Sportpferd und wird wegen seiner Schnelligkeit und Härte gern in Hindernisrennen eingesetzt.

Exterieur
Der Kopf gleicht dem eines Vollblüters, weist aber weiter auseinanderstehende Ohren auf. Das meist rechteckige Maul hat ausgeprägte Nüstern. Die Schultern zeigen eine gute Schräge und eine angemessene Gurtentiefe. Die Hinterhand ist oft leicht abfallend. Die großen, wohlgeformten Gelenke tendieren aber zu weichen Sprunggelenken und steiler Fesselung – ein Erbe der Fahrpferdezucht. Die Tiere sind schwarz oder braun.

Merkmale
Der Furioso-Northstar ist intelligent, freundlich und leistungsbereit. Obwohl seine Bewegungen oft hoch sind, bewegt er sich frei und greift beeindruckend aus. Er ist ein gesundes Pferd, das die Härte seiner Vorfahren sowie die Qualität des Arabers (siehe Seite 184) und des Vollblüters vereint und über ein ausgezeichnetes Springvermögen verfügt.

Stockmaß
Um 1,63 m.

Shagya-Araber

Der Shagya-Araber stammt aus dem ungarischen Gestüt Bábolnà, wo man 1836 den sechsjährigen Hengst Shagya von Beduinen erwarb. Es war ein auffallendes, cremefarbenes Pferd – zur Hälfte ein reiner Araber aus einer orientalischen Stute mit Vollblut, spanischem und ungarischem Blut. Mit 1,59 m war er aber größer als ein Araber. Die Zuchtbasis wurde nach nur sechs Jahren erreicht.

Verwendung
Früher wurde der Shagya-Araber in der polnischen und der österreich-ungarischen Armee als Kavalleriepferd eingesetzt. Heute findet das vielseitige Pferd in allen Sportarten Verwendung – besonders im Fahrsport.

Exterieur
Der Shagya-Araber hat ein feines Fell sowie eine fliegende Mähne und einen ebensolchen Schweif, die beide nicht frisiert werden. Der arabische Einfluß zeigt sich im gebogenen Kopf, den offenen Nüstern, dem schmalen Maul, den großen Augen, der breiten Stirn sowie im lebhaften Ohrenspiel und dem wachen, intelligenten Ausdruck. Das Pferd hat aber mehr Substanz als der feine Araber, eine schräge Reitschulter und einen ausgeprägten Widerrist. Die Hinterhand ist korrekt und stark. Die Hufe sind von guter Größe und Beschaffenheit. Die meisten Shagyas sind Schimmel. Alle Pferde werden gebrannt, damit man das Gestüt und die Familie identifizieren kann.

Merkmale
Der agile Shagya zeigt freie Gänge und ist auf kurzen wie auf langen Distanzen ein schnelles Pferd. Das ausdauernde Tier eignet sich besonders für das Fahren.

Stockmaß
Um 1,52 m.

Araber

Der Araber ist die älteste reingezogene Rasse der Welt. Es gibt Hinweise darauf, daß sie bereits um 2500 v. Chr. auf der arabischen Halbinsel existierte. Nach Europa, wo er bald die einheimischen Pferdezuchten beeinflußte, gelangte der Araber im 8. und 9. Jahrhundert im Zuge der islamischen Eroberungen. Araber-Blut ist der wichtigste Faktor in der Vollblut-Aufzucht (siehe Seite 160). Die Gesundheit des arabischen Pferdes, seine Härte und Widerstandsfähigkeit, sein spritziges Wesen und die freien Gänge ergeben eine perfekte Kombination. Arabische Pferde werden heute in der ganzen Welt gezüchtet und bei den jeweiligen nationalen Araber-Zuchtverbänden eingetragen.

Verwendung
Der Araber ist ein vielseitiges Pferd. Obwohl seine Gänge den Anforderungen an Dressur- und Springpferde nicht ganz entsprechen, wird er überall eingesetzt. Araber werden oft in speziellen Araber-Schauen an der Hand und unter dem Sattel gezeigt. Vor allem dienen sie aber zur Veredelung anderer Rassen. Der Anglo-Araber (siehe Seite 178) ist mittlerweile als eigene Rasse anerkannt.

Exterieur
Der Araber ist ein leichtes, relativ kleines und muskulöses Pferd mit feiner Knochenstruktur. Es hat ein leicht konkaves Profil, bewegliche Ohren, strahlende, weit auseinanderstehende Augen und ein kleines Maul. Fell, Mähne und Schweif sind fein und seiden. Die Schulter ist oft etwas steil, aber dem kurzen Rücken mit dem flachen Widerrist harmonisch angepaßt. Die Brust ist tief und breit.

Als einziges Pferd hat der Araber 17 Rippen, 5 Lendenwirbel und 16 Schwanzwirbel (bei allen anderen Pferden ist die Verteilung 18–6–18), wodurch die gerade Kruppe mit dem hoch getragenen Schweif entsteht. Die Gliedmaßen weisen klar ausgeformte Knochen, Gelenke und Sehnen auf. Die Sprunggelenke – früher ein Manko des Arabers – sind in den letzten Jahren besser geworden.

Merkmale
Arabische Pferde passen sich jeder Umgebung und jedem Klima an und können selbst bei minimaler Nahrung überleben. Sie verfügen über eine enorme Ausdauer, sind noch bei schwierigsten Bodenverhältnissen trittsicher und besitzen eine unglaubliche Gesundheit und Intelligenz. Die Pferde sind zwar sanft und freundlich, manchmal aber leicht erregbar, ja sogar neurotisch. Dank ihrer ökonomischen und freien Gänge sind Araber selbst über längere Distanzen Gewichtsträger.

Stockmaß
Um 1,50 m.

Links: Der Araber ist in erster Linie für seine freien und schwebenden Gänge bekannt. Smart und überaus muskulös, ist er über kurze Distanzen außergewöhnlich schnell und wird bereits seit Jahrhunderten als Rennpferd eingesetzt.

Rechts: Araber sind hochintelligent. Sie scheinen die Gesellschaft von Menschen sehr zu schätzen.

Berber

Der Berber, eine nordafrikanische Wüstenrasse, ist möglicherweise noch älter als der Araber. Ebenso wie dieser hatte der Berber großen Einfluß auf andere Pferderassen. Im Körperbau unterscheiden sich die beiden Rassen allerdings sehr. Zusammen mit den Arabern kamen im 9. und 10. Jahrhundert auch Berber nach Spanien und Portugal. Die Rasse beeinflußte die spanischen Pferde, besonders den Andalusier (siehe Seite 170). Die reinsten Berber findet man heute in Marokko, Algerien und Tunesien.

Verwendung
Der Berber ist das Reitpferd Nordafrikas. Er besteht sogar unter härtesten Bedingungen, bei schwerer Arbeit und wenig Futter. Er hat viel Springvermögen und würde ein gutes Sportpferd abgeben – wenn solche Talente in Nordafrika gefragt wären.

Exterieur
Der Berber weist zwar das seidene Fell des Arabers auf und ist ebenso leistungsbereit und zäh, doch sein Kopf ist lang und konvex geformt. Der Hals mit dem gutausgeprägten Widerrist ist schön gebogen, die Schulter häufig etwas gerade. Die Brust ist eng. Der kurze Rumpf hat eine gute Tiefe. Der Berber hat eine abgeschlagene Kruppe mit tiefangesetztem Schweif. Die Gliedmaßen sind hart und trocken. Viele Pferde sind kuhhessig. Die oftmals engen oder bockhufigen Hufe sind sehr hart. In Afrika bleiben Berber häufig unbeschlagen. Die meisten Tiere sind Schimmel oder Rappen, es gibt jedoch auch Braune und Füchse.

Merkmale
Die Pferde sind außergewöhnlich zäh und widerstandsfähig. Wie der Araber ist auch der Berber auf kurzen Distanzen extrem schnell. Er geht jedoch auch mit viel Ausdauer über längere Strecken. Die Pferde sind genügsam und brauchen nur wenig Futter und Pflege. Der Berber ist ein überaus gesundes und geschmeidiges Pferd. Er bewegt sich gut, wenngleich auch nicht so schwebend wie der Araber.

Stockmaß
1,47 – 1,57 m

Oben: Neben dem Araber ist der Berber die zweite große Gründerrasse. Vermutlich stammen diese Pferde von Wildpferden ab, die in der Eiszeit in die damals fruchtbarere Gegend wanderten. Ursprünglich beeinflußten Berber nur spanische Pferde. Seitdem die Berber jedoch immer mehr importiert werden, reicht ihr Einfluß über ganz Europa.

Links: Diese marokkanische Fantasia zeigt die Geschmeidigkeit des Berbers. Als Pferde der Wüste haben sich die Berber seit Tausenden von Jahren dem harten Klima und sparsamen Futterangebot angepaßt.

Achal-Tekkiner

Der Achal-Tekkiner gehört zu den ältesten bekannten Pferdetypen (siehe Seite 18). Bereits vor 3.000 Jahren züchtete man die Rasse in Turkmenistan. Später dienten die Tiere als Kriegspferde der Turkmenen und der Kuba-Kosaken. Als Wüstenpferd trotzt der Achal-Tekkiner auch größter Hitze. Die Rasse wurde nicht mit Fremdblut vermischt. Zur Zucht werden nur die besten Tiere zugelassen. Mit dem Achal-Tekkiner ist nur das turkmenische Pferd aus dem Iran vergleichbar. Abkömmlinge dieser Rasse haben auch die westdeutschen und die polnischen Trakehner (siehe Seite 174) veredelt. Die Hauptzuchtgebiete des Achal-Tekkiners liegen in Turkmenistan und Kasachstan. Im kaukasischen Gestüt Tersk züchtet man mit einer neuen Linie.

Verwendung

Der Achal-Tekkiner ist ein Rennpferd für lange Strecken. Die Rasse wurde als russische Version des Sportpferdes entwickelt, das in der Dressur, im Springsport und als Vielseitigkeitspferd eingesetzt werden kann. Seine physische Härte macht den Achal-Tekkiner zum begehrten Veredler für weichere Pferderassen.

Oben: Dieser Achal-Tekkiner zeigt die natürliche Kraft dieser Pferderasse, wenn sie für den Wettkampf vorbereitet ist.

Exterieur

Mit seinem hoch getragenen Kopf auf dem ebenfalls hochangesetzten Hals ist der Achal-Tekkiner ein auffallendes Pferd. Die Schultern sind von guter Schräge. Der Widerrist ist deutlich definiert. Der trockene Kopf weist lange, weit auseinander stehende Ohren, große Augen, eine breite Stirn und offene Nüstern auf. Die Brust ist schmal. Da der Körper lang und röhrenförmig ist, hat er eine nur geringe Gurtentiefe. Der Rücken und die Lendenpartie sind oft weich und empfindlich. Die Hinterhand mag zwar dünn und weich erscheinen, ist aber zumeist drahtig und kraftvoll. Die langen, muskulösen Oberschenkel lassen das Pferd staksig erscheinen. Die Hufe sind wohlgeformt. Die Fesselung ist niedrig und weist keinen Behang auf. Mähne und Schweif sind seidig und fein, aber spärlich. Wie bei allen Wüstenpferden ist auch das Fell sehr fein. Die häufigsten Farben sind Füchse, Braune, Falben und Palominos, die oft einen bronzemetallenen Schimmer zeigen. Es kommen aber auch Schimmel und Rappen vor.

Merkmale

Der Achal-Tekkiner ist ein sehr widerstandsfähiges Pferd, entspricht jedoch nicht den Anforderungen des modernen Sports, da ihm die runde Oberlinie mit der massiven Hinterhand fehlt, die er für die Dressur und fürs Springen bräuchte. Dennoch gibt es Ausnahmen, zumal die Pferde vorzügliche natürliche Bewegungen haben. Die Gangarten sind athletisch und schwebend. Obwohl der Achal-Tekkiner angeblich eigensinnig und schwierig ist, bringt die Rasse viele außergewöhnliche Sportpferde hervor.

Stockmaß

Um 1,57 m.

Ukrainer

Der Ukrainer aus der ehemaligen UdSSR ist eine neue Sportpferdezucht, die seit dem Ende des letzten Weltkriegs entwickelt wurde. In dieser Rasse vereinigte man viele bedeutende importierte Warmblutrassen wie Hannoveraner, Trakehner, Gidran, Nonius und Furioso-Northstar (siehe Seite 172 und 182–183). Sie wurden mit den bodenständigen Rassen gekreuzt, um ein Sportpferd zu erhalten, das den europäischen Anforderungen entspricht. Zur weiteren Veredelung zog man auch Vollblüter hinzu. Mittlerweile ist eine gute Zuchtbasis vorhanden. Heute wird nur noch mit den besten leistungsgeprüften Hengsten und ausgesuchten Stuten gezüchtet.

Verwendung
Der Ukrainer wird als Sportpferd für alle reiterlichen Disziplinen gezüchtet, hauptsächlich für Dressur, Springen und Vielseitigkeit. Er eignet sich aber auch als Fahrpferd. Der Ukrainer weist die Qualitäten und das Temperament eines Fast-Vollblüters auf.

Exterieur
Der Ukrainer ähnelt einem Vollblüter, hat aber mehr Knochen und Substanz. Er zeigt einen feinen Kopf, einen langen Hals und einen gutdefinierten Widerrist sowie eine schräge Schulter. Es mangelt dem Pferd aber an Gurtentiefe. Die Hinterhand ist lang und hat eine abfallende Kruppe. Die Tendenz der bodenengen Stellung ist weitgehend ausgemerzt. Auch die Qualität der Gliedmaßen wurde durch sorgfältige Selektion verbessert. Braune und Füchse sind vorherrschend.

Merkmale
Der Ukrainer ist ein sehr vielseitiges und hervorragendes Sportpferd mit angenehmem Wesen. Er zeigt kraftvolle Bewegungen und geht gleichmäßig und taktklar. Wegen seiner Ausdauer ist er auch als Distanzreitpferd und in der Vielseitigkeit einsetzbar. Es ist ein mutiges Springpferd, dabei temperamentvoll und freundlich.

Stockmaß
Um 1,63 m.

Nowo-Kirgise

Der Nowo-Kirgise stammt vom kirgisischen Bergpony ab, das im 15. Jahrhundert aus der Kreuzung mit mongolischen Pferden entstand. Ab 1930 wurden Vollblüter (siehe Seite 160), Achal-Tekkiner und Karabaier eingekreuzt. Das daraus entstehende Pferd wurde wiederum mit Donpferden, Anglo-Donpferden und Kirgiser-Donpferden gekreuzt, um ein smarteres Pferd mit mehr Ausdauer und Schnelligkeit zu erhalten. Der Nowo-Kirgise führt heute 50 % Don-Blut, 25 % Vollblut und 25 % Kirgisen-Blut. Er ist seit 1954 als eigenständige Rasse anerkannt.

Verwendung
Der Nowo-Kirgise ist ein zähes und vielseitiges Pferd, das sich gleichermaßen zum Reiten und zum Fahren sowie als Pack-, Wirtschafts- und Sportpferd eignet. Es wird auch als Rennpferd genutzt. Von Nowo-Kirgisenstuten gewinnt man Kumys, ein alkoholhaltiges Milchgetränk.

Exterieur
Ein kleines, aber harmonisches und kraftvolles Pferd. Der Kopf ist ausdrucksvoll und intelligent. Der relativ kurze Hals und die Schulter sind eher gerade. Der Körper hat viel Substanz und eine gute Gurtentiefe. Die Brust ist breit und stark. Die Gliedmaßen sind kurz und muskulös. Die Hinterhand ist kraftvoll. Die Gelenke sind gut ausgeprägt, die mittelgroßen Hufe wohlgeformt. Nowo-Kirgisen sind meist Braune, Weiße oder Füchse.

Merkmale
Der Nowo-Kirgise ist von sanftem Wesen und sehr genügsam. Er kann schwere Lasten auch über lange Strecken transportieren. Außerdem ist er in allen Disziplinen ein erfolgreiches Sportpferd. Er hat freiere Bewegungen als die meisten Bergpferde und einen sehr guten Galopp. Auf kurzen Strecken ist er außergewöhnlich schnell.

Stockmaß
Um 1,52 m.

Kabardiner

Der Kabardiner, der aus den nordkaukasischen Bergen stammt, ist möglicherweise ein Abkomme der asiatischen Wildpferde und des Tarpans (siehe Seite 18 und 228). Er entstand aus der Kreuzung zwischen Karabaghs und anderen orientalischen Pferden. Das zähe und harte Pferd wird in den Ländern der ehemaligen UdSSR zur Veredelung der Landschläge genutzt. Die Pferde werden als Zweijährige im Rennen leistungsgeprüft.

Verwendung
Der Kabardiner wird als Pack- und Kutschpferd, bei lokalen Reiterspielen und Rennen sowie als Sportpferd genutzt. Manchmal kreuzt man ihn mit Vollblütern (siehe Seite 160), um so Anglo-Kabardiner zu bekommen – ein größeres, feineres und schnelleres Pferd.

Exterieur
Der Kabardiner ist gedrungen. Sein langer Kopf hat ein gewölbtes Profil und scharf gezeichnete, bewegliche Ohren. Der kurze, muskulöse Hals sitzt auf einer eher geraden Schulter und einem kurzen, geraden Rücken. Die breite Hinterhand ist kräftig. Das Pferd ist oft überbaut, hat dabei aber kurze, feine und starke Gliedmaßen. Gelenke und Knochen sind wohlgeformt, obwohl die Hinterbeine oft sichelartig stehen. Die Hufe sind sehr hart, korrekt geformt und oft unbeschlagen. Braune, schwarze und weiße Farben sind vorherrschend.

Merkmale
Der Kabardiner ist stark, intelligent und gehorsam. Zudem ist er trittsicher, sanft und zuverlässig. Er vermag Lasten über lange Strecken zu ziehen und ist auch ein gutes Reitpferd mit gleichmäßigen, weichen Gängen.

Stockmaß
1,52 – 1,57 m

Tersker

Der Tersker entstand um 1920 im Gestüt Tersk im Nordkaukasus durch die Kreuzung von zwei Strelitz-Arabern und drei reinen Araberhengsten (siehe Seite 184) mit Strelitz-x-Kabardiner- und Araber-x-Don-Stuten. Das Zuchtziel war ein zähes Pferd, das dem Land angepaßt ist, aber die Leichtigkeit und das Durchhaltevermögen des Arabers haben sollte. Die Rasse wurde 1948 anerkannt.

Verwendung
Als Rennpferd gleicht der Tersker auf Langstrecken dem Vollblüter. Zudem ist er ein erstklassiges Distanzpferd und weist Erfolge in der Dressur und in der Vielseitigkeit auf. Er wird in der Landwirtschaft, der Armee und als Zirkuspferd genutzt. Um größere Pferde zu bekommen, kreuzt man ihn mit Likais, Vollblütern oder Karabaghs.

Exterieur
Der Tersker sieht aus wie ein starker Araber. Sein Kopf ist gerade oder leicht konkav. Die Augen sind groß und strahlend, die Ohren relativ lang. Der kurze Rücken hat eine gute Gurtentiefe. Die Schulter ist schräg, die Hinterhand breit und kraftvoll. Der Schweif wird hoch getragen. Die Gliedmaßen sind fein und haben gutgeformte Gelenke. Der Tersker hat den feinen Behang und das feine Fell des Arabers. Häufig sind Schimmel mit einem silbermetallenen Schimmer sowie Braune und Füchse.

Merkmale
Der Tersker ist geschmeidig und athletisch und hat weiche, schwebende Gänge. Er ist ein freundliches, intelligentes Pferd, das gut springt und ein geradezu außergewöhnliches Durchhaltevermögen hat.

Stockmaß
1,50 – 1,54 m

Karabagh

Der Karabagh, ein Pony im Reitpferdetyp, stammt aus den Bergen Karabaghs in Aserbaidschan. Seine Vorfahren kommen aus dem Osten: Vorwiegend waren es Araber und mongolische Steppenpferde (siehe Seite 184 und 233). Sie wurden immer wieder und vielfältig mit anderen östlichen Pferden aus der Türkei, dem Irak, dem Iran und Kurdistan gekreuzt, bis endlich eine konsolidierte Rasse entstand. Heute findet man die besten Karabaghs im Gestüt Akdam, wo man sie wiederum mit arabischen Hengsten kreuzt. Das Zuchtziel ist ein vielseitiges und zähes Bergpferd. Der iranische Karabagh und der Deliboz aus Aserbaidschan sind eng miteinander verwandt. Wie so viele der osteuropäischen Rassen muß sich auch der junge Karabagh einer harten Leistungsprüfung auf der Rennbahn unterziehen, wo man seine Schnelligkeit, seine Ausdauer, sein Temperament und die Korrektheit des Typs testet.

Verwendung
Ursprünglich war der Karabagh ein Arbeitspferd, das zum Hüten, in der Landwirtschaft und als Packpferd genutzt wurde. Man setzte es aber auch in den schnellen und harten traditionellen Reiterspielen ein.

Exterieur
Der Karabagh ist ein kleines, elegantes Pferd, das sein arabisches Erbe nicht verleugnen kann. Sein feiner und ansprechender Kopf weist eine breite Stirn und strahlende, intelligente Augen auf. Der gebogene Hals von mittlerer Länge mündet in eine gerade Schulter, die eher der eines Kletterpferdes als der eines Galoppferdes entspricht. Die Brust ist breit, die Hinterhand muskulös. Die trockenen und harten Gliedmaßen haben die Tendenz zu Sichelbeinen, dem typischen Merkmal der Bergponys. Die meisten Pferde sind Füchse, Braune und Falben mit einem goldmetallenen Schimmer, der für alle östlichen russischen Pferde charakteristisch ist, die von Achal-Tekkinern abstammen. Es gibt aber auch Schimmel.

Merkmale
Der Karabagh ist sehr beweglich und gut ausbalanciert. Er ist von sanftem Wesen und ein williges, energisches Arbeitspferd mit guten Bewegungen. Allerdings ist er nicht schnell. Das relativ kleine Pferd mit der steilen Schulter und dem etwas abgehackten Trab ist kein besonders bequemes Reitpferd.

Stockmaß
Um 1,42 m.

Links: Schon seit vielen Jahrhunderten dient der Karabagh auch als Hütepferd. Es existieren Zeugnisse aus dem 4. Jahrhundert v. Chr. über diese Pferde. Im Zweiten Weltkrieg wurde die Rasse zwar fast vernichtet, doch jetzt blüht sie wieder auf – als ein Teil der Kultur dieses Landes.

Morgan Horse

Alle Morgan Horses stammen von einem Hengst aus Massachusetts ab, der eigentlich Figure hieß, später aber nach seinem Besitzer Justin Morgan benannt wurde. Der Hengst wurde um 1790 in Vermont geboren und war nur knapp über 1,40 m groß. Er hatte zwar ein hartes und arbeitsreiches Leben, war aber bei allen regionalen Wettbewerben erfolgreich, wenn es um Kraft und Schnelligkeit ging. Bald setzte man ihn daher auch als Deckhengst ein. Vermutlich war er eine Mischung aus Vollblüter, Welsh Cob und Araber oder Berber (siehe Seite 160, 162 und 184–185), obwohl es darüber keine verläßlichen Angaben gibt. Heute wird das Morgan Horse in den USA und anderen Ländern gezüchtet. Auch Rassen wie der Standardbred, der Saddlebred und das Tennessee Walking Horse (siehe Seite 191 und 194) konnten vom Morgan Horse profitieren.

Verwendung
Das heutige Morgan Horse ist größer und feiner als der ursprüngliche Typ. Früher war es ein beliebtes Kavalleriepferd, heute brilliert es als Reit-, Fahr-, Freizeit-, Western- und Wanderreitpferd und ist auch in Dressur- und Springwettbewerben erfolgreich. Noch immer wird es zur Arbeit in der Landwirtschaft herangezogen. Es ist ein beliebtes Zuchtpferd für Kreuzungen.

Exterieur
Der qualitätsvolle Kopf des Morgan Horse weist ein gerades oder leicht konkaves Profil, ein spitzes Maul, große, strahlende Augen, scharfgeschnittene Ohren und einen freundlichen Ausdruck auf. Der Hals ist gebogen, der Widerrist hoch und ausgeprägt. Die Schultern sind schräg. Der Rücken ist stark, der Körper tonnenförmig. Die Brust ist tief und breit. Die Hinterhand ist kraftvoll und gut geformt. Die Sprunggelenke sind stark. Das Röhrbein ist kurz. Mähne und Schweif sind weich und seidig. Der unfrisierte Schweif wird hoch getragen. Morgan Horses sind braun, schwarz oder fuchsfarben. Weiße Abzeichen kommen kaum vor.

Merkmale
Ein spritziges Pferd, das intelligent, freundlich und angenehm im Umgang ist. Die Tiere sind vielseitig und ausdauernd. Ihr Schritt ist lang und energisch, der Trab in der Versammlung sowie in der Verstärkung frei und in schönem Gleichgewicht. Spezialhufeisen sorgen für einen noch höheren Trab. Morgan Horses springen gern.

Stockmaß
Um 1,57 m.

Links: Ein Zweispänner mit Morgan Horses in der Parade auf einer großen Show. Das unverkennbare Bild des reingezogenen Morgan Horse zeigt das starke Erbe seiner hochblütigen Vorfahren, vor allem Vollblüter und Araber. Morgans waren die ersten amerikanischen Traber. Heute sind sie aber ausgesprochen populäre Allround-Pferde. Die Zucht wird eingeteilt in Pleasure Horses – Pferde mit weniger spektakulären Bewegungen und einfachem Wesen – und den spektakulär trabenden Park Morgans.

Missouri Foxtrotter

Der Missouri Foxtrotter stammt von spanischen Berbern, Arabern, Vollblütern und Morgan Horses ab. Die Rasse existiert seit Anfang des 19. Jahrhunderts und gelangte mit den Pionieren nach Missouri. Später wurden Tennessee Walking Horses, Saddlebred und Standardbred eingekreuzt. Das Ergebnis ist ein für den Reiter komfortabler Gang. Die Züchtervereinigung gründete sich 1948, danach wurde rein gezüchtet. Die Pferde sind vor allem in den USA sehr populär.

Verwendung
Der Foxtrotter war das geeignete Pferd für reisende Händler, Viehhüter, Ärzte und alle, die über Land reiten mußten. Heute ist es ein Freizeit- und Showpferd, das auch im Westernstyle geritten wird. Künstliche Manipulationen beim Gangtraining sind nicht erlaubt.

Exterieur
Der Missouri Foxtrotter ist ein starkes Pferd. Es hat einen hübschen Kopf, kleine Ohren, große Augen und ein spitzes Maul. Der Hals ist dick, aber schön geformt. Die Schulter ist schräg, die Brust breit. Der tiefe Rumpf weist einen kurzen, starken Rücken auf. Hinterhand und Oberschenkel sind kraftvoll und zeigen gute Knochen. Es kommen alle Farben vor.

Merkmale
Die Vorderbeine des Foxtrotter gehen in einem schnellen Schritt, während die Hinterbeine zu traben scheinen. Seine Aktion ist schnell, niedrig und weich. Die Pferde sind auch über lange Distanzen unermüdlich. Missouri Foxtrotter sind von sanftem Wesen, freundlich und leicht im Umgang – angenehme Reit- und Fahrpferde.

Stockmaß
1,42 – 1,63 m

Standardbred

Der Standardbred entstand um 1800 im Nordosten der USA und wird als eine der besten Fahrpferderassen der Welt angesehen. Als Gründerhengst diente der englische Vollbluthengst Messener, der importierte holländische Stuten deckte. Die Rasse wurde stark von dem 1849 geborenen Hengst Hambletonian beeinflußt. Alle Standardbreds stammen von Hambletonians Söhnen ab. Der Name der Rasse rührt vom Standard des American Trotter Register her, der ursprünglich drei Minuten pro Meile vorsah, heute jedoch eher bei zwei Minuten liegt. Der Pedigree der Standardbreds weist auch Berber- und Morganblut auf (siehe Seite 185 und 190).

Verwendung
Die Rasse wird in den USA, Kanada, Osteuropa, Australien und Neuseeland als exzellentes Fahrpferd für den Sport gezüchtet. Sie beeinflußte Trabrennen und, durch Veredelung, auch viele speziell für die Bahn gezüchtete Traberrassen. Zuchtzentren sind die USA und Puerto Rico.

Exterieur
Der Standardbred hat einen flachen Kopf, einen eher langen Rumpf mit guter Gurtentiefe und einen langen Hals. Die Brust ist gut entwickelt. Die Hinterbeine sind sehr kraftvoll, oft ist die Kruppe höher als der Widerrist. Die oberen Gliedmaßen sind muskulös und sehr fest mit enormen Sprunggelenken. Standardbreds sind zumeist braun, schwarz oder fuchsfarben.

Merkmale
Der Standardbred ist bekannt für seinen Mut und seine Härte. Die Gänge sind gerade und frei. Es gibt gute Traber und Passer (bei denen die laterale Bewegung vorherrscht). Naturpasser werden zu dieser Gangart ermutigt.

Stockmaß
1,57 – 1,63 m

Mustang

Der Mustang ist das ursprüngliche Wildwestpony. Seine Vorfahren waren spanische Pferde, die die Konquistadoren im 16. Jahrhundert nach Amerika brachten. Der Name kommt vom spanischen Wort „mestena“ (eine Herde Wildpferde). Die von den Eroberern freigelassenen Pferde wurden in Nordamerika von Indianern und Cowboys eingefangen. Mustangs dienten als Hüte- und Packpferde. Um 1900 gab es über 1 Million Mustangs. Einige Blutlinien wurden durch die Einkreuzung größerer Pferde verändert. Die besten Mustangs dienten als Gründerpferde der jetzt anerkannten Rasse.

Verwendung
Der wilde Mustang nahm den Weiderindern die Plätze weg. Die Pferde wurden getötet und als Hundefutter verwertet. Heute ist diese alte Rasse zwar geschützt, doch ihre unkontrollierte Vermehrung wird verhindert.

Exterieur
Der heutige Mustang hat einen längeren Kopf mit dicken Ganaschen und einem konvexen Profil, einen tiefen, kurzen Rumpf, relativ kurze Beine und einen niedrigen Widerrist. Die Schulter ist weniger gerade als in früheren Jahren. Die Kruppe fällt leicht ab, der Schweif ist tief angesetzt. Es sind alle Farben vertreten, oft mit dunklen Punkten im Fell.

Merkmale
Der Mustang ist ein überaus scheues Pferd und soll angeblich nur sehr schwer zu zähmen sein. Mittlerweile aber wurden bereits viele Pferde domestiziert und sind in privater Hand. Die Tiere sind stark, hart und absolut genügsam. Sie sind äußerst angenehm zu reiten, beweglich und schnell. In Kalifornien leben auch heute noch einige wilde Mustangs.

Stockmaß
1,37 – 1,52 m

Appaloosa

Ursprünglich wurde der Appaloosa nur in Kanada und den USA anerkannt, doch mittlerweile gibt es Stutbücher in der ganzen Welt. Die Rasse stammt aus Oregon, wo die Nez-Percé-Indianer getupfte Abkommen der im 16. Jahrhundert nach Mexiko importierten Pferde züchteten. Der Name rührt vom Fluß Palouse her. Seit 1876, als die Nez Percé von ihrem Land vertrieben wurden, stagnierte die Zucht. Der Appaloosa Club formierte sich erst 1938. Seitdem ist ein geringer arabischer Blutanteil erlaubt. Früher wurden sogar einige Quarter Horses eingekreuzt.

Verwendung
Früher diente der Appaloosa als Kriegs- und Jagdpferd. Heute ist er ein beliebtes Reitpferd, das als Freizeit- und Westernpferd auf Shows und Distanzritten geht. Das Pferd ist gut im Springen, in der Vielseitigkeit und der Dressur.

Exterieur
Die Pferde sind so unterschiedlich in Typ und Farbverteilung, daß es keine identischen Tiere gibt. Exterieur und Rücken sind kompakt, die Gliedmaßen von guter Qualität. Der Kopf ist qualitätsvoll, die Maulpartie gesprenkelt. Die Iris ist, wie beim Menschen, von einem hellen Ring umgeben. Die oft senkrecht gestreiften Hufe sind ausgesprochen gut und hart. Mähne und Schweif sind kurz und fein. Der vordere Teil des Körpers kann einfarbig sein und geht in eine hellere Fellfarbe über, die gleichfarbig getupft ist. Weiße Appaloosas weisen Tupfen in allen Farben auf.

Merkmale
Das Zuchtziel ist ein hartes Arbeitspferd, das beweglich, willig und sensibel sein soll – eben ein typisches Hütepferd. Der Appaloosa soll ausdauernd sein, gut springen und ausreichend gute Gänge für die Dressur aufweisen.

Stockmaß
Um 1,47 m.

Pinto

Der auch als Calico bekannte Pinto stammt von den Pferden der spanischen Eroberer des 16. Jahrhunderts ab. Das Pinto-Register wurde 1956 angelegt. Ursprünglich umfaßte es nur amerikanische Pferde. Mittlerweile aber ist es auch für Pferde aus Kanada, Europa und Asien offen. Die Pinto-Zzucht wird zwar oft als spezielle Farbzucht angesehen – beispielsweise bei Palominos (siehe unten) oder Albinos –, doch ist das Farbgen bei den Pintos dominant. In den USA ist die Rasse seit 1963 anerkannt. Es gibt zwei Farbmuster: Der Overo weist helle Flecken auf dunklem Fell auf und wird vorzugsweise in Südamerika gezüchtet, während der Robiane mit dunklen Flecken auf hellem Fell meist in Nordamerika vorkommt. Es gibt vier Pinto-Typen: das Stockhorse, den Hunter (ein Pferd im Jagdpferdtyp mit viel Vollblut), den Saddle-Typ mit hochgetragenem Hals und viel Aktion wie das Tennessee Walking Horse und den Pleasure-Typ, ein angenehmes Freizeitpferd, das dem Morgan Horse und dem Araber ähnelt. Auch die Pinto-Ponys werden in vier entsprechende Kategorien eingeteilt. Für Pintos mit Vollblut- oder Quarter-Horse-Anteil gibt es in den USA ein spezielles Paint-Horse-Register.

Verwendung

Der Pinto wurde von den amerikanischen Indianern vor allem wegen seiner Farbe geschätzt. Als Kutschen noch das vorherrschende Transportmittel waren, sah man viele Pintos im Tandem oder als Viererzug. Heute ist der Pinto ein vielseitiges Reitpferd und Reitpony. Man sieht die bunten Pferde in Historienspektakeln, aber auch in ernstzunehmenden Turnierdisziplinen, die meist im Westernstil geritten werden.

Exterieur

Der Pinto variiert in Typ, Rahmen, Qualität und Größe. Der Piebald hat unregelmäßige schwarze und weiße Flekken, verteilt über den ganzen Körper, während der Skewbald die Grundfarbe Weiß zeigt, wobei die Flecken jede Farbe haben können. Die Indianer schätzten die Flecken als Tarnung. Die besten Pintos haben den Kopf des Vollblüters, die Hinterhand des Quarter Horse und eine gute Oberlinie sowie starke Gliedmaßen und Hufe. Mähne und Schweif hingegen sind dünn.

Merkmale

Pintos sind gute Reitpferde oder -ponys. Sie zeigen korrekte Gänge, sind gehfreudig und geschmeidig sowie angenehm zu reiten.

Stockmaß

keine Höchst- oder Mindestmaße

Links: Der Palomino ist eine reine Farbzucht. Er hat ein goldfarbenes Fell, das von Messing bis ins Dunkelbronzene reicht, und einen flachsfarbenen oder weißen Behang. Der Palomino wird nur in den USA als Rasse anerkannt. Die Palomino Horse Association Inc. schreibt zwar bestimmte Farbschattierungen vor, duldet aber minimale helle Abzeichen. Zumindest ein Elternteil muß ein eingetragener Palomino sein. Der andere Elternteil kann Vollblut, Quarter Horse oder Araber (siehe Seite 160, 184 und 195) sein.

Tennessee Walking Horse

Das Tennessee Walking Horse wurde von Plantagenbesitzern in den amerikanischen Südstaaten gezüchtet. Das „Gangpferd" zeigt einen ungewöhnlichen Viertakt (halb Schritt, halb Trab), der angenehm zu reiten ist. Der 1886 geborene Gründerhengst Black Allan, ein Standardbred (siehe Seite 191), bewegte sich bereits in diesem speziellen Gang, dem Walk, und vererbte ihn dominant. Später veredelte man die Zucht mit Vollblütern, Arabern und Morgans (siehe Seite 160, 184 und 190). Die Rasse wurde 1935 in Tennessee und 1947 weltweit anerkannt.

Verwendung
In den USA ist das Tennessee Walking Horse ein beliebtes Familienpferd. Es startet bei speziellen Turnieren in den Südstaaten und ist bei Shows und Paraden zu sehen.

Exterieur
Das Tennessee Walking Horse ist ein harmonisches Pferd. Der Kopf ist einfach gebaut, die Ohren sind fein und lang. Der gebogene Hals sitzt auf einer kraftvollen Schulter. Auch die Hinterhand ist stark. Die Gliedmaßen sind feinknochig, aber kräftig. Der Körper ist tief und kurz. Die fliegende Mähne wird nicht frisiert, der Schweif im Stall aber oft hochgebunden, damit das Pferd ihn extrem hoch trägt. Das Hochbinden des Schweifes ist in Deutschland verboten. Es sind alle Farben erlaubt. Schwarze, Braune und Füchse sind vorherrschend.

Merkmale
Das zuverlässige Pferd kann auch von schwächeren Reitern geritten werden. In den USA wird die Aktion durch spezielle Gewichtseisen erhöht. Diese Art der Gangmanipulation ist in Deutschland aus Tierschutzgründen verboten. Eine Besonderheit des Tennessee Walking Horse ist das Nicken bei jedem Schritt. Der Galopp ist hoch und ausdrucksvoll.

Stockmaß
1,52 – 1,63 m

American Saddlebred

Der American Saddlebred, der auch als Saddler bekannt ist, stammt vom Kentucky Saddler ab, der im 19. Jahrhundert durch die Kreuzung des mittlerweile ausgestorbenen Narragansett Pacer mit Vollblütern, Morgans und Trabern entstand. Unter seinen Vorfahren waren aber auch spanische Pferde mit „Gangveranlagung".

Verwendung
Ursprünglich diente der Saddler den Plantagenbesitzern als Reitpferd. Während des amerikanischen Bürgerkrieges von 1861 bis 1865 war er ein geschätztes Kavalleriepferd. Heute werden Saddler auf Turnieren als Reit- und Fahrpferde eingesetzt, aber auch als Freizeit- und Wanderreitpferde genutzt. Die auffallenden Gänge machen die Tiere zu beliebten Paradepferden. Bei entsprechender Ausbildung ist der Saddler ein gutes Spring- und Dressurpferd.

Exterieur
Ein attraktives Pferd mit Substanz und Qualität. Der feine Kopf weist kleine Ohren, weit auseinanderstehende Augen, große Nüstern und einen langen, gebogenen Hals auf. Der Widerrist ist ausgeprägt, die Schulter schräg. Der Rücken mit der geraden Kruppe und dem hochangesetzten Schweif ist kurz, die Hinterhand gut bemuskelt. Die Fesselung ist ungewöhnlich lang und weich, die Hufsubstanz gut. Alle Grundfarben sind zugelassen.

Merkmale
Der Saddler zeigt hohe, geschmeidige Gänge. Er hat ein angenehmes Temperament und ist leicht zu trainieren. Die Zusatzgänge im Viertakt sind „slow gait" im langsamen Tempo und „rack" im Renntempo. Doch nicht jedes Pferd ist ein Fünfgänger. Das Training mit Gewichtseisen oder Ketten um die Fesseln, wie es in den USA üblich ist, ist in Deutschland verboten.

Stockmaß
Um 1,63 m.

Quarter Horse

Die erste in Amerika gezüchtete Pferderasse ist seit dem Jahr 1611 anerkannt. Sie entstand durch die Kreuzung von Landschlägen (spanische Pferde, die mit Arabern, Berbern und orientalischen Pferden gekreuzt wurden) mit importierten englischen Rennpferden, Vorfahren des Englischen Vollbluts (siehe Seite 160). Das Ergebnis war ein schneller und kraftvoller Sprinter. Die Siedler in Virginia und Carolina setzten die Pferde bei sonntäglichen Rennen ein. Da die Tiere ihre Höchstgeschwindigkeit auf einer Strecke von über einer Quarter Mile (400 m) erreichten, nannte man sie Quarter Miler. Obwohl Vollblutrennen heute überwiegen, sind die Quarter-Horse-Rennen immer noch sehr populär. Die Quarter Horse Association wurde 1941 im texanischen Fort Worth gegründet. In den USA sind eine Million Quarter Horses registriert. Der weltweite Bestand umfaßt 4 Millionen Tiere.

Verwendung
Das Quarter Horse wurde schon von den Pionieren auf deren Weg nach Westen genutzt. Es eignete sich für die Rancharbeit, als Hüte- und Fahrpferd sowie als Lastenträger. Heute ist es ein vielseitiges Reitpferd, das vor allem auf Rodeoshows (im Barrel Racing und Steer Rope), aber auch auf speziellen Westernturnieren und als Freizeitpferd eingesetzt wird. Quarter Horses sind zudem gute Spring- und Vielseitigkeitspferde – wenn sie einen Schuß Vollblut in sich tragen.

Oben und rechts: Quarter Horses sind die zahlenmäßig größte Pferderasse der Welt. Zuchtziel ist ein Pferd mit einer extrem muskulösen Hinterhand, die gut unter dem Körper steht. Das Quarter Horse soll sich angeblich schneller drehen und auch schneller spurten können als jede andere Pferderasse. Die Pferde sind ausgesprochene Gewichtsträger. Besonders in den Vereinigten Staaten und in Kanada sind Quarter-Horse-Rennen und Rodeos mit „steer roping" und „barrel racing" überaus populär.

Exterieur
Mit seiner starken Bemuskelung und Hinterhand ist das Quarter Horse der ideale Sprinter. Sein Kopf ist relativ kurz und breit. Der lange Hals sitzt auf einer kräftigen Schulter mit gutdefiniertem Widerrist. Die Brust ist breit, der Rücken kurz. Die oberen Gliedmaßen sind gut bemuskelt. Die Sprunggelenke sind kraftvoll. Die schrägen Fesseln dienen als „Stoßdämpfer". Es sind alle Grundfarben erlaubt, wenngleich Füchse überwiegen.

Merkmale
Das Quarter Horse ist intelligent und von freundlichem Wesen – ein angenehmes Gebrauchspferd. Obwohl die Pferde auf Schnelligkeit und niedrige Gänge gezüchtet werden, sind sie überraschend gut ausbalanciert. Sie sind von Natur aus Hütepferde mit „cow sense".

Stockmaß
Um 1,57 m.

Criollo

Der Criollo ist ein typisch argentinisches Pferd. Es stammt von Pferden ab, die 1535 mit der spanischen Kavallerie nach Argentinien kamen. Einige Pferde flüchteten, andere wurden nach Indianerangriffen freigelassen. Die einzelnen Schläge vermischten sich und entwickelten sich zu wahren Überlebenskünstlern. Seit dieser Zeit gibt es überall in Amerika Criollos, die aufgrund unterschiedlicher Lebensbedingungen variieren. Neben dem brasilianischen Criollo gibt es den venezolanischen Llanaro, das chilenische Caballo Chileno und die peruanischen Costenos, Moruchucos und Cholas.

Verwendung

Der Criollo ist das angestammte Hütepferd der argentinischen Gauchos. Es eignet sich hervorragend zum Hüten und Treiben der Herden und wird auch in der Landwirtschaft sowie als Packpferd verwendet. Die Rancher setzen ihn als Reitpferd über große Distanzen ein. In Argentinien findet jährlich ein 15tägiger Distanzritt für Criollo-Züchter statt, bei dem 750 km zurückgelegt werden. Die Pferde müssen dabei 112 kg schwere Lasten tragen. Für den Gewinner dieses Leistungstests ist der Sieg nicht zuletzt gleichbedeutend mit einem wirtschaftlichen Erfolg seiner Zucht. Um gute Poloponys zu erhalten, werden Criollos auch mit Vollblütern (siehe Seite 160) gekreuzt.

Oben: Dieser im Westernstil gesattelte Criollo ist ein typischer Vertreter seiner Rasse, die längste Distanzen auch bei extremen Witterungsbedingungen, über schwierigstes Gelände und bei nur geringfügiger Fütterung zurücklegen kann.

Rechts: Der Criollo ist eine genügsame Rasse, die jahrhundertelang unter härtesten Bedingungen überlebte. Im Erscheinungsbild ähnelt er dem Berber (siehe Seite 185) und dem Andalusier (siehe Seite 170), die auch zu seinen Vorfahren zählen.

Exterieur

Das Pferd wirkt kurz und staksig – eher wie ein Pony. Es hat einen breiten, geraden Kopf und einen kurzen, muskulösen Hals. Der Rumpf ist tief und kompakt, die Kruppe schräg. Die Gliedmaßen weisen gute Knochen und kurze Röhrbeine auf. Die Gelenke sind wohlgeformt. Die guten und harten Hufe benötigen keine Hufeisen. Das Mähnen- und das Schweifhaar sind derb. Es kommen viele Falben vor, zudem aber auch Füchse, Stichelhaarige, Palominos und Braune. Viele Pferde weisen einen Aalstrich auf dem Rücken auf – ein Erbe ihrer spanischen Vorfahren.

Merkmale

Der zähe und gesunde Criollo ist ein schnelles und intelligentes Pferd mit großem Durchhaltevermögen, das selbst extreme Klimaschwankungen aushält und mit wenig Futter auskommt. Er ist sehr willig und trägt trotz seiner geringen Größe schwerste Lasten.

Stockmaß

1,42 – 1,52 m

Paso Fino

Von den drei großen in Puerto Rico gezüchteten Pferderassen ist nur der Paso Fino einheimisch. Die anderen Rassen – der Andalusier (siehe Seite 170) und der Vollblüter (siehe Seite 160) – wurden importiert. Der Paso Fino hat dieselben Vorfahren wie der Paso Peruano, also jene Pferde, die man nach der Entdeckung Amerikas 1492 importierte und untereinander kreuzte – Andalusier, Berber und spanische Geneten. Sein Tölt, der Viertakt-Gang, wurde gefördert und als „Paso" bekannt. Diese Gangveranlagung ist genetisch fixiert. Ähnliche Pferde wurden im 16. Jahrhundert auf karibischen Inseln entdeckt und von den spanischen Eroberern nach Peru gebracht. Der Paso Fino ist vor allem in Puerto Rico, Kolumbien und der Dominikanischen Republik beheimatet. Doch auch in Nordamerika steigt das Interesse an dieser Rasse.

Verwendung
Der Paso Fino ist ein Gelände- und Freizeitpferd, obwohl Springen und Galopp nicht gerade zu seinen Stärken gehören. Es gibt spezielle Turniere mit besonderen Gangprüfungen für den Classic Fino, einen langsamen, hohen Viertakt, den Paso Corto mit langen, wenig versammelten Gängen, wie sie für große Strecken benötigt werden, und den Paso Largo, einem schnellen Viertakt mit einer Geschwindigkeit von 25 km/h.

Exterieur
Ein attraktives, kompaktes Pferd mit araberähnlichem Kopf auf einem hoch getragenen, aber kurzen Hals. Die Brust ist muskulös. Der Rücken und die Hinterhand sind kurz und stark. Die Gliedmaßen sind fein, jedoch kraftvoll. Es kommen alle Farben vor.

Merkmale
Der Paso Fino ist intelligent, ausgeglichen und freundlich. Er geht vorzugsweise im Viertakt, dem Paso.

Stockmaß
1,42 – 1,52 m

Paso Peruano

Der Paso Peruano hat ebenso wie der Paso Fino die Töltveranlagung der spanischen Geneten geerbt. Die Zucht wird streng nach Gang selektiert.

Verwendung
Der Paso Peruano ist das ideale Pferd für ein Land mit äußerst schwierigem, bergigem Gelände wie Peru. Er eignet sich auch auf langen Strecken hervorragend als Geländepferd. Er wird zudem als Turnier- und Freizeitpferd und, in der Kreuzung mit Vollblut, als Polopony verwendet. Der Paso Peruano wird auch in Kolumbien und Nordamerika gezüchtet und weltweit exportiert.

Exterieur
Das kleine, kompakte Pferd ist zwar bequem zu reiten, aber nicht sehr schnell. Sein Kopf ist breit und gerade, die Schulter schräg. Die Gliedmaßen weisen gute Knochen und Gelenke auf. Das Pferd verfügt über ein ausreichendes Fundament. Die leicht abgeschlagene Kruppe weist einen tiefangesetzten Schweif auf. Die Fesselung ist auffallend lang. Das Fell ist fein. Es sind alle Farben erlaubt.

Merkmale
Der Paso Peruano ist berühmt für seinen klaren Viertakt, bei dem die Vorderbeine einen Bogen aus der Schulter heraus beschreiben, ehe sie den Boden berühren (Termino). Man unterscheidet drei Gänge: den Paso Corto, einen langsamen Tölt, den Paso Fino, einen langsamen, aber versammelten und hohen Tölt, sowie den Paso Largo, einen schnellen, hohen Tölt. Austrainierte Pferde halten lange Strecken bei einer Geschwindigkeit von 25 km/h durch. Der Rücken bleibt beim Viertakt ruhig. Herz und Lunge dieser Pferde sind besonders gut entwickelt.

Stockmaß
Um 1,52 m.

Australian Stock Horse

1788 gelangten die ersten Pferde aus Südafrika und Chile nach Australien. Dabei handelte es sich überwiegend um holländische Pferde mit Berber- und Araberanteil (siehe Seite 185), später wurden aber auch Araber und Vollblüter (siehe Seite 160 und 184) importiert. Der Waler, ein zähes Pferd im Anglo-Araber-Typ, entstand auf den weitläufigen Schaffarmen in New South Wales, wo er meist als Reit- und Packpferd sowie zum Fahren genutzt wurde. Auf dem Land setzte man ihn in einer Anspannung von bis zu sieben Pferden ein. Trotz seines drahtigen und leichten Rahmens kann der Waler problemlos über 100 kg an Gewicht tragen. Der Waler wurde das Pferd der indischen Kavallerie. Im Ersten Weltkrieg lieferte man 120.000 Pferde an die alliierten Armeen – kein einziges kehrte zurück. Aus dem Waler entstand das Australian Stock Horse. Doch obwohl ein bestimmter Typ angestrebt wird, ist die Rasse noch nicht einheitlich. Die Pferde sind viel größer als der Waler, variieren aber in Größe und Typ, da sehr unterschiedliches Blut zugeführt wurde. Seit 1954 kreuzt man auch Quarter Horses ein. Mittlerweile werden die Pferde weltweit als gute Arbeits- und Turnierpferde geschätzt, so daß sich die Rasse wohl konsolidieren wird.

Verwendung
Ein vielseitiges Reitpferd, das auf den riesigen australischen Schaffarmen auch heute noch zum Hüten der Herden eingesetzt wird. Mittlerweile konnte sich das Australian Stock Horse auch als Springpferd einen Namen machen. 1940 übersprang ein Waler die Weltrekordhöhe von 2,54 m. Das Stock Horse ist schneller und feiner und hat gute Knochen. Die früher häufigen Exterieurmängel sind in den letzten Jahren nach und nach verschwunden. Stock Horses sind gute Polopferde, gehen kleinere Rennen und werden als Distanzpferde in Wettkämpfen eingesetzt.

Exterieur
Der Typ des Australian Stock Horse ist noch uneinheitlich, wird aber immer identischer. Es ist ein zähes, drahtiges und praktisches Arbeitspferd. Sein hübscher und feiner Kopf hat einen Araber- oder Vollblutausdruck.

Merkmale
Das Pferd macht den Eindruck eines robusten Vollblüters. Bei einigen Tieren weisen ein dicker Kopf sowie eine starke Bemuskelung auf die Quarter-Horse-Einkreuzungen hin. Man ist aber heute darauf bedacht, einen einheitlicheren Typ zu züchten.

Stockmaß
1,55 – 1,65 m

Oben: Waler und ihre Nachkommen, die Australian Stock Horses, sind Pferde mit Leistungswillen, guten Hufen, harten Knochen und einem natürlichen Gleichgewichtssinn – also optimale Hütepferde für große Herden.

Links: Das Australian Stock Horse wird auf großen Schaf- und Rinderfarmen für alle Arbeiten eingesetzt. Es ist ein vielseitiges Pferd mit Vollblutcharakter und zahlenmäßig die größte Pferderasse in Australien. Obwohl die Australian Stock Horse Society mittlerweile einen Rassestandard festgelegt hat, konnte die Rasse noch immer nicht vereinheitlicht werden.

Brumby

Der Name des in Australien heimischen, wildlebenden Brumby wurde vermutlich von dem Aboriginal-Wort „Baroomby“ für „wild“ entlehnt. Die Pferde stammen von den im späten 18. Jahrhundert aus Südafrika und Chile im-portierten Tieren ab, die man nach dem Goldrausch von 1851 freiließ. Die Tiere vermischten und vermehrten sich außergewöhnlich schnell. Die australischen Farmer hassen sie, da sie den Schafen und Rindern Gras und Wasser wegnehmen. Seit 1960 werden die Brumbys daher systematisch getötet – oft zu Tausenden. Man jagt die Tiere mit Hubschraubern, Motorrädern oder Landrovern und erschießt sie oder transportiert sie unter oft unwürdigen Umständen in Schlachthöfe. Dieses Vorgehen rief zwar weltweite Proteste hervor, eine bessere Form der Kontrolle konnte jedoch bisher nicht verwirklicht werden.

Verwendung
Da keinerlei Nachfrage nach Brumbys als Reitpferden besteht, sind die Aussichten für die Pferde eher schlecht.

Exterieur
Die meisten Tiere sind schlecht genährt und sehen daher sehr ärmlich aus. Der Kopf ist gerade, der Nacken dünn. Die Hinterhand ist weich. Die Pferde haben wenig Fundament. Viele Brumbys sind kuhhessig. Da die Hufe vom rauhen Boden gleichmäßig abgenutzt werden, sind sie sehr hart und benötigen keine Hufeisen.

Merkmale
Die wilden Brumbys sind geschmeidige und schnelle Überlebenskünstler. Ihre instinktive Abneigung gegen Menschen veranlaßt sie dazu, diesen möglichst aus dem Weg zu gehen. Die Pferde sind daher nur schwer einzufangen und auszubilden, obwohl man in dieser Hinsicht mittlerweile Fortschritte gemacht hat.

Stockmaß
unterschiedlich

Canadian Cutting Horse

Das Canadian Cutting Horse ist das Gegenstück zum American Quarter Horse (siehe Seite 195) und kann auch fast dieselben Vorfahren vorweisen. Die Pferdezucht in Kanada hat sich zu einem florierenden Geschäftszweig entwickelt, wobei die einheimischen Rassen streng standardisiert und kontrolliert werden. Cutting Horses haben eine natürliche Begabung für die Rinderarbeit. Sie können unglaublich schnell beschleunigen und abrupt stoppen, wodurch sie den Bewegungen der Rinder zuvorkommen und die Stockmen bei deren Arbeit entlasten.

Verwendung
Das Canadian Cutting Horse wird auf den riesigen kanadischen Rinderfarmen als Hütepferd eingesetzt. Es hat sich aber auch zu einem beliebten Show- und Turnierpferd für Westernturniere in den Cutting-Disziplinen entwickelt. Wenn man das Cutting Horse mit Vollblut kreuzt, entsteht ein ausgezeichnetes Spring- und Vielseitigkeitspferd.

Exterieur
Das Canadian Cutting Horse ist ein überaus starkes Pferd. Seine Schultern und die Hinterhand sind kraftvoll. Der kurze Rücken ist stark bemuskelt. Auch die oberen Gliedmaßen sind muskulös. Der lange Hals ist tief angesetzt und gerade.

Merkmale
Das Canadian Cutting Horse ist intelligent und verfügt über einen natürlichen „cow sense“ und Hütetrieb. Auf kurzen Distanzen ist es ausgesprochen schnell. Es besitzt aber auch die nötige Ausdauer, um Herden zu hüten, und springt zudem sehr gut. Die Pferde sind willig und daher leicht auszubilden.

Stockmaß
1,57 – 1,65 m

Clydesdale

Die Wurzeln dieser Kaltblutrasse reichen bis ins frühe 18. Jahrhundert zurück, als die Nachfrage nach verläßlichen und starken Pferden zur Kohleförderung, in der Landwirtschaft und zum Transport schwerer Güter zunahm. Um derartige Tiere zu erhalten, kreuzte man im schottischen Lanarkshire, dem früheren Clydesdale, Kaltblutstuten mit importierten flämischen Hengsten. Möglicherweise kam später auch Shire-Blut hinzu. Einige Fachleute sehen beide Pferderassen als Zweige einer einzigen Rasse an. Das Clydesdale-Stutbuch wurde 1877 mit 1.000 registrierten Hengsten eröffnet. Bereits anhand dieser großen Zahl lassen sich die Bedeutung und die Popularität der Rasse ermessen. Clydesdales sind weltweit bekannt und besonders in den USA, in Kanada und in Australien verbreitet.

Verwendung

In England und Nordirland werden Clydesdales auch heute noch für Zugarbeiten in der Landwirtschaft und in den Wäldern herangezogen. Auf Landwirtschaftsschauen präsentiert man die Pferde geschmückt auf Paraden, beim Wettpflügen sowie in eigenen Show-Klassen. Die Anzahl der gezüchteten Clydesdales nimmt wegen der kontinuierlich steigenden Nachfrage nach diesen Pferden sogar noch zu. In den USA und in Kanada werden die Pferde oft in Siebenspännern bei der Ernte eingesetzt. Die Kreuzungen von Clydesdales mit Vollblütern bringen zudem gute Spring- und Geländepferde hervor.

Exterieur

Der Clydesdale ist ein qualitativ hochwertiges Kaltblutpferd. Er ist groß, kraftvoll und imposant. Sein Kötenbehang ist beeindruckend. Der im Vergleich zum Körper feine Kopf zeigt ein gerades Profil, die Augen haben einen wachen Ausdruck. Der Hals ist gebogen, der Widerrist gut ausgebildet. Die Pferde stehen häufig kuhhessig – ein Resultat der Arbeit in den engen Ackerfurchen. Sichelbeinige Pferde hingegen werden nicht akzeptiert. Die Hufe sind groß und rund. Die Beine sind bis zum Karpal- beziehungsweise Sprunggelenk mit einem feinen, seidigen Behang bedeckt. Hauptfarben sind Braune, Rappen – manchmal mit rötlichem Einschlag – und Schimmel. Alle Tiere weisen einen hellen Behang an den Beinen und helle Abzeichen am Kopf und am Bauch auf.

Merkmale

Die Pferde sind sehr freundlich. Der moderne Clydesdale ist leichter als seine Vorfahren. Er ist zudem aktiver und spritziger als Pferde vergleichbaren Kalibers, obwohl er bis zu einer Tonne wiegt. Der Clydesdale ist ein energiegeladenes Arbeitspferd mit hohen Gängen, das den Bestimmungen der Clydesdale Horse Society zufolge „ein einmalig elegantes Kaltblutpferd" sein sollte. Die Pferde setzen ihre Tritte äußerst vorsichtig – was früher bei der Arbeit in den Ackerfurchen von Bedeutung war.

Stockmaß

Um 1,68 m.
Hengste sind oft größer.

Rechts: Ein Paar charakteristischer Clydesdales bei einem Wettpflügen. Sie warten geduldig, bis sie ihre beeindruckende Kraft und ihre energischen Gänge zeigen können.

Shire Horse

Die Vorfahren der Shire Horses waren die „Great Horses", die Schlachtrosse der mittelalterlichen Ritter. Sie stammten von normannischen Pferden ab, die im 11. Jahrhundert nach England gebracht wurden. Im 16. und 17. Jahrhundert kamen flämische und friesische Importe (siehe Seite 164) hinzu, die die einheimischen Landschläge verbesserten. Das Resultat war der „English Black" mit einem Stockmaß von 1,57 m. Der Gründerhengst der Shire Horses, Packington Blind Horse, deckte von 1755 bis 1780. Die 1875 gegründete Cart Horse Society wurde 1884 in Shire Society umbenannt. 1878 eröffnete man das Stutbuch.

Verwendung
Shire Horses wurden in England bis zum Ende des Zweiten Weltkriegs für schwere Transporte in der Stadt und auf dem Land benutzt. Heute sieht man sie als Show- und Reklamepferde – oft in Viereranspannungen.

Exterieur
Das größte Kaltblutpferd hat einen langen, schmalen Kopf mit einem sanften Gesichtsausdruck. Der elegante, gebogene Hals sitzt auf einer schrägen Schulter und einem tiefen Rumpf. Der kurze Rücken ist stark, die Lendenpartie geschlossen. Die breite Hinterhand weist starke Knochen auf. Die Vorderbeine stehen korrekt. Shire Horses sind nur selten sichelbeinig. Die Gliedmaßen haben einen feinen, seidigen Behang und massive, gutgeformte Knochen. Die Hufe sind groß und breit. Die Hauptfarbe ist Schwarz, es werden aber auch Schimmel und Braune akzeptiert.

Merkmale
Das Shire Horse ist ein aufmerksames Pferd, dessen Bewegungen elegant wirken. Ausgewachsene Tiere wiegen mehr als eine Tonne. Ihr Gangwerk ist korrekt und kraftvoll. Shire Horses sind ausgesprochen langlebig.

Stockmaß
1,65 – 1,83 m

Suffolk Punch

Der Suffolk Punch ist das älteste britische Kaltblut. Obwohl die Rasse bereits seit dem 16. Jahrhundert existiert, stammen alle eingetragenen Suffolks vom „Horse of Ufford" ab, einem 1768 in East Anglia geborenen Hengst. Das Stutbuch wurde 1877 eröffnet, als die Nachfrage nach Arbeitspferden auf den feuchten und schweren Böden von East Anglia stieg. Suffolks dienten auch als Kutschpferde und wurden mit Trabpferden gekreuzt, um ein schnelleres Fahrpferd zu züchten.

Verwendung
Seit dem 19. Jahrhundert beeinflußte der Suffolk die Kaltblutzuchten in Europa und Amerika. Seine dominierenden Gene machen ihn auch heute noch zum beliebten Veredler. Die Pferde werden in Wettbewerben und auf Ausstellungen gezeigt. In England werden sie immer noch einzeln, zu zweit oder in Viereranspannungen für schwere Arbeiten in der Landwirtschaft eingesetzt.

Exterieur
Suffolks wiegen rund eine Tonne. Sie haben einen feinen Kopf, einen gebogenen Hals, eine breite Brust und einen Gurtumfang von bis zu 2 Metern. Die dicken Knochen und die kurzen Röhrbeine lassen die Vorderbeine kurz erscheinen. Die Hinterbeine stehen eng beieinander, so daß die Pferde auch in Ackerfurchen gehen können. Die Hufe sind groß und rund. Die Pferde haben kaum Kötenbehang. Es gibt sieben verschiedene Fuchsschattierungen.

Merkmale
Der Suffolk Punch ist freundlich und ausdauernd. Die Pferde sind frühreif, langlebig, anpassungsfähig und leichtfuttrig. Ihre Gänge sind rund und schwungvoll – besonders erwähnenswert ist ihre Leichtigkeit im Trab.

Stockmaß
1,63 – 1,70 m

Holländisches Kaltblut

Diese relativ junge Rasse entstand durch die Kreuzung des einheimischen niederländischen Pferdes mit Brabantern und später mit Ardennern. Ihre Entstehung wurde 1914 mit der Gründung des Königlich Niederländischen Kaltblutzuchtverbandes in die Wege geleitet. Das erste Stutbuch wurde 1924 veröffentlicht. Die besten Pferde werden einer Leistungsprüfung unterzogen, die Exterieur, Gänge, Fruchtbarkeit und Typ umfaßt.

Verwendung
Holländische Kaltblutpferde sieht man oft in traditioneller Anspannung auf Shows oder landwirtschaftlichen Ausstellungen. Die Pferde werden zudem als Brauereipferde und in Werbegespannen eingesetzt. Außerdem züchtet man sie als Fleischlieferanten.

Exterieur
Das holländische Kaltblut ist groß und stark. Der Kopf mit dem geraden Profil zeigt einen wachen Ausdruck. Der Hals ist kurz und dick, die Brust tief und breit. Gliedmaßen und Hinterhand sind stark bemuskelt. Die Kruppe ist abfallend. In den Niederlanden wird der Schweif kupiert, was in Deutschland verboten ist. Die Beine sind kurz und kräftig und weisen starken Kötenbehang auf. Hauptfarben sind Füchse, Braune, Falben, Rappen und Schimmel.

Merkmale
Holländische Kaltblüter sind sanfte, willige Pferde und ähneln darin ihren Verwandten, den Ardennern. Sie zeigen großen Leistungswillen und ziehen schwerste Lasten. Es sind harte Pferde, die leichtfuttrig und somit sehr ökonomisch sind. Ungeachtet seiner Größe bewegt sich das Tier leicht und frei. Es ist langlebig und wird oft über 30 Jahre alt.

Stockmaß
Um 1,70 m.

Brabanter

Der Brabanter, auch bekannt als Belgisches Kaltblut, ist ein Nachkomme des Flandrischen Pferdes, das vom prähistorischen Waldpferd (siehe Seite 18–19) abstammt. Schon den Römern waren die Flandrischen Pferde ein Begriff. Im Mittelalter schätzte man sie als Kriegspferde. Im 16. Jahrhundert beeinflußten diese Pferde die Zucht von Shire, Clydesdale, Suffolk Punch und Irischem Kaltblüter (siehe Seite 200–201). Gegen Ende des 19. Jahrhunderts kristallisierten sich drei Blutlinien heraus, die den Hengsten Orange I., Bayard und Jean I. zu verdanken sind.

Verwendung
Die Pferde sind durch ihr Ursprungsland geprägt und an die Arbeit auf schweren Böden gewöhnt. Infolge der zunehmenden Mechanisierung wird der Bedarf an Arbeitspferden jedoch immer geringer. In Europa werden die meisten Pferde heute als Schlachtpferde gezüchtet, während man sie in den USA immer noch zu landwirtschaftlichen Arbeiten heranzieht. Brabanter dienten zur Veredelung anderer Kaltblutrassen wie des Rheinischen Kaltblutes (siehe Seite 208).

Exterieur
Der Brabanter ist untersetzt und kompakt. Rücken, Lendenpartie und Hinterhand sind stark bemuskelt und für die Zugarbeit prädestiniert. Der dicke runde Hals sitzt auf einer kurzen schrägen Schulter. Der Kopf ist breit, kurz und flach; die Ohren sind niedrig angesetzt. Die Pferde haben eine freundliche Ausstrahlung.

Merkmale
Manche Landwirte ziehen dieses kraftvolle Pferd noch immer einem Traktor vor. Der Brabanter ist ein williges und geduldiges Pferd mit einem freien und langen Schritt. Seine Merkmale treten bei Kreuzungen deutlich zutage.

Stockmaß
1,57 – 1,73 m

Ardenner

Das schwere Ardennische Kaltblut stammt von den Hochebenen der Ardennen im Grenzland zwischen Frankreich und Belgien und hat sich den harten Lebensbedingungen dort hervorragend angepaßt. Es gehört zu den ältesten Rassen überhaupt: Pferde von ähnlicher Art gab es schon vor 2000 Jahren. Dabei handelte es sich vermutlich um jene Tiere, die Julius Cäsar als „nördliches gallisches Pferd" bezeichnete. Im Zweiten Weltkrieg starb die Rasse fast aus. Die französischen Ardenner-Blutlinien mußten durch Importe von Kaltblütern aus Belgien und den Niederlanden aufgefrischt werden. So entstanden schwere Zugpferde. Dennoch ist das arabische Blut in der Widerstandskraft und der Energie des Ardenners immer noch spürbar.

Verwendung
In der Land- und Forstwirtschaft setzt man Ardenner für schwere Arbeiten ein. Die Pferde werden auch geritten. In der Zucht tendiert man heute aber zu einem größeren Pferd als jenem Typ, der noch zu Zeiten der Napoleonischen Kriege besonders von der Artillerie geschätzt wurde. In Frankreich, Belgien und Schweden galten Ardenner früher als gute Kutschpferde. Heute wird die Rasse auch zur Fleischproduktion gezüchtet. Leider geht der Bestand kontinuierlich zurück.

Exterieur
Der Ardenner ist ein stämmiges und kompaktes Zugpferd. Sein massiver Körper sitzt auf kurzen Gliedmaßen mit schönem Kötenbehang. Der Kopf mit dem geraden Profil hat eine niedrige flache Stirn, scharf gezeichnete Ohren und strahlende Augen. Der Hals ist dick und gebogen und sitzt gut auf der kraftvollen Schulter. Der Rumpf ist tief und kurz. Rücken und Lendenpartie sind ausgesprochen kraftvoll. Die Hufe sind wohlgeformt. Die Hauptfarben sind Rotschimmel, Schimmel, Füchse und Braune.

Merkmale
Der Ardenner ist ein robustes Pferd, das aber aufgrund seiner arabischen Vorfahren mehr Schwung hat, als seine schwere Erscheinung vermuten läßt. Er ist ein williger Arbeiter und hält selbst unter schwierigsten Bedingungen durch. Ardenner sind von sanftem und freundlichem Wesen. Sie sind unproblematisch in Haltung und Fütterung und daher ausgesprochen ökonomisch.

Stockmaß
Um 1,60 m.

Rechts: Obwohl man Ardennern nachsagt, sie seien „wie ein Traktor gebaut", verrichten die Tiere ihre Arbeit unter weitaus geringerer Beeinträchtigung des Bodens. Ardenner sind sanft im Umgang. Sie gehören zu den korpulentesten Kaltblutpferden und waren bereits an der Aufzucht der mittelalterlichen Kriegspferde beteiligt.

Boulonnais

Diese Rasse gibt es offiziell zwar erst seit dem 17. Jahrhundert, die Pferde wurden jedoch bereits um 55 v. Chr. für die römische Armee gezüchtet. Im 12. Jahrhundert kreuzte man Araber und Berber (siehe Seite 184–185) ein, um leichtere Pferde zu erhalten, während die mittelalterliche Bewaffnung immer noch ein großes Pferd erforderte. Der leichtere Typ des Boulonnais, der Mareyeur, ist heute ausgestorben. Auch den schweren Typ findet man wegen des sinkenden Bedarfs an Arbeitspferden nur noch selten.

Verwendung
Außerhalb Frankreichs wird der Boulonnais noch immer als Fahrpferd geschätzt und mit Reitpferden gekreut. Da die Inlandsnachfrage jedoch stagniert, dient die Rasse in Frankreich selbst fast nur noch zur Fleischproduktion.

Exterieur
Der Boulonnais hat einen feinen Kopf mit geradem oder konkavem Profil, kleinen beweglichen Ohren und großen ausdrucksvollen Augen. Der kurze Hals ist stark und gewölbt. Die Schulter ist von guter Schräge, die Brust tief. Der Rumpf hat viel Fundament, der Rücken ist gerade. Die stark bemuskelten Gliedmaßen mit den wohlgeformten Gelenken weisen kurze Röhrbeine, harte Hufe und einen feinen Behang auf. Fell und Mähne sind seidig. Der

Schweif ist relativ hoch angesetzt. Die Hauptfarbe sind Schimmel, es gibt aber auch Rotschimmel und Braune.

Merkmale
Der Boulonnais ist ein lebhaftes, aber sanftes Kaltblutpferd mit großem Leistungswillen. Er verfügt über gute Gänge und kann lange Strecken im Trab zurücklegen.

Stockmaß
Um 1,68 m.

Comtois

Ihren Namen verdankt diese alte Rasse der französischen Region Franche-Comté. Das mittelschwere Kaltblut kann im Jura und im Massif Central bis ins 16. Jahrhundert zurückverfolgt werden. Unter Ludwig XIV. machten sich die Tiere als Armeepferde einen Namen. Kreuzungen von Comtois mit Percherons (siehe Seite 206), Anglo-Normannen und Boulonnais im 19. Jahrhundert vermochten die Rasse nicht zu vervollkommnen. Erst der Einsatz eines kleinen Ardennerschlages (siehe Seite 203) Anfang dieses Jahrhunderts war erfolgreich.

Verwendung
Comtois werden in Weinbergen, Wäldern und Skigebieten eingesetzt, um Wagen oder Schlitten zu ziehen. So wie den Bretonen exportiert man auch diese Rasse als Arbeitspferde nach Nordafrika. Allerdings wird auch der Comtois mittlerweile zur Fleischproduktion gezüchtet.

Exterieur
Der Comtois ist ein leichtes, kleines und kompaktes Kaltblut. Sein Kopf ist breit und kurz und hat kleine bewegliche Ohren und große ausdrucksvolle Augen. Der Hals ist dick und muskulös und verfügt über einen ausgeprägten Widerrist. Der starke Rumpf weist genügend Tiefe auf. Der Rücken ist kraftvoll, die Hinterhand breit und gerundet.

Die zuweilen kuhhessigen Gliedmaßen verfügen über gutgeformte Knochen und einen leichten Behang. Die Hufe sind hart. Die Hauptfarbe sind Braune mit heller Mähne.

Merkmale
Diese schwere, aber agile Rasse hat bei einfacher Haltung viele Jahrhunderte überlebt. Der Comtois ist trittsicher, gut ausbalanciert, paßt hervorragend ins Gebirge und ist langlebig. Seine Gänge sind lebhaft, aber kurz.

Stockmaß
1,50 – 1,60 m

Bretone

Der Bretone ist ein schweres Kaltblutpferd. Er stammt aus der Bretagne im Nordwesten Frankreichs und korrespondiert seit Jahrhunderten mit den lokalen Bedingungen und den Anforderungen der Bevölkerung. Als man in Nordeuropa Pferde für den Lastentransport benötigte, kreuzte man den ursprünglich etwas leichteren Bretonen, der als Reit- und Fahrpferd genutzt wurde, mit Ardennern (siehe Seite 202). Das Resultat war das Bretonische Zugpferd, ein vielseitiges und schweres Arbeitspferd. Der leichtere (Bretonische) Postier kann in seiner Ahnenreihe auf Hackneys (siehe Seite 161), Norfolk Trotter und leichtere Fahrpferde zurückblicken. Das 1909 gegründete Stutbuch behandelt beide Sektionen getrennt. Es wird darauf geachtet, einige seit 1920 rein gezogene Linien sauber zu halten.

Verwendung
In Frankreich wird der Bretone noch immer zu landwirtschaftlichen Arbeiten herangezogen. Einige Entwicklungsländer importieren ihn als Arbeitspferd. Der Postier wird als Kutschpferd meist mehrspännig gefahren. Man exportiert ihn zur Veredelung schwererer Rassen nach Nordafrika, Spanien, Italien und Japan.

Exterieur
Der Kopf des Bretonen ist breit. Die Rasse hat ein gerades Profil, einen freundlichen Gesichtsausdruck, große Augen und kleine Ohren. Das Pferd verfügt über einen starken, leicht gebogenen Hals und eine schräge Schulter mit ausgeprägtem Widerrist. Rücken, Lendenpartie und Hinterhand sind kraftvoll und breit. Die Gliedmaßen sind kurz, dick, muskulös und haben nur wenig Behang. Die Hufe sind mittelgroß und hart. Der Bretone ist oft fuchsfarben, es gibt aber auch Rotschimmel und reine Schimmel. Der Schweif wird in Frankreich traditionellerweise kupiert.

Merkmale
Der Bretone ist ein kraftvolles und williges Arbeitspferd, das sich allen klimatischen und sonstigen äußeren Bedingungen anpaßt. Er ist robust, genügsam und zeigt großes Durchhaltevermögen. Gemessen an seinem Körpergewicht bewegt sich das Pferd erstaunlich leicht. Bretonen sind frühreif – ein Merkmal fast aller Fleischrassen.

Stockmaß
1,52 – 1,65 m

Links: Das Bretonische Zugpferd wird zu schweren Arbeiten herangezogen. Es hat ein williges und freundliches Wesen und ist trotz seiner Größe und Stärke sehr beweglich. In Frankreich wird der Schweif kupiert. In Deutschland dagegen ist dies gesetzlich verboten.

Links: Diese Postier-Bretonen zeigen ihren leichten Trab im Tandem. Sie haben feinere Gliedmaßen als die schweren Zugpferde, aber dasselbe willige und freundliche Wesen. Die Zucht wird stark selektiert. Stuten und Hengste müssen vor der Eintragung ins Stutbuch eine Leistungsprüfung ablegen. Diese Prüfungen finden fast immer in festlichem Rahmen statt. Seit 1920 werden die Postier-Bretonen rein gezogen und vor allem zum Fahren und für leichte Arbeiten in der Landwirtschaft genutzt.

Percheron

Der Percheron gehört zu den bekanntesten französischen Kaltblutpferden. Er hat seinen Ursprung in der Region Perche im Nordwesten Frankreichs. Die Rasse stammt von orientalischen Pferden ab, die im 8. Jahrhundert von den Mauren eingeführt und mit den schwereren flämischen Pferden gekreuzt wurden. Auch während der Kreuzzüge und im 19. Jahrhundert wurde immer wieder arabisches Blut zugeführt. Um 1900, auf dem Höhepunkt der Aufzucht, waren 32.000 Pferde registriert. Zu dieser Zeit wurden Percherons in die ganze Welt exportiert. Im Ersten Weltkrieg kamen Tausende der Pferde ums Leben.

Verwendung

Der Percheron wurde ursprünglich im Krieg eingesetzt, diente später aber auch als Fahr- und Zugpferd sowie in der Landwirtschaft. Man kreuzt ihn häufig mit hochblütigen Pferden (siehe Seite 160), um schwerere Reitpferde zu erhalten. Die Rasse wird vor allem nach Australien, Nord- und Südamerika, Großbritannien und Afrika exportiert. In Japan wurde eine eigene Zucht aufgebaut.

Exterieur

Die Pferde sind anmutig und wohlproportioniert. Sie haben einen feinen Kopf mit weiten Nüstern, langen beweglichen Ohren und einem geraden Profil. Der dicke muskulöse Hals ist lang und gebogen, die Brust weit. Die Schultern sind von guter Schräge. Lendenpartie und Hinterhand sind rund und kraftvoll. Die starken Gliedmaßen weisen schöngeformte Gelenke, ein kurzes Röhrbein und dunkle, harte Hufe auf. Die Beine haben kaum Behang. Der meist volle Schweif wird bei der Arbeit hochgebunden. Das Haarkleid ist fein. Die Pferde sind meist Dunkelschimmel, es gibt aber auch Rappen.

Merkmale

Der Percheron ist ein außerordentlich starkes Zugpferd. Er ist sanft, beweglich, intelligent und leicht zu handhaben. Die Pferde können die unterschiedlichsten Arbeiten übernehmen und sich an verschiedene Klimazonen anpassen, weswegen sie auch außerhalb Frankreichs populär sind. Gelegentlich sind die Tiere zwar kuhhessig, doch ihre Bewegung ist frei.

Stockmaß

Um 1,68 m.

Links: Percherons vor dem Pflug. Die Beackerung des Bodens ist eine Arbeit, die diese Pferde von jeher übernehmen. Diese Apfelschimmel sind typische Vertreter ihrer Rasse.

Oben: Der Percheron ist überaus kraftvoll und, wegen seiner unterschiedlichen Blutlinien, auch sehr bewegungsfreudig und geschmeidig – obwohl er ein Kaltblut ist.

Freiberger

Der Freiberger stammt aus dem Schweizer Jura. Er ist ein kleines Arbeitspferd mit unterschiedlichen Vorfahren. Die relativ junge Zucht beruht auf Anglo-Normannen, Belgischem Kaltblut (siehe Seite 202) und weiteren Kaltblutrassen. Einer der Stempelhengste war Vaillant, ein Hengst anglo-französischer Abstammung, der 1891 geboren wurde. Seitdem kreuzte man immer wieder Anglo-Normannen und auch Araber (siehe Seite 184) ein. Die Zucht wird vom schweizerischen Staatsgestüt in Avenches kontrolliert.

Verwendung
Der Freiberger wird für die eidgenössischen Landwirte gezüchtet, die schwieriges Gelände teilweise nur mit Pferden bewirtschaften können. Die Schweizer Armee verfügt ebenfalls über ein großes Kontingent an Freibergern, die als Zug- und Packpferde eingesetzt werden. Die Regierung in Bern subventioniert die Aufzucht dieser Rasse.

Exterieur
Da der Freiberger auf viele verschiedene Vorfahren zurückblicken kann, variiert sein Erscheinungsbild erheblich. Es handelt sich aber immer um kompakte, gutbemuskelte und smarte Pferde. Seitdem streng selektiert gezüchtet wird, ist das Exterieur der Freiberger einheitlicher geworden. Der hübsche Kopf mit dem leicht konkaven Profil weist auf die arabischen Vorfahren hin. Freiberger haben saubere Beine mit nur wenig Behang.

Merkmale
Lebhaft und doch leicht zu handhaben, ist der Freiberger ein angenehmes Arbeitspferd. Er hat gute Gänge und ist ausgesprochen trittsicher.

Stockmaß
1,50 – 1,57 m

Italienisches Kaltblut

Dieser Pferdeschlag ist in Italien – vor allem in Venetien – heimisch. Als im 19. und zu Beginn des 20. Jahrhunderts schwerere Arbeitspferde benötigt wurden, kreuzte man Landschläge mit Importpferden wie Percherons, Boulonnais (siehe Seite 204) und Bretonen (siehe Seite 205). Das Resultat war ein Pferd, das den speziellen Erfordernissen kleiner landwirtschaftlicher Betriebe entsprach.

Verwendung
Die Pferde werden zwar immer noch in der Landwirtschaft eingesetzt, immer mehr dienen sie heute aber als Fleischlieferanten. Die besten Blutlinien sind allerdings noch erhalten.

Exterieur
Das kompakte Pferd hat einen geraden Kopf, der auf einem hochangesetzten und gebogenen Hals sitzt. Seine Brust ist tief. Die Vorderbeine stehen auseinander. Die Hinterhand ist kraftvoll, die Kruppe gespalten mit hochangesetztem Schweif. Die Oberschenkel sind gut bemuskelt, während die Knochen nur von mäßiger Qualität sind und runde Gelenke aufweisen. Die Fesseln haben Kötenbehang. Die Hufe sind klein und steil. Die meisten Pferde sind Füchse mit hellem Behang, es gibt aber auch Rotschimmel und Schimmel.

Merkmale
Das Italienische Kaltblut ist eines der beweglichsten Arbeitspferde überhaupt. Es verfügt über ein freundliches Wesen. Der Schritt ist lang, der Trab schnell. Die Pferde sind frühreif, leichtfuttrig und von guter Gesundheit.

Stockmaß
1,52 – 1,63 cm

Rheinisches Kaltblut

Das Rheinische Kaltblut entstand erst in diesem Jahrhundert. Es basiert auf schweren Brabantern (siehe Seite 202) und Ardennern (siehe Seite 203), die man mit schweren einheimischen Landschlägen aus dem Rheinland, Westfalen und Sachsen kreuzte. Zuchtziel war ein schweres Arbeitspferd mit guten Gängen und einem freundlichen Wesen. Obwohl die Population sehr gering ist, beinhaltet das Stutbuch mittlerweile auch einige Warmbluttypen, die auf leichteren Pferden mit Trakehner-, Hannoveraner- und Vollblut (siehe Seite 160, 172 und 174) basieren. Daraus entstand der Rheinländer, ein vielseitiges Warmblutpferd, das sich sowohl als Turnier- wie auch als Freizeitpferd eignet.

Verwendung
Durch die Mechanisierung in der Landwirtschaft sank die Nachfrage nach dem Rheinischen Kaltblut als Arbeitspferd. In letzter Zeit werden die Tiere wegen ihrer Kraft und ihres guten Schritts, gepaart mit großer Wendigkeit, immer häufiger in der Forstwirtschaft eingesetzt.

Exterieur
Das großrahmige Pferd hat einen einfachen Kopf, einen kurzen und dicken Hals und einen tiefen, breiten und kurzen Körper. Das Rheinische Kaltblut ähnelt stark dem Brabanter und dem Belgischen Kaltblut (siehe Seite 202). Die Hinterhand ist muskulös. Die kurzen Gliedmaßen haben viel Behang. Die meisten Pferde sind Rotschimmel mit heller Mähne, es gibt aber auch Füchse. Mähne und Schweif sind dick und gewellt.

Merkmale
Diese kräftigen Arbeitspferde können alle schweren Zugarbeiten verrichten. Sie sind freundlich und sehr frühreif.

Stockmaß
1,63 – 1,73 m

Schleswiger

Die Rasse wurde im frühen 19. Jahrhundert etabliert. Zu den Gründerhengsten zählt Munekal, ein dänischer Jütländer mit Cleveland- und Vollblutvorfahren (siehe Seite 160 und 162). Es wurde relativ viel Vollblut eingekreuzt, bis 1891 mit der Gründung des Verbandes Schleswiger Vollblutzüchter ein klares Zuchtziel vorgegeben wurde, nämlich ein Kaltblutpferd, das sowohl vor dem Ackerwagen als auch vor der Kutsche gehen konnte. Nach dem Zweiten Weltkrieg wurden zur Typverbesserung zwei französische Kaltbluthengste zugeführt, von denen sich der Boulonnais (siehe Seite 204) als durchschlagend erwies.

Verwendung
Früher war der Schleswig ein beliebtes Arbeitspferd in der Landwirtschaft. Heute sieht man die schweren Pferde eher vor Reklamewagen oder auf Pferdeschauen.

Exterieur
Die Pferde sind mittelgroß und kompakt. Der feine Kopf mit der kleinen Mundpartie und den großen Nüstern wirkt munter. Der tiefe Rumpf hat eine breite Brust und eine stark bemuskelte Hinterhand. Die Beine sind kräftig, aber ohne massive Knochen. Die Pferde sind meist Füchse mit hellem Behang, es gibt aber auch Braune und Schimmel. Alle Pferde zeigen einen kräftigen Kötenbehang.

Merkmale
Der Schleswiger ist von ausgeglichenem Wesen, freundlich und sanft. Die Nachfrage nach Zugpferden ist zwar stark gesunken, das Erscheinungsbild der Rasse hat sich in den letzten Jahren aber verbessert. Die Pferde sind besser ausbalanciert und insgesamt harmonischer.

Stockmaß
1,57 – 1,63 m

Noriker

Der Noriker gehört zu den ältesten Pferderassen in Europa. Seit mindestens zweitausend Jahren hat die Rasse aufgrund ihrer geradezu unglaublichen Anpassungsfähigkeit an klimatische und geographische Bedingungen überleben können. Ihren Namen verdanken die Pferde der früheren römischen Provinz Noricum, dem heutigen Österreich, wo man die Tiere als Packpferde einsetzte. Ab dem Jahr 1565 wurde die Zucht in erster Linie von den Klöstern aufrechterhalten. Vor allem die Erzbischöfe von Salzburg hatten großen Anteil daran, daß die Rasse systematisch verbessert werden konnte. Neapolitanische, burgundische und spanische Hengste trugen später erheblich dazu bei, daß der Noriker an Größe gewann. Im Pinzgau entstand mit dem gefleckten Pferd ein weiterer Zweig dieser Rasse. Heute werden die Tiere gründlich nach Leistung und Gang selektiert. In Süddeutschland ist der Noriker mittlerweile ebenso beliebt wie in Österreich. Es gibt vier Hauptlinien des Norikers: das Süddeutsche Kaltblut, den Steierer, den Tiroler und den Kärntener.

Verwendung

Noriker sind absolut unverwechselbare Pferde – dunkle Füchse mit hellem, langem und weichem Behang. Diese Farbkombination und ihr kompakter und starker Körperbau machen die Tiere zu auffallend schönen Pferden. Der Kopf ist schwer, der Hals dick. Der kurze und kräftige Körper besitzt eine ausreichende Tiefe. Die Hinterhand ist ebenso kraftvoll wie die Schulter. Die starken und korrekten Beine mit den wohlgeformten Gelenken weisen einen leichten Kötenbehang auf. Neben den Dunkelfüchsen gibt es auch getupfte Noriker, die Pinzgauer.

Merkmale

Die Exemplare dieser alten Rasse mit ihrer durchschlagenden Vererbungskraft sind wahre Überlebenskünstler. Anpassungsfähig, geschmeidig und überaus stark, ist der Noriker ein williges und hübsches Arbeitspferd, das sich auch hervorragend für die Forstarbeit eignet. Die Pferde sind trittsicher und ausgesprochen gesund.

Stockmaß

1,63 – 1,73 m

Oben: Im 18. Jahrhundert entstand der getupfte Pinzgauer aus der Kreuzung von einheimischen Stuten mit getupften spanischen Pferden. Das Stutbuch dieses Zweigs wurde 1903 eröffnet.

Links: Für ein Zugpferd hat dieser junge Noriker einen langen, energischen Schritt. Er wird sich zu einem großen und starken Zugpferd für die Kutsche oder die Landwirtschaft auswachsen.

Nordschwedisches Pferd

Das Nordschwedische Pferd, ein schwerer Landschlag, ist mit dem Døle Gudbrandsdal verwandt. Zu Beginn dieses Jahrhunderts veränderte sich der Typ durch Einkreuzung fremder Rassen so stark, daß ein Zuchtverband gegründet wurde, um die Einheitlichkeit der Rasse wiederherzustellen. Auf dem Hauptgestüt Wangen wurde streng selektiv nur mit den besten Pferden gezüchtet. Das Nordschwedische Pferd gilt zwar als Kaltblutpferd, ist jedoch leichter und kleiner als die meisten Kaltblüter.

Eignung
Das Nordschwedische Pferd wird vor allem in Land- und Forstwirtschaft eingesetzt. Zudem findet es als Reit-und Fahrpferd – zumeist im Viererzug – Verwendung. Für Kutschenrennen wurde es zuweilen auch mit dem leichteren Døle Gudbrandsdal gekreuzt.

Exterieur
Das relativ kleine Nordschwedische Pferd hat einen großen Kopf, lange Ohren und einen kurzen, dicken und gebogenen Hals. Die kraftvollen Schultern sind schräg, die Hinterhand ist rund. Der Rumpf ist vergleichsweise lang. Die wohl geformten Gliedmaßen zeigen kräftigen Behang. Die Mähne und der Schweif sind voll. Hauptfarben sind Falbe oder Braune, es kommen aber alle Grundfarben vor.

Merkmale
Das Nordschwedische Pferd ist ein eifriges Fahrpferd, das für seine Gesundheit und Langlebigkeit bekannt ist. Es ist leichtfuttrig, problemlos zu halten und hat einen freundlichen und fügsamen Charakter. Gemessen an seiner Größe ist es bemerkenswert stark und verfügt über lebhafte, raumgreifende Gänge. Manche Pferde haben einen derart schnellen Trab, daß man sie sogar in Trabrennen einsetzt.

Stockmaß
Um 1,55 m.

Døle Gudbrandsdal

Die Rasse entstand im Gudbrandstal zwischen Oslo und der Nordsee aus demselben Landschlag wie die Fell- und Daleponys (siehe Seite 216). Nach Einkreuzungen von Friesen (siehe Seite 164) importierte man 1834 den Englischen Vollbluthengst Odin, um ein leichteres Fahrpferd zu züchten. Der schwerere Typ, der in der Landwirtschaft eingesetzt wird, wurde bereits 825 von dem Hengst Brimen gezeugt, konnte jedoch 1962 nur aufgrund staatlicher Intervention vor dem Aussterben gerettet werden. Der heutige Døle Gudbrandsdal ist ein leichtes Arbeitspferd. Der Døle Traber wird in einem gesonderten Stutbuch geführt.

Verwendung
Der Døle Gudbrandsdal ist ein vielseitiges Pferd, das als Pack- und Zugpferd in Land- und Forstwirtschaft eingesetzt wird. Seit dem Zweiten Weltkrieg wird er auch als Reit- und Fahrpferd verwendet.

Exterieur
Obwohl der Døle Gudbrandsdal ein Kaltblüter ist, sieht er wie ein kleines Zugpferd aus. Er hat einen munteren Ponykopf mit breiter Stirn und viereckigem Maul. Sein Profil ist gerade, der Hals kurz und leicht gebogen. Die Schultern sind stark, die Brust ist breit. Der Rumpf ist relativ lang, die Hinterhand kraftvoll. Der Døle hat harte Hufe sowie kurze, starke und dicke Beine mit viel Behang. Er ist meist schwarz oder braun, es kommen aber auch Füchse vor.

Merkmale
Ein eifriges Pferd, das für seine Zugkraft und sein Durchhaltevermögen sowie seinen schönen, raumgreifenden Schritt und Trab bekannt ist.

Stockmaß
Um 1,52 m.

Jütländer

Das jütländische Kaltblutpferd wird seit etwa 1000 Jahren in Dänemark gezüchtet und ähnelt jenen Pferden, die die Wikinger im 9. Jahrhundert mit nach England brachten. Wegen seiner Kraft und Geschmeidigkeit wurde es auch im Krieg eingesetzt. Im 19. Jahrhundert kreuzte man vermutlich Suffolk- und Shire-Blut (siehe Seite 201) ein. Dem Suffolk-Hengst Oppenheim LXII, der 1860 nach Dänemark importiert wurde, ist es zu verdanken, daß noch größere Zugpferde entstanden. Im 19. Jahrhundert wurden außerdem Frederiksborger eingekreuzt, um das Gangwerk des Jütländers zu verbessern. Mit den Fjand und den Dux gibt es heute zwei Hauptlinien.

Verwendung
Den Jütländer, der erst seit 1950 als Rasse anerkannt ist, sieht man hauptsächlich in Städten – vor Bierkutschen und bei Paraden.

Exterieur
Der Jütländer ist ein kleines Pferd. Er ist kompakt und hat kurze Beine. Der Kopf ist flacher als beim Suffolk Punch. Die Ohren sind eher lang. Der Hals ist kurz und dick, die Brust und der Rumpf sind von guter Tiefe. Die Hinterhand ist rund und stark bemuskelt. Die Gliedmaßen sind kräftig und haben einen schönen Behang. Als Farbe herrscht die Fuchsfarbe mit hellem Behang vor, es gibt aber auch Rotschimmel, Braune und Rappen.

Merkmale
Der Jütländer ist ein ruhiges und freundliches Pferd mit großer Leistungsfähigkeit, das sich mit überraschender Schnelligkeit bewegt. Er ist genügsam, leicht zu halten und ausgesprochen langlebig.

Stockmaß
Um 1,57 m.

Finnischer Klepper

Der Finnische Klepper wurde im Jahr 1907 mit der Eröffnung eines Stutbuchs anerkannt. Die Rasse entstand aus dem schwereren Zugpferd und dem leichteren Finnischen Universal, wobei sie das eher ruhige Temperament des Zugpferdes sowie die Geschmeidigkeit und Schnelligkeit des Finnischen Universal vereinigt. Vor der Eintragung ins Stutbuch werden die Finnischen Klepper einer strengen Leistungsprüfung unterzogen. Dabei wird vor allem der Trab überprüft, da diese Gangart einer besonderen Förderung unterliegt.

Verwendung
Der Finnische Klepper ist vielseitig verwendbar. Er geht vor leichten Wagen und ist ein annehmbares Reitpferd. Daneben wird er zur Waldarbeit und in der Landwirtschaft in schwer zugänglichen Gebieten eingesetzt. Der leichtere Typ startet außerdem bei den in Finnland beliebten Trabrennen.

Exterieur
Der Finnische Klepper ist ein kleines und leichtrahmiges Zugpferd. Er ist ein muskulöses, starkes und gut ausbalanciertes Pferd mit langem Kopf, kurzem Hals und langem Rumpf. Die Hinterhand ist oft schräg und überbaut. Die Gliedmaßen sind kurz, stark und haben einen leichten Behang. Außer Schecken sind alle Farben erlaubt, wobei am häufigsten Füchse mit hellem Behang zu finden sind.

Merkmale
Ein intelligentes Pferd mit ausgeglichenem Charakter, das leicht zu handhaben ist und sich auch in schwierigem Gelände äußerst geschickt verhält. Die Pferde sind gesund, langlebig und gut an das harte finnische Klima angepaßt. Ruhig, trittsicher, schnell, geschmeidig und stark, ist der Finnische Klepper ein beliebtes Arbeitspferd.

Stockmaß
1,57 – 1,78 m

Polnisches Kaltblut

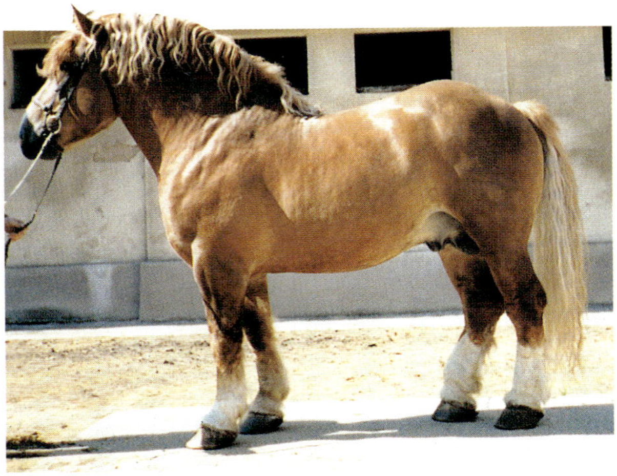

In Polen werden fünf Kaltblutschläge gezüchtet: Sztum, Lowicz, Sokolka, Garvolin und Lidsbark. Die Sztum stammen von einheimischen Pferden ab, die man mit Ardennern, Rheinischen Kaltblutpferden, Døle-Pferden und Jütländern kreuzte (siehe Seite 203, 208 und 210–211). Der Lowicz weist Brabanter- (siehe Seite 202) und Ardenner-Blut auf. Ardenner sind auch die Vorfahren des Sokolka, der aber zudem von Bretonen (siehe Seite 205) und Døle-Pferden beeinflußt wurde. Der Garvolin führt zudem auch noch Boulonnais-Blut. Der Lidsbark stammt von primitiven einheimischen Kaltblutpferden ab, die man mit nordschwedischen Rassen kreuzte.

Verwendung
Polen kann auf eine lange Zuchttradition zurückblicken. Tausende polnischer Kaltblutpferde starben in den beiden Weltkriegen. Heute werden alle fünf Linien für Land- und Forstarbeiten, Transporte oder als Packpferde eingesetzt.

Exterieur
Alle fünf polnischen Kaltblutlinien sind gesund und robust. Sie haben meist einen großen Kopf und eine schräge Schulter. Der Rumpf ist kurz und stark. Die Beine zeigen einen feinen Behang. Fast alle Pferde sind Füchse. Nur bei den Sztum gibt es Rotschimmel und Braune, bei den Sokolka aufgrund des Boulonnais-Blutes reine Schimmel. Die Sztum sind die größten und schwersten Pferde, gefolgt von Lowicz, Sokolka, Garvolin und Lidsbark.

Merkmale
Polnische Kaltblüter sind anpassungsfähig und geduldig. Sie können bei jedem Wetter und unter schwierigsten Bedingungen arbeiten und sind sehr genügsame Arbeitspferde. Die weitesten und freiesten Gänge hat der Sokolka.

Stockmaß
1,52 – 1,70 m

Muraköz

Der Muraköz ist das bekannteste ungarische Kaltblut. Die Rasse entstand im 19. Jahrhundert, als Landwirte aus der Stadt Muraköz einheimische Stuten mit arabischem Einschlag mit schweren Kaltblütern wie Ardennern, Percherons und Norikern (siehe Seite 203, 206 und 209) kreuzten. Nach großen Verlusten im Zweiten Weltkrieg wurde die Zucht durch vorsichtige Rückkreuzungen wieder aufgebaut. Heute findet man Muraköz-Pferde auch in Polen und im ehemaligen Jugoslawien.

Verwendung
Das beliebte Arbeitspferd hat früher auch als schweres Zugpferd gedient. Obwohl die Zucht rückläufig ist, werden die Tiere noch immer in der Landwirtschaft eingesetzt. Zudem züchtet man sie für die Fleischproduktion.

Exterieur
Der Muraköz ist mittelgroß und kompakt. Der große Kopf mit den langen Ohren und dem konvexen Profil hat einen freundlichen Ausdruck. Der Hals ist kurz, dick und gebogen, der Widerrist nur wenig ausgeprägt. Der Rumpf ist tief, die Beine sind kurz. Der Rücken ist breit und kräftig, die Hinterhand rund und abfallend mit einem tiefangesetzten Schweif. Die Gliedmaßen haben einen leichten Behang, die Hufe sind wohlgerundet. Die meisten Pferde sind Füchse mit hellem Behang, es gibt aber auch Schimmel, Rappen und Braune.

Merkmale
Der Muraköz ist von sanftem Wesen. Die Pferde werden bereits im Alter von zwei Jahren zur Arbeit eingesetzt.

Stockmaß
Um 1,63 m.

Litauer

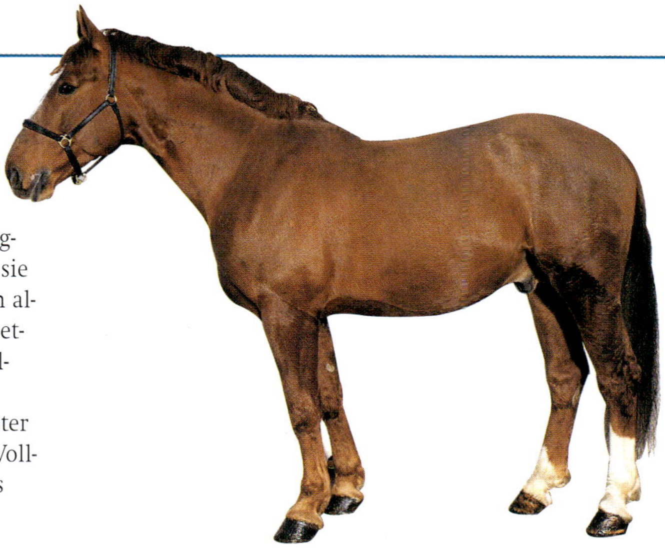

Das Litauische Kaltblut ist eine alte einheimische Rasse, die vom nordwesteuropäischen Kaltblut abstammt. Früher wurden die Tiere hauptsächlich als Zugpferde in der Landwirtschaft eingesetzt, heute werden sie eher für leichtere Arbeiten verwendet. Zwar gibt es den alten, schweren Schlag noch, heute aber bevorzugt man etwas leichtere Pferde, die durch die Einkreuzung von Oldenburgern und Hannoveranern (siehe Seite 172–173) entstanden sind. Die Fahrpferdetypen wurden in jüngster Zeit auch mit anderen Warmblutrassen, Arabern und Vollblütern (siehe Seite 160 und 184) veredelt. Das Ergebnis sind hervorragende Reit- und Fahrpferde.

Verwendung
Litauer sind je nach Typ vielseitig einsetzbare Pferde. Die schweren Pferde werden in der Land- und der Forstwirtschaft als Zugpferde genutzt, während die leichteren Typen gute Reit- und Fahrpferde sind, die mittlerweile auch im Turniersport eingesetzt werden.

Exterieur
Litauer variieren im Erscheinungsbild, haben aber fast alle eine Ramsnase. Die Pferde haben viel Fundament und eine muskulöse Hinterhand. Der Hals ist lang und schön gebogen. Die Qualität der Knochen variiert je nach Typ. Die schwereren Pferde haben eine dicke Mähne sowie einen dicken Schweif und Kötenbehang, während die leichteren Typen wenig Behang aufweisen. Die Tiere sind meist schwarz, es kommen jedoch auch Braune und Füchse vor.

Merkmale
Die Bewegungen des Litauers sind frei. Die Pferde haben viel Springvermögen und sind gute Turnierpferde.

Stockmaß
1,63 – 1,68 m

Russisches Kaltblut

Das Russische Kaltblut gehört zu den kleinsten Kaltblutpferderassen. Zu Beginn dieses Jahrhunderts kreuzte man einheimische Stuten, die Orlowblut führten (siehe Seite 180), mit Brabantern und Percherons (siehe Seite 202 und 206). Das Ergebnis war ein Kaltblutpferd im Ardenner-Typ, dessen Zucht zu Anfang der fünfziger Jahre in Staatsgestüten wiederaufgenommen wurde. Der größere Typ, das Sowjetische Kaltblut, gleicht dem schweren Belgischen Ardenner und ist seit 1952 als Rasse anerkannt.

Verwendung
Da die Nachfrage nach dem Russischen Kaltblut immer noch groß ist, wird es auf breiter Basis für land- und forstwirtschaftliche Zwecke gezüchtet. Vor allem im Westen Rußlands benutzt man die Tiere als Transportmittel – nicht nur vor dem Wagen, sondern auch, um gefällte Bäume oder Schlitten zu ziehen.

Exterieur
Das Russische Kaltblut ähnelt dem kleinen Suffolk Punch (siehe Seite 199). Das Pferd hat ein gutes Fundament. Sein Kopf ist mittelgroß, der Hals mit dem flach auslaufenden Widerrist kurz und dick. Die Kruppe fällt leicht ab. Die Lendenpartie und die Hinterhand sind rund, die kurzen und trockenen Gliedmaßen haben manchmal etwas wenig Knochen und sind sichelbeinig.

Merkmale
Das Russische Kaltblut ist geschmeidig, wendig und stark. Seine Bewegungen sind vergleichsweise frei und leicht; dies macht das Pferd so vielseitig und beliebt. Die Tiere sind fruchtbar und frühreif: Obwohl sie schon früh zur Arbeit herangezogen werden, können sie noch im Alter von 20 Jahren arbeiten und Fohlen bekommen.

Stockmaß
1,50 – 1,65 m

New Forest

Da die Heimat des New Forest an der englischen Südküste von Land und See her leicht zu erreichen war, wurde der Rasse relativ viel Fremdblut zugeführt. Im 11. und im 13. Jahrhundert wurden die ersten Versuche unternommen, die Zucht zu verbessern. Später, im 18. und im 19. Jahrhundert, kreuzte man Araber- und Vollblut sowie heimische Pferderassen ein. Dennoch blieb die Einheitlichkeit der Pferde, die durch die karge Vegetation des New Forest geprägt sind, erhalten. Seit 1938 wird die Rasse von der New Forest Pony Breeding and Cattle Society kontrolliert; ein Stutbuch wurde 1960 eröffnet.

Verwendung
Die Ponys werden auf dem Land immer noch zum Hüten von Rinder- und Schafherden sowie zum Einfangen ihrer halbwild lebenden Artgenossen eingesetzt. Das New Forest Pony ist zudem ein vielseitiges Reitpony für Kinder und Erwachsene – ein ausgezeichnetes Geländepferd mit gutem Springvermögen. Aus der Kreuzung mit Vollblütern entstehen qualitativ hochwertige Turnierpferde.

Exterieur
Die besten Ponys werden heute in privaten Zuchten gehalten. Das Ergebnis sind attraktive und leistungsfähige Turnierponys. Der Kopf ist zwar nicht einheitlich, sollte nach dem Willen des Zuchtverbandes aber ein Ponykopf sein. Die Tiere verfügen über eine schöne, schräge Reitpferdschulter, ausreichende Gurtentiefe, starke Gliedmaßen und harte, wohlgeformte Hufe. Es sind alle Farben zugelassen. Schecken und getupfte Pferde sind unerwünscht.

Merkmale
Das New Forest Pony ist intelligent, menschenfreundlich und leicht zu handhaben. Es ist zäh, widerstandsfähig und futterleicht. Seine Gänge sind lang, weit und frei. Die Tiere verfügen über ein beachtliches Springvermögen.

Stockmaß
Um 1,42 m. Halbwild lebende Ponys sind oft kleiner.

Oben: Blätter sind eine der Hauptnahrungsquellen der halbwild lebenden New Forest Ponys. Das Fehlen einer guten Bodenvegetation führte dazu, daß die Tiere oft relativ „weich“ sind.

Links: Eine New-Forest-Stute grast an einer befahrenen Straße, während ihr Fohlen neben ihr schläft. Trotz vieler Warnschilder kommt es besonders nachts häufig zu Unfällen. Die Zucht wird von den Besitzern der Tiere kontrolliert. Zur Zeit ist die Überpopulation im New Forest mit Ponys ein Problem.

Dartmoorpony

Die Rasse stammt aus dem Dartmoor, einem Hochmoor in England. Bereits um das Jahr 1012 lebten dort Ponys, die man ab dem 18. Jahrhundert mit leichteren Fahrpferden, Welsh Ponys, Vollblütern und Arabern kreuzte. Um den Zuchtstandard zu kontrollieren, wurde die Rasse 1898 registriert. Nach dem Ende des Zweiten Weltkriegs gab es allerdings nur noch zwei eingetragene Hengste und zwölf Stuten. Seit der Schließung des Stutbuchs 1957 lebt die Zucht aber wieder auf und wird heute streng kontrolliert. Zwar leben immer noch einige halbwilde Ponys im Moor, die meisten Dartmoors sind jedoch in privater Hand.

Verwendung

Dartmoorponys transportierten früher Zinn und Kohle von den Minen an die Küste und wurden als Hütepferde für Schafe eingesetzt. Heute sind sie hervorragende Kinderreitponys, die auch springen und gut in der Kutsche gehen. Die Einkreuzung von größeren Ponys, Arabern und Vollblütern brachte ausgezeichnete Reitponys hervor.

Exterieur

Dartmoorponys haben kleine, elegante Köpfe mit weit auseinander stehenden Mausohren. Die Augen sind groß und strahlend, der Hals ist stark, der Rücken mittellang. Lendenpartie und Hinterhand sind kraftvoll. Der hochangesetzte Schweif fällt voll und lang. Die Knochen der Gliedmaßen sind fein und stark, die Hufe hart. Die meisten Ponys sind dunkelbraun, es gibt aber auch Schimmel.

Merkmale

Dartmoorponys sind kräftig, attraktiv, freundlich und leichtfuttrig und passen sich an nahezu jedes Klima an. Die vielseitigen Tiere haben gute Springanlagen und freie, weite Gänge; sie sind zudem angenehm zu reiten.

Stockmaß

Um 1,27 m.

Exmoorpony

Exmoorponys sind die ältesten einheimischen Pferde Englands. Seit der Bronzezeit leben sie halbwild in Somerset und North Devon. Da Straßen und Siedlungen den Lebensraum der Tiere jedoch immer mehr einengen, kam es in den letzten Jahren zu einem dramatischen Niedergang der Zucht. Mittlerweile haben sich private Eigentümer organisiert, um die Rasse durch sorgfältige Selektion und Kontrolle der Blutlinien zu retten. Inzwischen werden nur noch Ponys anerkannt und gebrannt, deren Herkunft aufgrund des Pedigrees geklärt werden konnte.

Verwendung

Früher dienten die Exmoorponys als Packpferde in den Zinnminen und wurden zum Schafehüten im Moor eingesetzt. Heute sind es Kinderponys mit großem Springvermögen, die oft mit größeren Ponyrassen gekreuzt werden.

Exterieur

Exmoorponys sind allesamt Dunkelfalben mit einem hellen Mehlmaul. Der Kopf hat kurze, dicke Ohren und weite Nüstern. Die großen Augen liegen tief und bieten seit Urzeiten Schutz gegen den Wind. Der Hals ist kurz und dick, der Rumpf tief. Die kurzen Beine haben schöne, harte Hufe. Der Schweif hat am Ansatz ein Dreieck, das vor Nässe und Kälte schützt. Das Fell ist dicht und weich.

Merkmale

Exmoorponys sind überaus zähe Pferde mit einem außerordentlich großen Durchhaltevermögen. Da sie schon seit Jahrtausenden unter den härtesten Bedingungen leben müssen, können sie selbst in schwierigstem Gelände einen erwachsenen Mann mühelos tragen. Sie sind intelligente und unabhängige Pferde, die allerdings eine sensible Hand benötigen, da sie ziemlich eigensinnig sein können. Ihre Gänge sind leicht, weich und korrekt. Springvermögen ist ebenfalls vorhanden.

Stockmaß

1,27 – 1,30 m

Dales Pony

Das Dales Pony stammt aus dem englischen North Yorkshire. Es hat dieselben Vorfahren wie das Fell Pony, nämlich Friesen (siehe Seite 164) und Galloway Ponys. Der Urtyp, ein schnelles Trabpferd, diente als Fahr- und Reitpferd. Im 19. Jahrhundert kreuzte man Welsh-Cob-Blut (siehe Seite 162) ein, um die Gänge raumgreifender zu machen. Die Einkreuzung von Clydesdales (siehe Seite 200) scheiterte allerdings. 1955 waren nur noch vier Dales Ponys verzeichnet. Die Zucht konnte aber dank der 1963 gegründeten Dales Pony Society wieder aufgebaut werden.

Verwendung
Das Dales Pony wurde in der Kohle- und Wollindustrie in Yorkshire als Transportpferd genutzt. Später zogen die Pferde Reisekutschen bis nach London. Heute wird die Rasse vor allem für die Arbeit auf Schaffarmen und als Freizeitpferd in den Bereichen Reiten und Fahren eingesetzt.

Exterieur
Das Dales Pony hat einen hübschen Kopf, der auf einem hochangesetzten Hals sitzt. Die Ohrspitzen sind nach innen gerichtet. Der gebogene Hals und die Schultern sind kräftig. Der eher runde Rumpf mit der kraftvollen Lendenpartie ist ziemlich kurz. Das Dales Pony hat gute Knochen und starke Gliedmaßen. Es weist einen leichten Kötenbehang und harte, gutgeformte Hufe auf. Der Körperbau ist schwerer als beim Fell Pony. Es herrschen dunkle Fellfarben mit wenigen oder gar keinen Abzeichen vor.

Merkmale
Das Dales Pony ist trotz der vielen Einkreuzungen im Typ geblieben. Es ist ein energisches Pferd mit guter Konstitution, Mut, Leistungswillen und ausgezeichnetem Temperament. Darüber hinaus ist es leicht zu halten. Der Trab ist kraftvoll mit hoher Aktion.

Stockmaß
Um 1,47 m.

Fell Pony

Das Fell Pony ist in den nördlichen Regionen Englands heimisch. Wie das Dales Pony stammt es vom Friesen (siehe Seite 164) und dem schon ausgestorbenen Galloway Pony ab. Seit dem 13. Jahrhundert wurden Fell Ponys als Packpferde eingesetzt: Zehn Ponys konnten eine Tonne Last innerhalb einer Woche über eine Strecke von 368 Kilometern transportieren. Heute dienen Fell Ponys nur noch als Reit- und Fahrponys im Freizeitbereich.

Verwendung
Fell Ponys fanden ursprünglich als Packpferde auf Schaf- und Rinderfarmen Verwendung. In Gegenden ohne Straßennetz nutzte man sie jedoch auch als Reitpferde. Die Tiere können einen mittelschweren Menschen einen Tag lang tragen. Im 18. und 19. Jahrhundert setzte man Fell Ponys als Trabpferde vor Kutschen ein. Auch heute sieht man sie noch manchmal bei Fahrturnieren.

Exterieur
Der Kopf weist eine breite Stirn, ein kleines Maul und weite Nüstern auf. Die kleinen Mausohren und die großen strahlenden Augen verleihen dem Fell Pony ein edles Aussehen. Die Schulter ist schräg, Hinterhand und Lendenpartie sind kraftvoll. Die runden Hufe sind aus dunklem und hartem Horn. Mähne und Schweif sind wellig und

lang, der Kötenbehang ist voll. Normalerweise sind Fell Ponys schwarz, es gibt aber auch Braune. Abzeichen an den Füßen sind unerwünscht – nur ein Stern ist erlaubt.

Merkmale
Das Fell Pony ist stark, geschmeidig, schnell und trittsicher. Sein Trab ist energisch, aber bei genügend Knieaktion weich und raumgreifend. Das Tier ist mutig und willig – ein pfiffiges Pony.

Stockmaß
Um 1,42 m.

Highland Pony

Das einheimische Pony des schottischen Hochlandes, das Highland Pony, ist eine alte Rasse. Es ähnelt den Pferden auf den prähistorischen Zeichnungen im französischen Lascaux. Der Urtyp wurde mit Arabern (siehe Seite 184) und Percherons (siehe Seite 206) veredelt, die König James IV. von Schottland von Ludwig XII. von Frankreich geschenkt bekam. Alle Highland Ponys sind in einem offiziellen Stutbuch verzeichnet, obwohl die Tiere von den westlichen Inseln kleiner und edler sind als der Ursprungstyp des „Garron", der in der Forstwirtschaft und im Transportwesen zum Einsatz kam. Bis zum Beginn der Mechanisierung übernahmen Highland Ponys den gesamten Transport im Hochland und in weiten Teilen Schottlands. Die Pferde wurden zudem im südafrikanischen Burenkrieg von schottischen Regimentern geritten.

Verwendung

Seit Urzeiten dienten die Highland Ponys in Schottland als Packpferde und transportierten in unwegsamen Gegenden schwerste Lasten. Die Tiere arbeiten als Holzrückpferde, hüten Schafherden und werden im Tourismus und bei Turnieren eingesetzt. Als Freizeitpferde veredelt man sie heute häufig mit Vollblütern (siehe Seite 160).

Exterieur

Das Highland Pony hat einen breiten kurzen Kopf mit offenen Nüstern und einem feinen Bart. Die Augen blicken klug und freundlich. Der starke, dicke und gebogene Hals sitzt auf einer schrägen Schulter mit einem deutlichen Widerrist. Der Rücken ist kurz und stark und weist eine kraftvolle Lendenpartie und Hinterhand auf. Die kurzen und trockenen Beine haben einen seidenen Kötenbehang. Die Hufe sind dunkel und sehr hart. Mähne und Schweif sind dick, aber nicht derb. Das Fell weist ein feines Unterfell und längere Deckhaare auf. Es gibt viele graue Pferde, aber auch alle Falbschattierungen wie blaugrau, sandfarben, gelb und golden, außerdem Braune, Rappen und Füchse. Erlaubt sind jedoch nur Grundfarben ohne Abzeichen – mit Ausnahme des Aalstrichs auf dem Rücken und der Zebrastreifen an den Beinen.

Merkmale

Ein vielseitiges, starkes, intelligentes, freundliches und sanftes Pony. Es ist trittsicher, genügsam und in der Lage, schwerste Lasten zu tragen. Die Pferde haben einen guten Orientierungssinn und finden selbst bei Nebel, Schnee oder in der Dunkelheit nach Hause. Sie sind umsichtig und von nahezu unerschütterlicher Ruhe. Highland Ponys sind gesund und langlebig.

Stockmaß

Um 1,47 m.

Links: Dieses Highland Pony wird zur Arbeit in schottischen Wäldern eingesetzt. Das Rücken von Holzstämmen dient auch dazu, Pferde auf das Fahren vorzubereiten.

Unten: Der Aalstrich ist ein typisches Merkmal der Highland Ponys und weist sie als sehr alte Rasse aus.

Welsh Mountain Pony (Sektion A)

Das Welsh Mountain Pony ist eines der attraktivsten Ponys überhaupt. Im Lauf seiner Zuchtgeschichte ist es immer im Typ geblieben. Alle Welsh Ponys und Cobs sind in einem 1902 eröffneten Stutbuch registriert. Der kleinste und ursprünglichste Zweig der Rasse, das Welsh Mountain Pony, geht auf Pferde zurück, die von den Römern eingeführt wurden. Im 18. und 19. Jahrhundert kreuzte man Araber und Vollblüter ein. Dies ist der Urtyp der Welsh Ponys und all jener Reitponys, die sich bei aller orientalischen Feinheit ihren Ponycharakter bewahrt haben.

Verwendung
Das Welsh Mountain Pony ist ein ideales Reitpony für Kinder. Es springt gut, geht hervorragend im Geschirr und ist wegen seiner Vielseitigkeit und Leistungsbereitschaft ein gutes Turnierpony.

Exterieur
Ein kompaktes Pony. Der edle Kopf weist eine breite Stirn und große strahlende Augen auf. Das leicht konkave Profil endet in einem kleinen Maul. Die Nüstern sind weit und beweglich. Der tiefe Rumpf hat eine kurze, starke Lendenpartie und eine kraftvolle Hinterhand. Die kurzen und wohlgeformten Gliedmaßen haben harte Hufe. Obwohl Schimmel dominieren, sind auch Braune, Palominos, Cremellos und andere Farben zugelassen. Dagegen werden Schecken und getupfte Pferde nicht eingetragen.

Merkmale
Das Pony hat eine gesunde, robuste Konstitution und ist leichtfuttrig. Es ist intelligent, freundlich, spritzig und temperamentvoll. Die Gänge sind frei, kraftvoll und raumgreifend, dabei aber leicht und geschmeidig.

Stockmaß
Um 1,22 m.

Welsh Pony (Sektion B)

Welsh Ponys sind qualitativ ausgesprochen hochwertige Reitponys. Die Kreuzung von Welsh Mountain Ponys mit Vollblütern (siehe Seite 160) brachte dieses erstklassige Kinderreitpony hervor. Es hat Kraft, brillante Gänge, ist vielseitig und leistungswillig. Diese Eigenschaften machten es außerordentlich populär. Trotz der Verfeinerung durch Araber (siehe Seite 184) und Vollblüter blieb sein Ponycharakter erhalten.

Verwendung
Früher dienten die Ponys den walisischen Bauern als zuverlässige Zugpferde. Heutzutage sind sie vorzügliche Turnierpferde, die man in allen Sparten der Reiterei einsetzt. Sie werden weltweit exportiert und erfreuen sich vor allem in den USA besonderer Beliebtheit.

Exterieur
Das Welsh Pony hat einen hervorragenden Körperbau. Der kleine und edle Kopf weist große Augen und kleine Mauseohren auf. Der runde Rumpf hat viel Tiefe, einen deutlichen Widerrist und eine schräge Reitschulter. Die Lendenpartie und die Hinterhand sind stark, die Beine trocken mit kurzem Röhrbein und harten Hufen. Der Schweif ist hoch angesetzt und wird getragen. Alle Farben außer Schecken und getupften Pferden werden anerkannt.

Merkmale
Das Welsh Pony der Sektion B ist größer und feiner als das Welsh Mountain Pony und wird daher in höheren Turnierklassen eingesetzt. Es ist spritzig, aber gut beherrschbar. Die flachen Gänge sind oft extravagant, aber beeindruckend. Das Gangwerk ist durchweg korrekt. Die Ponys konnten sich ihre ponyhafte Robustheit erhalten.

Stockmaß
Um 1,37 m.

Verwendung

Ursprünglich war das Welsh Pony der Sektion C ein vielseitig verwendbares Farmpony zum Reiten und Fahren. Heute wird es vorwiegend als Turnierpony eingesetzt. Es ist ein gutes Springpony und geht auf Fahrturnieren hervorragend im Geschirr.

Exterieur

Der smarte, kompakte Körper hat eine gute Gurtentiefe, eine starke Brust- und Lendenpartie, eine abgedrehte Hinterhand und eine schräge Schulter. Die Gliedmaßen des Sektion-C-Ponys sind kurz, gut bemuskelt und weisen nur wenig Behang auf. Die Hufe sind hart und wohlgeformt. Mit Ausnahme von Schekken und getupften Pferden sind alle Farben zugelassen.

Welsh Pony (Sektion C)

Die Sektion C des Welsh Pony entstand durch Kreuzungen von Welsh Cobs (siehe Seite 162) mit Welsh Mountain Ponys (Sektion A). Früher setzte man die Ponys in der Landwirtschaft und den Kohlenminen von Nordwales ein. Die meisten Welsh-Sektion-C-Ponys (Welsh Ponys im Cob-Typ) haben Sektion-C-Eltern, obwohl immer noch Welsh Mountain Ponys eingekreuzt werden. Wegen des schwindenden Bedarfs an Arbeitspferden und der hohen Verluste in den Weltkriegen war die Rasse fast ausgestorben, ehe 1949 im Welsh-Pony-Stutbuch diese Sektion eröffnet wurde.

Merkmale

Das Welsh Pony im Cob-Typ ist vielseitig, arbeitswillig und stark. Es ist freundlich, mutig, gesund, trittsicher und hat ein großes Springpotential. Die Gänge sind frei und oft spektakulär. Die Ponys sind leicht zu handhaben und ökonomisch in der Haltung.

Stockmaß

Um 1,37 m.

Oben: Der Hals des Sektion-C-Ponys ist gebogen und wird hoch getragen – ein Erbe seiner Welsh-Cob-Vorfahren. Der Kopf ähnelt dem des Mountain Ponys (A) und erinnert an die arabischen Vorfahren.

Rechts: Die Sektion-C-Ponys sind wie alle Welsh Ponys eifrig, mutig, kraftvoll und leistungswillig, was sie zu idealen und gefragten Fahrpferden in höheren Turnierklassen macht.

Connemara

Der Connemara ist das Pony Irlands. Er stammt von keltischen Pferden ab und lebte über Jahrhunderte hinweg halbwild an der Westküste von Galway. Im 16. Jahrhundert wurde spanisches Blut eingekreuzt, als Kaufleute von der Iberischen Halbinsel ihre Pferde mit nach Galway brachten. Später kamen noch Berber- und Araber-Blut (siehe Seite 184–185) hinzu. Aus dieser Kombination entstand ein Landschlag, der Härte mit Feinheit und Beweglichkeit verband. Das irische Stutbuch wurde 1926 eröffnet, das englische folgte 1947. Bis 1950 kreuzte man gelegentlich noch arabisches Blut und Vollblut (siehe Seite 160) ein, seitdem ist das Stutbuch geschlossen. Wenn möglich, soll der alte Schlag von 1900 erhalten werden.

Verwendung

Connemaras werden in Irland als Pack- und Zugpferde in der Landwirtschaft eingesetzt. Sie sind außerdem hervorragende und vielseitige Reitponys und werden oft exportiert. Die Pferde sind erstklassige Turnierponys in allen klassischen Reitdisziplinen und gehen zudem ausgezeichnet vor dem Wagen. Die Kreuzungen von Connemara und Vollblut bringen hochwertige Turnierpferde hervor, nach denen eine rege Nachfrage besteht.

Exterieur

Ein attraktives Pony mit viel Substanz. Der Connemara hat einen edlen Kopf mit konkavem oder konvexem Profil, einen tiefen Rumpf, eine breite Brust und kurze Beine. Die Schulter entspricht in ihrer Schräge der eines Reitpferdes. Die Knochen sind von guter Qualität. Manche Ponys sind etwas lang im Rücken, weisen aber eine breite Lendenpartie und eine kraftvolle Hinterhand auf. Die Gelenke sind wohlgeformt. Die Hufe sind korrekt und hart. Die Mähne ist oft seidig und leicht gewellt. Die dominierende Farbe ist weiß, es gibt aber auch Braune, Falben, Füchse, Palominos und Rappen. Schecken und getupfte Pferde werden nicht eingetragen.

Merkmale

Connemaras sind problemlos zu halten. Wie die meisten Berg- und Moorponys vertragen sie aber keine fetten Weiden, sondern sind leichtfuttrig. Sie haben ein angenehmes und sensibles Wesen und sind lebhaft, mutig, schnell und kraftvoll. Es sind talentierte und vielseitige Reitpferde. Die heutigen Connemaras weisen zwar eine bessere Schulterpartie als ihre Vorfahren auf und bewegen sich frei und weit, haben aber die Trittsicherheit des Urtyps nicht verloren.

Stockmaß

1,32 – 1,47 m

Links: Dieses junge Connemarapony aus Galway, das einen Karren voll Tang zieht, ist ein typischer Vertreter seiner Rasse. Die Ponys bleiben oft unbeschlagen, da ihre Hufe hart und gesund sind.

Rechts: Das konkave Profil und der wache Ausdruck dieses Connemarahengstes lassen seine spanischen Vorfahren erahnen, doch auch die charakteristischen Ponymerkmale treten klar zutage.

Shetlandpony

Das kleinste einheimische Pony der britischen Inseln ist nach den Shetlandinseln im Nordosten Schottlands benannt. Diese Ponys sind für ihr gefälliges Aussehen und ihre geringe Körpergröße bekannt. Die Pferde gelangten vermutlich 10.000 Jahre vor dem Ende der letzten Eiszeit auf die Inseln. Es könnte sich bei ihnen um Abkömmlinge der prähistorischen Tundra-Pferde handeln. Shetlandponys ähneln keinem anderen britischen Pferd: Ihre nächsten Verwandten dürften die bereits ausgestorbenen norwegischen Lofotenponys sein. Die Shetlandponys hatten als erste britische Ponys ein Stutbuch, das 1890 eröffnet und 1969 geschlossen wurde.

Verwendung
Auf den Shetlandinseln fahren die Ponys seit Jahrhunderten Torf zum Feuern und Tang, der als Dünger oder Tierfutter verwendet wird. In England arbeiteten die Pferde in Bergwerken oder im Zirkus. Als Kinderponys oder Mini-Fahrpferde werden sie in die ganze Welt exportiert.

Exterieur
Das winzige Pony hat einen breiten Kopf mit kleinen Mauseohren. Der Hals ist gebogen. Schultern, Brust und Lendenpartie sind muskulös. Der Rücken ist kurz, die Gurtenlage tief, die Hinterhand stark. Die Beine sind wohlgeformt und haben kaum Kötenbehang. Die Hufe sind hart und dunkel. Mähne und Schweif sind voll. Das Winterfell ist sehr dick. Die vorherrschenden Farben sind dunkel; es sind aber alle Farben und auch Schecken zugelassen.

Merkmale
Shetlandponys kommen mit wenig Futter aus und sind, gemessen an ihrer Größe, sehr stark. Ihre Gliedmaßen sind korrekt, die Gänge frei und gerade. Die Pferde springen gut. Das willensstarke Pony braucht aber eine feste Hand, wenn es zum Kinderpony erzogen werden soll.

Stockmaß
Um 1 m.

Hackney Pony

Das Hackney Pony ist der kleinere Vertreter des Hackney. Es hat zwar ähnliche Vorfahren, weist aber mehr Ponyblut auf. Seine Ursprungsrassen sind die mittlerweile ausgestorbenen Yorkshire und Norfolk Roadster. Die Rasse entstand im 18. Jahrhundert im englischen Westmorland und diente als schnelles Trabpferd vor leichten Transport- und Rennwagen. Das Hackney Pony trägt neben Vollblut (siehe Seite 160) auch Galloway-Blut in sich. Zur Auslese wurden die Pferde früher im Moor sich selbst überlassen. Das Hackney Pony ist ein elegantes und schnelles Pferd mit hoher Aktion, das sich den typischen Ponycharakter bewahrt hat.

Verwendung
Das Hackney Pony wird vor allem als Einspänner, aber auch als Zweispänner, im Tandem oder im Viererzug gefahren. Man sieht es auf Schauen und Fahrturnieren. Wegen seiner spektakulären Gänge fällt es überall auf und wird in die ganze Welt exportiert.

Exterieur
Die Ponymerkmale sind deutlich: Kleiner, intelligenter Kopf mit großen strahlenden Augen und pfiffigem Ausdruck. Der Kopf wird hoch getragen, die Schulter ist kraftvoll. Der Widerrist ist nur wenig ausgeprägt. Die Brust ist tief. Der Rumpf ist rundrippig, der Schweif hoch angesetzt. Das feine seidige Fell ist oft braun, schwarz oder fuchsfarben; weiße Abzeichen an den Beinen sind häufig.

Merkmale
Die Ponys sind energisch, spritzig und leicht erregbar. Der extravagante, extrem hohe Trab ist schnell, dabei jedoch flüssig und taktklar.

Stockmaß
Um 1,42 m.

Pottok

Das Pottok-Pony gehört zu den drei noch heute verbreiteten einheimischen Ponyrassen Frankreichs. Es wird in den Pyrenäen und an der Atlantikküste im Südwesten Frankreichs gezüchtet. Die Rasse hat ein eigenes Stutbuch, die Association Nationale du Pottok. Die Ponys leben zwar halb wild, haben aber alle Besitzer. Jedes Jahr im Januar fängt man die Ponys ein, brennt die Jungtiere und verkauft einige Pferde. Zu Anfang des 20. Jahrhunderts wurde arabisches und Welsh-Sektion-B-Blut eingekreuzt (siehe Seite 218), was zu einer Verbesserung führte. Es gibt drei Typen: den Standard, den Piebald und den Doppel-Pottok.

Verwendung
Der Pottok wurde jahrhundertelang als Packpferd genutzt. Bis in die Jahre nach dem Zweiten Weltkrieg trugen die Ponys Schmuggelware über die Pyrenäen. Noch bis vor kurzem arbeiteten die Tiere in französischen und britischen Kohlenminen. Heute werden sie als Fahrpferde und vielseitig verwendbare Reitponys eingesetzt.

Exterieur
Der Pottok hat einen großen, eckigen Kopf, der auf einem eher schmalen Körper sitzt. Die Augen sind klein und strahlend, die Ohren kurz. Die Stirn zeigt oft eine Einbuchtung. Der Hals ist kurz. Der relativ lange Rücken hat eine abfallende Kruppe. Die Beine sind feinknochig und weisen einen leichten Behang auf. Die Mähne und der hochangesetzte Schweif sind grob, die Hufe klein und hart. Es sind alle Farben zugelassen, auch Schecken.

Merkmale
Diese alte Ponyrasse hat aufgrund ihrer Zähigkeit und Ausdauer überlebt. Obwohl die Ponys immer noch halb wild in den Bergen leben, wird selektiv gezüchtet. Die Tiere sind frühreif. Die größere Version, der Doppel-Pottok, kann bis zu 1,47 m groß werden, ist aber oft weicher. Pottoks sind trittsicher und geschmeidig.

Stockmaß
1,17 – 1,32 m

Oben: Beim Piebald sind weiß-schwarze Schecken zugelassen. Füchse, schwarz-weiße und braun-weiße Schecken werden jedoch ebenfalls akzeptiert.

Rechts: Eine Herde von Pottok-Ponys wird von möglichen Käufern inspiziert. Die Doppel- und Standard-Pottoks sind zumeist Füchse oder Braune. Die Einkreuzung von Arabern und Welsh-Sektion-B-Ponys hat zu besserer Qualität, stärkeren Knochen und erhöhter Substanz geführt. Die Ponys werden heute hauptsächlich als Kinderreitpferde und Kutschponys genutzt.

Poney des Landais

Die Poneys des Landais sind eine alte Ponyrasse aus dem Südwesten Frankreichs. Nach der Vertreibung der Mauren durch die Franzosen 871 bei Poitiers vermischten sich maurische Pferde mit einheimischen. Das orientalische beziehungsweise arabische Blut beeinflußte die Landschläge stark. Von 1913 an wurde die damals 2.000 Tiere umfassende Population durch einen Araberhengst verbessert. Nach dem Zweiten Weltkrieg gab es nur noch 150 Ponys. Seitdem kreuzte man Araber, Welsh-Sektion-C-Ponys und Connemaras (siehe Seite 219 und 220) ein, um die Rasse zu retten. Mit der Gründung des Poney Club Français stieg die Nachfrage. Die kleinen und harten Ponys leben auch heute noch halbwild.

Verwendung
Ein schnelles Trabpferd, das in Frankreich jahrhundertelang in Trabrennen eingesetzt wurde. Es dient zwar auch als Kinderreitpony, im Grunde ist es aber ein Fahrpferd.

Exterieur
Die Ponys sind kräftig, weisen jedoch die Feinheit des Arabers auf. Der leicht konkave Kopf hat kleine Mauseohren und große, strahlende Augen. Der Hals ist lang, die Schulter kräftig und schräg. Der flache Widerrist geht in einen kurzen Rücken mit einer abfallenden, oft weichen Hinterhand über. Die Mähne und der Schweif sind dick. Das feine Fell ist braun, schwarz oder fuchsfarben. Es kommen keine Schecken vor.

Merkmale
Ein hartes und pfiffiges Pony, das mit wenig Futter auskommt und klimaresistent ist. Der flache Widerrist und die wenig ausgeprägte Schulter ergeben eine schlechte Sattellage, man bemüht sich aber um Verbesserungen.

Stockmaß
Um 1,35 m.

Avelignese

Der Avelignese stammt von Pferden ab, die von der Armee Ludwigs IV. 1342 bei Meran zurückgelassen wurden, als sie nach Österreich zurückkehrte. Aus diesen Tieren entstand Italiens wichtigste Ponyrasse. Ihre Vorfahren waren schwere alpine Kaltblutpferde. Das ursprüngliche Zuchtgebiet lag bei Sarentino und im Venostatal. Heute wird der Avelignese aber überall in Italien gezüchtet. Besonderer Beliebtheit erfreut er sich in Südtirol und in anderen Bergregionen. Alle Pferde gehen auf den 1837 geborenen Araberhengst El Bedhavi XXII. zurück, von dem auch die Haflinger abstammen.

Verwendung
Der Avelignese ist ein typisches Bergpony – trittsicher, zuverlässig und in schwierigem, rauhem und unübersichtlichem Terrain zu Hause. Das machte ihn über Jahrhunderte hinweg zum idealen Pack- und Zugpferd im Gebirge und in den Wäldern. Aveligneses sind sehr gute Reitpferde und können sogar einen Erwachsenen tragen.

Exterieur
Der intelligente und hübsche Kopf zeigt den arabischen Einfluß. Der Hals ist kurz und schwer, die Brust breit. Der Widerrist ist niedrig, der Rücken breit und stark. Die kurzen und kräftigen Beine weisen einen leichten Behang

auf. Das Fell ist fuchsfarben. Die volle Mähne und der Schweif sind hell. Im Gegensatz zum Haflinger hat der Avelignese keinen Brand.

Merkmale
Ein starkes und ruhiges Pferd, das zäh, energisch und dennoch sensibel ist. Es ist zudem leichtfuttrig, langlebig und mit seinem langen Schritt trittsicher.

Stockmaß
Bis zu 1,50 m.

Garrano

„Garrano“ bedeutet „kleines Pferd“. Diese Ponys stammen aus den Bergregionen Minho und Tras-os-Montes in Nordwestportugal. Es ist eine einheimische Primitivpferderasse, die wie die meisten südeuropäischen Rassen mit arabischem Blut veredelt wurde. Auf diese Weise verbesserte man die Qualität der Ponys. Viele ureigene Charakterzüge, besonders die der berberischen Vorfahren, blieben aber erhalten. Man sieht diese Ponys auch heute noch häufig auf den berühmten Pferdefesten in Vila Réal und Famalicao.

Verwendung
Die Ponys sind im Verhältnis zu ihrer Größe außerordentlich stark und wurden früher in der portugiesischen Armee als Packpferde eingesetzt. Zudem verwendete man sie bei leichteren Arbeiten in der Landwirtschaft und in den Wäldern. Früher existierten sogar spezielle Trabrennen für Garranos. Heute werden die Tiere immer noch als Packpferde, aber auch als Freizeitpferde genutzt.

Exterieur
Der feine Kopf des leicht gebauten und qualiätsvollen Ponys weist ein konkaves Profil auf. Das kompakte Tier hat eine fast gerade Schulter, einen kurzen Rücken und eine schmale, aber kräftige Hinterhand. Die Gliedmaßen sind trocken und fein, die Hufe wohlgeformt. Garranos sind meist Dunkelfüchse mit einem prachtvollen Behang.

Merkmale
Der Garrano ist sowohl gegen Hitze als auch gegen Kälte resistent. Er ist trittsicher und energisch, dabei aber von sensiblem Wesen. Seine Gänge sind frei, teilweise sogar überaus hoch. Im schnellen Trab sind die Tritte kurz und lebendig, was vor allem die Anhänger der Garrano-Trabrennen begeistert.

Stockmaß
Um 1,12 m.

Sorraia

Der Sorraia ist das einzige einheimische Pferd der südlichen Iberischen Halbinsel. Die Rasse steht im Primitivpferdetyp – wie der Tarpan und das Przewalski-Pferd (siehe Seite 228 und 230). Die Sorraias waren vermutlich die ersten europäischen Pferde, die domestiziert wurden. Sie sind die Vorfahren jener spanischen Pferde, die seit dem 16. Jahrhundert fast alle Reitpferderassen beeinflußten. Die Rasse verdankt ihren Namen dem portugiesischen Fluß Sorraia, wo Dr. Ruy d'Andrade 1920 auf wildlebende Pferde stieß. Er züchtete sie so rein wie möglich weiter, so daß sie auch heute noch dem Originaltyp entsprechen.

Verwendung
Jahrhundertelang setzte man Sorraias zum Hüten von Rindern und als Packtiere ein. Mit der fortschreitenden Mechanisierung ging die Nachfrage zurück, so daß die Rasse fast in Vergessenheit geriet. Heute werden reingezogene Sorraias in Portugal als Kinderreitpferde verwendet.

Exterieur
Der Sorraia weist, ebenso wie der Tarpan, einen Aalstrich und Zebrastreifen an den Beinen auf. Der Kopf ist heute kleiner. Das Profil ist gerade oder leicht konvex. Die Ohren sind lang und schwarz umrandet. Die Augen sitzen hoch am Kopf. Der Hals ist lang, die Schulter ziemlich gerade und der Rücken kurz. Die Hinterhand ist oft schlecht entwickelt, der Schweif hoch angesetzt. Das Pony ist kompakt und hat feine und leichte Gliedmaßen. Sorraias sind meist falb, es gibt jedoch auch Palominos und Schimmel.

Merkmale
Der Sorraia ist hitze- und kältetolerant und anspruchslos in der Fütterung.

Stockmaß
1,22 – 1,32 m

Dülmener

In Deutschland existierten mit dem Dülmener und dem Senner früher zwei einheimische Ponyrassen. Während die Senner jedoch seit dem letzten Jahrhundert ausgestorben sind, leben die Dülmener seit über sechshundert Jahren auf dem Gestüt des Herzogs von Croy im westfälischen Borken. Halbwild in einem ca. 300 ha großen Moor- und Heidegebiet lebend, werden sie nur einmal jährlich am letzten Sonntag im Mai zusammengetrieben. Man fängt die Jährlingshengste aus der Herde und verkauft sie. Wegen der vielen Einkreuzungen hat der Dülmener seinen ursprünglichen Charakter verloren und weist nur noch wenig Ähnlichkeit mit dem früheren Wildpony auf.

Verwendung
Die Nachfrage nach Dülmenern als Freizeitpferden ist in den letzten Jahren gestiegen. Die Ponys sind beliebte Wanderreitpferde und auch auf kleineren Distanzritten durchaus erfolgreich.

Exterieur
Der Dülmener hat einen kleinen Kopf mit geradem Profil und kleinen Ohren. Hals und Rücken sind kurz, die Schulter ist gerade. Die Hinterhand ist häufig schlecht entwikkelt. Knochen und Hufe sind von guter Qualität. Dülmener haben eine gewisse Ähnlichkeit mit dem New Forest Pony, sind jedoch etwas kleiner. Braune, schwarze und falbe Tiere überwiegen. Es gibt aber auch Schimmel in verschiedenen Schattierungen.

Merkmale
Der Dülmener entwickelte sich aufgrund der gemischten Blutlinien uneinheitlich. Die Einkreuzung von Arabern verlieh ihm Feinheit sowie eine freie und hohe Aktion.

Stockmaß
Um 1,30 m.

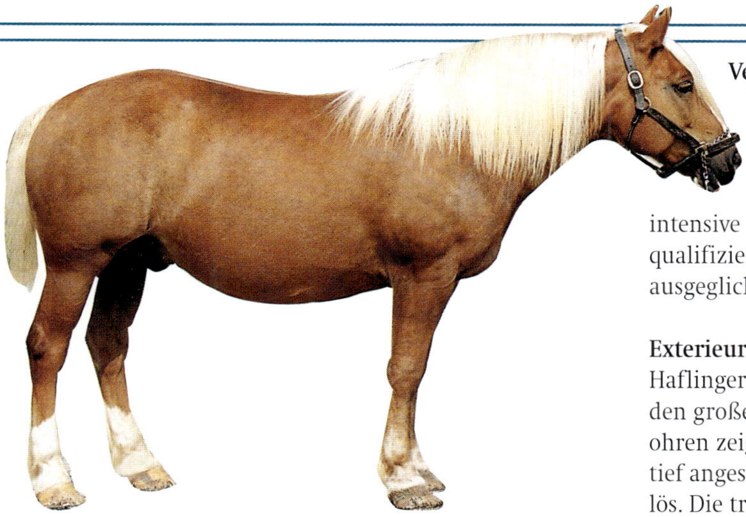

Haflinger

Der Haflinger, ein kleines und zähes Bergpferd, verdankt seinen Namen dem Dorf Hafling in Südtirol. Seine Vorfahren waren einheimische Saumpferde. Die Rasse entstand 1873 durch die Paarung einer veredelten Tiroler Landstute mit dem Halbbluthengst El Bedavi XII. Dieser Verbindung entstammte der Hengst „249 Folie 1874", auf den alle Haflinger zurückgehen. Aufgrund seines attraktiven Äußeren – Haflinger sind immer Füchse mit heller Mähne und hellem Schweif – und seiner Vielseitigkeit wird der Haflinger in der ganzen Welt streng selektiv gezüchtet.

Verwendung
Der Haflinger ist ein vielseitiges Reit- und Fahrpony. Sein angenehmes Wesen und seine attraktive Erscheinung machten es zu einem der beliebtesten Freizeitpferde. Die zeitweise intensive Einkreuzung arabischen Blutes brachte hochqualifizierte Turnierponys hervor, verfälschte jedoch das ausgeglichene Wesen des Pferdes.

Exterieur
Haflinger sind kraftvolle und starke Ponys. Der Kopf mit den großen, strahlenden Augen und den kleinen Mauseohren zeigt einen freundlichen Ausdruck. Der Körper ist tief angesetzt. Lendenpartie und Hinterhand sind muskulös. Die trockenen Gliedmaßen haben gute Knochen. Die starke, abgerundete Hinterhand trägt den Brand: ein Edelweiß und ein H. Abzeichen am Kopf und an den Beinen sind üblich.

Merkmale
Der Haflinger ist ruhig, intelligent, freundlich und leistungsbereit. Er ist trittsicher und geschmeidig und weist ein freies, flaches Gangwerk auf. Die Ponys sind spätreif und sollten daher erst mit vier Jahren angeritten werden – dafür werden sie aber oft bis zu 40 Jahre alt.

Stockmaß
Um 1,42 m.

Gotland-Pony

Die älteste einheimische schwedische Pferderasse, das Gotland-Pony, stammt vermutlich vom Tarpan ab (siehe Seite 228). Möglicherweise lebten die Pferde schon in der Steinzeit auf Gotland. Heute werden sie überall in Schweden gezüchtet. Trotz orientalischer und britischer Einkreuzungen im späten 19. Jahrhundert gibt es im Lojsta-Forst noch einige wildlebende Gotland-Ponys, die ihren typischen Charakter bewahrt haben. Das Gotland-Pony ähnelt den osteuropäischen Koniks und Huzulen (siehe Seite 230).

Verwendung
Gotland-Ponys werden in Skandinavien auch heute noch zum Transport von Gütern eingesetzt. Die relativ kleinen Ponys dienen in der Landwirtschaft als Zug- und Packtiere, gehen vor der Kutsche und arbeiten im Wald. Es gibt Zweige, die speziell für die in Schweden sehr populären Rennen gezüchtet werden.

Exterieur
Das Gotland-Pony ist klein, schmal und leicht gebaut. Der mittelgroße Kopf mit dem geraden Profil ist qualitätsvoll. Der Hals ist kurz, der Rücken lang. Die Hinterhand ist abgeschlagen, der Schweif tief angesetzt. Die Hufe sind gut. Viele Tiere haben einen Aalstrich. Es gibt braune, schwarze, falb- oder fuchsfarbene sowie weiße oder palominofarbene Tiere, die häufig einen weißen Stern auf der Stirn, aber keine Abzeichen an den Beinen haben.

Merkmale
Das Gotland-Pony ist ein ausdauerndes und zähes Pferd, das aber hie und da etwas störrisch sein kann. Es hat einen energischen Schritt und einen schnellen Trab, aber nur einen mäßigen Galopp. Trotz seiner oft weichen Hinterhand springt es gut.

Stockmaß
1,22 – 1,30 m

Fjordpferd

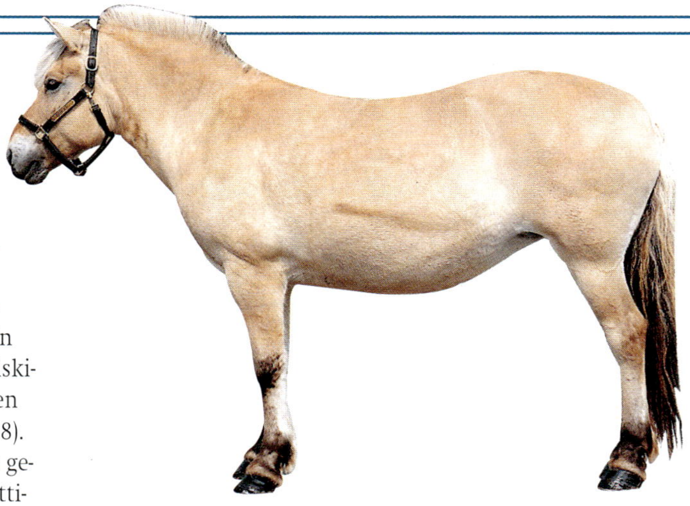

Abbildungen dieses norwegischen Wikingerpferdes fand man auf Runensteinen aus dem 8. Jahrhundert. Die Rasse ist auch unter dem Namen Westlands-Pferd bekannt, da sie hauptsächlich an der Westküste Norwegens gezüchtet wird. Mittlerweile ist das Fjordpferd in ganz Skandinavien und Deutschland verbreitet. Jahrhunderte der Domestikation hatten auf sein Äußeres nur wenig Einfluß. Es erinnert an das Przewalski-Pferd, von dem es vermutlich abstammt; hinzu kommen charakteristische Merkmale des Tarpans (siehe Seite 228). Im 9. Jahrhundert nach Island eingeführte Fjordpferde gehören zu den Vorfahren der Islandpferde und der schottischen Highland Ponys (siehe Seite 217).

Verwendung
Früher gingen Fjordpferde vor dem Pflug. Heute werden sie in bergigen Gegenden noch immer in der Landwirtschaft eingesetzt. Es sind gute Freizeitpferde, die sich für Wanderritte ebenso eignen wie als Kutschpferde.

Exterieur
Fjordpferde haben einen kleinen Kopf mit großen Augen, einer breiten Stirn, auseinanderstehenden Ohren und einem konkaven Profil. Der muskulöse und gebogene Hals sitzt auf einer schweren Schulter mit einem wenig definierten Widerrist. Die kurzen Beine, die häufig dunkle Zebrastreifen aufweisen, haben gute Hufe. Mähne und Schweif sind oft silberfarben. Fjordpferde sind Falbe in vielen Schattierungen und mit dem Aalstrich.

Merkmale
Fjordpferde sind zäh und freundlich, manchmal jedoch auch stur. Die Arbeitspferde legen auch bei wenig Futter in schwierigem Gelände lange Strecken zurück.

Stockmaß
1,32 –1,47 m

hervorragende Reitpferde. Mittlerweile hat sich weltweit eine spezifische Reiter- und Turnierszene gebildet. Allein in Deutschland gibt es ungefähr 50.000 Islandpferde. Die Tiere erfreuen sich aufgrund ihrer Spezialgangarten Tölt und Paß großer Beliebtheit und sind die teuersten Ponys überhaupt.

Exterieur
Das stämmige Islandpferd hat einen großen Kopf, einen kurzen Hals und eine mäßig schräge Schulter. Der Rükken ist kurz, die starke Hinterhand abgeschlagen. Die Hinterbeine treten im schnellen Tempo gut unter. Die Röhrbeine sind kurz, die Sprunggelenke stark. Die Ponys haben ausgezeichnete Hufe und nur wenig Behang. Mähne und Schweif sind dick. In Island sind fünfzehn Farbzuchten registriert, wobei alle Farben zugelassen sind.

Merkmale
Das ausgesprochen zähe Pony zeigt große Leistungsbereitschaft und arbeitet auch bei geringer Fütterung. Es ist intelligent und sanft, hat aber einen unabhängigen Charakter. Islandpferde zeigen neben den Grundgangarten zwei spezielle Gänge: den Tölt und den Paß. Der Tölt, eine Gangart im Vierertakt, ermöglicht es dem Reiter, erschütterungsfrei zu reiten. Paß wird im Renntempo geritten.

Stockmaß
Um 1,32 m.

Islandpferd

Im 9. Jahrhundert brachten norwegische Bauern im Rahmen der Landnahme skandinavische, germanische und keltische Pferde nach Island, während spätere Einwanderer auch östliche Rassen einführten, die sich alle untereinander vermischten. 985 wurde ein Importverbot für Pferde erlassen, das auch heute noch gilt. So konnte die Zucht vor fremden Einflüssen geschützt werden. Infolge der Selektion entstanden zwei Typen – das schwerere Packpferd und das leichtere Reitpferd. Das Islandpferd ist vom Typ her uneinheitlich: Erscheinungsbild und Verwendung variieren je nach Zuchtgebiet. Islandpferde leben auch heute noch das ganze Jahr im Freien.

Verwendung
Bis zur Mitte des 20. Jahrhunderts waren Islandpferde das einzige Transportmittel auf der Insel. Im harten isländischen Winter mit Schnee und Eis sind sie es trotz Mechanisierung teilweise auch heute noch. Ein Teil der Fohlen ist für die Fleischproduktion vorgesehen. Vor dem Zweiten Weltkrieg importierten britische Kohlenminenbesitzer viele Pferde für die Arbeit unter Tage. Seit 1874 gibt es auf Island Töltrennen. Islandpferde können trotz ihrer geringen Größe mühelos Erwachsene tragen und sind

Oben: Islandpferd im Tölt. Bei dieser Gangart ist ein Bein immer am Boden – es gibt keine Schwebephase. Der Tölt kann bis zum Renntempo gesteigert werden, ohne daß sich der Rhythmus verändert. Da der Tölt genetisch bedingt ist, kann er auch auf langen Strecken durchgehalten werden.

Links: Islandpferde in vielen Farbvariationen in ihrer natürlichen Umgebung. Die Pferde sind karges Futter und ein hartes Klima gewöhnt und passen sich allen Lebensumständen an.

Tarpan

Der Tarpan ist einer der drei prähistorischen Grundttypen, von denen alle Pferderassen abstammen (siehe Seite 18). Das Wort stammt aus dem Russischen und bedeutet „Wildpferd". Bis ins 18. Jahrhundert hinein überlebten Tarpane in der russischen Steppe, dann wurden sie ausgerottet. Zu Anfang des 20. Jahrhunderts erkannte man sie unter dem Namen *Equus caballus gmelini* an. Das Verbreitungsgebiet des Tarpans umfaßte die Karpaten, Turkmenistan, die Ukraine, die Länder rund um das Kaspische und das Schwarze Meer sowie das iranische Hochland. Während der echte Tarpan ausgestorben ist, lebt im Reservat Popielno in Polen eine über Huzulen (siehe Seite 230) und Koniks rückgezüchtete Herde.

Verwendung

In seiner domestizierten Form war der Tarpan früher ein Arbeitspferd. Heute gehört er zu den geschützten Tierarten. Rückgezüchtete Tarpane werden in einem bewachten Reservat gehalten, das nur Wissenschaftlern zugänglich ist. Sie dienen als Studienobjekte für Verhaltensforscher.

Exterieur

Der Tarpan weist einen flachen, langen Kopf, lange Ohren und hochsitzende Augen auf. Das Profil ist gerade oder leicht konvex. Der Hals ist kurz und dick, die Gurtlage flach und die Schulter schräg. Der Rücken ist lang und gerade. Die Hinterhand mit dem relativ hoch angesetzten Schweif ist nur wenig entwickelt. Die Gliedmaßen sind lang und fein und zeigen manchmal Zebrastreifen, die auch am Körper zu finden sind. Wie alle Primitivpferderassen hat der Tarpan einen Aalstrich und ist falbfarben. Sein Fell ist harsch.

Merkmale

Der harte Tarpan ist auch gegen extremes Klima resistent. Vom Typ her Waldpferd, ist er seiner Umgebung angepaßt und überlebt selbst bei kärgstem Futterangebot.

Stockmaß

Um 1,32 m.

Links: Viatka-Ponys stammen vermutlich vom Tarpan ab und sind in den baltischen Staaten heimisch. Die größte Art, die auf diesem Foto zu sehen ist, führt „Klepper-Blut" von estnischen Ponys im Reitpferdetyp. Die Farben reichen vom Goldfalben bis hin zum hellen Braun. Oft weisen die Ponys schwarze Flecken und einen Aalstrich auf. Ihr Stockmaß beträgt 1,32 bis 1,52 m. Der ursprüngliche Viatka ist nahezu ausgestorben.

Oben: Der polnische Konik stammt direkt vom Tarpan ab, führt aber etwas arabisches Blut. Koniks leben halbwild in Herden und werden selektiv reingezogen. Der Konik war die Basis der meisten polnischen Landschläge und auch einiger russischer Pferderassen, von denen viele mittlerweile ausgestorben sind. Der Konik ähnelt im Körperbau dem Huzulen, hat aber die Fellfarbe und die Größe (um 1,37 m) des Tarpans.

Lokaier

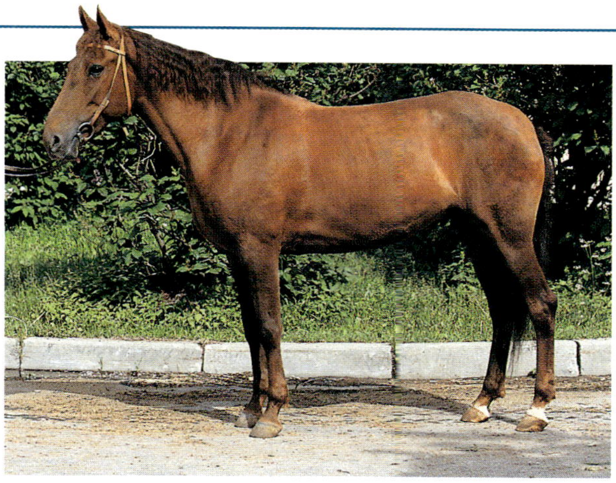

Der Lokaier ist in den Bergen Tadschikistans zu Hause, wo die Rasse im 16. Jahrhundert aus einheimischen Steppenpferden und denen der zentralasiatischen Nomaden hervorging. Um größere und vielseitigere Pferde zu erhalten, kreuzte man auch andere Rassen wie Achal-Tekkiner (siehe Seite 186) ein. Durch die Zuführung arabisch-turkmenischen Blutes wurden die Pferde zwar feiner und größer, konnten ihren ursprünglichen Charakter und ihr Erscheinungsbild aber erhalten. Die Jungpferde werden auf den Rennbahnen in Taschkent und Duschanbe auf Schnelligkeit, Ausdauer und Gesundheit hin geprüft.

Verwendung
Das vielseitige Tier wird als Arbeits- und Reitpferd eingesetzt. In vielen Gegenden Tadschikistans und im Pamirgebirge sind Lokaier als Pack- und Reitpferde die einzigen Transportmittel. Die Milch der Stuten wird zu Sahne, Käse, Butter und Kumyß, einem fermentierten, leicht alkoholischen Getränk, verarbeitet.

Exterieur
Der Lokaier hat einen langen Kopf, lange Ohren und ein gerades Profil, manchmal aber auch eine Elchnase. Der Hals ist kurz und gerade, der Rumpf von ausreichender Tiefe, der Widerrist gut ausgeprägt. Rücken und Lendenpartie sind schmal. Die Gliedmaßen sind feinknochig, die Hinterbeine eher schlecht. Die Hufe sind hart. Mähne und Schweif sind fein. Lokaier sind braun, weiß, schwarz oder fuchsfarben und haben oft einen metallischen Schimmer.

Merkmale
Ein ausdauerndes Pony, das schnell, vielseitig, freundlich, trittsicher und klimaresistent ist. Diese Eigenschaften sollen bei Kreuzungen erhalten bleiben. Lokaier eignen sich für alle Reitsportarten – auch für Springen und Dressur.

Stockmaß
1,45 – 1,50 m

Kaspisches Pony

Bis 1965 nahm man an, daß der Urtyp des Kaspischen Ponys ausgestorben sei. Dann jedoch wurden einige Exemplare in der Nähe des Kaspischen Meeres im Nordiran entdeckt. Die Ponys stammen aus dem Elburs-Gebirge am Kaspischen Meer und haben sich nie von dort entfernt – die Rasse blieb rein. Das Kaspische Pony stammt vermutlich vom Tarpan ab und wird als Vorfahre aller „vollblütigen" Pferde angesehen, auch des Arabers (siehe Seite 184). Die Tiere haben zwar Ponygröße, sind ihrer Erscheinung nach jedoch eher sehr kleine Araber mit schmalem Rahmen und einem für Ponys ungewöhnlichen Exterieur.

Verwendung
Das Kaspische Pony diente im Iran jahrhundertelang als Arbeitspferd und wird auch heute noch zum Ziehen leichter Karren und als Transportmittel genutzt. Es ist zudem ein erstklassiges Kinderreitpony und wird als Fahrpony auf Turnieren eingesetzt. Nachfrage besteht hauptsächlich in den USA, in Australien und in Großbritannien.

Exterieur
Das zierliche Kaspische Pony hat einen kleinen, arabischen Kopf. Die Brust ist schmal, die Schulter schräg, der Rücken kurz. Der Widerrist ist nicht klar definiert. Die Kruppe ist relativ flach, der Schweif hoch angesetzt. Die Gliedmaßen sind feinknochig. Die Hinterhand ist eher weich und wenig ausgeformt. Hauptfarben sind Schimmel, Braune und Füchse, es gibt aber auch Rappen.

Merkmale
Das Kaspische Pony ist intelligent, freundlich und leicht zu handhaben. Die Ponys verfügen über viel Springvermögen. Wie beim Araber sind ihre Gänge fließend.

Stockmaß
1,02 – 1,22 m

Przewalski-Pferd

Die Rasse ist die einzige der drei Gründerrassen (siehe Seite 18–19), die in ihrer ursprünglichen Form überlebt hat. Das Pony ist auch unter der Bezeichnung Asiatisches oder Mongolisches Wildpferd bekannt. Sein offizieller Name lautet *Equus caballus przewalskii Poliakoff*. Der russische Forscher Oberst Przewalski entdeckte die Pferde 1879 im Tachin-Schara-Nuru-Gebirge in der Wüste Gobi. Die mongolischen Hirten nennen die Tiere „Taki". Das Przewalski-Pferd ist ein direkter Vorfahre von mongolischen, chinesischen und tibetischen Ponys.

Verwendung

Die Rasse existiert nicht mehr wildlebend, wenngleich einige in Zoos geborene Tiere in die Mongolei rückgeführt wurden. Przewalski-Pferde leben vor allem in Tierparks oder kleineren Reservaten. Sie wurden niemals domestiziert.

Exterieur

Das kräftige Przewalski-Pferd weist einen großen und dicken Kopf mit geradem oder konvexem Profil sowie großen Zähnen auf. Es hat einen kurzen Hals, eine gerade Schulter, eine breite Brust und fast keinen Widerrist. Der starke Rücken ist eselartig (siehe Seite 19), die Hinterhand wenig entwickelt. Die starken und feinknochigen Gliedmaßen haben große, harte Hufe. Mähne und Schweif sind grob und spärlich. Die Ponys haben keinen Schopf. Die 20 cm lange Stehmähne, die falbe Farbe und der Aalstrich sowie die dunkle, oft mit Zebrastreifen gezeichneten Beine sind typische Merkmale einer Primitivpferderasse.

Merkmale

Die Pferde sind menschenscheu und manchmal sogar aggressiv. Sie können, wie alle Wildpferde, auch bei geringstem Nahrungsangebot überleben. Als einzige Pferderasse weisen sie 66 (anstatt wie üblich 64) Chromosomen auf.

Stockmaß

1,22 – 1,42 m

Huzule

Das primitive Pferd, das auch als Karpaten-Pony bekannt ist, stammt vermutlich vom Tarpan (siehe Seite 228) und vom Przewalski-Pferd ab. Die Rasse hat ihren Ursprung im Osten der Karpaten. Ihr Name wurde aber einer Region in den ukrainischen Bergen entlehnt. Obwohl ein gewisser arabischer Einfluß spürbar ist, erinnert der Huzule in seinem Erscheinungsbild vor allem an den Tarpan und wird daher in den Karpaten „Waldtarpan" genannt. Er ist eng mit dem polnischen Konik und den Bosniaken verwandt.

Verwendung

Huzulen sind Arbeitsponys, die als Packponys und im Wald sowie in der Landwirtschaft genutzt werden. In den unwegsamen Bergen sind sie oft das einzige Transportmittel. Sie werden aber auch geritten und gehen vor Kutschen. Heute züchtet man sie in staatlich kontrollierten Gestüten. Im Hauptgestüt Siary wird Wert auf ein vielseitig einsetzbares Pony für die Landwirtschaft gelegt.

Exterieur

Wie der Konik, sein räumlicher Nachbar, ist der Huzule stämmig und hat einen langen, breiten tarpanähnlichen Kopf, einen kompakten Rumpf mit guter Gurtentiefe und einer breiten Brust. Die Hinterhand hingegen ist oft weich und schlecht entwickelt: Sie weist zu leichte Knochen auf und ist sichelbeinig, was für viele Bergpferderassen charakteristisch ist. Die meisten Pferde sind von gelblichfalber Farbe; es gibt jedoch auch Graufalben, Braunfalben, Braune oder Füchse. Auch Schecken kommen vor.

Merkmale

Der Huzule ist zäh und stark und von willigem, sanftem Wesen. Er ist sensibel und trittsicher.

Stockmaß

1,32 – 1,37 m

Mongolisches Pony

Das Mongolische Pony gehört zu den drei Urpferderassen und hat viele andere Pferderassen beeinflußt. Es stammt vom Przewalski-Pferd ab und lebt in großen Herden in Asien und Osteuropa. In der Mongolei, in Tibet und in China wurde es durch die Einkreuzung anderer Pferde und Ponys domestiziert. Das Pony ist mit den Pferden vieler angrenzender Länder wie Iran, Irak und Kurdistan verwandt und gilt als Vorfahre der Turkmenen, der Bhutia, der Spitia und der tibetanischen Packponys im Himalaja sowie der Manipur-Pferde von Assam. Es beeinflußte zudem die chinesischen Ponys, die wie ihre mongolischen Vorfahren in Rennen eingesetzt werden, und die japanischen Ponys, die im 3. Jahrhundert v. Chr. aus Korea importiert wurden. Das Mongolische Pony ist uneinheitlich in Größe und Typ, die je nach Blutlinie, Haltung und Klima variieren. Das größte Mongolische Pony ist der Ili, eine russische Kreuzung aus der westlichen Mongolei. Fast jedes Pony oder Pferd in Asien führt mongolisches Blut. Die kleinsten Exemplare des Mongolischen Ponys findet man im vegetationsarmen Süden der Mongolei.

Verwendung

In der Mongolei gibt es mehr Pferde pro Kopf als irgendwo sonst auf der Welt. Allein in der Äußeren Mongolei dienen über zwei Millionen Ponys als Reitpferde. Die Tiere werden auch als Pack- und Hütepferde sowie in der Landwirtschaft eingesetzt. In einigen Gegenden werden sie für die Wolfs- und die Fuchsjagd verwendet. Mongolische Ponys können einen Mann mitsamt seiner Ausrüstung einen ganzen Tag lang durch unwegsames Gelände oder durch Schnee und Eis tragen. Die Ponys sind überaus schnell und treten zu Rennen über eine Strecke von 40 Kilometern an. Die Stuten werden gemolken aus ihrer Milch gewinnt man Käse, Butter und Kumyß.

Exterieur

Das Mongolische Pony hat ein rauhes Fell, ist muskulös und für seine Größe sehr stark. Es hat einen großen Kopf, kleine Augen, breite Ohren, einen kurzen Hals und eine volle Mähne. Die Schulterpartie ist schwer, die Brust tief, der Rücken kurz. Die starken Gliedmaßen haben harte, runde Hufe. Der hochangesetzte Schweif ist derb. Die Tiere sind falb, braun oder schwarz.

Merkmale

Die Mongolischen Ponys sind zäher als alle anderen Pferderassen – sogar als der Araber (siehe Seite 182). Sie können bei extremer Kälte und minimalem Futterangebot überleben und tragen schwerste Lasten über Tagesetappen von 160 Kilometern. Der Hütetrieb ist ihnen angeboren. Sie haben einen sanften, aber bestimmten Charakter.

Stockmaß

1,27 – 1,47 m

Links: Das indische Spitia-Pony stammt aus dem Kangra-Distrikt im Himalaja. Die Ponys, zumeist Schimmel, ähneln in Typ und Aussehen dem Bhutan-Pony, sind aber kleiner und leichter. Der Spitia wird von Stammesangehörigen der Kanjat gezüchtet und an andere Stämme verkauft. Er ist hervorragend an das Klima angepaßt – ein starkes, zähes, leichtfuttriges und trittsicheres Bergpony. Zur Erhaltung seiner geringen Größe (im Durchschnitt nur 1,22 m) wird oft Inzucht betrieben.

Baschkir

Bei diesen Ponys handelt es sich um eine alte Rasse aus dem Ural, die seit Jahrhunderten vom Volksstamm der Baschkiren vor allem für die Stutenmilchproduktion gezüchtet wird. Aus vergorener Stutenmilch gewinnt man Kumyß, ein beliebtes alkoholhaltiges Getränk, das auch in der Heilkunde eingesetzt wird. Die einfachen Ponys wurden durch Einkreuzung von Budjonnys, Orlow-Trabern und Donpferden (siehe Seite 81) verbessert. Gegen Ende des 19. Jahrhunderts baute man auch in Nevada (USA) eine kleine Baschkiren-Zucht auf, deren Besonderheiten das gelockte Winterfell sowie eine wellige Mähne und ein gewellter Schweif sind. Die Pferde stehen im Baschkiren-Typ und werden seit 1971 als Bashkir Curly registriert.

Links und unten: Die Herkunft des Bashkir Curly ist immer noch unklar. Man entdeckte die Ponys im 19. Jahrhundert in Mustangherden und vermutete, daß sie mit den amerikanischen Ureinwohnern über die Beringstraße nach Amerika gelangt waren. Allerdings war diese während der Eiszeit unpassierbar – und die amerikanischen Pferde starben um jene Zeit, also vor etwa 8000 bis 10 000 Jahren, aus.

Verwendung

Die Baschkiren sind Allroundponys. Die vielseitigen Arbeitspferde ziehen Schlitten sowie landwirtschaftliche Geräte, gehen vor dem Pflug und sind zudem angenehm zu reiten. Die Ponyherden werden wie Milchkühe gehalten und täglich gemolken. Junge Stuten können bis zu 30 Liter Milch am Tag produzieren. Aus der Stutenmilch werden Sahne, Butter, Käse und der berühmte Kumyß gewonnen. Überzählige Pferde werden für die Fleischproduktion geschlachtet, ihre Felle zur Herstellung von Mänteln, Mützen u. ä. verwendet.

Exterieur

Baschkiren-Ponys haben einen kräftigen Körper und einen dicken Kopf. Der Hals ist kurz, der Rumpf voll und gerundet. Der gerade Rücken mündet in eine abgedrehte Hinterhand. Die kurzen Gliedmaßen weisen gute Knochen und einen leichten Behang auf. Mähne und Schweif sind voll. Die Tiere sind meist braun oder fuchsfarben.

Merkmale

Das vielseitige Pony ist von sanftem Wesen: Die Stuten werden beim täglichen Melken oft nicht einmal angebunden. Der Baschkir ist stark und verläßlich – ein angenehmes Reitpferd, das sich aber auch als Fahrpferd und für leichtere Arbeiten in der Landwirtschaft eignet. Baschkiren sind ausgesprochen trittsicher.

Stockmaß

Um 1,40 m.

Pony of the Americas

Der Gründerhengst dieser Rasse, Black Hand I., wurde 1954 in Iowa geboren. Seine Mutter war eine Appaloosa-Stute (siehe Seite 192), sein Vater ein Shetlandpony-Hengst (siehe Seite 221). Später verloren sich mit der Einkreuzung von Quarter Horses (siehe Seite 195) und Arabern (siehe Seite 184) die Merkmale des Shetlandponys, und es entstand ein kleines Pony im Reitpferdetyp. Um ins Stutbuch eingetragen zu werden, muß das Pony in Typ und Farbgebung dem Appaloosa (siehe Seite 242) entsprechen. Es sollte korrekt gebaut sein, gute Knochen haben, insgesamt qualitativ hochwertig sein, frei und gerade gehen und dabei die Hinterhand gut untersetzen.

Verwendung
Ponys of the Americas sind in den USA sehr beliebt und werden sowohl in der englischen als auch in der Westernreitweise geritten. Sie gehen auf Turnieren, als Trekking- und Wanderreitponys und sogar in speziell für diese Rasse organisierten Rennen.

Exterieur
Das Pony hat einen kleinen, qualitativ hochwertigen Kopf mit konkavem Profil, große, intelligente Augen, bei denen das Weiß des Augapfels oft deutlich zu sehen ist, und kleine Ohren. Die Schulter ist gut gelagert, der Widerrist deutlich definiert. Die Brust ist breit, das Pony hat viel Fundament. Die Mähne und der hochangesetzte Schweif sind fein, die Gliedmaßen stark und gesund. Die Hufe sind oft gestreift.

Merkmale
Das Pony ist willig, aktiv und vielseitig. Es hat ein freundliches, sensibles Wesen und ist leicht zu handhaben. Seine Gänge sind gerade und frei. Der Trab ist oft weit, mit hoher Aktion. Die Tiere sind gute Springponys.

Stockmaß
1,17 – 1,37 m

Sable Island Pony

Das Sable Island Pony verdankt seinen Namen einer kleinen Insel, die 30 km von Nova Scotia entfernt im Atlantischen Ozean liegt. Die Tiere stammen von französischen Pferden und Ponys ab, die im frühen 18. Jahrhundert über England nach Kanada gelangten, mit einheimischen Pferden gekreuzt und auf die Insel gebracht wurden. Heute gibt es auf dem 45 km langen Sable Island mehrere kleine Herden. Ab und zu werden Ponys von den Einheimischen eingefangen und als Kutsch- oder Reitpferde genutzt.

Verwendung
Sable Island Ponys können als echte einheimische Ponys angesehen werden, da sie schon vor den Menschen auf der Insel lebten. Die Rasse wird sorgfältig selektiert. Inzucht wird vermieden. Das Sable Island Pony ist ein Allroundpony, das sowohl zum Reiten wie auch zum Fahren und als Packpferd genutzt werden kann.

Exterieur
Das Sable Island Pony hat einen relativ großen Kopf mit geradem Profil und langen Ohren. Der Hals ist dick, die Schulter eher gerade. Der kurze Rücken geht über in eine abgedrehte Hinterhand. Die feinknochigen und kurzen Gliedmaßen weisen einen leichten Behang auf. Die meisten Ponys sind Füchse, Braune, Schimmel oder Rappen.

Merkmale
Die Ponys sind durch ihren Lebensraum geprägt: Sie sind hart, zäh und drahtig, dabei aber von freundlichem Wesen und für alle Arbeiten geeignet.

Stockmaß
1,42 – 1,52 m

Falabella

Falabellas sind die kleinsten Pferde der Welt. Trotz ihrer Winzigkeit sind sie eher Pferde als Ponys. Als Höchstmaß sind 86 cm erlaubt. Die Rasse wurde von der Familie Falabella gegründet, die eine Ranch in der Nähe von Buenos Aires besitzt. Falabellas basieren auf Shetlandponys, die man mit einem sehr kleinen Vollblüter – vermutlich einer Anomalie – (siehe Seite 160 und 221) kreuzte. Die ersten Abkömmlinge waren bereits sehr klein und wurden wiederum mit den kleinsten Tieren verschiedener Ponyrassen gekreuzt. Durch gezielte Inzucht entstand ein winziger Pferdetyp, der die dominanten Gene eines Miniaturvollblutpferdes aufwies. Heute werden Falabellas in die ganze Welt exportiert. In den USA sind besonders Falalbellas in Appaloosa-Färbung sehr beliebt. Mittlerweile werden die Tiere aber auch in Europa gezüchtet.

Verwendung
Falabellas sind Streicheltiere. Sie sind freundlich und intelligent und werden aufgrund ihrer Außergewöhnlichkeit oft als Kuriositäten gehalten. Sie können gefahren werden, aber keine schweren Kutschen ziehen. Zum Reiten sind sie ebenfalls zu klein. Ihr gutes Springvermögen können sie nur im Freispringen demonstrieren.

Exterieur
Ein Falabella-Pony hat feine Gliedmaßen und korrekte Linien, aber zwei Wirbel und zwei Rippen weniger als normale Pferde oder Ponys. Der hübsche kleine Kopf hat eine breite Stirn wie die der Shetlandponys; die Ohren jedoch sind länger. Die Schulter ist oft steil, Rücken und Hinterhand dagegen sind gut geformt. Die weichen Gliedmaßen haben nur wenige Knochen und stehen vorn zum Teil etwas vorbiegig. Die Hinterhand ist häufig kuhhessig. Die Hufe sind steil. Mähne und Schweif sind sehr voll. Es gibt alle Farben sowie Schecken und Appaloosas.

Merkmale
Das Pony braucht einen Stall und im Winter sogar eine Decke sowie zusätzliches Kraftfutter. Die Zähigkeit und die Widerstandskraft seiner Shetland-Vorfahren gingen aufgrund der Inzucht zwar verloren, dennoch sind die meisten Pferde korrekt.

Stockmaß
0,51 – 0,86 m

Oben: Dieses ausgewachsene Falabella-Pony zeigt seine Geschicklichkeit beim Freispringen. Das zierliche Pony braucht eine gute Konstitution und Mut, um derartige Sprünge zu meistern.

Links: Im Verhältnis zu einem Menschen ist dieses Falabella-Fohlen winzig. Die Ponys weisen zwar Pferdemerkmale auf, sind jedoch eher Streicheltiere. Falabella-Ponys sollten kleine und freundliche Pferde als Gefährten haben.

Australisches Pony

Das Stutbuch des Australischen Ponys wurde 1929 eröffnet. Die Zucht basiert auf südafrikanischen Pferden, die 1788 importiert wurden, und indonesischen Tieren, die von Mongolischen Ponys (siehe Seite 231) abstammten. Verbessert wurde die Rasse durch Araber (siehe Seite 184), deren Importe nach 1803 erheblich anstiegen. Die meisten von ihnen waren in der Lage, sich an die extremen klimatischen Verhältnisse in Australien anzupassen. Die Einkreuzungen von Vollblütern (siehe Seite 160) und Exmoor- und Shetlandponys (siehe Seite 215 und 221) brachten Ausdauer und Charakter in die Zucht. Den größten Beitrag jedoch lieferte der Welsh-Mountain-Pony-Hengst Dyoll Greylight, der 1911 nach Australien importiert wurde und als Gründerhengst der Rasse gilt. Das Australische Pony ist in Australien sehr beliebt und wird landesweit in vielen Ponyclubs geführt.

Verwendung
Das Australische Pony ist in erster Linie ein hervorragendes Kinderreitpony, das bei Reiterspielen in allen Disziplinen wie Dressur- und Springturnieren, in der Vielseitigkeit, im Distanzreiten, beim Trekking und als Fahrpferd eingesetzt wird. In der australischen Landwirtschaft wird es auch heute noch häufig zum Hüten von Rinder- und Schafherden verwendet.

Exterieur
Das Australische Pony hat einen feinen Kopf mit konkavem Profil und kleinem Maul. Der Hals ist geschwungen, die Schulter schräg, der Widerrist gut geformt. Der Rumpf ist tief. Der kurze Rücken geht in eine kraftvolle Hinterhand über. Die Tiere sind meist Schimmel oder Füchse. Schecken oder getupfte Pferde sind nicht zugelassen.

Merkmale
Dieses sanfte und intelligente Pony ist leicht auszubilden und zu handhaben. Seine Gänge sind weich und frei.

Stockmaß
1,22 – 1,44 m

Basuto-Pony

Das Basuto-Pony stammt vom Kap-Pferd ab, einem edlen Pferd mit arabischen und berberischen Vorfahren, die 1653 aus Java in die Kap-Provinz importiert und mit Vollblütern gekreuzt wurden. 1808 jedoch waren die Kap-Pferde fast ausgestorben. Die überlebenden Tiere wurden nach Basuto-Land gebracht, wo die Lebensbedingungen für die Pferde wesentlich härter waren. Schnell verloren die Tiere im Überlebenskampf ihre Feinheit. Durch die Vermischung mit einheimischen Ponys entstand das drahtige, starke und unglaublich zähe Basuto-Pony.

Verwendung
Neben seiner früheren Verwendung als Kriegspferd hat sich das Basuto-Pony auch als Polopony und als Rennpferd bewährt. Die Ponys eignen sich für alle reiterlichen Sportdisziplinen ebenso wie als Hütepferde für Rinder- und Schafherden. Sie können selbst schwere erwachsene Männer tagelang tragen und sind ausgezeichnete Packpferde. Ebensogut aber ziehen sie leichte Kutschen.

Exterieur
Das Basuto-Pony ist gedrungen. Der edle Kopf ist das Erbe seiner arabischen und vollblütigen Vorfahren. Der Hals ist ziemlich lang und dünn, die Schulter eher steil und der Rücken lang; die Brust jedoch ist breit. Der tiefe Rumpf

sitzt auf kurzen, starken Gliedmaßen. Die Hufe sind hart. Die häufigsten Farben sind braun, weiß und fuchsfarben.

Merkmale
Das Basuto-Pony ist zäh, trittsicher und ausdauernd. Es ist zwar nicht sehr schnell, aber geschmeidig und drahtig und wird auch in speziellen Rennen gezeigt. Viele Basuto-Ponys sind ausgezeichnete Tölter.

Stockmaß
Um 1,47 m.

PALADI
VOTVM

Teil 6

Mythos Pferd

Seit mehreren tausend Jahren besteht zwischen Pferd und Mensch eine geradezu einzigartige Verbindung. Für den Menschen ist das Pferd einerseits ein fast unerreichbares, geradezu mystisches Wesen, andererseits aber auch Partner und Freund im täglichen Leben: Mit Hilfe von Pferden wurden und werden Felder gepflügt, Ernten eingebracht und Lasten transportiert.

Man setzt das Pferd in Wettkämpfen und zum Viehtreiben ein; früher trug es Krieger in die Schlacht und Abenteurer in unbekannte Länder. Heutzutage ist die Pferdezucht durch Turniere, Jagd- und Freizeitreiten zu neuer Blüte gelangt.

Der Einfluß des Pferdes auf den Menschen spiegelt sich beispielsweise in dem Wort „Kavalier“ wider, das vom französischen „chevalier“ für Reiter abstammt und mit dem man einen wohlerzogenen Mann bezeichnet. Ein schönes und gutgerittenes Pferd gilt seit Jahrhunderten als Statussymbol.

Pferde & Phantasie

Gefleckte Pferde

Gefleckte Pferde wie auf dieser 20 000 Jahre alten Höhlenzeichnung aus Frankreich wurden ab 2000 v. Chr. auf chinesischen und persischen Kunstgegenständen und seit dem 8. Jahrhundert n. Chr. auch in türkischen und spanischen Zeichnungen dargestellt. Gefleckte Pferde aus Spanien beeinflußten amerikanische Pferderassen und waren zu Ende des 18. Jahrhunderts auch in Europa beliebt.

Von dem bedeutsamen Augenblick an, als der erste Mensch im Paläolithikum ein Pferd auf die Wände seiner Höhle zeichnete, haben Pferde die Phantasie des Menschen in allen Formen der bildenden Kunst, in der Literatur und im Film inspiriert. Schon in den Riten der Steinzeitmenschen spielten diese Tiere eine überaus wichtige Rolle. In späteren Zeiten wurden sie dann sogar als fliegende, nicht faßbare Geschöpfe für die Bewegung von Sonne und Mond verantwortlich gemacht. Pferde inspirierten Dichter und Denker und geleiteten Tote zur letzten Ruhe. Diese außergewöhnlichen Tiere waren schon immer mehr als nur Arbeitstiere – über Jahrtausende hinweg dienten sie in Religion und Mythologie, in Mystik und Magie als exaktes Spiegelbild der jeweiligen Zeit. Das Pferd symbolisiert seit jeher Kraft, Schönheit, Anmut und Verläßlickeit – und diese Eigenschaften wurden in vielen Fällen auch auf seine weitaus weniger perfekten Besitzer übertragen. Seit seinem Erscheinen nimmt das Pferd in der Vorstellungskraft des Menschen einen ganz besonderen Platz ein.

MYTHISCHE PFERDE

Als die Menschen begannen, sich mit Pferden zu befassen, war es geradezu unausweichlich, daß ihre Götter und Helden auf besonderen Pferden ritten. In unterschiedlichen Kulturen findet man ähnliche Bilder: Der Sonnengott beispielsweise fährt mit einem edlen Pferdegespann über den Himmel. Pferdeähnliche Kreaturen wie Zentauren und Einhörner entstanden in der Phantasie der Menschen – möglicherweise basieren sie auf Sagen oder Naturphänomenen.

✦ Die weißen Rosse der sterblichen Zwillingssöhne Castor und Pollux des griechischen Göttervaters Zeus hießen Cyllaros und Harpagos.

✦ Hades, der griechische Gott der Unterwelt, hatte ein Gespann von vier schwarzen Hengsten. Der griechische Sonnengott Helios jagte mit vier weißen Hengsten über den Himmel. Poseidon, der griechische Meeresgott, galt als Schöpfer und Verkörperung aller Pferde – ihm opferte man weiße Pferde. Auf Rhodos wurde jedes Jahr zum Winterende ein Viererzug edelster Schimmel ins Meer gestürzt, um „die Sonne zu erwecken".

✦ Die unsterblichen Pferde Xanthos und Balios, Söhne des Westwindes Zephyr, gehörten dem griechischen Helden Achilles.

✦ Sleipnir, der achtfüßige Hengst des germanischen Gottes Odin, war nicht nur ein Kriegspferd, sondern auch der Schutzgott der Dichter. Zusammen mit seinem Reiter starb er in der Ragnarök, der Schlacht der Götterdämmerung, die den Untergang der Götter und den Neubeginn der Zeiten markiert.

✦ Der Rappe Hrimfaxi („Reifmähre", benannt nach den Eiszapfen in seiner Mähne und seinem Schweif) zog den dunklen

Das Trojanische Pferd

Das Trojanische Pferd war eine Holzstatue, die im Trojanischen Krieg von den Griechen vor den Toren Trojas aufgestellt wurde. Als sich die Griechen zurückzogen, holten die Trojaner das hölzerne Pferd ins Innere der Stadt. In der Nacht entstiegen der Statue von Odysseus angeführte griechische Krieger und zerstörten Troja. Der griechische Dichter Homer berichtet in der *Ilias* von dieser Begebenheit; historisch belegt ist sie jedoch nicht.

PFERDE IN RELIGIÖSEN RITEN

◆

Die weibliche Pferdegottheit ist ein immer wiederkehrendes Thema in der Mythologie. Demeter, die griechische Göttin der Erde und des Getreides („Rhiannon“ bei den Kelten, „Epona“ bei den Galliern, „Macha“ bei den Iren) wurde durch den Kopf einer schwarzen Stute symbolisiert (links); ihre Priesterinnen hießen „Stuten“. Epona und Rhiannon wurden auch später noch als von Pferden begleitete Frauen dargestellt.

Wagen von Nott, der altnordischen Personifizierung der Nacht.

✦ Einhörner sollen mystische weiße Pferde gewesen sein, die ein gerades, magisches Horn auf ihrer Stirn trugen.

✦ Bei Zentauren handelte es sich um mystische Geschöpfe, die halb Mensch, halb Pferd waren. Zwar gab es den weisen und sanften Zentaur Chiron, den Lehrer vieler griechischer Götter und Helden, doch die meisten Zentauren waren wilde und ungehobelte Gesellen. Man sah sie als lüsterne, trunkene und sinnenfrohe Gefolgsleute des Weingottes Dionysos an, dessen Wagen sie auch zogen.

Links: Medusa, die Mutter von Pegasus, dem fliegenden Pferd, wurde von Perseus begattet. Als Pegasus fortflog, hinterließ er eine Hufspur auf dem Berg Helikon, aus der die Quelle Hippokrene entsprang. Sie war den Musen geweiht und galt als Quelle der dichterischen Inspiration. Pegasus wurde vom Prinzen Bellerophon gezähmt. Beide bestanden Abenteuer wie die Tötung des Ungeheuers Chimäre. Später war Pegasus der Träger der Blitze des Gottes Zeus.

Himmlische Pferde

In der Mitte des 2. Jahrhunderts v. Chr. begannen die Chinesen bereits mit dem systematischen Handel und der Zucht von Pferden, um die nomadischen Stämme an ihren Grenzen zu unterdrücken. Man sandte Händler nach Baktrien, Turkestan und Ferghana, wo es Pferde aus der berühmten nisäischen Zucht gab, die auf Alexander den Großen zurückging. Die Chinesen bezeichneten diese wunderschönen und kraftvollen Tiere als „göttliche Pferde“.

> *„Götter und Helden stellt man auf wohlausgebildeten Rossen dar.“*
>
> XENOPHON

Pferde & Phantasie

Die Pferde der Apokalypse

In der Bibel und auch im Koran, der Heiligen Schrift des Islam, werden Pferde an vielen Stellen erwähnt. Eine berühmte Bibelstelle wurde von Albrecht Dürer (1471–1528) sogar in einem Holzschnitt dargestellt: In der *Offenbarung*, Kap. 9,17, beschreibt der Evangelist Johannes den Weltuntergang folgendermaßen: „Und so sah ich die Rosse im Gesicht und die darauf saßen, daß sie hatten feurige und bläuliche und schwefelige Panzer; und die Häupter der Rosse waren wie die Häupter der Löwen, und aus ihrem Munde ging Feuer und Rauch und Schwefel." (zitiert nach der Bibelübersetzung von Martin Luther)

„Als Gott das Pferd schuf,
sprach er zu dem herrlichen Geschöpf:
Ich habe dich einzig gemacht.
Zwischen deinen Augen liegen
alle Schätze der Erde.
Mit deinen Hufen
wirst du meine Feinde schlagen
und auf deinem Rücken
meine Freunde tragen."

KORAN

PFERDE IN DER LITERATUR

Viele Autoren von Büchern, Fernseh- und Kinofilmen haben Pferde als Hauptdarsteller gewählt. Einige der berühmtesten dieser fiktiven Pferde sind:

✦ „Black Beauty" nach dem Buch (1877) von Anna Sewell (siehe Seite 41). Das Buch propagierte den Tierschutzgedanken und wurde 1946, 1971 und 1994 verfilmt.

✦ Der „Schwarze Hengst", ein Araberhengst, freundete sich mit einem kleinen Jungen an. Nach dem im Jahr 1941 erschienenen Buch von Walter Farles entstand die Fernsehserie *Die Abenteuer des Schwarzen Hengstes*.

✦ In dem Buch *Der Ritt nach Narnia* (1954) von C. S. Lewis treten die sprechenden Pferde „Bree" und „Hwin" auf.

✦ „Grane" hieß der Hengst, mit dem der Nibelunge Siegfried Brunhild befreite.

Oben: In „Mein Freund Flicka" (1941) und „Grünes Gras der Weide – Ein Sommer mit unseren Pferden" (1945–47) von Mary O'Hara wird die Freundschaft eines Jungen mit der Stute Flicka auf der Farm seines Vaters in Wyoming beschrieben. Die Bücher wurden Ende der 40er Jahre verfilmt.

MALEREI UND BILDHAUEREI

Das Pferd als Inbegriff der Schönheit inspirierte Künstler jahrhundertelang.

✦ Der griechische Bildhauer Lysippos (4. Jahrhundert v. Chr.) schuf die vier überlebensgroßen Bronzepferde der byzantinischen Stadt Konstantinopel, die heute vor St. Markus in Venedig stehen.

✦ Der italienische Bildhauer Donatello (1386–1466) schuf den Gattamelata, die erste triumphale Reiterstatue seit der Antike, die in Padua zu sehen ist.

✦ Der flämische Maler Anthonis van Dyck (1599–1641), der für seine Porträts bekannt ist, malte den unscheinbaren König Charles von England als imposanten Reiter auf einem herrlichen Pferd.

✦ Der englische Maler und Kupferstecher George Stubbs (1724–1806) veröffentlichte 1766 das Buch *Die Anatomie des Pferdes*.

✦ Der französische Maler Edgar Degas (1843–1917) war fasziniert von der Kraft und den Bewegungen der Rennpferde und bildete dies auf Gemälden und als Skulpturen ab.

✦ Frederic S. Remington (1861–1909), amerikanischer Bildhauer und Schriftsteller, verewigte die Pferde des Wilden Westens in Gemälden und Skulpturen. Seine Grabinschrift lautet: „Er verstand die Pferde."

✦ Der englische Maler Alfred Munnings (1878–1959) war berühmt für seine Gemälde von Jagdpferden. Der Sohn eines Müllers wurde später geadelt und sogar Präsident der Königlichen Akademie.

✦ Der deutsche Maler Franz Marc (1880–1916) glaubte an die Spiritualität der Tiere und drückte diese in symbolischen Farben aus, so in „Die großen blauen Pferde" (1911). Marc war einer der Mitbegründer des Künstlerkreises „Der Blaue Reiter".

✦ Der zeitgenössische deutsche Maler Klaus Philipps malt vorzugsweise Turnierszenen und wurde dafür bereits mehrfach ausgezeichnet.

Rechts: *„Rennpferde vor dem Start" von Edgar Degas, 1879, Musée d'Orsay, Paris.*

✦ „Brigliadoro“ gehörte Roland, dem Lieblingsneffen Kaiser Karls des Großen, der in der Schlacht von Roncesvalles fiel.

✦ Das Wunderpferd „Champion“ wurde, zusammen mit dem Cowboydarsteller Gene Autry, durch Film und Fernsehen bekannt und im Laufe der Jahre sogar von mehreren Pferden dargestellt.

✦ Der berühmte Hengst „Fury“ war ein American Saddlebred mit Namen Highland Dale. Er wurde durch die gleichnamige Fernsehserie bekannt.

✦ „Gabilan“ heißt das wilde Pferd, das in dem Buch *Der rote Pony* (1933) von John Steinbeck von einem kleinen Jungen gezähmt wird.

✦ Der Schimmel der Königstochter, der geköpft wurde und dessen sprechenden Kopf man über den Torbogen nagelte, trug den Namen „Fallada“.

✦ Ein Schimmel war auch das Wahrzeichen des Deichgrafen in Theodor Storms Novelle *Schimmelreiter*. Der Schimmel soll noch heute in Sturmnächten spuken.

Oben: „Silver“ hieß der wilde Hengst, der zwischen 1948 und 1960 in Comics, Büchern sowie in Radio- und Fernsehsendungen dem „Lone Ranger“, einem maskierten Cowboy, zur Seite stand. Der beste Freund des Titelhelden, der Indianer Tonto, ritt auf einem Pinto, der den Namen „Scout“ trug.

✦ Das Assateague-Wildpferd „Misty“ wurde durch das im Jahr 1947 veröffentlichte Kinderbuch *Misty of Chincoteague* von Marguerite Henry und durch den gleichnamigen Spielfilm berühmt.

✦ „Rakhsh“ war das tapfere, gefleckte Pferd des persischen Helden Rustam, dessen Abenteuer der Dichter Firdausi in seinem Heldenepos *Shah-nameh* (*Buch der Könige*) aus dem 11. Jahrhundert beschreibt. Der Hengst vermochte sogar einen Löwen zu töten.

✦ „Rosinante“ heißt Don Quichottes lächerliche alte Stute in Miguel de Cervantes y Savedras zweiteiligem Roman *Don Quijote de la Mancha* (1605).

✦ Das Pferd, das der Zauberer Gandalf der Graue in der Fantasy-Trilogie *Der Herr der Ringe* (1954–55) von J. R. R. Tolkien reitet, trägt den Namen „Schattenfell“.

✦ „Rih“ war der herrliche Hengst Winnetous. Man mußte dem Pferd nur die Hand zwischen die Ohren legen, dann gab es sein Letztes ...

Der Wilde Westen

Als die Spanier 1519 Mexiko besiedelten, waren Pferde in Amerika seit 8000 Jahren ausgestorben. Doch nur 60 Jahre später zogen bereits wieder Herden von halbwilden Pferden durch das Land, das wir heute als die USA kennen. Die mexikanischen Pueblo-Indianer waren die ersten Eingeborenen, die Pferde ritten. 1720 besaßen die Pawnee-Indianer im heutigen Nebraska aber bereits Hunderte von Pferden. Zehn Jahre später ritten die Snake-Indianer aus Wyoming gegen die Blackfoot-Indianer im südlichen Alberta.

Die Sioux waren der letzte Stamm, der mit Pferden in Berührung kam: 1770 wurden sie von den Ogjiba nach Minnesota vertrieben und mußten in der Ebene ein völlig neues Leben führen. Pferde erleichterten den Menschen in Amerika die Büffeljagd, die Kriegsführung und den Handel.

„Sie begruben ihren Herrscher; und neben ihm begruben sie sein Schlachtroß."

Henry Wadsworth Longfellow

Die ersten Pferde

Die ersten Pferde gelangten mit Hernando Cortez, einem Adligen in Diensten des spanischen Königs, in die Neue Welt. Bei ihrer Landung in Mexiko brachten die Spanier 16 Tiere mit. Die Eingeborenen waren völlig entsetzt und glaubten anfangs, Cortez und seine Männer seien eine Art Zentauren. Der Einsatz der Pferde veränderte das Leben der Eingeborenen und aller Menschen auf dem Kontinent von Grund auf.

Petroglyphen in Arizona

Die Felszeichnungen der Indianer stellen sakrale Handlungen oder historische Begebenheiten dar. Die älteste bekannte Felszeichnung stammt aus der Zeit um 2500 v. Chr. Diese Zeichnung, die um 1805 entstand, dokumentiert vermutlich den ersten Kontakt der Indianer mit den Spaniern.

INDIANERPFERDE

Indianerpferde waren zäh, drahtig, ausdauernd und genügsam. Die Indianer waren gute Reiter und ritten ihre Pferde mit minimaler Ausrüstung wie einem Seil aus Rohleder als Kopfstück. Die Stämme kastrierten ihre Tiere, doch eine systematische Zucht betrieben nur die Nez Percé aus Idaho: Ihre Pferde waren die getupften Appaloosas (siehe Seite 192). Die Rasse darf fünf Farbschemata aufweisen, wobei Variationen erlaubt sind:

Leopard: weiße Grundfarbe mit schwarzen Tupfen am ganzen Körper

Snowflake: dunkle Grundfarbe mit hellen Tupfen am ganzen Körper

Blanket: dunkle Vorhand, weiße oder gefleckte Lende und Kruppe

Marble: dunkle Grundfarbe, die mit zunehmendem Alter heller wird; darauf erscheinen stark kontrastierende dunkle Flecken

Frosted: dunkle Grundfarbe mit hellem Stichelhaar oder Flecken auf Lenden- und Hüftpartie

Büffeljagd von George Catlin
Die Möglichkeit, zu Pferd zu jagen, bescherte kulturell und sprachlich so unterschiedlichen Indianerstämmen wie Apapaho, Apachen, Kiowa, Cheyenne und Komanchen bald ein ähnliches Leben als Büffeljäger. Vor der Mitte des 17. Jahrhunderts hatten sie noch zu Fuß gejagt. Die Indianer töteten nur für den eigenen Bedarf. Die Büffelherden wurden von den Weißen ausgerottet, die allein zwischen 1872 und 1874 über vier Millionen Büffel erlegten. Doch auch Krankheiten, die durch importierte Rinder und Mustangs eingeschleppt wurden, dezimierten den Büffelbestand.

Pferdeschleppe
Dieses Gestell bestand aus zwei Stangen, die an einem Rahmen befestigt waren. Da es keine Räder hatte, war es auch für schlechtes Gelände geeignet und wurde meist von den Frauen zum Transport von Haushaltsgegenständen benutzt.

PFERDE ALS STATUSSYMBOLE

Um die Mitte des 19. Jahrhunderts spielten Pferde eine große Rolle im Leben der Indianer. Sie waren unabdingbar für die Büffeljagd und eine Art Zahlungsmittel. Der Reichtum eines Mannes sowie sein Ruf als Krieger und Jäger wurden an der Anzahl seiner Pferde gemessen. Pferdediebstähle bei anderen Stämmen oder weißen Siedlern waren an der Tagesordnung. Im Gegensatz zu anderen europäischen Errungenschaften war das Pferd eine Wohltat für die Indianer und veränderte ihre Kultur ebenso wie ihr Selbstverständnis.

Der Wilde Westen

Go west, young man!

Im Land der unbegrenzten Möglichkeiten wurden Leben ausgelöscht und neue Existenzen aufgebaut. Ohne Pferde wäre das alles jedoch unmöglich gewesen – Pferde zogen Wagen und Pflug der Pioniere und nur durch sie konnte die Kommunikation mit den Nachbarn aufrechterhalten werden. Die großen Trecks in den Westen begannen um 1763.

„Zum Teufel, Ma'am, wieso soll man einem Ding einen Namen geben, das man vielleicht mal aufessen wird!"

EIN COWBOY ZU EINER LADY, DIE IHN NACH DEM NAMEN SEINES PFERDES GEFRAGT HATTE

DER PONY EXPRESS UND DIE WELLS FARGO STAGE COACH

Der Pony Express verdeutlichte den Grenzcharakter des Westens: Vor der Erfindung der Telegrafie war nur durch ihn eine Kommunikation mit dem Osten möglich. Die 3146 Kilometer lange Strecke zwischen St. Joseph, Missouri, und San Francisco, Kalifornien, wurde von 1860 an mit jeweils 400 Pferden in zehn Tagen bewältigt, wobei ein Großteil der Strecke die Reiter, meist tollkühne junge Männer, durch Indianergebiet führte. Wegen der hohen Verluste wurde der Pony Express aber bereits nach zwei Jahren wieder aufgegeben. Seine Nachfolger waren die Kutschen der Wells Fargo Overland, die gut bewacht wurden und daher auch Passagiere beförderten.

Cowboys

Den Cowboys standen speziell ausgebildete Pferde zur Verfügung. Die schnellen und geschmeidigen Cutting Horses wurden für das Aussondern einzelner Tiere gebraucht. Ebenso gut ausgebildet und auf die kleinste Hilfe reagierend waren die Roping Horses. Wenn ein Rind mit dem Lasso eingefangen werden sollte, mußte das Roping Horse selbständig in der Lage sein, das am Sattel befestigte Lasso strammzuhalten. Die bevorzugte Gangart war der „lope", ein langsamer Galopp – ein schneller Trab galt als unmännlich. Diese Philosophie lebt bei den heutigen Cowboys fort.

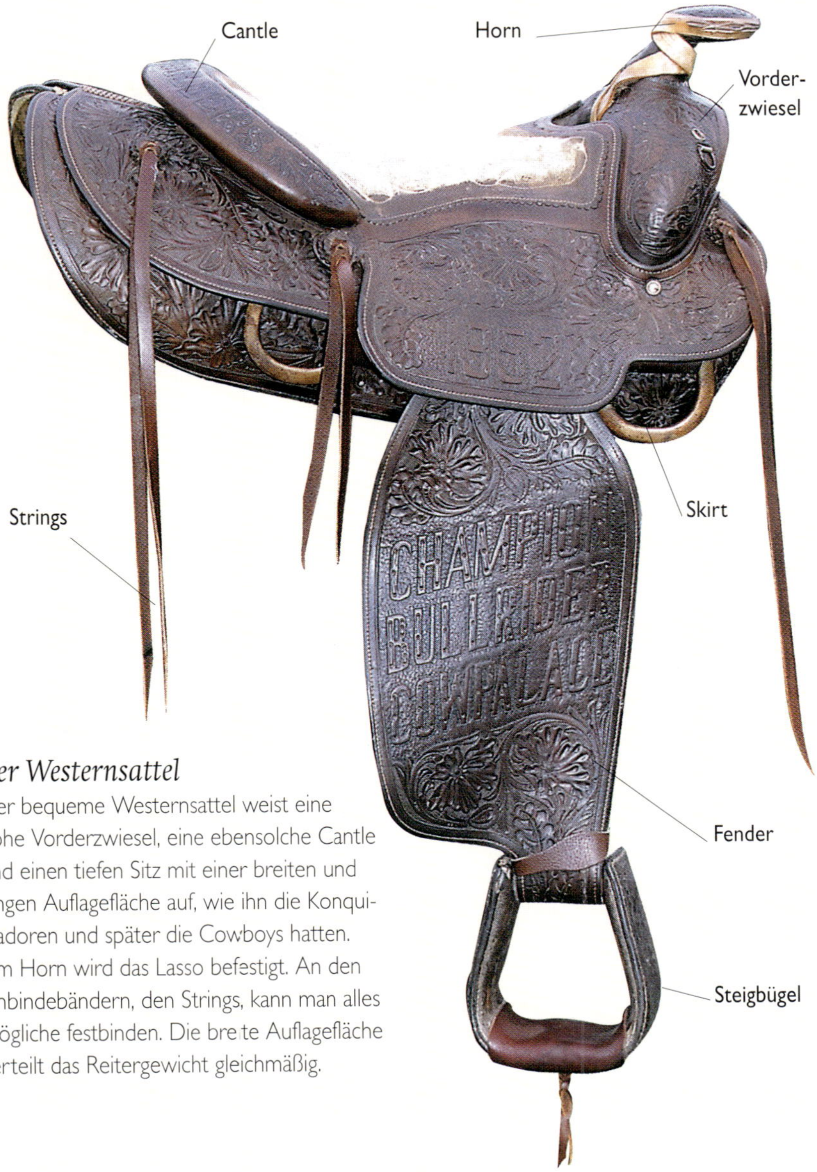

Der Westernsattel

Der bequeme Westernsattel weist eine hohe Vorderzwiesel, eine ebensolche Cantle und einen tiefen Sitz mit einer breiten und langen Auflagefläche auf, wie ihn die Konquistadoren und später die Cowboys hatten. Am Horn wird das Lasso befestigt. An den Anbindebändern, den Strings, kann man alles mögliche festbinden. Die breite Auflagefläche verteilt das Reitergewicht gleichmäßig.

DER COWBOY ALS IDOL

Der Wilde Westen nimmt einen besonderen Platz in der Vorstellung der Menschen ein. Die Cowboys arbeiteten in unerschlossenen Gegenden und waren für die Sicherheit der ihnen anvertrauten Herden verantwortlich. Da diese über lange Strecken zu den Verschiffungshäfen getrieben wurden, brauchten die Cowboys Kraft, Ausdauer und Einfallsreichtum, um die Trecks sicher ans Ziel

zu bringen. Die Männer hatten viel Geschick im Umgang mit Pferden und waren zudem gute Schützen. Das alles gab ihnen zwar einen romantischen Anstrich von mutigen Männern auf großen, edlen Pferden, doch die Realität sah ganz anders aus: Für ihre Arbeit holten sich die Cowboys täglich Ponys aus der Herde. In der Frühzeit waren dies meist halbwilde Mustangs, deren Verlust für den Cowboy den sicheren Tod bedeutete.

Pferde im Krieg

Es grenzt geradezu an Zynismus, daß ausgerechnet das Pferd, dieses ängstliche Tier, dessen ausgeprägtester natürlicher Trieb der Fluchtinstinkt ist, eine derart wichtige Rolle in Kriegen gespielt hat. Das Pferd trug Herrscher und ihre Krieger, zog Streitwagen, transportierte Waffen und Gepäck, teilte mit seinen Reitern den Ruhm und – öfter noch – das Grauen, Entbehrungen und den Tod.

Die Geschichte der Kriege war stets eine Frage der Balance zwischen Mobilität und der Wahrung eigener Interessen. Seit 1500 v. Chr. in Mesopotamien erste Streitwagen eingesetzt worden waren, bildeten berittene und bespannte Einheiten die militärischen Eliten.

Auch im Zweiten Weltkrieg kamen Kavallerie und bespannte Einheiten zum Einsatz. Selbst in jüngster Vergangenheit wurden Pferde noch in Kriegen in Afghanistan und Bosnien eingesetzt. Im allgemeinen haben Pferde in den modernen Armeen jedoch eine repräsentative Funktion.

Die mongolischen Horden
Niemand konnte im Galopp auf dem nackten Pferderücken besser mit Pfeil und Bogen umgehen als die mongolischen Krieger, die unter Dschingis-Khan im 13. Jahrhundert ein Gebiet eroberten, das vom Chinesischen Meer bis zum Baltikum reichte. Auf kleinen, aber zähen Pferden legten die Mongolen täglich bis zu 130 Kilometer zurück. Sie ritten ohne Zaumzeug und verbrachten nahezu ihr ganzes Leben im Sattel – nicht einmal zum Essen, Trinken oder Schlafen saßen die Reiter ab. Ein Krieger „verbrauchte" an einem Tag bis zu zehn Pferde. Wenn ein Tier müde war, wurde es ausgetauscht.

„Es gibt keine Antwort,
es gibt keinen Grund.
Sie taten es,
und sie starben –
ins Todestal
ritten die Sechshundert ..."

ALFRED LORD TENNYSON

Boudicca, die Kriegerkönigin
Boudicca, die Königin eines kriegerischen Stammes in Norfolk, erhob sich im Jahr 60 v. Ch. gegen die römischen Besatzer und plünderte die Städte Colchester, London und St. Alban. Ihre Krieger ritten einheimische Ponys (siehe Seite 214–221) und fuhren Streitwagen, deren Radnaben mit Messern besetzt waren. Dieses Zusammenspiel von Reitern und Streitwagen vereitelte 55 v. Chr. Julius Caesars ersten Versuch, England zu erobern. Doch die Römer lernten aus ihrer Niederlage und überrannten England im Jahr 54 v. Chr. mit 2000 schwerbewaffneten gallischen Reitern.

Die Tragödie der Leichten Brigade

Eine große Reiterattacke mitzuerleben war der heimliche Traum eines jeden Kavalleristen. Einer der berühmtesten – oder unrühmlichsten – Angriffe war der der „Leichten Brigade“. Aufgrund eines schwerwiegenden taktischen Fehlers ritten fünf britische Kavallerieregimenter – 673 Männer mit ihren Pferden – am 25. Oktober 1864 im Tal von Balaclava eine geradezu selbstmörderische Attacke gegen die schwerbewaffneten Russen. Innerhalb von nur zehn Minuten kamen 113 Männer und 513 Pferde ums Leben. Der Regimentskommandeur Lord Cardigan allerdings blieb unverletzt. Auch Cardigans Hengst Ronald überlebte nicht nur diese Attacke, sondern den gesamten Krimkrieg. Als das Pferd nach England zurückkehrte, wurde es zu einem regelrechten Volksheld.

P F E R D E   A L S   O P F E R

◆

Seit Jahrtausenden müssen Pferde in kriegerischen Auseinandersetzungen ihr Leben lassen. Doch auch im zivilen Bereich haben sie viel Leid zu ertragen.

✦ Das Gestüt Trakehnen mußte zwischen 1812 und 1945 fünfmal evakuiert werden. Nur 1000 Trakehner überlebten im Zweiten Weltkrieg den Großen Treck nach Westen (siehe Seite 174).

✦ Während der Invasion der alliierten Truppen im Jahr 1944 kamen unzählige hervorragende Vollblüter bei der Zerstörung berühmter Gestüte ums Leben. Der Hengst Plassy, ein Sieger des Coronation Cup in Epsom, verbrannte in seinem belgischen Stall. Die erstklassige Stute Corrida, die 1936 und auch im folgenden Jahr den Prix de l'Arc de Triomphe gewonnen hatte, verschwand in Fresney-le-Buffard, wo sie vermutlich von hungrigen Soldaten geschlachtet wurde.

✦ Auch in der jüngsten Vergangenheit waren Pferde noch von Kriegen betroffen. Im Jahr 1990 war das kurz nach dem Zweiten Weltkrieg gegründete Gestüt Vucijak in Bosnien vom Verfall bedroht. Seine weltberühmten Lipizzaner waren beinahe verhungert und konnten nur durch eine eindringliche Intervention der NATO und der Internationalen Liga für den Schutz der Pferde gerettet werden.

Pferde im Zweiten Weltkrieg

Im November 1941 ritt das 44. Mongolische Kavallerieregiment in der Nähe des Dorfes Musino bei Moskau eine Attacke gegen die deutsche Artillerie und Infanterie. Dies war vermutlich der letzte Einsatz der Reiterei in der Geschichte des Militärs. 2000 Pferde und Reiter starben damals im Kugelhagel. Insgesamt kamen im Zweiten Weltkrieg etwa 1,5 Millionen Pferde ums Leben.

Berühmte Pferde

Die Vorstellung, daß Pferde aggressiv sind, daß sie mit Hufen und Zähnen angreifen könnten, ist völlig abwegig – Pferde sind im Grunde nichts anderes als hochspezialisierte Fluchttiere. Doch durch die Geduld, den unbedingten Leistungswillen und die geradezu unerschütterliche Loyalität des Pferdes auch und vor allem in Ausnahmesituationen können zuweilen außergewöhnliche Partnerschaften zwischen dem Tier und seinem Reiter entstehen. Oft genug hat ein einzelnes Pferd über Sieg oder Niederlage entschieden – nicht zuletzt im Krieg. Diese Pferde haben ihre Spuren unabänderlich in der Geschichte hinterlassen – man identifizierte sie häufig mit ihrem Reiter oder mit dem entsprechenden geschichtlichen Ereignis. Diese Tiere wurden zum Symbol für Mut, Freundschaft und Loyalität.

SEFTON

Der Hengst Sefton wurde zum Symbol des Widerstandes, nachdem bei einem Bombenanschlag der IRA im Londoner Hyde Park am 20. Juni 1982 zwei Reiter und sieben Pferde der Königlichen Garde ums Leben gekommen waren. Der irische Wallach wurde bei dem Anschlag selbst schwer verletzt, kehrte aber nach einem Jahr wieder in den Dienst zurück. Im Alter von 21 Jahren kam er auf den Gnadenhof der Königlichen Garde, wo er sieben Jahre später starb. Sefton wurde im Animal Defence Centre in Melton begraben.

Bukephalos

Bukephalos war das Pferd Alexanders des Großen (356–323 v. Chr.), der die gesamte damals bekannte Welt von Ägypten bis Indien beherrschte. Alexanders Vater hatte den Hengst für 13 Talente gekauft – das war dreimal soviel, wie bis dahin je für ein Pferd bezahlt worden war. Bukephalos galt als unreitbar, bis ihn der zwölfjährige Alexander in einer spektakulären Aktion zähmte. Danach waren die beiden unzertrennlich. Bukephalos kam 327 v. Chr. in der Schlacht von Hedaspes ums Leben. Alexander benannte die von ihm gegründete und später untergegangene Stadt Bukephalia nach seinem Pferd.

Babieca

Der Andalusier Babieca, der „Dummkopf", war das Pferd von Rodrigo Diaz, genannt El Cid, der im Spanien des 11. Jahrhunderts gegen die Mauren kämpfte. El Cid starb im Jahr 1099 in der von den Mauren belagerten Stadt Valencia. Doch ehe er verschied, gab er seinen Mitstreitern die Anweisung, seinen Leichnam in voller Montur auf Babiecas Körper festzubinden. Das Pferd betrat dann an der Spitze der Truppe um Mitternacht den Mauerwall. Die völlig überraschten Mauren flohen in Panik, da sie glaubten, El Cid sei von den Toten auferstanden.

Comanche

Am 25. Juni 1876 griff General Custers Kavallerie 3000 Cheyenne- und Sioux-Krieger in der Nähe von Little Big Horn in Montana an. Die Schlacht forderte auf beiden Seiten hohe Verluste: 263 Soldaten und 319 Pferde wurden getötet. Der braune Wallach Comanche war das einzige Pferd, das dieses furchtbare Gefecht überlebte. Als er sich von seinen schweren Verletzungen erholt hatte, war er längst zum berühmtesten Pferd der USA avanciert. Er wurde nie mehr geritten, brauchte nicht zu arbeiten und starb schließlich im November 1891 im Alter von 29 Jahren in Fort Riley in Kansas. Sein ausgestopfter Körper ist in der Universität von Kansas ausgestellt.

C O P E N H A G E N U N D M A R E N G O

Einige Pferde waren sogar ebenso berühmt wie ihre Reiter. Copenhagen, der Hengst des Duke of Wellington, wurde von der Truppe ebenso geliebt wie von seinem Besitzer. Als das Tier starb, begrub man es mit militärischen Ehren. Das Skelett von Napoleons Lieblingspferd – ein Araberhengst, den der Kaiser nach der Schlacht von Marengo im Jahr 1800 benannt hatte – wurde ins Armeemuseum nach Sandhurst gebracht. Copenhagen und Marengo nahmen am 18. Juni 1815 zusammen mit ihren Reitern an der Schlacht von Waterloo teil.

Oben: Copenhagen rettete seinen Herrn in der Schlacht von Waterloo vor den französischen Dragonern, indem er einen Zaun übersprang. Das Pferd wurde 1836 mit einer Todesanzeige in der Times geehrt.

Rechts: Marengo wurde 1798 gefangengenommen. Er war achtmal verwundet worden und hatte Napoleon in vielen Schlachten gedient. Der Kaiser ritt ihn auch auf seinem Rückzug aus Moskau im Jahr 1812.

Glossar

Aalstrich: dunkler Fellstreifen vom Hals bis zur Schweifrübe (bei urwüchsigen Pferden)

Bockhuf: steil stehende Hufe mit wenig Strahl und zu hohen Trachten

Bügeln: nach außen drehende, unerwünschte Bewegung der Vorhand aus dem Karpalgelenk heraus

Einkreuzung: Einkreuzen von Fremdblut in eine Rasse, um neue Impulse zu erhalten

Eintragung: Pferde mit Abstammungsnachweis können registriert, d. h. mit körperlichen Merkmalen eingetragen werden und eigene Identifikationspapiere erhalten.

Elchnase: konvexe Nase

Freiheit: Freiheit der Bewegung der unteren Gliedmaßen, also lange und bodengreifende Gänge

Gangpferde: alle Pferderassen mit Töltveranlagung

Gangwerk: die Bewegung der Gliedmaßen in den Grundgangarten

Gleichgewicht: harmonische Verteilung des Reiter- und des Pferdegewichts – das Pferd trägt den Reiter mühelos und bewegt sich leicht

Gurtentiefe: Maß, das hinter dem Widerrist rund um den Rumpf genommen wird

Hankenbiegung: Untersetzen der Hinterhand unter den Pferdekörper

Hengst: männliches, vererbungsfähiges Pferd

Hilfen: Anweisungen an das Pferd durch Beine, Hände usw. des Reiters

Hohe Schule: die klassische Art, Pferde auf höchstem Niveau auszubilden

Inzucht: züchterische Verbindung von Hengst und Tocher oder Stute und Sohn, um bestimmte genetische Potentiale zu erhalten

Kadenz: Art, in der ein Pferd sich rhythmisch und elastisch in der jeweiligen Gangart bewegt

Kaltblut: schweres europäisches Landpferd, das hauptsächlich zum Ziehen schwerer Lasten bzw. für die Arbeit in der Landwirtschaft gebraucht wurde und vom Waldpferd abstammt

Kötenbehang: Haare an den Fesselgelenken, zum Teil auch am Röhrbein

konkaves Profil: bei Wüstenpferden sehr verbreitet

Koppen: Aufsetzen der Zähne an Gegenständen, um Luft zu ziehen; meist eine Ersatzhandlung für zu wenig Bewegung oder Zuwendung

Kreuzungen: züchterische Verbindung zwischen Pferderassen oder -familien; selektive Kreuzungen dienen dazu, bestimmte Eigenschaften hervorzuheben oder auszumerzen

Kuhhessigkeit: nach innen stehende Sprunggelenke

Mehlmaul: helles Pferdemaul bei insgesamt dunklerem Fell

Packpferd: ein nichtgerittenes Pferd, das schwere Lasten trägt

Paß: laterale Gangart, in der die Gliedmaßen beider Körperhälften nahezu gleichzeitig auffußen – zunächst die Hintergliedmaßen; wird normalerweise nur im Renntempo geritten

Primitivrassen: ursprüngliche Ponyrassen wie Islandpferd, Exmoor- und Highland-Pony

Qualität: Bewertung des Pferdes hinsichtlich seines Gebäudes und seiner Einsatzfähigkeit

Rasse: Gruppe von Pferden, die selektiv für einen bestimmten Zweck gezüchtet wurden

Raumgriff: Länge der Bewegung des Pferdebeines

Robustpferdehaltung: artgerechte Pferdehaltung in Gruppen-Auslaufhaltung mit individueller Fütterung

Röhrbeinumfang: Das Röhrbein wird direkt unterhalb des Karpalgelenks bzw. des Sprunggelenks gemessen. Der Umfang des Röhrbeins gibt Auskunft darüber, wieviel Gewicht das Pferd tragen kann.

Rumpf: Pferdekörper zwischen Vorhand und Lendenpartie

Schweifrübe: oben behaarter, unten kahler Fortsatz der Wirbelsäule, auch Schweifansatz genannt

sichelbeinige Stellung: „weiche" untere Gliedmaßen, die ungerade stehen und dem Pferd deshalb Probleme bei der Bewegung bereiten

Strahl: dreieckiges, gummiartiges Gebilde unten am Huf, das in der Bewegung den Druck absorbiert

Streichen: Ein Huf des gegenüberliegenden Beines streift während einer Bewegung das andere Fesselgelenk.

Stutbuch: Registrierung aller in einer Zucht eingetragenen Pferde; damit ein Pferd eingetragen werden kann, müssen beide Elternteile bekannt und selbst eingetragen sein.

Stute: weibliches Pferd

Substanz: physische Substanz des Körpers, die eine gewisse Geschlossenheit aufweisen sollte

Termino: bei Gangpferden nach außen drehende, erwünschte Bewegung der Vorhand aus der Schulter heraus

Tölt: laterale, genetisch bedingte Gangart, die zwei Drittel aller Pferde beherrschen; wird bei vielen Pferden „weggeritten"

Typ: Dieser Begriff bezeichnet ein Pferd, das eher für einen bestimmten Zweck geeignet ist, als daß es einer bestimmten Rasse angehören würde.

Versammlung: Verkürzung der Gänge; dabei sollte das Pferd den Hals biegen und bei gutem körperlichem Gleichgewicht die Hinterhand gut unter den Körper bringen.

Vollblut: Kreuzung zwischen arabischem Vollblut und englischen Rennpferden – die Veredelungsrasse

Vorderbeine: vordere Gliedmaßen unterhalb des Ellenbogens

Vorhand: Kopf, Hals, Widerrist, Schulter und Vorderbeine

Wallach: kastrierter Hengst

Warmblut: ein vielseitiges Pferd, das geritten, gefahren und für leichte Arbeiten genutzt werden kann

Weben: Hin- und Herschaukeln auf den Vorderbeinen in der Box als Folge von Bewegungsmangel und ungenügenden Außenreizen

Wüstenpferd: Pferderassen der Wüsten mit leichtem Knochenbau und feinem Fell

Nützliche Adressen

Deutsche Reiterliche Vereinigung (FN)
Freiherr-von-Langen-Str. 13
48231 Warendorf
Tel. 02581-6 36 20

Die Deutsche Reiterliche Vereinigung hat in jedem Bundesland Landesverbände, denen auch die Zuchtverbände angeschlossen sind.

Bundesfachverband Reiten und Fahren
Geiselbergstr. 26-32/512
A-1110 Wien
Tel. 0043-1-7 49 92 61

Schweizer Verband für Pferdesport
Blankweg 70
CH-3072 Ostermundingen
Tel. 0041-31-51 56 24

Deutsches Olympiade-Komitee für Reiterei e.V.
der Deutschen Reiterlichen Vereinigung (FN)
Freiherr-von-Langen-Str. 15
48231 Warendorf
Tel. 02581-6 36 20

Deutscher Reiter- und Fahrerverband e.V.
Roonstr. 54
33615 Bielefeld
Tel. 0521- 12 31 37

Direktorium für Vollblutzucht und Rennen
Rennbahnstr. 100
50737 Köln
Tel. 0221-7 49 81 55

Erste Westernreiter Union Deutschland e.V. (EWU)
Wallenbrücker Str. 24
49328 Melle
Tel. 05226-98 96 96

Austrian Westernriding & Breeding Asscociation
Frau Dr. Hilde Jarc
Baumeistergasse 14/2
A-1160 Wien
Tel. 0043-1-4 86 36 77

Swiss Western Riding Association
Herr Emil Hegetschweiler
Wikinger Ranch
CH-8919 Rottenschweil
Tel. 0041-57-34 15 37

Verein Deutscher Distanzreiter und -fahrer
Habichtstr. 77
45527 Hattingen
Tel. 02324-2 38 41

Schweizerische Distanzreiter-Vereinigung
Frau Doris Wolf
Langgasse 56
CH-9008 St. Gallen
Tel. 0041-72-35 10 07

Erster Trekking-Club Deutschlands (ETCD)
Crailsheimer Straße 11
74423 Obersontheim
Tel. 07973-91 06 20

Reitergemeinschaft CHIRON
Großweiglareuth 11
95473 Creussen
Tel. 09270-91 44 19

Vereinigung der Freizeitreiter in Deutschland e.V. (VFD)
Am Bauernwald 5b
81739 München
Tel. 089-16 20 93

Islandpferde Reiter- und Züchterverband e.V. (IPZV)
Füssener Str. 26
86975 Bernbeuren
Tel. 08860- 92 20 84

Internationale Gangpferdevereinigung (IGV)
Peter-Staffel-Str. 13
53606 Bad Honnef
Tel. 02224-8 96 37

Leichte Reitweise nach Bruns-Behr
FS-Reitzentrum Reken
Frankenstr. 37
48734 Reken
Tel. 02864-24 34

Klassische Reitweise
Institut Egon von Neindorff
Nancystr. 1
76133 Karlsruhe
Tel. 0721-7 47 70

Weiterführende Literatur

Handbuch Pferd
BLV

Becher, Rolf
Springschule
Franckh-Kosmos

Dossenbach, Hans D. /
Dysli, Jean-Claude
Westernreiten
Hallwag

Engelmann, Uta
Welches Pferd passt zu mir?
Ulmer

Kapitzke, Gerhard
Du und Dein Pferd
BLV

Koller, Kornelia
Abenteuer Distanzreiten
CADMOS-Verlag

Krämer, Monika
Pferde erfolgreich motivieren
Franckh-Kosmos

Over, Uta
Zäumungen und Gebisse
Müller-Rüschlikon

Fachzeitschriften:

Reiter-Revue international
Pressehaus Heerdt
Zülpicher Str. 10
40196 Düsseldorf
Tel. 0211-5 05 26 20

freizeit im sattel
fs Verlag GmbH
Droste-Hülshoff-Str. 3
53129 Bonn
Tel. 0228-53 01 20
http://www.koppel.de/fs

PEGASUS
Pegasus Pferde Verlag AG
Chellenstr. 27
CH-9403 Goldach
Tel. 0041-71-8 58 56 56
http://www.pegasus-pferdemagazin.com

St. Georg
Jahr Verlag GmbH & Co. KG
Jessenstr. 1
22754 Hamburg
Tel. 040-38 90 60

Register

Bildnachweis

Abbildungsnachweis

Abkürzungen
u. unten
M. Mitte
l. links
r. rechts
o. oben

Seite 1 Kit Houghton; **2–3** Ardea/Jean-Paul Ferrero; **4–5** Bob Langrish; **6–7** Only Horses; **8–9** Tony Stone/K. Lamm; **10 o.** Robert Harding/Paolo Koch, **M. l.** Stockmarket, **M. r.** Ardea/Jean-Paul Ferrero, **u.** Stockmarket; **10–11** Tony Stone/Eastcott/Momatiuk; **11** Ardea/M. Watson; **12 o. l.** FLPA/P. Perry, **u. l.** Bob Langrish, **r.** Tony Stone/K. Lamm; **13 o.** FLPA/P. Reynolds, **M.** Stockmarket/D. Stoecklein, **u.** Only Horses; **14–15** Bob Langrish; **18 u. l. & u. r.** Bob Langrish, **o. r.** Ardea/Jean-Paul Ferrero, **o. l.** Ardea/H. D. Dossenbach; **19 l.** Corbis/S. Kaufman, **r.** FLPA/E. & D. Hosking; **20 o.** Animal Photography, **u.** C. M. Dixon; **21 o.** AKG London, **u.** Peter Newark's Pictures; **24** Bob Langrish; **26** Kit Houghton; **30** Bob Langrish; **31–34** Kit Houghton; **35 o.** FLPA, **u.** Bob Langrish; **36 o. & u. r.** Bob Langrish, **u. l.** Ardea/Jean-Paul Ferrero, **u. M.** Kit Houghton; **37** Bob Langrish; **38** Kit Houghton; **39 o. l.** Kit Houghton, **o. r.** FLPA, **u.** Ardea/Jean-Paul Ferrero; **40–2** Kit Houghton; **42–43** Bob Langrish; **44 l.** Ardea/Jean-Paul Ferrero, **M.** Only Horses, **o. r. & u.** Bob Langrish; **45–46** Kit Houghton; **48–49** Bob Langrish; **50** Kit Houghton; **51–52** Bob Langrish; **53 o. & u.** Bob Langrish, **M.** Kit Houghton; **54** Bob Langrish; **55** Kit Houghton; **56–59** Bob Langrish; **60** Bob Langrish **61 o. l. & u.** Kit Houghton, **r.** Bob Langrish; **62** Kit Houghton; **63** Bob Langrish; **64 o. & M.** Bob Langrish, **u.** Kit Houghton; **65–69** Bob Langrish; **71–72** Bob Langrish; **73 o.** Bibliotheque Nationale, Paris/e.t. archive, **u.** Bob Langrish; **74–75 u. l.** Bob Langrish, **75 u. r.** Kit Houghton; **76–87** Bob Langrish; **88 o.** Ardea, **u.** Bob Langrish; **89 o.** Bob Langrish, **u.** Kit Houghton; **90–91 o.** Bob Langrish, **91 u.** Sylvia Cordaiy/Graeme Buchan; **92 o.** University of Liverpool/Dr. D. Knottenbelt, **u.** Bob Langrish; **93 o.** University of Liverpool/Dr. D. Knottenbelt, **u.** Bob Langrish; **94** Bob Langrish; **95 o.** Only Horses, **u.** Bob Langrish; **96** Bob Langrish; **96–7** Bob Langrish; **97** University of Liverpool/Dr. D. Knottenbelt; **98** Bob Langrish; **99 o.** University of Liverpool/Dr. D. Knotten-belt, **u.** Bob Langrish; **100 o.** Bob Langrish, **u.** Ardea/John Daniels; **101** Kit Houghton; **102** Only Horses; **102–3** Bob Langrish; **103 o. l.** University of Liverpool/Dr. D. Knottenbelt, **o. r.** Bob Langrish; **104 o.** Bob Langrish, **u.** Kit Houghton; **105 o.** University of Liverpool/Dr. D. Knottenbelt, **u. l.** Bob Langrish, **u. r.** University of Liverpool/Dr. D. Knottenbelt; **106 o.** Bob Langrish, **u. l.** University of Liverpool/Dr. D. Knottenbelt, **u. r.** Bob Langrish; **107 o. l.** University of Liverpool/Dr. D. Knottenbelt, **o. r.** Ardea, **u.** FLPA/R. P. Lawrence; **108** Russell Lym; **109 o.** Bob Langrish, **M. & u.** University of Liverpool/Dr. D. Knottenbelt; **110** University of Liverpool/Dr. D. Knottenbelt; **110–111** Kit Houghton; **111 l.** Bob Langrish, **r.** Kit Houghton; **112–113** Bob Langrish; **114–115** Kit Houghton; **116 o.** Trevor Jones, **u.** Kit Houghton; **117 l.** Trevor Jones, **r.** Kit Houghton; **118 l.** Bob Langrish, **r.** Kit Houghton; **119** Bob Langrish; **120 o.** Bob Langrish, **u.** Peter Newark's Pictures; **120–121** Kit Houghton; **122** Bob Langrish; **123 o.** Ardea/John Daniels, **u.** Corbis/J. Cooke; **124 o.** Bob Langrish, **u.** Kit Houghton; **125** Kit Houghton; **127 o.** Elisabeth Weiland, **u. l.** Popperfoto, **u. r.** Bob Langrish; **128** Kit Houghton; **129 l.** Allsport, **r.** Bob Langrish, **u. l.** Popperfoto; **130** Aachen-Laurensberger/Avia-Luftbild, Aachen; **132–133** Bob Langrish; **134 o.** Bob Langrish, **u.** Only Horses; **135 l.** Ardea/M. Putland, **r.** Bob Langrish; **136** Bob Langrish; **138 o.** Bob Langrish, **u. l.** Ardea/J. Van Gruises, **u. r.** Kit Houghton; **139 o. & u.** Bob Langrish, **140 o.** FLPA, **u.** Kit Houghton; **141 o.** Bob Langrish, **u.** Kit Houghton; **142** Ronald Grant Archive; **142–43** Bob Langrish; **143 u.** Corbis/K. R. Morris; **144** Kit Houghton; **145** Bob Langrish; **146 o. & u. r.** Bob Langrish, **u. l.** Kit Houghton; **147** Bob Langrish; **148** FLPA/L. West; **149 o. l.** Bob Langrish, **o. r. & u.** Kit Houghton; **150** Courtesy Western States Trail Foundation/R. Goodwin; **151 o. l. & u.** Kit Houghton, **o. r.** Bob Langrish; **152–153** Bob Langrish; **154 o.** Bob Langrish, **u. l.** Popperfoto/R. Boyce, **u. r.** Corbis/Z. Icknow; **154–155** Bob Langrish; **155 o.** Robert Harding, **u.** Elisabeth Weiland; **156** Bob Langrish; **156–57** Robert Harding/Elisabeth Weiland; **157 o.** Stockmarket, **u.** Corbis/J. McDonald; **158–59** Ardea; **160 o.** Bob Langrish, **u.** Kit Houghton; **161 o. & u. l.** Kit Houghton, **u. r.** Bob Langrish; **162 o.** Ardea/Jean-Paul Ferrero, **u.** Bob Langrish; **163** Kit Houghton; **164** Bob Langrish; **165 o.** Kit Houghton, **u.** Ardea/M. Watson; **166 o.** Kit Houghton, **u.** Ardea/H. D. Dossenbach; **167 o.** Kit Houghton, **u. l.** Only Horses, **u. r.** Ardea/Jean-Paul Ferrero; **168** Bob Langrish; **169 o.** Bob Langrish, **M. & u.** Kit Houghton; **170** Bob Langrish; **171 o.** Kit Houghton, **u.** Bob Langrish; **172 o.** Kit Houghton, **u.** Bob Langrish; **173** Kit Houghton; **174 o.** Kit Houghton, **u.** Ardea/H. D. Dossenbach; **175 o.** Bob Langrish, **u.** Dr. N. Zalis; **176** Kit Houghton; **177 o.** Kit Houghton, **u.** Bob Langrish; **178 o.** Bob Langrish, **u.** Kit Houghton; **179 o.** Sally-Anne Thompson, **179 u. – 181 o.** Bob Langrish; **181 u. – 183** Kit Houghton; **184 o.** Only Horses, **u. l.** Bob Langrish, **u. r.** FLPA/Sunset/Weiss; **185 o. & M.** Kit Houghton, **u. l.** Ardea/Jean-Paul Ferrero; **186–187 o.** Bob Langrish, **187 u.** Sally-Anne Thompson/V. Nikiforov; **188** Kit Houghton; **189** Bob Langrish; **190 o.** Bob Langrish, **u.** Kit Houghton; **191 o.** Kit Houghton, **u.** Bob Langrish; **192 o.** Kit Houghton, **u.** Ardea/Jean-Paul Ferrero; **193** Bob Langrish; **194 o.** Bob Langrish, **u.** Kit Houghton; **195 o.** Kit Houghton, **u.** Bob Langrish; **196 o. & u. l.** Bob Langrish, **u. r.** Kit Houghton; **197 o.** Kit Houghton, **u.** Bob Langrish; **198 o. & M.** Bob Langrish, **u.** Kit Houghton; **199** Bob Langrish; **200 o.** Bob Langrish, **u.** FLPA/M. Walker; **201 o.** Bob Langrish, **u.** Ardea/Jean-Paul Ferrero; **202** Bob Langrish; **203 o.** Bob Langrish, **u.** Kit Houghton; **204** Bob Langrish; **205** Kit Houghton; **206 o. & u. r.** Bob Langrish, **u. l.** FLPA/M. Walker; **207** Bob Langrish; **208 u.** Kit Houghton; **209 o.** Bob Langrish, **u. l.** Elisabeth Weiland, **u. r.** Ardea/H. D. Dossenbach; **210–211** Bob Langrish; **212 o.** E. Hanbury, **u.** Bob Langrish; **213** Kit Houghton **214 o.** Bob Langrish, **u. l.** Ardea/Jean-Paul Ferrero, **u. r.** FLPA/A. Wharton; **215 o.** Kit Houghton, **u.** Bob Langrish; **216 o.** Kit Houghton, **u.** Bob Langrish; **217 o.** Bob Langrish, **u. l.** Kit Houghton, **u. r.** Ardea/Jean-Paul Ferrero; **218 o.** Kit Houghton, **u.** Ardea/Jean-Paul Ferrero; **219 o.** Ardea/Jean-Paul Ferrero, **u. l.** Bob Langrish, **u. r.** Kit Houghton; **220 o. & u. r.** Ardea/Jean-Paul Ferrero, **u. l.** Kit Houghton; **221 o.** Only Horses, **u.** Bob Langrish; **222** Ardea/Jean-Paul Ferrero; **223–224** Bob Langrish; **225 o.** Stockmarket, **u.** Bob Langrish; **226** Bob Langrish; **227 o.** Bob Langrish, **M.** Kit Houghton, **u.** Ardea /P. Morris; **228 o.** Oxford Scientific Films/J. B. Blossom, **M.** Kit Houghton, **u.** Bob Langrish; **229** Bob Langrish; **230 o.** FLPA/E. & D. Hosking, **u.** Bob Langrish; **231 o.** Ardea/H. D. Dossenbach, **u.** Elisabeth Weiland; **232 o.** Ardea/H. D. Dossenbach, **M. & u.** Bob Langrish; **233** Bob Langrish; **234 o.** Only Horses, **u. l.** Ardea/F. Gohier, **o. r.** Bob Langrish; **235 o.** Bob Langrish, **u.** Ardea/M. Dossenbach; **236–37** e. t. archive/ National Gallery, London; **238** R. Delon/Castelet; **238–39** AKG/Cameraphoto; **239 o. l.** e. t. Archive/ National Gallery, London, **o. r.** Bridgeman Art Library/Lauros-Giraudon/Musée des Antiquitées Nationales, St. Germain-en-Laye, **u.** Werner Forman Archive/Idemitsu Museum of Arts, Tokio; **240 l.** AKG London, **r.** 20th Century Fox/Ronald Grant Archive; **241 o.** The Legend of the Lone

Ranger/ITC/Wrather Productions/Kobal Collection, **u.** Musée d'Orsay, Paris/e. t. archive; **242 o.** Museum of America, Madrid/e. t. archive, **u.** Hulton Getty; **243 o.** Private Collection Bridgeman Art Library, **u.** Peter Newark's Pictures; **244 l.** Peter Newark's Pictures, **r.** Bryan & Cherry Alexander; **244–245** AKG London; **245 l.** Bob Langrish, **r.** Hulton Getty; **246 o.** e. t. archive, **u.** Hulton Getty; **246–247** Peter Newark's Pictures; **247** National Archives, USA/Corbis; **248** Portfolio Pictures; **249 o. l.** Ronald Grant Archive, **o. r. & u.** Peter Newark's Pictures; **256** Kit Houghton

Jegliche Anstrengung wurde unternommen, die Urheber der Abbildungen in diesem Buch ausfindig zu machen. Personen oder Organisationen, deren Urheberrecht hier nicht vermerkt ist, möchten sich bitte an den Verlag wenden.

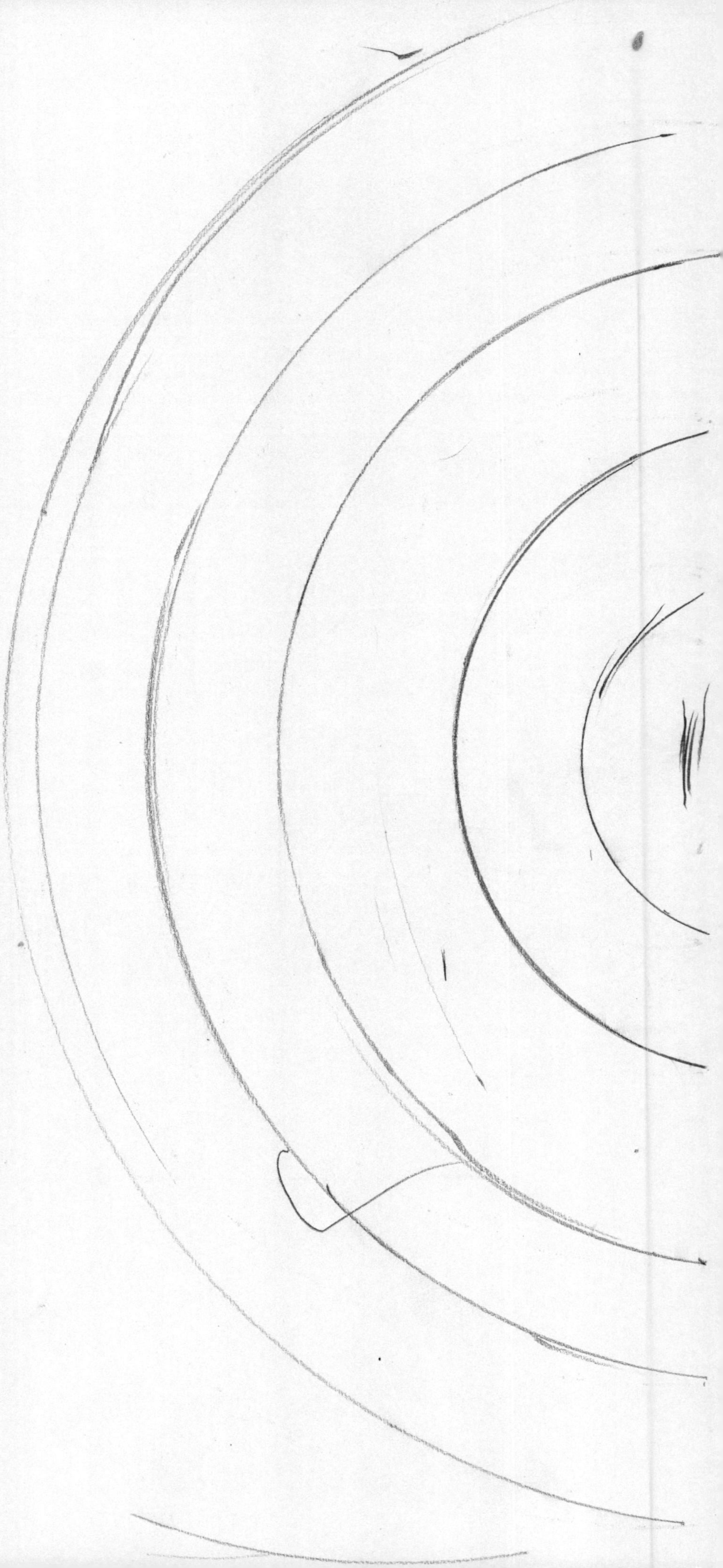